Cómo interpretar los

SUEÑOS

Cómo interpretar los

SUEÑOS

Luis Trujillo

LIBSA

A mi madre, siempre dispuesta
a participar en mis sueños

© 2025, Editorial LIBSA
C/ Puerto de Navacerrada, 88
28935 Móstoles (Madrid)
Tel.: (34) 91 657 25 80
e-mail: libsa@libsa.es
www.libsa.es

Textos: Luis Trujillo
Edición: Equipo Editorial LIBSA
Diseño de cubierta: Lucía Fernández Díez
Ilustraciones de entrada: Mari Luz Aguilar Espinosa

ISBN: 978-84-662-4466-4

CONTENIDO

INTRODUCCIÓN AL MUNDO DE LOS SUEÑOS

Los sueños en la historia

Sin duda alguna los sueños constituyen una parte muy importante de nuestras vivencias. A través de ellos podemos acceder a nuestra psique y así, determinar nuestros temores, esperanzas o deseos más escondidos. De algún modo, los sueños nos orientan en la vida.

Hasta el siglo XIX, con el auge de la psiquiatría y la psicología, no se consideró el sueño como un material de trabajo para conocer el inconsciente humano. Estos doscientos años de estudio no son nada comparados con la historia de la humanidad.

En la antigüedad, se tenía una concepción sobrenatural del mundo en lugar de una idea lógica y racional, de modo que los sueños se consideraban un regalo de los dioses. Los primeros testimonios que hacen referencia al mundo de los sueños datan del año 3000 a.C. y las civilizaciones que los desarrollaron fueron la sumeria y la egipcia. Su trato con los sueños era similar al de las actuales tribus aborígenes del Amazonas: en la tribu se distingue a un sacerdote o chamán que se encarga de interpretar los sueños.

Los antiguos griegos mantenían que el Sueño era una figura mitológica, descendiente de la Noche –que a su vez era hija de Caos– y que tenía en Morfeo a su principal ministro. Morfeo vigilaba el palacio de su señor con el fin de que éste pudiera engendrar los sueños que visitarían a los humanos mientras estaban dormidos. También los romanos ligaban los sueños con el mundo de los dioses y así, existían templos y sacerdotes encargados de interpretar los sueños de los ciudadanos, que debían dormir en el templo y contar al día siguiente lo que recordasen. De este modo, la cultura romana recogió un material onírico muy importante y, por ejemplo, es muy famoso el sueño premonitorio que tuvo Julio César tres días antes de ser asesinado.

Con la llegada del mundo cristiano se abre un periodo de oscurantismo en la interpretación de los sueños, ya que se pensaba que el buen cristiano debía rezar implorando la protección divina en la noche para no incurrir en el desenfreno de las visitas del maligno. Tuvo que llegar el Renacimiento para olvidar los sentimientos de miedo y de culpa, para hacer del hombre el centro del universo y para buscar los rasgos propios y diferenciales de cada individuo. Los sueños se convierten así en experiencias intransferibles, tan reales como los acontecimientos de la vida diurna. En estos momentos empiezan a aparecer los primeros alquimistas y las órdenes religiosas interesadas en los conocimientos esotéricos.

El positivismo desarrolló posteriormente las ciencias, entre ellas la psiquiatría, para la que los sueños eran el delirio de los enfermos, producto de una imaginación desbocada y del poco control que el paciente tenía sobre su consciencia. Hay que esperar hasta el siglo XIX para que el maestro de la psicología, Freud, con su libro *La interpretación de los sueños* considere el sueño como material de sondeo del inconsciente. Para Freud existen dos tipos de sueños: los de primer nivel están salpicados de acontecimientos diurnos cotidianos, los del nivel más profundo revelan emociones instintivas que normalmente están reprimidas y se basan en las obsesiones, traumas y deseos del individuo.

Además de Freud, su discípulo, C. G. Jung, profundizó en el mundo de los sueños estudiando las creencias antiguas y creó un tercer nivel donde se encontrarían los arquetipos, símbolos o conceptos universales y comunes a todos los hombres. A este nivel se le conoce como inconsciente colectivo y es el que da relevancia a la faceta espiritual del individuo.

EL SUEÑO COMO NECESIDAD FISIOLÓGICA

Todos los seres vivos necesitan periodos de descanso durante los cuales disminuye buena parte de su actividad. La variabilidad con que estos periodos aparecen en la naturaleza es tan diversa que, incluso entre la especie humana encontramos personas que necesitan descansar el doble que otras. Vamos a ver lo que ocurre a nivel fisiológico mientras dormimos.

¿Qué es el sueño?

Según Freud es una enfermedad mental, ya que el individuo tiende a conceder una importancia real a las alucinaciones que se producen mientras duerme, por lo que está cerca del delirio.

Es evidente que dormir no es una enfermedad sino todo lo contrario: es algo que reconforta y ayuda a restablecer las fuerzas para afrontar cada día con energía. Pero para ello es preciso que se produzcan una serie de acontecimientos. El denominador común de todos ellos es la desaparición de la voluntad consciente, es decir, olvidar las horas en que obligamos al cuerpo y a la mente a trabajar en tareas específicas durante el día para que por la noche se liberen, pues de lo contrario terminaríamos siendo víctimas de nuestra propia voluntad.

Para que se produzca el sueño es necesario el abandono de toda actividad física y también buena parte de la actividad lógica. Se entrega el control a los sistemas más vegetativos del cerebro y la consciencia desaparece poco a poco. Las primeras sensaciones son las de ese estado de particular conciencia, cuando se «lucha» contra las típicas cabezadas. Nuestra voluntad consciente se niega a entregar el control, pero el aburrimiento y el cansancio paralizan la actividad física y la mente empieza a funcionar a otro ritmo, por lo que pueden producirse ligeras alucinaciones mezcladas con imágenes reales. Este estado de consciencia alterada es el que utilizan muchos videntes, brujos y chamanes para realizar su trabajo.

Una vez que hemos entregado por completo el control de nuestra voluntad consciente, las vías neuronales que estaban inhibidas cuando nos hallábamos despiertos se liberan y, por el contrario, las vías neuronales más utilizadas durante la vigilia, se inhiben, ya que están desgastadas y necesitan recuperarse. Este caótico flujo de energía crea emociones, sensaciones y visiones que parecen experiencias reales y que es lo que conocemos como sueños.

Las distintas fases y estadios de los sueños

Para estudiar la fisiología del sueño en los años cincuenta se diseñaron una serie de laboratorios del sueño que consistían en un número de camas con la maquinaria suficiente para poder realizar un registro de la actividad nocturna de los pacientes, además de la anotación de la experiencia subjetiva de cada uno. De este modo se midió la actividad nerviosa del paciente por medio de un encefalograma (EEG), la actividad de los músculos de la cara con un encefalomiograma (EMG) y la actividad ocular con un oculograma (EOG) que se relaciona con la visualización durante el sueño. Normalmente, cuando estamos despiertos, los seres humanos emitimos ondas de tipo beta, que oscilan entre los 13 y los 30 Hz. Cuando dormimos, el EEG capta ondas cerebrales de tipo alfa con 8-12 Hz, que son las que preceden al sueño e inducen a abandonar toda actividad consciente por tener una frecuencia más baja.

Por tanto, hay unas fases que preceden al sueño y otras que se producen en el transcurso del mismo, pero todas ellas varían mucho de un individuo a otro, aunque de forma general podemos hablar de los siguientes estadios:

Primer estadio del sueño

El individuo cae en un estado de duermevela en el que la emisión de ondas alfa cambia la frecuencia a ondas theta (de 3,5 a 7 Hz). Esta bajada de actividad cerebral es bastante rápida y con ella aparecen los primeros sueños, que suelen ser muy cortos, carecen de trama transcendente y mezclan imágenes registradas durante el día con otras que son producto de la imaginación. No suele durar más de quince minutos y se caracteriza por tener muchos movimientos oculares.

Segundo estadio del sueño

Fase dominada por las ondas theta y por la aparición de un tipo de ondas cerebrales que se encuentran comprendidas entre la emisión alfa y la beta (con una frecuencia de entre los 12 y los 14 Hz). Estas últimas aparecen de forma discontinua y forman lo que se llama husos del sueño, que son discontinuidades eléctricas que aparecen caprichosamente en el EEG. Las investigaciones han concluido que los husos se relacionan con la continuidad en el sueño y así, el número de husos es mayor en personas mayores que duermen mal que en niños o durmientes de primer orden. El cuerpo tiene mecanismos para amortiguar la información que llega por los sentidos en esta fase y así favorecer el sueño, pues es aquí cuando se dice que el individuo está profundamente dormido (aunque si fuera despertado, insistiría en que no ha llegado a dormirse).

Tercer estadio del sueño

Entran en escena las emisiones de menor frecuencia que son las ondas delta (por debajo de los 3,5 Hz). En esta etapa la sincronía de las neuronas es máxima, es decir, los pulsos de emisión de un gran número de células nerviosas de nuestro cerebro se hacen al unísono.

Cuarto estadio del sueño

También predominan las ondas delta, pero ahora la cantidad de emisión de estas ondas es superior a la fase anterior. Es la última fase y viene a durar unos 45 minutos, en los que la mente y el cuerpo descansan profundamente con un ritmo cardíaco y respiratorio mínimo.

Fase REM

Al final del cuarto estadio se produce un cambio brusco en el EEG al subir las frecuencias parecidas a las del primer estadio. El EOG registra muchos movimientos oculares (la fase REM viene de Rapid Eye Movement) y el EMG observa algún movimiento espasmódico de las extremidades. Si el individuo se despertara entonces, podría recordar detalladamente lo que soñaba. Las primeras fases REM son más breves que las últimas, que pueden llegar a durar hasta 30 minutos.

Ritmos de sueño y vigilia: el estado onírico

Para comprender el proceso del sueño hay que tener en cuenta los ritmos que marcan la separación entre el sueño y la vigilia. Así, todas las repeticiones que se suceden con una frecuencia próxima a las 24 horas se llaman ritmos circadianos. Cuando se somete a uno de estos ritmos a una pequeña perturbación, el mecanismo se desajusta, siendo los casos más habituales los siguientes:

— Si nos acostamos cuando está saliendo el sol (un desfase de 8 horas a la rutina normal), es frecuente que la noche siguiente el cuerpo y el cerebro demanden más actividad en lugar de descanso.

— Si estamos toda una noche sin dormir caben dos posibilidades: la de dormir una siesta, que podría dejarnos peor aún, o la de realizar el esfuerzo de aguantar todo el día de un tirón y acostarnos a la hora habitual, con lo que habremos concluido un ciclo de 24 horas y la maquinaria volverá a ajustarse perfectamente. Ya veremos más adelante cómo no es preciso recuperar el sueño que no se ha dormido para estar en forma.

Además de este tipo de desajustes, existen trastornos patológicos que afectan al ritmo del sueño. La disfunción más extendida y conocida es el insomnio, que afecta aproximadamente al 20% de la sociedad actual en el primer mundo y cuya causa es casi desconocida. A pesar de ello, se sabe que tanto la vida laboral como el ocio moderno envía más información al cerebro de lo que puede procesar y produce agotamiento mental. Y si no disminuye la frecuencia de las ondas nerviosas no aparece el sueño.

Otra disfunción muy conocida es la narcolepsia, cuyo síntoma principal es el desajuste del sueño que provoca que el enfermo se duerma en momentos inapropiados sin poderlo evitar con los mecanismos fisiológicos comunes que todos desarrollamos normalmente, como puede ser el bostezo −pues al realizar una respiración profunda, el oxígeno llega a los músculos y los activa−, o estirarse. Se puede relacionar la narcolepsia con los ciclos cortos de cuatro horas del ritmo circadiano, pues es fácil observar que hay momentos del día en los que necesitamos reponernos aunque sólo sea tomando un café o distrayéndonos un poco, cosa que a estos enfermos no les surte ningún efecto.

Otras enfermedades relacionadas con el sueño son la catalepsia y la parálisis del sueño. La catalepsia es la emisión de inhibidores neuronales que paralizan la transmisión nerviosa del tono muscular, por lo que el individuo suele desplomarse. La parálisis del sueño se diferencia de la catalepsia en que el individuo no pierde en ningún momento la consciencia, de modo que podría ser un estado en el que podría decirse que se sueña despierto.

El estado onírico

Hay una gran banda de estados mentales. El estado de trabajo implica una mente práctica y resolutiva; el estado intuitivo pone en contacto a la persona con su yo superior; el estado creativo se caracteriza por la claridad de pensamiento; el estado solidario permite la compasión por el sufrimiento ajeno; el estado estético da preeminencia a la satisfacción personal, la vanidad y la reafirmación del ego; en el estado sensual la persona se identifica con el cuerpo y busca el placer terrenal. A partir de aquí, el sujeto pierde el dominio de su voluntad, lo que puede ocurrir en dos niveles: la hipnosis, en la que el individuo es consciente de lo que ocurre a su alrededor, pero carece de voluntad propia, y el estado onírico, cuando el sujeto se limita a percibirse a sí mismo y donde el mundo exterior apenas ejerce influencia sobre él. Es el momento en que se manifiesta el inconsciente y en el que el individuo tiene tal sensibilidad, que es capaz de percibir la más débil señal de su interior, de su exterior o incluso de mundos que no conoce.

Para navegar en el mundo de los sueños conviene saber que, en primer lugar, existen aquellos sueños desencadenados por estímulos de orden físico y fisiológico que se transmiten por los sentidos. Es típico que se produzcan pesadillas por una mala postura en la cama, una cena copiosa, por tener frío, por un olor desagradable, etc., y existen también aquella clase de sueños extraños creados por causas químicas al haber ingerido alcohol, ciertas medicinas o drogas. Existen después los sueños que son un producto de la mente, que van más allá del nivel fisiológico y de los que nos ocuparemos en adelante.

EL SUEÑO COMO PRODUCTO DE LA MENTE

El funcionamiento de la mente

El intelecto se forja a través del aprendizaje. Así, el ser humano nace con un cerebro poco desarrollado con respecto a otros animales que, por ejemplo, aprenden a ponerse en pie y caminar a las pocas horas del nacimiento. El cerebro del ser humano debe madurar, deben forjarse las conexiones nerviosas y llenarse la memoria. A base de repetir las cosas se aprende de forma automática y muchos comportamientos se hacen sin pensar después de adquirirlos por experiencia.

Una parte de la personalidad del individuo viene determinada por la herencia biológica, pero hay otra que está marcada por el ambiente y las circunstancias que le rodean. Y , entre ellas, la más importante es la que cada uno se labra con su propio esfuerzo y con su voluntad personal. Por eso es habitual sentir que tenemos varias personalidades, pues una cosa es la personalidad social que se nos obliga a tener y otra los valores propios. La primera refuerza la lógica y la segunda la fantasía y la imaginación.

Ahora es necesario repasar los que se entiende por consciencia y por inconsciencia. A finales del siglo xix y de la mano de Sigmund Freud se estableció la existencia de una parte de nuestra mente que resulta inaccesible a nuestra voluntad y que se llamó inconsciente. La vida diaria y cotidiana gobierna la consciencia, donde se rige todo por lógica, razonamiento y sentido común.

En el día a día se repiten acciones mecánicas que poco o nada tienen que ver con el estado de la fantasía y la imaginación que rige el inconsciente.

Es evidente que hay cruces entre el consciente y el inconsciente, muchos sueños se ven influenciados por los acontecimientos cotidianos y muchas veces también hay fisuras en el comportamiento diario, de modo que aunque nos esforcemos en ser fríos y calculadores, aparecen los miedos y las emociones ocultas. Pero encontrar un punto medio o equilibrio entre el consciente y el inconsciente no es sencillo en un mundo que educa fundamentalmente el consciente. Ambas partes deben coexistir y ninguna debe ser aniquilada, por eso el mundo de los sueños nos brinda el material tan necesario para reconocer las emociones que escondemos o que incluso no sabemos que tenemos.

El sueño: un puente entre dos mundos

Una vida psíquica equilibrada requiere que el consciente y el inconsciente marchen paralelos y acompasados. El desequilibrio entre ambas caras de la psique puede crear neurosis, ansiedad y compulsión. Y para permitir que ambas partes cohabiten es necesario que haya algo que las una, de modo que cada parte esté informada de lo que ocurre en la otra.

Normalmente las ideas y las emociones están ligadas en las personas sanas y la disociación suele implicar una enfermedad mental. La función principal de los sueños es la de restablecer el equilibrio psicológico del individuo. Si habitualmente se da preferencia al mundo de las ideas lógicas y se reprimen las emociones, por la noche los sueños actúan como un drenaje emocional y arrastran imágenes simbólicas de gran significación. El sueño puede liberarnos de los traumas, preocupaciones y complejos que nos impiden disfrutar plenamente de la vida.

Según el gran precursor de la psicología moderna, Freud, los sueños son como guardianes que protegen a la mente de emociones demasiado intensas y de tensiones que resultarían insoportables para nuestra salud. Gracias a la acción de los sueños somos capaces de vivir situaciones extremas sin que nuestro cuerpo ni nuestra mente sufran un grave deterioro. Pero, ¿por qué tenemos que vivir ese tipo de situaciones? Eso es algo a lo que respondió de forma más abierta el gran C. G. Jung, discípulo de Freud. Según Jung los desequilibrios mentales o simplemente las deficiencias de la personalidad buscan ser compensados de algún modo. Es normal que en dichos casos las personas busquemos algún tipo de actividad que nos ayude a sentirnos completos, actitud que, sin duda, no deja de tener sus inconvenientes. Jung cuenta cómo pacientes suyos que se entregaron a alguna pasión mórbida tuvieron sueños muy intensos de tipo premonitorio y cómo el contenido de estos les ponía sobre aviso de su pronta autodestrucción. Jung, tras analizarle un sueño, así se lo hizo saber a uno de sus pacientes que se había embelesado con la escalada deportiva. Este desoyó las recomendaciones del psicólogo y pronto halló la muerte en una de sus arriesgadas ascensiones. Para Jung el sueño premonitorio, en estos casos, no es más que el aviso que genera un inconsciente que poco a poco ha ido registrando las temerosas acciones del paciente.

Está claro que existe una vía de conexión entre la vida consciente y el inconsciente, y los sueños son el material más completo que circula por dicho canal. La interpretación de los sueños, dilucidar el críptico mensaje que escrito en lenguaje simbólico opera tras las imágenes oníricas, nos permite conocernos más profundamente y por lo tanto vivir de forma más acorde y completa. Por esta vía de conexión entre los dos estados principales de conciencia circula la información en ambos sentidos, es decir, el consciente se alimenta con el producto del inconsciente y viceversa. Normalmente intentamos sondear los rincones más profundos de la mente a través de la observación y de la interpretación comparada, pero no hay que olvidar que de forma consciente nosotros también podemos modificar en cierto modo el subconsciente. ¿Cómo se puede hacer tal cosa? Sin apenas darnos cuenta es algo que hacemos casi a diario. Cuando estamos preocupados y le damos mil vueltas a un mismo tema es como si estuviéramos haciendo una programación sobre el inconsciente. No es extraño que en tales situaciones soñemos con el asunto que se ha pasado todo el día entre ceja y ceja. A veces incluso se pueden encontrar soluciones y en otros casos tan solo se priva al cuerpo del merecido descanso nocturno.

Existen múltiples teorías que tratan de la programación de los sueños, pero si buscamos el denominador común a todas ellas llegaremos a la conclusión de que lo único que hace falta es un poco de fe, es decir, creer realmente que se puede guiar en cierto modo al subconsciente, y, por supuesto, dedicarle el suficiente tiempo y la concentración necesaria. Para las personas que están acostumbradas a practicar la meditación no les supondrá el menor esfuerzo programar en cierto sentido al inconsciente. De esta manera se consiguen muy buenos resultados a la hora de dirigir la temática de los sueños y es posible que en unas pocas sesiones estemos percibiendo imágenes nocturnas en torno a lo meditado. Para las personas que tengan dificultad o que no estén acostumbradas a meditar, pueden serles de gran ayuda pequeños trucos o ritos que les ayuden a centrarse en ellos mismos. Uno de los trucos más habituales es el de modificar algún detalle en el dormitorio, por ejemplo cambiar un cuadro de posición, poner un detalle junto a la mesilla de noche o bien esconder un objeto bajo la almohada. El uso de aromas naturales puede ofrecer estupendos resultados así como fabricarse una pequeña almohadilla rellena de granos de arroz y plantas aromáticas, y usarla a modo de antifaz. Prepararse y cuidar el momento de irse a la cama resulta crucial. Hay que evitar en cierto modo cenar tarde y en exceso. Los estimulantes como el café o el té, así como el alcohol y el tabaco interfieren seriamente con los sueños, dificultando el descanso y privándonos —como creían algunos pueblos primitivos— de los gratos recuerdos con que nos gratifican los dioses de la noche.

Tampoco se debe intentar manejar en exceso el mundo del inconsciente o de seguro que, como un pez, se nos escapará de las manos. Está bien tener un punto al cual dirigir nuestra atención pero hay que tener en cuenta que en el mar de la inconsciencia siempre el rumbo predominante lleva hacia la deriva, y el papel que se espera de nosotros es el de meros observadores que disfrutan y padecen un espectáculo que admite cierto grado de interactividad. Es importante saber valorar los resultados por pequeños que estos sean. Lograr soñar con un tema concreto o por lo menos con asuntos relacionados con el mismo, es dar un paso de gigante en nuestro mundo interior.

Pretender «manejar» el contenido de los sueños de forma consciente no resulta imposible, pero sí está muy lejos de las pretensiones de este libro. Hemos visto que existe una vía de comunicación y de alimentación que conecta a ambos estados de la consciencia entre sí. Por lo tanto, ¿por qué no va a ser posible encontrar un equilibrio mental en el que no impere ninguno de estos dos estados de consciencia? Realmente, y a pesar de ser las dos caras de la misma moneda, el consciente y el inconsciente pueden llegar a coexistir, y cuando esto ocurre en una persona, socialmente se la conoce con el nombre de artista. El contenido de los sueños viene expresado principalmente por medio de imágenes oníricas al estar el sentido de la vista más desarrollado en el ser humano que otros. Pero también existe la posibilidad de que ciertas personas recuerden mejor los olores, los sonidos u otras sensaciones del sueño y que las imágenes carezcan de riqueza o que simplemente apenas las recuerden. Pero como lo más común es que predomine la imagen, a continuación vamos a pasar a explicar cómo se forman y de qué manera operan las imágenes oníricas dentro de nuestra psique.

El contenido de los sueños: símbolos e imágenes arquetípicas

Antes de entrar de lleno en el contenido de los sueños, vamos a fijar nuestra atención sobre las distintas parcelas de la personalidad inconsciente, que en definitiva van a operar a modo de recipiente que recoge un buen número de distintas figuras arquetípicas. En el proceso de individuación tal y como lo describió C. G. Jung, la parte inconsciente de la personalidad puede ser dividida en numerosas áreas que atenderán a un tipo concreto de energía.

La primera gran pareja de estas áreas son las que el gran psicólogo suizo nombró como Ánima y Ánimus. Esta diferenciación son los dos extremos de una misma línea que podríamos llamar «la interacción del ser humano con el medio». El **Ánima** –la parte femenina de la psique de un hombre– en líneas generales se preocupa de recoger la experiencia, de ordenarla según prácticos criterios, y de utilizarla cuando las condiciones externas se asemejan o son iguales al momento en que dicha experiencia fue recogida. La sensibilidad es el rasgo que mejor la distingue. Gracias a ella el Ánima es capaz de registrar todas y cada una de las frecuencias que emanan de la realidad, lo que genera conceptos tales como la belleza y el gusto. De ahí también se derivan posteriormente al mundo de los afectos.

No cabe la menor duda de que el Ánima es la parcela que contiene la mayor parte de los valores femeninos. Su presencia en los sueños suele ser representada en general por una mujer joven –madre, amazona, doncella, etc.–, cuyos encantos no suelen pasar desapercibidos. Pero también es posible que el Ánima se haya conformado de forma traumática en el individuo y aparezca bajo la figura de una mujer maligna o embaucadora, que pretende confundir a la persona –bruja, sirena, vampiresa, etc.–. Hay un buen número de caretas bajo las que se puede esconder y que van desde la figura típica de la Virgen hasta la más tenebrosa representación de la Muerte.

El otro lado de la balanza está ocupado por el **Ánimus** –la parte masculina de la psique de una mujer–, cuya manera de interaccionar con el medio que le rodea es de forma activa. Es decir, para poder llegar a conocer el mundo exterior de forma práctica, el Ánimus tiene que proyectar su energía sobre el medio, para así poder comprobar y medir la fuerza y la resistencia que este opone a su presencia. De esta manera se forjan unos sólidos valores morales que son los que el Ánimus abandera.

Está claro que la fuerza, la potencia, la voluntad y la concentración son las cualidades más destacadas de esta parcela de la personalidad. En los sueños, el Ánimus suele aparecer representado por una figura masculina de gran vigor −soldado, héroe, explorador, dirigente político, etc.−. Pero al igual que ocurre con todas estas parcelas de la personalidad, el Ánimus puede padecer signos de mala conformación y representarse por medio de imágenes desfiguradas y horribles −sádico, ogro, bestia, etc.

Existen otras parcelas de la personalidad inconsciente que aparecen representadas por otras imágenes oníricas. Cabe destacar lo que C. G. Jung nombró como el **«sí mismo»**. En este caso, nos encontramos con el área más destacada del inconsciente, que opera sobre el resto a modo de guía interior. Su imagen bien suele aparecer representada en sueños por una persona del mismo sexo que el soñante pero de mayor edad. En ocasiones puede ser simbolizado mediante la imagen de un niño con destacadas cualidades o incluso poderes, o bien por un personaje propio de un mundo de fantasía −hada madrina, mago, genio, etc.−. Es bastante común que aparezca el «sí mismo» relacionado con algún tipo de animal mágico o sobrenatural, el cual se encarga de aportar de forma sintética todo el simbolismo del «sí mismo».

Por lo general el «sí mismo» hace las veces de punto de referencia de la psique, ya que todos los actos están de alguna manera orientados hacia esta figura simbólica. De ahí partió la idea de C. G. Jung cuando decía que el hombre civilizado precisa de un guía para encontrar el camino que discurre entre el mundo exterior y el mundo interior.

Podríamos analizar una por una las distintas facetas de la personalidad y su forma de representarse en los sueños. Pero quizá de esa manera le estuviéramos concediendo un excesivo protagonismo a esta parte de la psique, así que para poner los pies un poco más en la tierra vamos a proceder a analizar de pleno la formación de símbolos e imágenes arquetípicas.

Todo aquello que percibimos de forma manifiesta contiene un valor o un sentido críptico que maniobra en el ámbito inconsciente, en nuestro interior. Cuando se quiere definir algo concreto, por ejemplo un fruto, se suele recurrir a los conceptos que están imbricados de forma lógica al concepto fruto. Por tanto diremos de dónde sale, cómo se forma y en definitiva nos centraremos en su procedencia para después pasar a su destino o misión en esta vida; será entonces cuando digamos que tras el fruto llega la semilla. También, y ya aproximándonos un poco más al fruto en cuestión podemos definir su composición y señalar de paso aquellos atributos que pueden resultarnos de provecho. Por último podemos ver la etimología de la palabra y así indagar de algún modo en el antiguo saber, pero esto se suele dejar para aquellas personas más eruditas y cultas. Pero en torno al fruto se mueven una serie de emociones que para las personas sensibles no pasan en absoluto desapercibidas. El fruto, al ser la expresión de la planta nos está diciendo mucho acerca de la misma ya que representa su culminación. Por otro lado el contenido del fruto representa al futuro, es la esperanza que nos sujeta a la vida en sí. También el fruto refleja un estado excepcional en el que se reúnen un sinfín de riquezas que prontamente pasarán a formar parte de la gran cadena de la vida. En cierto modo hay una ofrenda por parte de la planta hacia la vida, lo que muy posiblemente nos haga pensar en el sacrificio del individuo y en la veneración a la diosa madre.

Culminación, esperanza y sacrificio son palabras ante las cuales pocas personas pueden mostrarse impasibles. Hay grandes dosis de emoción y sentimiento envolviéndolas como para dejarlas pasar desapercibidas. Pero ante el mundo de lo evidente y de lo lógico esto no resulta en ningún sentido práctico y por lo tanto queda relegado al mundo de la psicología, que en definitiva trata de curar a enfermos mentales y degenerados.

El **símbolo** fue la primera escritura del ser humano. La máxima expresión del mismo lo podemos encontrar en la escritura jeroglífica del antiguo Egipto. Al ser un modo de expresión plenamente gráfica, el contenido del símbolo es completo, es decir, lo que vemos es lo que hay y no obliga a la persona que lo contempla a generar en su interior una imagen mental usando la imaginación −que por lo general difiere de la imaginación de la persona que dibujó dicho símbolo−. Por ejemplo, una persona que dibuja la imagen de un Sol que, entre otras cosas representa la fuente inagotable de la energía, además del significado manifiesto de dicho símbolo, nos estará indicando gráficamente cómo es o cómo está su propia energía personal en ese momento. Para entenderlo mejor, algo parecido ocurre con la comunicación escrita y la verbal. Cuando entre el locutor y el interlocutor existe mayor distancia, es decir se permite un mayor grado de imprecisión, un montón de riqueza informativa se está perdiendo por el camino, lo que en cierto modo aleja a las personas entre sí.

Es casi una contradicción querer definir símbolos por medio de palabras, y como los sueños están escritos en lenguaje simbólico, parece absurdo hacer un diccionario de sueños. Pero a lo largo de los años parece haberse asumido que tras un símbolo concreto aparecen una serie de conceptos que de cierta manera pueden ser asociados a dicha imagen. Resulta del todo inevitable que parte de la expresión del símbolo quede oscurecida por las limitaciones propias del lenguaje, aun así merece la pena el esfuerzo de hacer llegar a los demás el valor y el significado de los símbolos que con mayor frecuencia aparecen en el mundo de los sueños.

Es interesante resaltar la universalidad del símbolo. Últimamente la humanidad está viviendo un proceso de fusión a todos los niveles. Cada día son más los símbolos importados de otras culturas a la nuestra. Pero, mientras que las fronteras no son estáticas, el símbolo perdura ante el implacable paso del tiempo. Ciertos cultos y civilizaciones muy primitivas usaban un lenguaje simbólico mucho más rico que el nuestro. En las últimas décadas hemos rescatado parte del legado histórico que nos han dejado. Una vez traspasadas las reminiscencias de antiguas aversiones, la Era de Acuario está recuperando culturalmente todo aquello que puede ser útil al ser humano para crecer y desarrollarse sin límites ni complejos.

El **simbolismo** es algo fundamental para el ser humano. Vemos cómo, a pesar de habernos educado en un sistema puramente lógico y formal, respondemos automáticamente ante aquellos símbolos más llamativos. Las ciencias de la publicidad bien lo saben y no cesan de animar económicamente a sus grandes creadores para que compongan estimulantes y sugestivas combinaciones de símbolos ante los cuales los consumidores no seamos capaces de contenernos. Los niños pequeños también son los primeros en entender este lenguaje primordial. Para los adultos, las imágenes que abundan alrededor del colorista mundo de la infancia raras veces llegan a ser comprendidas en su totalidad. La sensibilidad y la inocencia facilita a los niños la posibilidad de «ver» más allá de una mera imagen. Para el niño, cada animalito que aparece en sus cuentos tiene vida propia, tiene asociada una personalidad concreta y le despierta un sentimiento muy determinado. Esa es la manera en que se aprende el lenguaje simbólico, asociando ideas, imágenes, acciones y emociones y sintetizándolas en una sola representación gráfica. Viendo el contenido utilizado en los cuentos de la infancia, no es de extrañar que el ser humano, a pesar del aumento de la educación recibida en la segunda infancia, evolucione de una forma tan tediosa y lenta. En definitiva seguimos presos en asociaciones tan arcaicas como el miedo al lobo de Caperucita, cuando en la actualidad el lobo es un animal que casi está en peligro de extinción, y rara vez llega a ser visto en estado salvaje.

Una vez más tenemos que hacer referencia a los designios del viejo Jung. El padre de la psicología actual hizo referencia al contenido del archivo personal de los símbolos del ser humano. Para empezar, Jung definió la existencia de una serie de símbolos que tenían un origen puramente familiar, aprendidos del entorno en el que el niño es educado. Después distinguió otra serie de símbolos que fueran comunes a una época concreta, a una religión y a un ambiente cultural. Es decir, son comunes a todas aquellas personas pertenecientes a un mismo sector de la sociedad. Hasta aquí Freud y Jung coincidían, pero este último fue aún más allá y definió lo que él llamó el **inconsciente colectivo**. Debido a este conjunto de símbolos cargados de profundas imágenes arquetípicas, la especie humana como tal comparte un importante número de símbolos en común. Esto es debido, seguramente, a la cantidad de experiencias que se han ido registrando en la mente del ser humano desde tiempos inmemorables. Todos los hombres compartimos a un nivel básico los mismos miedos, tenemos ciertos dioses comunes o por lo menos todos hemos desarrollado unas creencias y una espiritualidad.

Para dar paso a las imágenes arquetípicas encargadas de configurar lo que Jung definió como inconsciente colectivo, primero tendremos que ver lo que es un arquetipo en sí, sobre qué se basa y lo que viene a significar. Para ello es principal definir lo que es el instinto o por lo menos la conducta meramente instintiva. El **instinto** puede ser definido desde muy diferentes perspectivas, aquí lo veremos como aquella conducta heredada que se ocupa de saciar las necesidades fisiológicas del individuo. A través de los órganos de los sentidos es como se perciben las necesidades, y esta percepción desata la cascada de mecanismos que en su conjunto definen una conducta determinada.

Por poner un ejemplo de conducta puramente instintiva nos fijaremos en el reflejo de succión de los mamíferos durante los primeros momentos de la vida. El hambre se percibe por las células receptoras del estómago las cuales lanzan una señal que desata una serie de mecanismos motores como son el movimiento de la cabeza y el movimiento de los labios. Cuando se encuentra el pequeño con el pecho de la madre, entonces se desata otro nuevo reflejo y comienza la succión. En otros mamíferos es posible que la cosa acabe ahí, pero en el ser humano resulta todo mucho más complejo ya que la psique siempre entra en acción. Como diría Freud, la satisfacción del deseo es lo que mueve el mundo, y en este caso resulta obvio que el deseo está fuertemente ligado al instinto del bebé hambriento. Y, cuando entran en acción los deseos y las frustraciones, es del todo inevitable que se genere una fantasía paralela similar a la satisfacción permanente.

Es justamente por esta relación entre la fantasía y el instinto, por lo que todos los seres humanos compartimos un **inconsciente colectivo**. Es decir, como especie perteneciente al reino animal, resulta inevitable que exista un instinto común a todos los hombres y mujeres. La cosa no queda ahí, sino que va aún más lejos: las fantasías que se generan de forma paralela al instinto, también son en definitiva comunes para todos los hombres.

Es perfectamente comprensible que para un espíritu libre, tener que verse esclavo de los dictámenes de la materia –en este caso a través de las pautas marcadas por el instinto– sea todo un acto de humildad. Hay algo dentro de todos nosotros que se niega a tener que aceptar las reglas impuestas por una realidad que todo lo aplasta; el espíritu se revela y dicha rebelión la lleva a cabo por medio de compensaciones. En una persona con deficiencias físicas es muy normal encontrar otras facultades sumamente desarrolladas que ayuden de algún modo a la persona a compensar su triste deficiencia. Del mismo modo, una sociedad en la que todos sus miembros comparten las mismas fantasías –frutos de la satisfacción del instinto– compensa esta deficiencia por medio de mitos, religiones, creencias y filosofías. Por ejemplo, todas las personas y por tanto todas la culturas del planeta han tenido que generar el mito del héroe o del guerrero. ¿Por qué? Una explicación puede ser que el instinto nos obliga a todos los seres humanos a superarnos, a traspasar los límites personales para así ir creciendo y desarrollarnos dentro de un ambiente potencialmente hostil. En el ámbito fisiológico y hormonal encontraríamos que la adrenalina está presente en relación directa con esta necesidad impuesta en todo momento por la vida. Pues bien, la fantasía del ser humano para compensar el sufrimiento y el desgaste que conlleva dicha lucha, ha generado la imagen o el mito del héroe, el guerrero o incluso el superhéroe que todo lo puede.

Existen un buen número de mitos basados en figuras arquetípicas. Otra muy usada y conocida es la imagen del profeta. Por lo general las fuerzas del instinto responden de forma desaforada ante los miedos y los peligros potenciales. Si nos dejáramos arrastrar por estas emociones probablemente el ser humano aún se cubriría el cuerpo con pieles y viviría escondido en cuevas. Pero como ya hemos dicho y a modo de compensación se yergue la imagen del profeta, el cual tiene una conexión directa con Dios por lo que es capaz de conocer de modo intuitivo los mecanismos y la leyes que rigen la vida. Las gentes de la antigüedad siempre se han dejado guiar por esta figura. Incluso los héroes les ofrecían sus servicios ya que de esa manera se hacían partícipes de esa gran misión. Queda pues claro que por medio de esta otra figura arquetípica el ser humano es capaz de hacer acopio de fuerzas y contrarrestar los excesos de la conducta instintiva por medio de la confianza y la fe.

No todos los personajes de los mitos pertenecen al sexo masculino. Puede que la energía masculina resulte más llamativa y espectacular, pero jamás podrá generar el atractivo y sugestivo misterio que encierra el género femenino. Una de las más destacadas figuras arquetípicas femeninas es la de la amazona. Si la energía masculina es capaz de comulgar con Dios y operar a modo de enviado divino, la amazona conoce a la perfección los misterios de la vida, las virtudes y los usos de lo material. Para entender mejor la misión que justifica la presencia de esta figura podemos atender a lo que ocurre a nuestros sentidos cuando se desencadenan las conductas que activan mecanismos de alarma que de alguna manera están escritos en lenguaje genético. Por lo general, la presencia de grandes dosis de adrenalina en el caudal sanguíneo dota al cuerpo de gran potencia muscular, con el claro detrimento que esto supone sobre la sensibilidad y la habilidad sutil. La figura mitológica de la amazona compensa de algún modo este inconveniente instintivo con su figura capaz de equilibrar fuerza y habilidad, urgencia y sensibilidad así como coraje y ternura.

Una vez más la psique se encarga de compensar aquellas deficiencias y limitaciones que supone la vida instintiva por medio de estas figuras de la imaginación que nutren la fuerza espiritual del ser humano. Cuando uno se deja llevar por la fantasía y se envuelve en las hazañas de tales personajes, algo de dicho espíritu se contagia. De esta manera se consigue sincronizar de forma equilibrada el plano psicológico y la actuación del instinto, lo que es un claro síntoma de humanidad.

Formación de imágenes oníricas

Hasta el momento hemos concedido principal importancia al contenido de los sueños, es decir a las imágenes arquetípicas y a los símbolos. De nada sirve aislar una a una las escenas de la noche si no se tienen en consideración la trama y el hilo conductor de tales imágenes. La formación de las aventuras oníricas es algo que los especialistas en la materia no tienen todavía del todo claro, pero que grosso modo intentaremos esbozar.

En los mitos encontramos prácticamente el mismo material que en los sueños, es decir, arquetipos y símbolos. En el apartado anterior hemos visto más o menos una de las posibles justificaciones de los mitos. Recordemos que estas narraciones aparecen en una sociedad concreta en un momento dado para paliar un déficit, un complejo o una limitación patente en la personalidad de las personas que la forman. Podríamos decir que el sueño surge más o menos por una causa aproximada, es decir, el inconsciente genera una producción onírica que en cierto modo compensa las deficiencias o los excesos que aparezcan en la vida del soñador.

Así como el descanso y la inactividad del cuerpo contrarrestan claramente la dura actividad diaria a la que sometemos a nuestro cuerpo cada día, el inconsciente se encarga de «proyectar» el sueño más adecuado para que la mente se reponga y las emociones retenidas durante el día encuentren una vía de escape. De esta manera queda clara la relación entre la vida consciente y la vida inconsciente. Hay autores y psicólogos que se empeñan en negar el valor de la interpretación de los sueños, es más, algunos llegan a decir que es una especie de placebo o incluso de masturbación mental que nos aleja aún más de la realidad.

Puede que interpretar los sueños se convierta a menudo en una mera divagación. Hay sin duda que seguir una metodología y no perder en ningún momento la idea general o el marco emocional en el que se desarrolla, pero eso lo trataremos más adelante. Ahora que ya sabemos por qué y para qué se tienen los sueños, es interesante conocer los mecanismos y los elementos que intervienen en el proceso. Por lo que respecta a la imaginación y a la visualización, no vamos a entrar en detalles de tipo fisiológico ni anatómico.

Si hacemos la prueba de cerrar los ojos y dejar la mente lo más en blanco que podamos, rápidamente nos sorprenderemos ante el sinfín de imágenes y de pensamientos que nos invaden. Está claro que el estado de consciencia es fruto en parte de la voluntad y en parte de la concentración que se encarga de fijar nuestra atención en algo concreto. Aun así, estar de vigilia no quiere en absoluto decir que se esté plenamente consciente. La confusión, el ensueño y la evasión siempre nos acompañan y no cesan de acechar nuestra atención. Las imágenes, pues, se agolpan en nuestro interior deseando encontrar un medio por el que ser liberadas.

Tratar ahora las emociones, los sonidos, los sentimientos y las demás percepciones que entran a formar parte de las vivencias nocturnas, sería realmente una pérdida de tiempo si no somos capaces de comprender la relación que existe entre cada una de las partes. Intentar explicar el conjunto de una escena onírica por medio de la relación causa y efecto resulta un tanto absurdo ya que no sabemos qué fue antes, si el sentimiento y la emoción o la imagen y las palabras. Sin embargo, si somos capaces de ver que todo el conjunto acontece de forma sincrónica, entonces resulta más sencillo comprender cómo una imagen se acopla a una sensación y este conjunto se acopla a su vez a una emoción que nos apremia. Así, poco a poco, se va construyendo la sucesión de las escenas.

Esto no quiere decir que los sueños sean un mero producto de la casualidad, pero sí que en un principio las relaciones entre los distintos elementos carezcan de todo significado para la persona que las está soñando. La trama del sueño resulta bastante más complicada de abordar. Se puede decir que hasta que no impera dentro del sueño una emoción y un sentimiento, no hay argumento. A veces, cuando uno sueña despierto, o está realizando una visualización o una meditación y presencia unas determinadas imágenes o sensaciones, es muy difícil que se llegue a producir la cohesión que encontramos en los sueños. Y esto, ¿por qué? Pues bien, cuando visualizamos estamos plenamente conscientes de lo que estamos haciendo, es decir, sabemos que si abrimos los ojos estamos en una realidad concreta. Pero cuando soñamos y poco a poco una emoción se va apoderando de nosotros, entonces estamos viviendo las imágenes oníricas como si de una realidad se tratara. Es más, se puede decir que en esos momentos se está viviendo una realidad virtual. Freud incluso decía que los sueños se asemejan a los delirios justamente porque se viven con la misma intensidad que la vida misma.

El marco y la dimensión emocional de los sueños

La trama que une a los sueños muchas veces viene representada por un telón de fondo que no puede pasar desapercibido. Es más, el significado o la interpretación de las imágenes arquetípicas y de los símbolos muchas veces cambia según el contexto en el que se desarrollen. Por eso, si realmente queremos conseguir una interpretación medianamente aceptable, es imprescindible que valoremos adecuadamente el marco en el que se desarrolla el sueño.

Hay que tener en cuenta que rara vez el marco de los sueños es puramente casual. El escenario marca el semblante de las imágenes y además suele aportar un buen número de símbolos, por lo que se puede decir que también ofrece parte del contenido simbólico del sueño. Para definir correctamente el marco debemos intentar recordar la luz que predominaba, si era de día, si estaba amaneciendo o atardeciendo, etc. Los colores son de gran importancia, ya que están definiendo en parte a qué nivel se está desarrollando la escena onírica. Los colores calientes nos estarán indicando, por ejemplo, una mayor implicación emocional, más pasión y compromiso. Mientras que los colores fríos y claros se suelen asociar al desapego, a la espiritualidad y a los valores más etéreos. De todas formas, en el diccionario de términos podremos encontrar el significado concreto de cada uno de los colores.

Es muy posible que el sueño se produzca en marcos de muy distinta naturaleza. Incluso no es extraño que los fondos cambien con mayor rapidez que los contenidos principales. Si se produce esto, entonces tendremos que hacer una interpretación particular de la consecución de los diferentes marcos por si de esa manera pudiéramos encontrar algún tipo de asociación significativa entre ellos. También es muy posible que un marco o entorno resulte totalmente desconocido para la persona que los sueña, esto podría significar que la persona se encuentra perdida o desconcertada aunque otra posibilidad es que el sueño refleje el inminente deseo de viajar o de explorar.

Los marcos de los sueños pueden ser lugares que carecen a primera vista de relevancia, pero no por ello se dejará de analizar su contenido. Eso sí, antes de hacerlo es importante que realicemos una pequeña indagación sobre las posibles combinaciones de los lugares que hemos frecuentado a lo largo de nuestra vida. Muchas veces se hacen composiciones de sitios aparentemente inconexos, pero raro es que si profundizamos y repasamos cautelosamente nuestros recuerdos no encontremos una conexión que nos puede dar la clave de todo lo soñado.

Otro de los factores imprescindibles a la hora de buscar la interpretación de un sueño es lo que conocemos como dimensión emocional. Con ello nos estamos refiriendo al ambiente emocional que predomina y acompaña en todo momento a cada uno de los símbolos e imágenes que aparecen en la escena onírica. Para entender bien la importancia de la dimensión emocional, hay quien ha encontrado la similitud entre esta y la banda sonora original de una película. Todos sabemos que unas mismas imágenes contempladas con un diferente fondo musical cambian por completo de significado. La música de la película hace las veces de las emociones que envuelven al entorno onírico.

La importancia de la dimensión emocional de los sueños es tal, que en numerosas ocasiones con tan solo volver a invocar la sensación predominante, la misma emoción que acompañaba al sueño, entonces de inmediato recordaremos toda la secuencia de imágenes y de símbolos que hasta el momento permanecían en el olvido. Otra clara evidencia de la relevancia de esta faceta de los sueños es la sensación o el sabor de boca que nos deja una vez que nos despertamos. Al igual que el niño que vive las aventuras de los protagonistas de los cuentos como si de él mismo se tratara, y de esa manera se siente vigorizado, renovado y eufórico, los sueños pueden afectar al estado emocional del día siguiente de forma clara. ¿Quién no se ha levantado alguna vez como si no hubiera descansado en toda la noche ya que ha estado trabajando en sueños que se presentaban de forma recurrente?

A veces resulta sumamente dificultoso encontrar los adjetivos que definan adecuadamente la dimensión emocional. No es de extrañar que cuando alguien nos esté contando un sueño que tuvo el día anterior, de repente se pare e intente encontrar una palabra que encaje a la perfección con lo que sintió durante el sueño. Puede que se mezclen géneros y nos digan que en el ambiente flotaba un amargor verdoso, o que los sabores eran de un amarillo balsámico. Esto es muy propio y típico de los sueños, pues generalmente resulta casi imposible poner en palabras las sensaciones y las emociones que nos invadieron, incluso cuando nada más levantarnos nos proponemos escribir un sueño reciente.

A la hora de definir la dimensión emocional de los sueños puede resultar muy revelador poner en funcionamiento toda nuestra maquinaria poética. Para ellos es imprescindible aprender a desarrollar ese tipo de lógica narrativa. Al poner por escrito un sueño, es muy posible que de forma inesperada aparezca una conexión que hasta el momento haya pasado totalmente inadvertida ante nosotros. Es un buen ejercicio que nada más levantarnos intentemos plasmar sobre el papel nuestras experiencias nocturnas. Además, si tras la dura jornada volvemos a releer la narración, es muy posible que nos sorprendamos de la cantidad de detalles que en el transcurso del día han sido borrados de nuestra memoria. Leer algún episodio del cuaderno personal de sueños justamente antes de dormir, ayuda sin duda a recordar mejor y con mayor detalle los sueños que nos visiten por la noche.

Para desarrollar en cierto modo la facultad de describir los estados anímicos de los sueños, puede ser de gran utilidad realizar el ejercicio que a continuación vamos a explicar. Si además se realiza en compañía de otras personas, incluso se puede crear un interesante juego de sobremesa. La base de dicho ejercicio consiste en buscar equivalentes no literales para los momentos, para los objetos o para ciertas vivencias que forman parte de nuestra vida diaria. Por ejemplo, se puede poner a prueba la sensibilidad de un grupo de personas para que determinen el sabor, el color y el tacto de una sinfonía de música clásica. O bien puede ser un paisaje el que se someta a la prueba, de tal manera que haya que definir el movimiento o la velocidad de dicha imagen, o buscar una melodía acorde con el cuadro. De esta manera con el tiempo iremos familiarizándonos con descripciones de tipo poético que nos facilitarán mucho la tarea a la hora de intentar definir la dimensión emocional de los sueños.

INTERPRETACIÓN DE LOS SUEÑOS

Cómo incubar y recoger el material onírico

La incubación de sueños se viene practicando desde tiempos inmemoriales. Ya en el antiguo Egipto se rendía culto al dios Serapis en templos destinados a esta actividad y cuyos sacerdotes practicaban entre otras artes la astrología. De esta manera, el paciente que solicitaba pasar una noche en el templo era citado según las efemérides planetarias, de forma que se escogía el día o, mejor dicho, la noche más propicia para subsanar los problemas personales que se desearan. La cultura helénica también nos ha legado información al respecto. Esculapio poseía un culto que operaba con los sueños, aunque en este caso concreto parece ser que toda actividad se centraba en fines terapéuticos.

Hoy en día todavía quedan sobre el planeta algunas prácticas semejantes a la incubación de sueños. En algunos países del mundo islámico en el medio Oriente, todavía tienen mezquitas a las que se puede ir a dormir con el fin de meditar sobre un tema concreto.

Encuestas realizadas entre la población del primer mundo, revelan que un tercio reconoce soñar habitualmente pero no suele recordar los sueños a diario. Otro tercio dice soñar esporádicamente y tan solo quedan en su memoria los sueños más intensos o remarcados. Y por último, encontramos un tercio de la población que dice no soñar, o que tan solo lo ha hecho alguna que otra vez a lo largo de su vida. Estos resultados son bastante significativos si tenemos en cuenta que todas las personas dedicamos aproximadamente una hora y media al día a soñar, coincidiendo con los periodos de sueño paradójico. El porqué de estos resultados puede ser explicado por la censura con que la mente trata a los productos del inconsciente. A no ser que se realice un pequeño esfuerzo para recordar el material onírico, el sueño quedará guardado de nuevo en los archivos del olvido. Más adelante veremos el método a seguir para recordar con más facilidad los sueños, pero antes trataremos de sembrar unas pautas para que los sueños emerjan fuertes y sanos desde nuestro interior.

Incubar sueños da tan buenos resultados como cualquier otra técnica que se encargue de proteger y de mimar las primeras etapas del producto que se desea conseguir. No es nada nuevo, consiste simplemente en concentrar la atención en una actividad concreta, cosa que hacemos a diario con muchas facetas de nuestra vida. Lo que ocurre es que por la educación que hemos recibido y por el momento histórico y cultural en el que vivimos, prestar atención a temas propios del inconsciente es algo a lo que no estamos acostumbrados. A continuación vamos a presentar una serie de pautas y de recomendaciones que sin lugar a dudas dotarán de mayor riqueza y color a nuestro mundo interior.

El lugar de descanso debe ser un sitio especial, o al menos así debe ser considerado para que lo que allí florezca lo haga de forma armónica y manifiesta. El descanso es tan importante o más que la vida activa. Lo uno depende de lo otro; esa es la norma principal. Si deseamos quedar plenamente satisfechos de la actividad diurna, es menester que nos concentremos en el descanso, mimándolo por lo menos con un mínimo de atención. Algo tan sencillo como introducir unos pequeños cambios en el dormitorio obrará milagros. Decorar con motivos que nutran nuestros recuerdos más agradables, mejorar la iluminación y por supuesto unas buenas dosis de limpieza y orden pueden ser de gran ayuda, y más, si mientras se realizan estos pequeños trabajos se medita sobre el deseo de mejorar nuestra vida onírica.

Otras actividades que se pueden tomar a modo de ejercicio habitual son la meditación y la visualización. Para ello existen multitud de métodos sencillos que podremos encontrar en la sección de esoterismo y nueva era de cualquier librería que se preste. Cada persona tiene su manera particular de meditar, muchos de nosotros meditamos a diario sin saber realmente que lo estamos haciendo. Hay personas a las que conducir les relaja, lo que les permite ver la vida desde otra perspectiva y así vislumbrar soluciones a problemas que se estaban convirtiendo en una obsesión. Otros, simplemente se van de pesca o tocan un instrumento musical. Realmente el mundo del *hobbie* es un pretexto para llevar a la mente a un estado de meditación activa. Si a nuestra naturaleza no le encaja la contemplación y la pasividad podemos entonces realizar pequeños ritos antes de dormir que no tienen que estar reñidos con la vida práctica. Por ejemplo, las personas que están acostumbradas a preparar por la noche la ropa del día siguiente, seguramente no descansarán de la misma manera el día que por una causa o por otra no hayan podido realizar su pequeño «rito» particular.

Está claro que simplemente al poner un poco de nuestra atención en nosotros mismos y teniendo la intención bien dirigida, podemos conseguir guiar parte de nuestra vida inconsciente. Los resultados los encontraremos al analizar con detalle los sueños, que muy pronto empezarán a responder a nuestras preguntas e incertidumbres. Es importante saber bien lo que se quiere. Para ello podemos poner en nuestra mesilla de noche una serie de símbolos que nos ayuden a recordar el tema que nos preocupa. Al día siguiente, antes de levantarnos miraremos uno por uno cada símbolo y dejaremos la mente lo más relajada posible por si algún recuerdo nocturno se decidiera a emerger.

Las técnicas de visualización pueden servir de gran ayuda, ya que nos familiarizan directamente con el mundo de la imaginación. Todos somos capaces en mayor o menor medida de visualizar, aunque es muy posible que no lo reconozcamos como tal ya que nadie nos lo ha enseñado, por lo que carecemos de un modelo a seguir. Visualizar consiste simplemente en jugar y dirigir la imaginación de una forma concreta para que trabaje a nuestro favor. Cuando mentalmente solucionamos un problema, muchas veces surge el velo de algunas imágenes al respecto. Pues bien, si trabajamos este campo de nuestra mente, muy pronto obtendremos los primeros resultados. Para ello basta con intentar obtener el máximo detalle de las imágenes que aparezcan en nuestra visión interior. Reflejarlas poniéndolas posteriormente por escrito, nos permitirá dar los primeros pasos en tan, desgraciadamente, poco habitual disciplina.

Por último señalar que la principal ayuda a la hora de incubar los sueños radica en no perjudicarlos de forma directa y casi sistemática. Veremos un par de ejemplos que pronto todos comprenderemos. El primero ronda en torno al despertar. Hacerlo de forma natural es además de sugerente, muy beneficioso a la hora de recordar sueños. El despertador nos obliga de golpe y porrazo a restaurar la vida consciente, aunque tan solo sea para poder apagarlo. Nuestro inconsciente se encoge ante tal aberración al igual que lo hacen los cuernos del caracol cuando se les toca. Podemos intentar programar el descanso de tal manera que nos despertemos naturalmente a la hora deseada sin necesidad de estridencias ni de máquinas. Ese puede ser otro ejercicio para desarrollar nuestro poder de meditación. El segundo ejemplo al que vamos a prestar atención es el de las sustancias que interfieren directamente con el sueño destruyendo las fases de sueño paradójico, tan importantes para el descanso profundo. Ni que decir tiene que los excitantes tipo café, té, tabaco o alcohol afectan negativamente al sueño. También el uso de otras drogas, tipo tranquilizantes o somníferos son muy dañinas y hacen disminuir la fase REM, y por tanto interfieren negativamente en el sueño. Todos sabemos que de grandes cenas están las tumbas llenas. Irse a la cama con el estómago lleno es uno de los peores hábitos que debemos subsanar si queremos que nuestra vida onírica resulte plenamente satisfactoria.

En nuestra sociedad no se ha dado apenas importancia a la recapitulación de los sueños. Lo más normal es que cada individuo se los guarde para sí, a no ser que se haya producido un sueño excepcional, entonces el exceso de emoción exige ser compartida de algún modo. En otras culturas, sin embargo, se le ha concedido a los sueños tal relevancia que llegan incluso a formar parte de las costumbres. Tal es el caso de la tribu de los Senoi. Parece ser que todas las mañanas, cuando se reúnen todos los miembros del clan, los más pequeños cuentan sus sueños y los más mayores los escuchan. De esta manera los más sabios de la tribu conocen mejor a sus pequeños y eso les permite orientarles en la dirección más adecuada. Gracias a los sueños, los sabios Senoi pueden llegar a conocer el tótem que corresponde a cada joven de la tribu. Los Senoi creen que a cada individuo le corresponde el espíritu de un animal salvaje del cual puede y debe obtener gran sabiduría y fortaleza.

Para recoger el material onírico se pueden seguir una serie de recomendaciones que en un principio pueden parecer un tanto simples, pero que en su conjunto son del todo beneficiosas. Para empezar hay que asumir una postura psicológica ante los sueños. Es absurdo que nos empeñemos en buscarles cualquier tipo de lógica mientras los estamos recordando o simplemente anotando. Por otra parte debemos desinhibirnos de nuestros complejos, sentido del ridículo y de toda vergüenza. A la hora de exponer un sueño hay que ser lo más franco y claro posible. Por último es absurdo obsesionarse con ningún tema, y aún menos con los sueños. Recordarlos debe ser todo un disfrute y en ningún momento debemos hacer esfuerzos que nos obliguen a perder un estado de ánimo apacible.

En el ámbito práctico, basta con enumerar unos cuantos puntos. El primero de ellos consiste en algo tan sencillo como tener una luz que se pueda encender y apagar cómodamente desde la cama. La segunda y principal consiste en disponer de papel y bolígrafo o si la persona lo desea, una grabadora personal. Es de vital importancia registrar el sueño lo antes posible ya que la mente posee unos mecanismos que se encargan de borrar de la memoria todo aquello que ha sido soñado. En la anotación habrá que poner la **fecha**. Si se puede y si sale de forma natural se pondrá un **título**. Posteriormente se pasará a describir el relato con todo detalle, sin dejar de mentar en ningún momento a los **personajes** que intervienen ni de describirlos. También se anotarán las **sensaciones** que acompañaban al sueño y los **colores**, así como el **marco** y la **atmósfera** en la que se desarrolló.

La mente humana dispone de un mecanismo mediante el cual y de forma automática se deshace de todos los recuerdos que se hubieran podido generar a partir de los sueños. No cabe duda de que es interesante que esto sea así, o de lo contrario se nos mezclarían nuestras vivencias reales con las vividas durante nuestras aventuras oníricas. Solamente cuando ponemos un sueño sobre el papel, o hacemos el esfuerzo de contarlo con todo detalle a alguien cercano, solo entonces, el sueño deja de pertenecer a la mente inconsciente y pasa a formar parte de nuestra historia personal. Para Sigmund Freud, la mente censora actuaba con el fin de librarnos de aquellos recuerdos que pudieran dañar nuestra sensibilidad emocional, o por lo menos así justificaba su existencia, ya que también se olvidan los sueños agradables.

Para recordar los sueños no hay que hacer gran cosa, es más, solamente hay que dejarlos aflorar. La verdad es que estamos acostumbrados a ejercitar nuestra mente en un solo sentido, a base de un considerable esfuerzo de concentración. Es verdad que para acordarnos de un dato o de un hecho pasado necesitamos ejercitar nuestra mente y disponer de la suficiente concentración. Pues bien, para permitir que los sueños pasen a la pista central del circo de nuestra mente, lo único que tenemos que hacer –y a veces esto es lo más difícil de todo– es relajar nuestra mente manteniéndola libre de todo tipo de trabajo o funcionamiento racional. Todos sabemos que cuando queremos «pescar» algún viejo recuerdo y nos interrumpen preguntándonos la hora o el número de teléfono, todo el trabajo se echará a perder de inmediato. Algo parecido pasa cuando tenemos un sueño en la mente.

Existen algunos ejercicios o prácticas que pueden ser de gran ayuda a aquellas personas a las que les cuesta recordar sus sueños, o también puede servir a quienes deseen mejorar dicho arte. La memoria consciente es importante dentro de este proceso y, por ello, toda actividad que la ejercite de algún modo, bienvenida sea. La práctica de la meditación y de la programación de sueños también se puede aplicar para incitar a la mente a recordar lo soñado. Para ello, antes de acostarnos haremos un **ejercicio de visualización** en el que imaginaremos el día siguiente, justo cuando nos estamos despertando. Como siempre que se juega con la visualización todo detalle es poco. Por eso intentaremos ver si está o no despejado por medio de la luz que entre por la ventana, también intentaremos sentir el roce de las sábanas en nuestra piel, sin olvidar en ningún momento la temperatura reinante. A la mañana siguiente, en cuanto nos despertemos intentaremos recordar cuáles habían sido los resultados de la visualización de la noche anterior y compararemos los resultados con las sensaciones del momento. Pero una advertencia: todo esto habrá que hacerlo desde la cama y sin que se haga el menor esfuerzo o de lo contrario espantaremos cualquier posibilidad de que afloren las primeras imágenes oníricas. Lo más común es que mientras hacemos este breve repaso matinal emerjan algunos recuerdos de la noche, sobre los que centraremos toda nuestra atención.

Clasificando el tipo de sueño

Poner un poco de orden y diferenciar los tipos principales de sueños resulta de vital importancia a la hora de buscar una interpretación posible. Como siempre que se hace una clasificación, tenderemos a englobar de forma arbitraria una serie de experiencias oníricas que compartan un tema o un estilo común. Es de esperar que un mismo sueño pueda estar a la altura de dos o más tipos al mismo tiempo, en cuyo caso será la persona encargada de interpretarlo la más apropiada para saber qué tema o estilo predomina, subordinando de esta manera el resto de las posibilidades.

A la hora de interpretar un sueño, resulta primordial ponerle un título, ya que así será mucho más sencillo delimitar el sueño y por tanto poderlo encasillar de forma mucho más clara. Seguramente alguien se preguntará: ¿qué más da si es un sueño de este tipo o de otro, si lo que se busca es conocer el mensaje que se esconde tras la simbología onírica? Lo que sugerimos a la hora de clasificar los tipos de sueños no es ni mucho menos limitar ni desechar en ningún momento aquella experiencia onírica que escape de dicha clasificación. Nuestra sugerencia es trabajar con los sueños sin que se pierda nada de la información recogida, al mismo tiempo que nos obligamos a identificar el motivo que suscitó en nuestro interior la aparición de tan particular evento.

Vamos a proponer hacer una primera división general que diferenciará a los sueños en cinco tipos distintos. Ya hemos dicho con anterioridad que puede haber sueños que por sus características puedan pertenecer a dos clases al mismo tiempo, así como también existe la posibilidad de que algún sueño muy particular escape a todo lo expuesto hasta el momento. Los cinco tipos principales son:

Sueños provocados por estímulos externos (Ext.)

Lo más peculiar de estas experiencias es que son desencadenadas como su nombre implica, por algún fenómeno de origen externo a la psique. También se pueden ver desde otro punto de vista y decir que son sueños producidos por la información recibida a través de células receptoras, que normalmente forman parte de los órganos de los sentidos. Lo más normal es que estos sueños a su vez se subdividan en sueños físicos y sueños fisiológicos.

Dentro de los sueños de origen **físico** cabe destacar las experiencias en las que una señal o situación externa a la persona durmiente penetre hasta las más hondas raíces de la mente y acapare todo el protagonismo del sueño. Normalmente, tras la repentina aparición de la señal, el individuo antes o después acaba por despertarse. Son por tanto sueños que se recuerdan a la perfección, ya que nos solemos despertar en plena fase REM. Un caso muy típico es el de incluir los sonidos que rodean a la persona que duerme dentro de un sueño en particular, por ejemplo el timbre de la puerta en lugar de despertarnos de inmediato, puede incluirse dentro de un sueño y aparecer como el timbre de una bicicleta que no cesa de ser tocado.

Una particularidad de este tipo de sueños, y que puede ser aplicada en general para otros sueños, es el cambio de atención o la subida de intensidad emocional que hay tras la irrupción imprevista de un evento dentro de un sueño. Puede que gracias a ello nos despertemos y recordemos un sueño que de otra forma jamás cobraría la importancia suficiente como para ser recordado, pero gracias a la irrupción de un sonido, un olor o de ser tocado, el sueño cobra una especial relevancia y somos capaces de retenerlo.

Dentro de los sueños desencadenados por estímulos externos, encontraremos además de los causados de forma física, los generados a partir de **situaciones fisiológicas**. No hay lugar a dudas de que cuando llueve u oímos un grifo gotear, fácilmente nos entrarán ganas de echar un trago de agua. La sed es en este caso la que distorsionará nuestro sueño y acabará por hacerse con el control de toda imagen onírica. Este caso concreto sería difícil de clasificar, ya que pertenece tanto a un origen externo y físico como a otro origen externo a la mente, pero en este caso provoca una sensación de naturaleza fisiológica como es la sed. El caso más típico es el desencadenado por la necesidad de evacuar las aguas menores. En la infancia se sueña muy a menudo que se está yendo a orinar a un cuarto de baño que aparece repentinamente en sueños o simplemente en un árbol que nos parece muy apropiado. En los niños que se orinan hasta edades ya bastante avanzadas, incluso de la segunda infancia, parece ser que el momento de la evacuación suele coincidir en la mayor parte de los casos con la fase de sueño paradójico, y por tanto dicha experiencia debe ser incluida dentro de un sueño en particular.

Resulta interesante ver el sentido o la explicación que Freud encontró para este tipo de sueños. Según el psicoanalista, cuando se tiene sed por la noche, por ejemplo a causa de haber cenado en exceso, es bastante normal que dentro del contenido de alguno de nuestros sueños nos veamos bebiendo agua copiosamente. Desde el punto de vista psicológico, soñar que estamos bebiendo nos satisface y resarce. Por eso dice el maestro que los sueños están para satisfacer nuestros deseos psicológicos, lo que en el fondo nos permite seguir descansando sin tener que interrumpir el restablecimiento de nuestras fuerzas. Pero esto tan solo sirve de forma psicológica, pues cuando físicamente no podemos soportar más, el cuerpo se despierta y nos tenemos que levantar a beber agua.

En el otro platillo de la balanza y contrarrestando lo que hemos llamado sueños originados por causas externas a la psique, cabría esperar otro gran grupo de sueños cuyo origen parte de experiencias propias de la mente. Dentro de este tremendo cajón de sastre, vamos a clasificar los sueños en cuatro grupos que veremos a continuación:

Sueños espirituales (Sprt.)

Se identifican fácilmente porque la mente se ha liberado por completo de las ataduras que impone en todo momento el cuerpo y la vida material. Las acciones más típicas son las de volar, respirar bajo el agua o viajar a través del espacio sideral. Las sensaciones que mejor se identifican con este tipo de sueños son las que se desencadenan a través del éxtasis místico o religioso. El infinito, la sensación de eternidad y de fusión con el entorno suelen aparecer en el contenido de este tipo de sueños reflejadas de algún modo. Es algo semejante a la idea de dios. También es posible que aparezca un animal o un personaje que se encargue de actuar a modo de guía espiritual que nos dirige y enseña la senda más adecuada.

Son típicas las experiencias de viaje astral en las que uno percibe cómo poco a poco va abandonando su cuerpo o incluso es capaz de verse a sí mismo durmiendo. Sobre este tipo de experiencias se ha discutido mucho, y las manifestaciones de las personas que más intensamente han vivido tal aventura son estremecedoras. A veces este tipo de experiencia onírica se convierte en un sueño lúcido, lo cual quiere decir que somos conscientes de estar soñando pero no nos despertamos. Si además el soñador es capaz de guiar su sueño en cierta manera, no hay duda de que se está produciendo un auténtico viaje astral, cosa que se podrá comprobar si el individuo se esfuerza e intenta mirarse primero las manos para posteriormente intentar fijarse en el abdomen, del cual se dice que parte lo que se llama el cordón de plata que hace las veces de cordón umbilical entre el cuerpo físico y el cuerpo astral.

El **sueño arquetípico** también viene a formar parte del grupo de los sueños espirituales. En este tipo de sueños el individuo parece conectar con lo que Jung llamó el inconsciente colectivo, ya que la temática, en resumidas cuentas, viene a ser parte de alguno de los mitos más antiguos de la humanidad. Es algo semejante a soñar con el génesis, con el mito de la creación o con el misterio de La Trinidad. Algún que otro sueño siempre esconde en el fondo figuras tan antiguas y arquetípicas que nada tienen que ver con la vida personal o incluso cultural del individuo.

Para poner punto final al apartado de sueños espirituales, es necesario mencionar un par de experiencias que no pueden ser pasadas por alto. La primera de ellas es lo que vamos a llamar **sueños de evolución personal**. Dentro de este tipo de sueños, el individuo se sueña a sí mismo sin ningún tipo de limitación psicológica. Es como si todas las facultades físicas y psíquicas de la persona se desarrollaran y se pusieran en funcionamiento sin ningún tipo de traba. Normalmente las personas, por nuestras vivencias, nuestra cultura y nuestra educación, vivimos con un buen número de límites que a menudo pueden ser causa de ciertas frustraciones. En el sueño de evolución personal, nuestro inconsciente nos está mostrando facetas de nosotros mismos que claman por ser liberadas de las ataduras del miedo y de los complejos. El otro tipo de sueños que debemos señalar es el **sueño revelador**, que en cierto modo se asemeja al de evolución personal. El sueño revelador nos ayuda a afrontar e incluso a solucionar algunas facetas prácticas de la vida, y por eso puede ser encasillado dentro de otros apartados que no corresponden a los sueños espirituales. Sin embargo la sensación que acompaña a este tipo de sueños es prácticamente igual a la liberación mística propia de los sueños espirituales. De todos modos, en otros apartados seguiremos haciendo mención a este último tipo de experiencia onírica.

A modo de contrapunto con la faceta más espiritual del ser humano, vamos a fijar ahora nuestra atención en otro tipo de sueños que trata aspectos más mundanos y comunes.

Sueños de satisfacción del deseo (S. Deseo)

Para Freud, todo lo que mueve inconscientemente al ser humano se traduce en la satisfacción de sus deseos más primarios. Los sueños en los que la mente se libera de la carencia de ciertos bienes materiales, y en los que se desatan las pasiones primarias del individuo, se encuentran todos incluidos dentro de este sugerente grupo. Hay que hacer mención a una sutil diferencia entre este tipo de sueños y los producidos por estímulos externos. Es muy posible que un día nos acostemos sin cenar y se nos produzca un sueño en el que participemos en una gran comilona. En este caso, el origen es puramente físico, es decir, nuestro estómago está secretando y hay unas células receptoras que así se lo hacen saber a nuestro cerebro. Sin embargo, es normal que a pesar de tener bien saciadas las necesidades de primer orden, nuestra mente sea perfectamente capaz de generar sueños cuya trama principal sea saciar y regodearse de forma superlativa a partir de placeres terrenales, a modo de bacanal romana.

Dentro de este tipo de sueños podemos englobar lo que ha sido llamado como **sueño erótico.** Sin embargo hay que matizar, al igual que antes, que hay un buen número de estos que corresponden al grupo de los de estímulos externos, y que por tanto son mera respuesta a una necesidad fisiológica. Más allá de la liberación puramente física, el sueño erótico representa uno de los mitos más antiguos de la humanidad, es la unión mística del hombre con su complementario, y en dicho caso se debe contemplar como un sueño de tipo espiritual. En el caso que nos ocupa, el sueño erótico se vive a modo de homenaje con que el inconsciente premia al individuo. Lo cierto es que hay mucha simbología asociada a este tipo de sueños. Freud asociaba un sinfín de acciones y de símbolos al deseo sexual. Por ejemplo, según este psiquiatra la acción de subir o de bajar escaleras simboliza hacer el amor, al igual que lo era para él montar a caballo. Por otro lado, C. G. Jung diferenció las connotaciones de tipo místico que se esconden tras el acto amoroso de las placenteras en las que lo único que se busca es la pura satisfacción carnal.

Los sueños de disfrute sensual de los sentidos se viven, en general, a través de vigorosas imágenes que vienen a representar las necesidades más profundas de la mente inconsciente. Es posible reconocer este tipo de sueños por lo marcado de su simbolismo, y en general por su temática, que suele escapar de las preocupaciones propias de la ajetreada vida moderna. El único fin que aparece tras los sueños de disfrute sensual es el de saciar con la imaginación aquellos placeres corporales que de algún modo han sido desplazados por motivos que consideramos de mayor importancia. Rara vez el disfrute onírico se produce por medio del sentido del tacto o del olfato.

Los fenómenos auditivos aparecen con mayor frecuencia, y pueden ser causa de deleite, aunque lo más frecuente es que sean las imágenes y el ambiente que susciten las encargadas de llevar la voz cantante en este tipo de sueños.

Sueños de ansiedad (Ansd.)

Según estudios realizados, parece ser que este es el tipo de sueño que se da con mayor frecuencia en el ser humano. En general, todos estos sueños comparten o tienen un origen común que parte de las preocupaciones que a diario genera la vida y la rutina. Además, este tipo de experiencias suelen estar cargadas de un simbolismo bastante difícil de descifrar, ya que por lo común se muestra de una forma poco clara. La sensación de angustia, miedo, terror o ansiedad cobran tal protagonismo que muchas veces no encontramos sentido a las imágenes o incluso no somos capaces de descifrarlas ni de recordarlas. Pero es gracias a esta clase de sueños como la mente se libera del exceso de preocupación y de responsabilidad que en numerosas ocasiones bloquean al ser humano. Es importante ver la vida onírica como liberadora de tensiones que de forma consciente el individuo es prácticamente incapaz de solucionar. Los sueños de ansiedad conforman un material estupendo para ser comentado o incluso para ser llevados a algún tipo de terapia grupal. En los últimos años se han utilizado terapias como la dramatización de sueños en la que la gran mayoría del material utilizado pertenece a este tipo de sueños.

Dentro de este gran grupo de experiencias cabe hacer pequeños apartados según la naturaleza de cada sueño en cuestión. El más conocido por todos es la **pesadilla**. Hay un buen número de autores que se opondrían de pleno a incluir la pesadilla dentro de los sueños de ansiedad, es más, la pesadilla para ellos merece disponer de un apartado exclusivo. En la pesadilla la emoción o el ambiente emocional predominante es el del terror. Pero, ¿qué escena terrorífica escapa de la sensación de ansiedad y angustia? Está claro que la pesadilla representa una auténtica amenaza para la identidad del soñante. En muchos casos es una mera vía de liberación y de expresión de los miedos personales. La vida diaria no nos permite vivir experiencias tan intensas por culpa de una presión social que nos limita y acorrala. Hay ocasiones en las que el individuo necesita vivir experiencias de gran peligro, precisa sentirse amenazado. Es posible que tras una pesadilla se hayan liberado un montón de sustancias orgánicas que se han ido acumulando a diario sin que llegaran en momento alguno a ser consumidas. Esto no quiere decir que sea normal que una persona padezca pesadillas con cierta frecuencia. Si esto ocurre habrá que pensar en algún tipo de desajuste orgánico y psíquico que deberá ser tratado de inmediato.

No es extraño que ciertas pesadillas aparezcan representadas en nuestros sueños en varias ocasiones a lo largo de la vida. Incluso es bastante común que se presenten de forma recurrente. Hoy en día existen buenos métodos para acabar de pleno con este tipo de inconveniente, tan solo hace falta un poco de determinación y constancia.

A continuación vamos a entrar en otro tipo de sueños de ansiedad que podrían a menudo confundirse con la pesadilla dada la gran persistencia con que se presentan. Son los **sueños recurrentes**. El sueño recurrente es aquel que se presenta con cierta frecuencia dentro de una misma noche, en días consecutivos o a lo largo de cierto periodo de tiempo. En general la persona que lo sueña tiende a despertarse o a poner punto final al sueño siempre en el mismo punto, lo que genera aún mayor ansiedad. Hay otros casos en los que el sueño va poco a poco avanzando, y cada vez que se presenta se logra vislumbrar un poco más de contenido de dicha representación inconsciente. Está claro que si los sueños son la forma principal de que dispone el subconsciente de expresar sus inquietudes, el sueño recurrente se produce por no llegar a liberarse plenamente una tensión, emoción o preocupación. Generalmente esto se interpreta como una intervención por parte del consciente que interrumpe dicho sueño por miedo o por otro tipo de causas y no llega a completarse el proceso al completo, lo que inevitablemente obligará al individuo a revivir de nuevo dicha experiencia. Una forma clara de acabar con este tipo de sueños obsesivos se basa en el trabajo personal para alcanzar lo que se llama un **sueño lúcido**. Cuando el individuo sabe a ciencia cierta que está soñando, las emociones que se despiertan dentro de un sueño no son tan intensas y es muy posible que consiga no interrumpir el proceso. Esto se puede conseguir por medio de la programación mental. Un ejercicio que se puede llevar a cabo, consiste en meditar cinco minutos cada noche, justo antes de dormir, repitiendo alguna imagen mental del sueño recurrente a la par que nos centramos en intercalar una imagen de nuestras manos en dicha secuencia. Es muy posible que cuando vuelva a presentarse de nuevo el sueño recurrente aparezcan nuestras manos; es más: ¡hay que intentar verse las manos durante el sueño! Si eso ocurre, habremos conseguido cambiar el sueño recurrente por un sueño lúcido en el que nos sentimos plenamente conscientes de que estamos simplemente soñando y por tanto no habrá nada que temer. De esta forma el sueño se resolverá satisfactoriamente y no volverá a presentarse ni a ser causa de ansiedad.

Otro tipo de sueños de ansiedad que aparecen con cierta frecuencia son los **sueños de tipo profesional**. Aunque en este caso los niveles de ansiedad suelen ser de menor intensidad, la emoción predominante sigue siendo la misma. Es perfectamente normal –y sano– tener este tipo de sueños, ya que la vida laboral exige grandes responsabilidades las cuales generan a su vez fuertes dosis de ansiedad. Muchas veces no somos capaces de liberar nuestra mente por medio de distracciones de las tensiones que la vida consciente nos depara y por tanto tenemos que recurrir a las horas de descanso para paliar tal desequilibrio. La simbología que aparece es reveladora de cómo nos vemos ante la vida laboral y de cómo es nuestro comportamiento respecto al estatus social. Nuestros deseos de ascender o la inseguridad ante el puesto que desempeñamos, así como las relaciones con nuestros compañeros, suelen aparecer camuflados entre las simbólicas imágenes de estos sueños. Dentro del marco que envuelve a este tipo de experiencias es muy posible encontrar las pequeñas dificultades que están impidiendo que nuestra labor se desempeñe con la suficiente fluidez como para que sea plenamente satisfactoria. Es importante prestar atención a los sueños profesionales dada la cantidad de horas que pasamos diariamente dedicados a esta actividad.

Otros sueños

Por más que intentemos recoger de forma ordenada la totalidad del material onírico, hay que aceptar que el inconsciente siempre escapa y supera con creces todas las estructuras que su compañero consciente prepare para poder encasillarlo. Hay por tanto un buen número de sueños que no encajan en ninguno de los grupos mencionados, o mejor dicho, que podrían ser incluidos en más de dos grupos al mismo tiempo, con lo que en lugar de quedar definido, serán siempre causa de incertidumbre y discusión.

Uno de estos tipos son los que se pueden llamar **sueños de origen psicoanalítico**, ya que claramente manifiestan conflictos internos y personales que incumben principalmente al sujeto que los elabora. Por ejemplo, todos tenemos algún tipo de fobia que seguramente se nos ha transmitido en nuestra más tierna infancia. Ese temor acumula o bloquea en cierta medida la expresión emocional de la persona generando así un desequilibrio que tan solo el sueño es capaz de liberar. Para interpretar dichos sueños es preciso hacer una labor psicoanalítica de la persona, ya que la simbología expresará algo que está oculto incluso para nuestros propios ojos, y por lo tanto se precisa la ayuda de un psicoterapeuta.

Las relaciones personales son a menudo causa de múltiples conflictos que acogotan el inconsciente personal. Sin saber muy bien por qué, cada uno de nosotros vive las relaciones personales desde muy diferentes perspectivas. Las respuestas emocionales no son las mismas si nos relacionamos con una persona o con otra. Es más, se da el caso de relaciones que nos «tocan la fibra sensible» y que sin quererlo destaponan conductas inconscientes que creíamos tener bajo control. Los personajes que aparecen en nuestro mundo onírico tienen siempre un representante en la vida real. Encontrar dicha relación puede resultar gratamente revelador y al mismo tiempo nos permitirá crecer y entender el motivo que nos está impidiendo relacionarnos abiertamente con los demás.

Anteriormente hemos hecho mención al **sueño lúcido**. Ahora vamos a tratar una serie de experiencias en las que la mente actúa por su cuenta y riesgo, plenamente liberada de toda atadura o lastre emocional, en el que el sueño lúcido puede ser incluido. Este tipo de sueño se reconoce porque la persona que sueña toma plena conciencia de sí misma sin que el sueño sea interrumpido. Esto es algo parecido a lo que normalmente se conoce con el nombre de estado alterado de conciencia, que no es otra cosa que encontrar un punto de percepción en el que el yo consciente y el inconsciente coexisten. En cierta medida estos sueños pueden ser guiados por la propia persona, pudiéndose en parte desviar la atención hacia aquellos temas que más interés susciten en la persona que está viviendo plenamente la experiencia. No suele ser un sueño común, pero tampoco es extraño que de repente surja en nuestra vida onírica una experiencia de tales características. Realmente, si se quiere trabajar al respecto se pueden conseguir muy buenos resultados, tan solo hace falta dedicación y continuidad, además de cierta experiencia en prácticas de control mental y meditación.

Otro tipo de sueños donde la mente impera son los llamados **sueños inteligentes**. Gracias a ellos, se pueden obtener resultados y soluciones que en la vida práctica no fuimos capaces de obtener. A veces las emociones impiden que demos con el quid de la cuestión, y solo basta proceder de un modo puramente mental para hallarlo. En la historia de la ciencia muchos son los casos en los que el sueño inteligente ha ayudado a encontrar la solución que durante años ha sido tan esperada. Es conocido el caso del modelo atómico de Böhr, el químico soñó una noche con una imagen que se asemejaba claramente a un sistema planetario y rápidamente comprendió de lo que se trataba. Gracias a ello consiguió la solución que coronó largos años de investigación y estudio.

Por último mencionar lo que se puede conocer con el nombre de **sueños de revelación**. La mente onírica nos está constantemente mostrando de lo que somos capaces, de nuestras capacidades latentes. Todos nosotros somos grandes artistas en potencia, somos capaces de elaborar imágenes y situaciones dignas de un gran director cinematográfico. También, en sueños, podemos obtener y encontrar un sinfín de consejos sentimentales que nos ayuden a nosotros mismos y a los demás a guiar nuestras vidas. Por otra parte existe siempre la sensación de la premonición. Todos hemos vivido de algún modo tales situaciones. Hay quienes las viven a través de otras personas y quienes las experimentan por sí mismos. Hay registrados sueños de Napoleón que se anticiparon en el tiempo a los resultados de algunas de las más importantes batallas de la historia.

Visto que la mente, el inconsciente y los sueños superan con creces las posibilidades personales, es interesante ver la forma en que esto ha afectado desde siempre al ser humano. En algunas culturas primitivas se creía que los sueños eran legados que los dioses hacían a sus hijos mortales. En otras incluso se decía que el individuo era poseído por un espíritu superior que lo alumbraba. Hoy en día, ¿no sería apropiado pensar que nuestra idea de Dios surge justamente de las posibilidades que nos ha mostrado desde siempre nuestro inconsciente? ¿No diríamos que una persona es un gran mago simplemente si es capaz de encontrar un punto de anclaje en el que coexistan consciente e inconsciente? Nuestros sueños nos hablan de nuestros miedos, de nuestros complejos y limitaciones, pero también de nuestras posibilidades. No hemos mencionado la función de los **sueños terapéuticos**, pero hay casos en la historia en que por medio de un sueño hay personas que han escapado de lo que la ciencia llama una muerte inevitable. Aprender a manejar, a entender y a vivir las experiencias y los mensajes de la noche es una de las más apasionantes aventuras para disfrutar en esta vida.

Significado de los sueños

Una vez hemos visto cómo se deben recoger y recapitular los sueños, así como la manera de poder incubar o por lo menos orientar nuestra vida onírica, y una vez vistos también los tipos principales de clasificación de sueños, entonces sólo nos queda entrar en la vertiente más interesante, la de la interpretación.

No hay que olvidar en ningún momento que el sueño es una proyección o prolongación de nosotros mismos y de nuestra vida. Para interpretar adecuadamente un sueño es preciso partir de una mente libre de prejuicios. Las ideas preconcebidas rara vez pueden resultar beneficiosas a la hora de profundizar en un tema. Es importante que también seamos capaces de conseguir cierto desapego emocional. Asustarnos o cohibirnos ante los contenidos de nuestros propios sueños es similar a tener vergüenza de nosotros mismos. Por último, recordar que no todos los sueños pueden ser interpretados, y mucho menos por uno mismo. Obsesionarse con buscar una posible interpretación distorsiona sin duda los resultados, y tan solo conseguiremos agotar nuestra energía mental y emocional tontamente.

Para ponerse manos a la obra e interpretar un sueño en particular es necesario tener en cuenta una serie de normas que nos guíen a modo de método interpretativo. Como trabajo previo hay que tener en consideración la cultura, la edad, el estado civil y las expectativas del soñante. Está claro que una persona con mayor nivel cultural aporta una simbología más compleja que, por ejemplo, un niño. A lo largo de la vida, el individuo va atravesando una serie de etapas que más o menos están definidas por una serie de inquietudes y expectativas que marcan claramente a la persona. Planteándonos sencillos interrogantes que sondeen el material onírico seremos capaces de extraer claves importantes que posteriormente buscaremos en el diccionario de símbolos.

Es importante analizar *de qué* trata el sueño. La trama o el argumento es fundamental. Puede ser sencilla, carente de estructura o sumamente compleja e imbricada con otras temáticas que afectan al soñante. Un argumento complejo puede estar indicándonos una gran riqueza y una exuberante imaginación o bien la presencia de dificultades y preocupaciones. Ello dependerá del sentido emocional que acompañe a dicho sueño.

También es necesario conocer *quién o quiénes* aparecen durante el transcurso del sueño. Los personajes presentes y los roles o papeles que desempeñan precisan de la máxima atención a la hora de buscar una posible interpretación. No está de más repasar las emociones y los recuerdos que despiertan en el soñante cada una de las personas o personajes que aparezcan. Ni que decir tiene que el punto de vista que adopta la persona mientras sueña es fundamental. Ser un mero espectador de sus propios sueños nada tiene que ver con ser el protagonista principal o por lo menos aparecer en «el reparto». El protagonismo suele ir asociado a estados de optimismo, de confianza personal o simplemente cuando se abren una serie de gratas oportunidades ante uno. Ser espectador se interpreta en la mayor parte de los casos con cierto fatalismo y carácter derrotista por parte del autor.

Las sensaciones que se producen en el transcurso del sueño, así como las emociones y el sentimiento reinante pueden ser recapitulados preguntándonos *de qué manera* discurre el sueño. Hemos visto la importancia de esto en el apartado que habla del ambiente emocional. *Dónde* discurren los acontecimientos nos ayuda a determinar lo que hemos llamado el marco emocional, que como hemos visto con anterioridad, suele estar cargado de simbolismo y significado.

Antes de pasar de lleno al diccionario de símbolos e imágenes arquetípicas, es interesante ver la manera de agrupar estos términos según las categorías a las que pertenezcan. A continuación vamos a desglosar un poco las principales que suelen aparecer en la mayoría de los sueños.

Los roles principales que interpretan los personajes que actúan dentro de la trama soñada llevan asociados un significado que nos puede ser de gran orientación. Por ejemplo, el papel de *la madre* nos hace pensar en la necesidad de protección por parte de la persona que sueña con esa imagen, o bien en que dicha persona no se siente con fuerzas de seguir su camino por sí sola. En cambio *el padre* representa la decisión y la energía suficiente para ser capaz de enfrentarse y de resolver los conflictos de la vida por uno mismo. El papel de *los hijos* es siempre el resultado de la expresión y de la creatividad conjunta por parte del matrimonio. *Los hermanos y/o vecinos* nos ayudan a vislumbrar y a descubrir aquellas facetas de nosotros mismos que tan solo apreciamos cuando son proyectadas en nuestros semejantes. *Las personas mayores* están inevitablemente asociadas a la sabiduría y a la experiencia de tan largos años de existencia.

El marco en el que se desarrolla la acción es muy importante. Cuando es un espacio cerrado lo podemos comparar con nuestra propia casa, si es un espacio abierto entonces se interpreta como lugar público. En el caso de un marco cerrado, entonces el estado del lugar nos concierne y nos afecta personalmente de forma directa. Por ejemplo, la fachada simbolizará nuestra imagen ante el mundo exterior. El desorden o la suciedad que reine en su interior, simbolizará el estado de nuestro mundo interior. Las puertas hablarán de cómo son nuestras relaciones y de la agilidad con que sabemos aprovechar las oportunidades que la vida nos ofrece. Cómo esté decorada o la cantidad de muebles que se encuentren en el interior de la vivienda nos harán pensar en la claridad de nuestras ideas y pensamientos. Y la escasez y la austeridad en el decorado representan la deficiencia de una vida interior lo suficientemente rica para ser dichosa.

El vestuario es un complemento que modifica el aspecto externo de cada uno de los personajes y por tanto nos estará indicando las intenciones y el deseo que tienen cada uno de ellos a la hora de querer o no influir sobre los demás. Por ejemplo, la desnudez es la forma más clara de ser sincero con los demás, uno se muestra tal y como es frente al mundo. Como siempre son de vital importancia las emociones que acompañan a la imagen. La vergüenza de la desnudez es bastante común y nos impide actuar de forma natural ante los demás. Cuanto más complejo y estrafalario sea el vestuario más falsedad se asociará a la faceta social del personaje en cuestión.

Los *productos que se consumen* en el sueño, tales como bebidas o alimentos, se han de interpretar a modo de alimento espiritual. Si este alimento se comparte, entonces interpretaremos que el individuo está dispuesto a enriquecerse y a crecer personalmente por medio de la colectividad y el trabajo en grupo. Puede ser también que seamos nosotros quienes demos o preparemos el alimento para los demás, entonces se interpreta como búsqueda de poder y necesidad de amparar a otros bajo nuestra guía espiritual. Cuando es dinero lo que se maneja en el sueño, hay que entender que se trata de potencialidad, de energía vital y de creatividad. Emplearlo de forma positiva siempre crea nuevas oportunidades, alimenta nuevas esperanzas y favorece o da pie al buen desarrollo de nuestros proyectos.

Los *accidentes y enfermedades* aparecen a menudo dentro del contenido de los sueños más comunes. Sin duda alguna, siempre que aparezcan habrá que pensar en algún tipo de aviso, tal como si nuestra vida interior estuviera en peligro. Las operaciones también representan algo similar. Inconscientemente consideramos que aquel órgano a operar se ha convertido en algo que debe ser eliminado, ya que es causa de problemas. Por ejemplo, una operación del estómago puede estar indicándonos que nuestra irritabilidad está siendo causa de excesivas pérdidas energéticas, y que de algún modo debemos evitar crispar nuestro ánimo, aunque para ello haya que extirpar la parte dañada.

Los *viajes* entran a formar parte de los sueños con bastante frecuencia. En líneas generales se suele decir que el viaje viene a representar de algún modo simbólico el desarrollo de nuestra vida. Las encrucijadas, los ríos y otros obstáculos que pueden aparecer vienen a representar los problemas o las limitaciones psicológicas que se encuentran en nuestro mundo interior. Todo, absolutamente todo, lo que aparece en el transcurso del viaje tiene una correlación con la vida personal. Por ejemplo, el equipaje representa el lastre o los problemas que nos hacen marchar más lentamente. Puede incluso que en un momento dado sea tan excesivo que no podamos continuar adelante.

Los *animales* son todavía para muchas tribus amazónicas la muestra viva del espíritu de los dioses. Sus mitos, sus tótems y sus divinidades están cargados de representaciones animales. No nos debemos extrañar de que nuestra mente instintiva y nuestras imágenes arquetípicas se asemejen a las de dichas tribus y que por tanto los animales de compañía carguen con nuestros dioses. Por ejemplo, los perros representan el espíritu de la fidelidad y la devoción, mientras que los gatos son símbolo de poder, independencia y sigilo. Los animales que aparecen en los sueños vienen a decir qué parte de nosotros mismos no reconocemos por resultar tan obvia y elemental.

Podríamos seguir enumerando múltiples categorías de símbolos que resultarían sin duda interesantes desde el punto de vista de la interpretación de los sueños. Pero lo que se pretende es que el lector comprenda el funcionamiento básico que le ayude a desenmascarar el mensaje que se esconde tras el fascinante mundo de los sueños. En el diccionario que a continuación se desarrolla se ofrecerán una serie de significados posibles para cada término con el fin de que el investigador escoja el que mejor se adecue a la categoría a que pertenezca dicho símbolo. Por ejemplo, una naranja puede destacar por ser un alimento o bien por el color tan llamativo de su piel. Realmente ejerce ambas influencias, pero será la persona que interprete el sueño quien tendrá que evaluar la incidencia de cada una de las dos propiedades que están influyendo en el significado del sueño.

DICCIONARIO DE INTERPRETACIÓN DE LOS SUEÑOS

DE LA A A LA Z

Abandonar. La acción de abandonar puede ser, o bien realizada de forma activa por la persona que sueña, o bien siendo asumida de forma pasiva por la misma. Hay ciertos matices que diferencian ambos aspectos, pero lo más interesante de la acción de abandono es la necesidad que tiene el individuo de verse liberado o desapegado respecto a las personas que abandona o son abandonadas. Soñar con este tipo de acción denota que nos sentimos presos de una serie de circunstancias asfixiantes a las que se debe poner fin.

Ansd. Es bastante común que sintamos una profunda angustia cuando somos abandonados en un sueño. El abandono por parte de la madre o la pareja –en el caso de un hombre– nos estará indicando cierta problemática con el mundo material. En el caso de ser abandonado por el padre o por la pareja masculina, entonces habrá que pensar que al individuo le falta fuerza de decisión, determinación y voluntad.

Abanico. Por el poder sobre el aire, que es manejado al antojo de la persona que se abanica, este utensilio confiere cierta dignidad y respeto a quien lo utiliza.  Antiguamente el abanico se utilizó en rituales de magia y su uso era considerado como una protección contra los espíritus malignos. Abanicarse es como espantar los malos humos que se puedan adherir al campo energético individual. La forma del abanico representa simbólicamente a la vida, que parte de un instante primordial y se expande en todas las direcciones. Soñar con un abanico aclara y pondera cuál es el personaje que lleva la voz cantante. Quien se abanica, manda.

S. Deseo. El abanico entra a formar parte de los cortejos, la coquetería y la intriga. Dejarse abanicar, representa que la persona accede a presenciar el arte de seducción de quien posee en ese momento el abanico.

Sprt. El mero hecho de abanicarse en sueños puede significar que precisamos limpiar nuestra aura, y alejar de nosotros las malas vibraciones que se nos adhieren.

 **Abedul.** Ancestralmente se usaban las varas de este árbol propio del mundo celta para azotar con él a las personas que de algún modo habían perdido el sano juicio. Se creía que de esa manera se ahuyentaría a los malos espíritus. Las muescas que aparecen horizontalmente en la corteza de su tronco dieron pie al chamanismo a creer que eran los escalones que hacían de este árbol la escalera que permite que el espíritu se eleve alcanzando el bien supremo. Soñar con este árbol puede interpretarse como que, en cierta medida, consideramos que debemos ser castigados por nuestros errores. Es como si sufriéramos por tener mala conciencia. De todas maneras, al tratarse de un árbol tendremos que tener en cuenta el porte y la presencia de este elemento dentro del sueño, así como consultar en este diccionario la palabra ÁRBOL.

Abeja. Este insecto ha estado desde siempre consagrado al mundo de la divinidad. Su forma de reproducción partenogénica ha sido uno de los misterios que más ha ayudado a generar el emblema de inmortalidad que envuelve a la simbología de este pequeño animal. La miel, producto principal de la abeja, es considerada un alimento celestial. Además, por la incansable labor que realizan yendo y viniendo constantemente de la flor o el agua al panal, se le otorga a la abeja el simbolismo de mensajero de los dioses. Soñar con abejas es como enviar o recibir un mensaje del otro mundo. Son presagio de eventos importantes.

Ansd. Las abejas pueden representar el peligro. Verse atacado o picado por una o más abejas augura algún tipo de conflicto con nuestros socios a través de las relaciones laborales o comerciales.

Sprt. Al representar la abeja a un animal sagrado, cualquier tipo de acción que las perjudique manifestará que nuestra espiritualidad es deficiente y necesita ser atendida.

Ext. Siempre es posible que el aleteo de un insecto nocturno invoque la señal de alarma por medio de una abeja que interfiera en nuestros sueños.

Abeto. Árbol mágico que representa a los elegidos. La paciencia es la virtud que aparece asociada a esta especie y que hace exclusivas a ciertas personas representadas por el mismo. Soñar con este árbol es presagio de buena suerte y de gracia divina. *Véase* además la palabra ÁRBOL.

Abismo. Figura muy importante y de gran simbolismo dentro del mundo de los sueños. Es un término complejo, ya que por una parte denota profundidad y por otra conduce a pensar en degradación y humillación para la persona que cae. Soñar que caemos en un abismo es siempre aviso de que se aproxima un final traumático, que peligra algo de relativa importancia para el individuo. Las emociones que se despiertan en torno a esta figura son tan intensas que normalmente se pierden las demás referencias que acompañaban al abismo. Saber por qué caemos en el abismo o qué nos enfrenta a él, es a menudo muy difícil de recordar, al mismo tiempo que nos da la clave de interpretación del sueño.

Sprt. Cuando nos vemos inmersos en un abismo es semejante a profundizar inexorablemente en un tema que nos preocupa. Esta acción decidida encierra por lo general cierto peligro, pero también nos da la oportunidad de traspasar los miedos y encontrar una solución que esté más allá de las limitaciones impuestas por el temor.

Otros. Dejarnos caer y disfrutar de la sensación de caída, puede transformar un sueño de ansiedad en un sueño lúcido, en el que en cierta medida sentimos que llevamos las riendas de los acontecimientos. Cuando el sueño de caer en un abismo se vuelve recurrente, es preciso intentar tomar conciencia de uno mismo mientras se vuelve a reproducir dicha situación. Mirarse las manos o cualquier otra referencia hacia nosotros mismos puede ser de gran ayuda. Traspasar los límites del temor y de la angustia, es sumamente liberador para el individuo.

Abluciones. Con agua clara se les adjudica siempre el sentido de purificación o incluso de iniciación, como ocurre con el bautismo. Es una forma de representar la limpieza y la liberación que podemos arrastrar del pasado. En el caso de un niño recién nacido, su pasado representará a las vidas pasadas, explicado claro está en el lenguaje de la reencarnación. Tras la ablución se consigue un estado de inocencia y transparencia espiritual. Soñar con abluciones debe ser interpretado como deseo de limpieza del mundo interior. El individuo precisa sentirse franco y puro para así poder ser alegre y feliz. El estado de las aguas denota claramente las circunstancias que rodean al individuo.

Abogado. Es una figura poco grata en la vida cotidiana, por lo tanto soñar con un abogado no es un buen presagio en general. En torno a esta figura siempre rodeada de problemas y querellas pesan un sinfín de consecuencias negativas que deben ser barajadas según el papel que el protagonista asuma respecto de ella. Si se sueña que uno es abogado, entonces es muy posible que consideremos que un amigo o familiar precisa nuestra ayuda. Por el contrario, si el abogado es una figura ajena, se ha de interpretar que el que sueña se encuentra rodeado en su vida diaria por un ambiente problemático y falto de veracidad.

Abortar. Al igual que otras acciones, todo depende del sujeto que las realice. La acción de abortar simboliza los problemas que aparecen al liberarse de una carga que en definitiva no pesaba como tal. Desembarazarse de una bendición siempre deja un sabor de boca falto de satisfacción. Si nos ocurre en primera persona nos hará pensar en que nuestros proyectos no tendrán un final feliz a causa de una cruenta intervención. En el caso de ser meros espectadores del asunto, haremos bien en pensar que algunos aspectos de nuestra vida tendrán que esperar, puesto que habrá retrasos por causas insospechadas.

Abrigo. Esta prenda de protección frente al frío debe ser contemplada a modo de caparazón emocional. Por una parte nos defiende de las «inclemencias» del ambiente, pero inevitablemente también da la imagen de que escondemos algo bajo el abrigo. Quien aparezca en sueños portando un abrigo, se mostrará ante nuestros ojos como una persona de buenas formas pero que genera en nosotros cierta desconfianza. Si somos nosotros mismos los que llevamos el abrigo, entonces es que nos preocupa nuestra imagen debido a la fragilidad de nuestro mundo interior.

Abrir. Este tipo de acción siempre se relaciona con el futuro. Tras soñar con una apertura, se avecina un cambio. El contexto del sueño determinará la importancia de esta acción, es decir, si ocupa un papel principal o 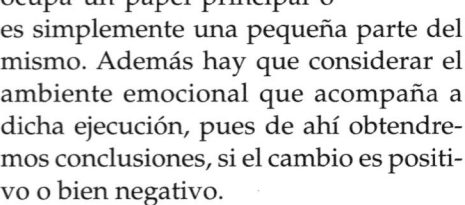 es simplemente una pequeña parte del mismo. Además hay que considerar el ambiente emocional que acompaña a dicha ejecución, pues de ahí obtendremos conclusiones, si el cambio es positivo o bien negativo.

Abuelos. Son figuras muy relevantes para el individuo. Tras un abuelo siem-

pre hay un misterio, una relación más espiritual que física. Son la representación viva de nuestros antepasados, frente a los que hay que profesar gran respeto y veneración. El valor fundamental que estas figuras representan son la tradición y la sabiduría de la vida. Cuando los abuelos de la persona que ha tenido el sueño han fallecido, la presencia de estos se ha de interpretar como una cierta falta ante la moral y el deber. Representan autoridad y respeto, y por lo general acechan las faltas y las desviaciones de sus hijos y de sus nietos. No hacer caso a los sabios consejos de los abuelos es semejante a caer en desgracia, por eso, en ocasiones, soñar con ellos se considera como aviso de una pequeña desgracia.

Sprt. La conexión personal que se tiene con los abuelos genera habitualmente sueños de este tipo. Pero más que liberar al espíritu, obliga al individuo a trabajar en su mundo interior, a revisar sus valores personales y a profundizar en sus orígenes. Incluso se da el caso de tener que revisar el pasado.

Ansd. No hay que olvidar que la pérdida de un abuelo suele ser uno de los primeros traumas que sufre el ser humano, cuando apenas tiene uso de razón. No es extraño revivir dicha pérdida en numerosas ocasiones.

Abusar. Este tipo de acción no suele verse de forma patente, aunque puede manifestarse abiertamente dentro de un sueño. Generalmente suele ir camuflado por algún tipo de acción y lo que da el sentido de abuso es el contexto y el ambiente emocional. Abusar es siempre una demostración de dominación, lo que hace pensar en complejos de inferioridad y superioridad. Si somos nosotros los que abusamos, entonces habrá que pensar que necesitamos humillar a otra persona para afirmarnos. Es un mal presagio y se suele relacionar con pérdidas materiales. Por el contrario, si abusan de nosotros, habrá que pensar en amistades un tanto dudosas.

Ansd. El abuso sexual suele aparecer en los sueños de las mujeres y estas harán bien en usar su gran intuición para descubrir en su vida real quién está utilizándolas por medio de artes poco nobles.

Acacia. En los países mediterráneos se ha asociado a este árbol el don de la inmortalidad. Usado en actos fúnebres, su aparición en sueños podría representar el deber moral ante la vida. *Véase* además la palabra ÁRBOL.

Academia. *Véase* ESCUELA.

Acantilado. *Véase* ABISMO.

Accidente. Los accidentes representan una mala coordinación psicomotriz generada normalmente por una interferencia de tipo emocional. Es decir, nuestros reflejos se ven entorpecidos por el incremento de la emoción, cuyo resultado es siempre de tipo catastrófico. Por eso, soñar con accidentes refleja de alguna manera nuestra inseguridad personal. Otra posibilidad es que nuestro inconsciente nos avise de algún tipo de inconveniente que se nos está viniendo encima y no somos capaces de ver.

Ansd. Hoy en día, el número de muertos en accidentes representa para el ser humano una de las muertes posibles. No es extraño soñar que estamos envueltos en un accidente de consideración. Lo importante en este caso es reconocer que es un sueño de este tipo y que revela las preocupaciones que se plantean en nuestra vida cotidiana.

Acebo. En la antigua Roma, el acebo era usado en las fiestas Saturnales –de ahí derivó el uso de esta planta de bolitas rojas en la Navidad–. La planta que da fruto y madura en este tiempo tan adverso ha sido interpretada como símbolo de buena salud y de felicidad. *Véase* además la palabra ÁRBOL.

Aceite. Simboliza la consagración del esfuerzo. Por su color oro se le otorga gran valor y riqueza. Soñar con aceite debe ser contemplado como una señal positiva del destino. El aceite facilita el movimiento, alimenta y resalta todo aquello que baña. Si se trata de un aceite sucio, habrá entonces que pensar que estamos persiguiendo nuestros fines por medio de las malas artes.

Ext. Soñar con aceite puede ser síntoma de digestiones pesadas y de cenas demasiado opulentas. Simplemente la imagen de una gran cantidad de aceite hirviente, generará náuseas y desagrado.

Aceituna. Hay gran alegría en torno a este pequeño fruto. Es curioso que además no se pueda comer directamente del árbol, que sea amargo y que se le considere un fruto dichoso. La aceituna puede además simbolizar jovialidad, sorpresas agradables, y riqueza material.

Acero. El acero es siempre símbolo de dureza, de impenetrabilidad incluso de imperturbabilidad. Aquello que se muestre de acero en nuestros sueños, nos estará indicando que precisa de afabilidad y delicadeza por nuestra parte. O bien reflejará aquellas facetas de la vida donde nos mostramos más duros y despiadados. *Véase* HIERRO.

Acicalar. Según sea nuestra apariencia externa, así deberemos de entender lo complicada y falsa que puede llegar a ser una persona. Cuando alguien aparece en sueños exageradamente acicalado, habrá que pensar que está pretendiendo ofrecer una imagen equívoca a los demás. Es una manera de enmascarar nuestra verdadera esencia personal.

Acoger. Esta noble acción puede representar una actitud protectora si somos quienes acogemos. En caso de ser acogidos habrá que pensar en una inconsciente necesidad de cuidado y cariño.

Acrobacia. Simplemente por presenciar este tipo de actividad surgirá en nosotros una gran emoción. La acrobacia representa siempre la fuerza del equilibrio y la destreza. Soñar que estamos realizando tales ejercicios debe ser relacionado con nuestra potencialidad. Seguramente nos sentiremos capaces de realizar acciones que nos desafían, pero que al mismo tiempo exigen una profunda transformación interior.
S. Deseo. Es bastante común que nos sintamos satisfechos al vernos realizar proezas que en la vida corriente somos incapaces de realizar.
Ansd. En los sueños de ansiedad, las acrobacias simbolizan las pruebas a las que nos estamos viendo sometidos.

Actor. Verse en el papel de protagonista, sentir la fama y ser el centro de atención de todo el mundo, representa de alguna manera que estamos siendo sometidos a una gran tensión. El éxito o el fracaso de toda empresa que tengamos entre manos, lo cargaremos sobre nuestras espaldas. Otra posibilidad es la de querer abandonar la personalidad o la responsabilidad de la vida corriente. Adoptar un papel determinado deberá ser valorado según el rol que desempeñe.
Ansd. Es bastante común que aparezca esta figura en sueños de este tipo cuando la vida de la persona que lo sueña se complica sobremanera.

Acuario. Esta ínfima representación de los océanos introduce en el hogar  toda la placidez y el suave fluir de la vida de las profundidades marinas. Si esta imagen aparece en sueños, revela gran confianza y capacidad de contemplación.
Ansd. Es posible que el individuo se vea preso en un acuario. Entonces habrá que pensar que las condiciones y las bases sociales que envuelven a la persona, resultan constrictivas.
Sprt. El acuario en los temas espirituales ha de ser contemplado siempre con deleite. Denota una visión superior del individuo que le permite sustraerse en parte de la sociedad.

Acueducto. Todo lo referente a las aguas interfiere de algún modo con la vida emocional de la persona. El acueducto conduce acertadamente las emociones, representando en parte una vía de liberación de tensiones que funciona a nuestro antojo. El enorme potencial que crea la conducción del agua nos lleva a pensar en riquezas a través de las relaciones establecidas.

Acumular. Cuando el inconsciente se empeña en acaparar riqueza material, aunque sea de forma simbólica, habrá que valorar la economía en la vida real. Es muy posible que preveamos de alguna manera que se están produciendo pérdidas o que se está preparando el terreno para ello.
Sprt. Acumular objetos materiales en sueños de clara naturaleza espiritual, se ha de interpretar como una seria deficiencia en el mundo interior. Aferrarse a lo material es lo mismo que poner límites a la experiencia.

Adelgazar. Por una parte, esta imagen puede ser interpretada como una purificación, una eliminación de aquello que nos sobra.

Pero a pesar de ello habrá que revisar la salud, ya que denota una clara disminución de la energía vital.
Ansd. Hoy en día son muchas las personas obsesionadas en mantener la línea. Si es el caso, se trata de un sueño que denota tal preocupación.
S. Deseo. Para las personas que «sueñan» con perder unos quilos, aparecer adelgazadas en sueños es una forma de dar rienda suelta a las satisfacciones por medio de la fantasía.

Adivino. La figura del adivino cobra en estos días mayor fuerza. Se le atribuye la simbología del maestro oriental, que en cierta forma nos enseña a ser dueños de todo nuestro poder personal. El adivino suele portar un mensaje que debe ser interpretado adecuadamente, ya que de alguna manera es un aviso procedente de nuestra más elevada conciencia.

Administrar. Verse en el papel de un administrador conlleva un juicio moral que nos inquieta. En definitiva, bajo la apariencia de poder de tal figura, se encierra un miedo a no ser capaz de hacer las cosas de forma acertada. Hay miedo a fallar.
Ext. Es muy posible que esta acción parta de una inquietud presente en la vida real que nos obligue a apretarnos el cinturón.

Adolescente. La adolescencia va de la mano de la eterna juventud. Cuando en un sueño nos vemos acompañados de adolescentes es que echamos de menos nuestra esencia personal, la autenticidad que

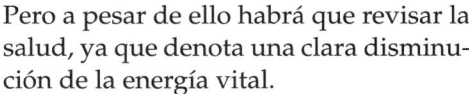

sentíamos cuando éramos jóvenes. La adolescencia también simboliza aquellos aspectos de la vida que no cambiarán nunca. Es posible que soñemos con ser lo que fuimos, y lo que en el fondo somos, pero que las circunstancias de la vida se empeñan en sepultar.

S. Deseo. En sueños eróticos es bastante común que las personas del sexo opuesto que aparezcan, sean adolescentes. Esta imagen se ha de interpretar como un sueño inalcanzable, un idilio platónico.

Adulterio. Cuando el adulterio aparece en sueños, cabe pensar que la relación con la pareja está atravesando una mala racha. Muchas veces tiene que ser el inconsciente el que nos informe de lo que sentimos, ya que el ajetreo de la vida diaria nos impide conocer a ciencia cierta lo que nos está ocurriendo. Es importante valorar a la persona con la cual se comete dicha acción. El hecho de hacerlo con una persona desconocida se asocia más a una fantasía que si se tratara de alguien cercano al responsable de dicho sueño.

Ansd. Parece que resulta bastante común ser víctima de adulterio en sueños de este tipo. Uno de los mayores temores y que más afectan al ser humano es el del abandono, y en el caso del adulterio puede ser interpretado como tal.

Aerolito. Los aerolitos que caen sobre la tierra han sido interpretados desde los primeros tiempos de la humanidad como el descenso del espíritu de los cielos. En un sueño se debe interpretar de forma positiva y por lo general vienen a significar la llegada de mensajes celestes o divinos.

Aeropuerto. La simbología de este tipo de estación de aeroplanos carece prácticamente de historia, pero puede ser asociada en parte a la de los puertos de mar. Es una estación de cambio, actúa simbólicamente a modo de puerta que anuncia una discontinuidad, en este caso aún más intensa y rápida. Todo lo que acontece en un aeropuerto puede tener resultados insospechados, es una vía tanto de escape como de recepción de sorpresas. El contexto dota de significado al término, en este caso si tomamos el avión, o hay retrasos, o bien nos encontramos aguardando una llegada, habrá que intentar hacer una interpretación compuesta por la acción y por el aeropuerto. Por ejemplo, perder un avión por llegar tarde al aeropuerto simboliza la pérdida de una oportunidad importante o decisiva.

Afeitado. El hecho de afeitarse la cabeza ha sido muy usado por el mundo eclesiástico y espiritual. La tonsura aporta un simbolismo de renuncia a las fuerzas de la naturaleza. Es una transformación hacia el pasado, intentando recobrar la inocencia del recién nacido. Por otra parte el afeitado obra a modo de cambio de imagen que afecta directamente a la madurez o a la juventud del que se afeita. En un joven, el afeitarse simboliza la aproximación a la edad adulta, en cambio para una persona de mayor edad, la acción de afeitarse renueva y rejuvenece su imagen. Si soñamos que nos afeitamos, es que estamos intentando aparentar algo que interiormente no sentimos como tal.

Afilar. Es un acto que representa la sangre fría del que va a ejecutar una acción. Se puede tomar como una meditación previa ante una decisión tajante. Hay distintos enseres que modifican claramente el significado de afilar. Por ejemplo, afilar un lápiz nada tiene que ver con afilar un cuchillo. El lapicero siempre denotará el interés de la persona por hacer una tarea lo más perfecta posible, sin embargo el cuchillo va asociado con la carne y todo lo que esto conlleva. El simbolismo que se asocia a esta acción es semejante al que se le adjudica a la figura del afilador, y en muy pocas ocasiones se interpreta de forma positiva. En general se suele decir que tras la aparición de esta figura en sueños, nos espera un periodo de disputas, riñas o discusiones.
Ansd. Ver a otra persona afilando una herramienta con esmero, ha de interpretarse como que ese alguien alberga malas intenciones hacia nosotros.

Ágata. Es una piedra a la que desde tiempos remotos se le ha adjudicado gran poder o incluso propiedades casi mágicas. Su poder ha sido relacionado con las cosechas y los grandes aprovechamientos de los recursos naturales. *Véase* también la palabra JOYAS.

Agenda. Cuando este objeto cobra especial protagonismo en el contenido de un sueño, nos estará avisando para que no descuidemos el hogar y la vida doméstica. En cierto modo, la agenda desvía nuestra atención hacia el mundo exterior, y también es un medio a través del cual nuestra vida puede cambiar.

Ansd. Perder la agenda puede generar sueños de este estilo ya que en cierta medida representa retrasos en la vida comercial y en algunos proyectos que aún están por iniciar.

Agresión. Agredir o ser agredidos representa de alguna manera la forma que tenemos de liberar nuestras inquietudes públicamente o bien, en el caso de una actitud pasiva, se interpretará como la sensación de cargar con los problemas y emociones de las personas que nos rodean. Cuando somos nosotros los que agredimos, claro está en el contenido de un sueño, también habrá que tener en cuenta si realmente no nos estamos precipitando en nuestra vida cotidiana y de esa forma arruinando alguno de los proyectos que tengamos en ese momento entre las manos.

Agua. El agua simboliza todo principio y todo fin universal, por lo que las interpretaciones de este elemento merecerían la dedicación de todo un libro. Este fluido, además de simbolizar al principio femenino, es la representación material de la luz, por eso todo cuanto contenga al preciado líquido tendrá connotaciones de limpieza, purificación. Lo malo, lo oscuro y lo indeseable es arrastrado por el agua pura que todo lo disuelve y lo ordena. Cuando en sueños nos vemos sumergir en un estanque, es símbolo de un nuevo retorno al estado primordial, es un renacimiento y se recupera la fuente de la vida. El agua también alberga al misterio, las inmersiones profundas adoptan esta interpretación. Secretos y riquezas esperan en los fondos marinos para ser rescatados. Hay múltiples acepciones respecto al agua. Por una parte son las aguas las que todo lo unen, pero un río también puede estar indicando una separación. Cruzar las aguas es similar a haber cumplido con nuestro destino. Andar sobre las aguas simboliza el trascender sobre los condicionamientos que impone la vida. Tirarse al agua es lo mismo que arrojarse de lleno a la experiencia, sin tener en cuenta los peligros y las consecuencias. El agua también representa a la vida emocional y al inconsciente. Cuando soñamos con aguas turbulentas y con tempestad, entonces surgen los miedos y los temores más profundos que también forman parte del líquido elemento. Esto se debe interpretar como miedo a las amenazas que el mundo emocional nos puede acarrear.

Ansd. Para muchas personas, la vida emocional no es más que un incordio que no hace más que estorbar sus prácticos propósitos. Un sueño bastante común y que se suele repetir es aquel en el que nos vemos inmersos en el agua por lo que no podemos respirar. La angustia y el miedo se hacen patentes y normalmente acaban por sacarnos de golpe y porrazo del mundo onírico. Esto tiene la sencilla interpretación del ahogo que nos produce todo lo inconsciente y emocional. Vernos inmersos en ambientes donde se mezclan las energías personales es sinónimo de opresión. La solución a este tipo de experiencias puede llegar cuando somos capaces de superar la angustia, para ello tiene que llegar lo que hemos denominado como sueño lúcido, en el cual nos damos cuenta de que estamos soñando pero no se interrumpe el sueño. En este caso llegaremos a poder respirar en el agua, lo que nos brindará la oportunidad de disfrutar de uno de los más bellos espectáculos de la vida.

Ext. El simple gotear de un grifo puede ser causa más que suficiente para que la imagen del agua aparezca de pleno en sueños. Este elemento siempre ha sido asociado con peligros, por tanto pronto saltará la señal de alarma en nuestro interior.

S. Deseo. Al simbolizar el eterno femenino, soñar con agua puede tener connotaciones de tipo sensual, ya que estará indicando la pureza de la persona que aparezca bañada o rodeada por las aguas.

Sprt. Ya hemos visto que el agua purifica, devuelve al individuo al estado de máxima pureza. Pero también hay que recordar que los fondos marinos albergan las imágenes arquetípicas del reino de los muertos. Antiguamente se creía y aún se sospecha, que algún tipo de monstruo marino puede habitar en las profundidades. Disfrutar del agua a pesar de todo ello es semejante a trascender el sentido de importancia personal que conduce directamente a la experiencia mística.

Aguijón. Resulta curioso soñar con este tipo de defensa propia de algunos insectos, pero parece ser relativamente usual. El aguijón actúa en los sueños a modo de espina, que normalmente simboliza los problemas y los inconvenientes que no nos permiten realizarnos cómodamente. Soñar con aguijones puede ser significativo de atraer los problemas con nuestro propio comportamiento. Revise su actitud en la vida diaria, mida sus palabras y sus estados emocionales ante los demás y comprobará cómo el inconsciente le está poniendo sobre aviso.

Águila. Esta rapaz representa al rey de los cielos. Así como el león es el rey de los principios terrenales, el águila representa la ascensión del espíritu y la libertad e independencia de los valores terrenales. Es la representación de la victoria del individuo, por tanto representa el orgullo de verse a uno mismo totalmente liberado de la esclavitud terrenal. Hay una fábula en la que pugnan el león con el toro y el águila, de la cual esta última resulta victoriosa. Esto nos viene a decir que el espíritu prevalece sobre todo poder que se base en el mundo material. La actitud con que este animal aparezca en nuestros sueños dotará de significado al mismo. Si nos sentimos identificados con ella, estaremos tomando conciencia de nuestro poder espiritual. Si el águila es abatida, entonces nuestras esperanzas y proyectos se verán truncados. En general, todo cuanto le ocurra a este animal, se puede relacionar con lo que le está pasando a nuestro espíritu.

Ansd. Si nos ataca un águila, puede significar que en la vida real nos veamos atacados por personas más poderosas que nosotros.

Aguja. Su imagen refleja de algún modo cierta ambición. Su extrema delgadez le confiere su utilidad, por ello nos incita a afilar el 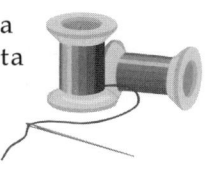 ingenio para obtener así los más destacados resultados. Cuando nos pinchamos con un alfiler o una aguja habrá que pensar que hemos perdido la concentración necesaria para mantenernos centrados en una sola dirección, por lo que se augura una decepción. A veces puede ser que la decepción venga de mano de un amigo o bien por proyectos desmedidos.

Agujero. Su interpretación depende principalmente del material sobre el que se produzca el agujero. Si el agujero está excavado en la tierra, entonces se traducirá por fecundidad o fertilidad femenina. Pero si el agujero está sobre una pared o en el tejado, se ha de tomar a modo de puerta que permite la conexión del hombre con su parte divina. En dicho caso, el agujero representa la puerta por donde el espíritu puede alcanzar la liberación total.

S. Deseo. Meterse en un agujero, aparte de la importancia del ambiente propio de este tipo de sueños, nos viene a indicar que el sujeto se entrega en busca del placer que le permite saciar su curiosidad.

Ahogarse. Esta calamidad puede ser entendida como la pérdida del sentido de la individualidad. Introducirse en las aguas de la colectividad es en parte una manera de ahogar el sentido de soledad. La pérdida de la individualidad puede reflejarse por medio de los bienes materiales, o por medio de fracasos afectivos.

Aire. La simbología de este elemento encierra tres palabras claves: palabra, espacio y conocimiento. Rara vez –a menos que resulte muy llamativo– recordaremos el color, la tibieza y el olor del aire de nuestros sueños. Pero al tratarse de un elemento, encierra en sí mismo mayor significado del que creemos. Cuando la claridad resulta llamativa, viva y límpida hemos de pensar que nos encontramos limpios y puros, por lo que el sueño cobra un sentido mágico. En dicho caso se considera que el individuo ha recuperado un estado perdido de gran inocencia y pureza. Las brumas y las nieblas nos piden eliminar en parte los proyectos que en ese momento tengamos entre las manos, para así enfocar toda la atención en la problemática ambiental que en esos momentos nos envuelve. El aire también produce una energía que nos puede impulsar o bien se puede poner en contra nuestra. El viento a favor es similar a recibir los honores, a ser considerado por los demás y obtener el reconocimiento que uno se merece. El viento en contra nos indica que estamos orientando nuestra vida de forma adversa. De ese modo tan solo conseguiremos problemas, humillaciones y complicaciones. Cuando en el aire aparece una coloración definida, el significado onírico deberá ser interpretado según la simbología que hace referencia a dicho color y que figura en este diccionario.

Ajedrez. Este antiquísimo juego está cargado de simbolismo, ya que las figuras que lo forman así lo manifiestan. El tablero a cuadros blancos y negros simboliza la tensión que aparece entre los eternos contrarios, femenino-masculino, alegría-tristeza, etc. Es una lucha entre el bien y el mal que puede ser analizada según las figuras que entren a formar parte del juego. Así el rey representará a la personalidad del individuo, mientras que la reina manifestará el mundo inconsciente, de relaciones y disfrute de las artes. Para obtener mayores conclusiones deberán ser vistas cada una de las figuras por separado e intentar encontrar la gran información que los sueños de ajedrez encierran en tan poco espacio.

Ajo. Tanto en las antiguas creencias de centroeuropa como en el mundo mediterráneo, se otorga al ajo una serie de virtudes entre las que destaca la protección mágica. En la Europa central, entre las personas supersticiosas, era típico colgar una cabeza de ajos para ahuyentar a los vampiros. En los países ribereños al Mediterráneo se usó como protección contra el mal de ojo. Cuando en un sueño aparece de forma relevante un ajo o una cabeza de ajos, se debe interpretar que el inconsciente está aclamando que la persona se proteja de algún modo de las energías negativas de algunas personas que probablemente están perjudicándole sutilmente.

Ext. Cuando se ha cenado fuerte y se ha abusado de este condimento, no es extraño que irrumpa en los sueños de esta clase.

Otros. Hay sueños terapéuticos en los que aparecen justamente las frutas o remedios naturales que el cuerpo precisa a toda costa. El ajo es un buen antiséptico que puede operar de forma interna, previene contra el reúma y actúa favorablemente en todos los procesos infecciosos.

Ajuar. El ajuar que aparece en sueños es relevante de un sentimiento muy íntimo de procreación. En caso de prepararlo se debe interpretar de la misma manera que cuando se prepara una casa para habitarla. Cuando por el contrario el ajuar se regala o se deteriora, esta imagen nos estará indicando los conflictos que se nos presentan de cara al matrimonio.

Ansd. Es bastante común que en algunas madres aparezca en repetidas ocasiones el sueño de preparación del ajuar. Esto quiere decir que aún no han superado la emoción que les causó el matrimonio y que si no se trabajan esta emoción, se la transmitirán sin duda a sus hijos.

Álamo. A este árbol apegado por la historia a las riberas y a los ambientes húmedos, se le ha adosado el atributo del miedo y el temor. También puede simbolizar incertidumbre y duda. Sus hojas son como el día y la noche, el haz es verde intenso mientras que el envés es blanquecino. Esta ambivalencia viene reflejada en la corona que portaba Hércules cuando descendió a los infiernos, ya que de alguna manera el héroe mostró su miedo en forma de corona. Soñar con este árbol es en general un símbolo bastante benéfico, que asegurará la aclaración de nuestros miedos y dudas.

Alarma. Se debe prestar aviso a estas señales que nos envía el inconsciente por medio de los sueños. Es de principal importancia la situación que hace desencadenar la sirena que nos da el aviso. No suele ser nada sencillo dilucidar la causa o el motivo real que está poniendo sobre aviso a nuestra mente.

Otros. En sueños de significado inverso, se puede entender que la persona que lo sueña por lo general no se altera ni se preocupa ante nada.

Alas. Las alas que aparecen sobre un cuerpo humano, dotan a ese individuo de todas las virtudes y capacidades divinas. El ala de los ángeles muestra el motor, el potencial y el poder supremo de la divinidad. Todo cuanto aparezca ante nuestros ojos como un ser alado, estará siendo considerado por sus virtudes sobrenaturales. Las alas también hacen referencia al poder de la comunicación. Las relaciones con los demás personajes del sueño son importantes en el caso de que aparezca en él un ser alado. Por medio del contacto con los demás, estaremos activando nuestra energía. Las alas pueden ser indicio de la necesidad que tenemos de pasar a la acción.

Alba. Por una parte se refiere a la túnica blanca con que Herodes vistió a Cristo, lo que simboliza la pureza. Por otra parte, el alba se conoce como el despertar del día y es símbolo de renacimiento, de alegría, de ilusión y de esperanza. Soñar con el alba es un signo muy propicio, indica que el individuo está preparado para afrontar un nuevo cambio en su vida.

Albañil. La figura de este profesional dentro de un sueño, avisará a la persona que lo sueña, que su vida precisa de un cambio intenso de tipo material. A veces puede ser que el individuo en cuestión se vea totalmente incapaz de poner en orden su vida y genere esta figura para satisfacer sus deseos internos.

Otros. Si son varios los albañiles que parecen en los sueños y operan de forma irregular, desordenada y chapucera, se ha de interpretar como un presagio de falsedad en los compromisos que últimamente se hayan adquirido.

Albaricoque. Es una planta que se fecunda a sí misma, por lo que el mundo oriental la consideró de forma despectiva. Se le asignaron los peores designios, la muerte o la pérdida de las pertenencias. Pero la cultura mediterránea ha sido más benévola con este arbusto que en caso de aparecer florido, se le atribuyen las mejores simbologías: oportunidades, nuevas amistades y magníficas ideas.

Alcohol. Peculiar fluido que presenta a la par las características del agua al mismo tiempo que aparecen en él las particularidades del fuego. Por tanto, simboliza la síntesis de dos elementos que se excluyen mutuamente. Si nos fijamos en las propiedades del agua, entonces veremos que la purificación llega a grado máximo gracias a la acción del fuego, y se consigue la esterilización. Como fuego, se contempla la energía y el calor que este genera a su alrededor, pero que puede ser bebida gracias al elemento agua. Cuando se sueña con alcohol hay que interpretar que la persona requiere ser juiciosa, alcanzar un justo y sano equilibrio entre su parte femenina y su parte masculina.

Alcornoque. Un árbol de aspecto muy peculiar debido al corcho que genera en su corteza. Es un árbol de protección por el buen escudo que presenta el corcho frente al fuego, y además es sinónimo de ligereza por las cualidades de este peculiar elemento. La imagen arquetípica que envuelve al alcornoque nos hace pensar en que el soñador precisa de protección frente al ambiente que le rodea. O que intuye la presencia de energías poco positivas a su alrededor.

Aldea. *Véase* PUEBLO.

Alfombra. Es un elemento decorativo que eleva y distin- 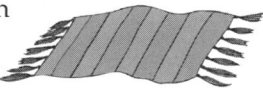 gue a la persona al librarla del constante contacto con la tierra. Hay que recordar que la alfombra fue introducida por el mundo árabe y que aparece como imagen en los cuentos de esta rica cultura. El grado máximo de la alfombra es la alfombra mágica que eleva al hombre a su plano espiritual. Cuando en un sueño aparecen buenas, coloridas y numerosas alfombras habrá que interpretar que se busca el bienestar y el lujo pero no de forma indolente, sino aceptando el trabajo espiritual que ello requiere. Si se levanta la alfombra en sueños, esto quiere decir que estamos indagando en la vida de alguien y que posiblemente caeremos en la indiscreción si no hacemos caso de esta señal.

Sprt. Si tenemos la suerte de volar en una alfombra mágica y disfrutar del espectáculo, ello revelará una clara necesidad espiritual de liberación y crecimiento.

Alforja. El valor principal de este útil estará basado en el uso y la capacidad que se le dé a la alforja. Cuando en sueños aparecen unas alforjas llenas, habrá que interpretar que el individuo que las posea será rico ante nuestros propios ojos, mientras que unas alforjas vacías, se han de interpretar como señal de pobreza. Es raro que hoy en día aparezca de esta manera representada la riqueza, por lo que también deberemos pensar en la labor que desempeñan a modo de equipaje. Es decir, es el lastre que en numerosas ocasiones no nos permite avanzar en la vida.

Algas. Todo aquello que tenga connotaciones marinas tendrá gran relevancia en la interpretación de los sueños, ya que de algún modo invoca a la imagen del mar y por tanto del inconsciente. El alga, si se encuentra dentro del mar viene a simbolizar la vida eterna. Cuando se sueña con algas es señal de que el individuo clama a gritos escapar del mundo rutinario para así poder zambullirse de pleno en las relaciones humanas y dejarse llevar por los caprichos del subconsciente.

Algodón. El algodón se relaciona de alguna manera con la suavidad propia del nido y con la delicada protección materna. Soñar con algodón puede venir a decirnos que las personas que nos rodean nos están protegiendo en exceso, o por el contrario que añoramos dicha protección. El ambiente emocional y el marco que acompaña al sueño revelarán tal dicotomía.

Aliento. Dios dotó de vida al hombre por medio de su aliento. Es por tanto una manera de alentar a la vida. Cuando alguien nos sopla con amor y cariño, habrá que pensar que nos está impulsando con su energía. Si por el contrario lo hace de forma despectiva, estará arrasando el espíritu de quien lo recibe. El aliento contiene una energía sutil que puede servirnos de inspiración, o puede ser causa de repulsa.

S. Deseo. El aliento en sueños de este tipo cobra gran significación, simboliza la energía y las intenciones de las personas que en él aparecen.

Alimento. Cuando en un sueño vemos alimentos, por lo general hay que intentar entender que lo que precisamos de ello es su energía y no su valor material. Todo cuanto aparece en los sueños está íntimamente relacionado con el mundo interior, y por tanto se ha de interpretar lo que simboliza más que lo que contiene. Para obtener una mayor información se debe contemplar la interpretación de cada uno de los alimentos por separado.

Ext. Hay algunos alimentos que simbolizan digestiones pesadas, por ello pueden aparecer en los sueños como señal de pesadez.

Otros. En sueños terapéuticos, un alimento puede señalar la necesidad de incorporar un tipo de energía concreta al organismo. Para ello es imprescindible que el ambiente emocional señale tal apetencia.

S. Deseo. El alimento satisface una de las necesidades primarias del organismo. Es normal que saciar opulentamente dicha necesidad se convierta en todo un festejo.

Alma. Existen creencias en distintas culturas que hablan acerca del alma y de los sueños. En general se cree que cuando el cuerpo descansa, el alma vaga libremente y conecta con otras almas. En los sueños fantásticos de viaje astral esto es justamente lo que se interpreta. Pero también hay que recordar que cuando nos relacionamos con otras personas, nuestra mente habla con su mente, nuestro cuerpo se entiende con su cuerpo y por tanto las almas también juegan su papel. Al soñar, el inconsciente puede poner de manifiesto cómo fue o cómo es la relación espiritual entre las personas.

Sprt. Ver el alma de otras personas durante el transcurso de un sueño, simboliza traspasar el mundo de las apariencias que muchas veces interfiere en las emociones.

Almendra. El almendro es el primer árbol que florece. Hay que recordar que lo hace en mitad del invierno, por lo que se dice de él que es el que se encarga de despertar a los demás seres en periodo de latencia. Soñar con un almendro puede ser representativo de la necesidad de ser estimulado por un agente externo, o bien que debemos «despertar» a las personas que nos rodean. Su fruto, la almendra, es símbolo de virginidad, pureza, y belleza. Es un motivo claramente femenino y desvela la fuerza o el valor de la iluminación interior. Comer almendras en sueños es señal de felicidad compartida.

Almohada. Nuestra cabeza reposa suavemente gracias a ella. Amortiguar, en cierta medida proteger, la noble materia gris del ajetreo de la vida, es la misión de este cómodo objeto. En sueños representa algo similar, es el colchón que nos salva de padecer en directo las brusquedades que la vida nos presenta. Si aparecen personas relacionadas con la almohada, habrá que interpretar que esta hace de mediadora para facilitar la comprensión entre ambas partes.

Ext. Al tratarse de una pieza de cama, la almohada puede sugerir al soñador la necesidad de un descanso prolongado y revitalizador.

Altar. Si se trata de un sueño de fuerte contenido espiritual, la figura del altar cobrará gran significado, pero en caso contrario, a no ser que sea destacado de alguna forma, pasara más bien desapercibido. El altar simboliza la presencia divina. Soñar que estamos frente a un altar es lo mismo que estar frente a Dios. Lo que se puede interpretar como la presencia en ese mismo momento de nuestra parte divina, o por el contrario, que nuestra persona reclama a gritos que conectemos de algún modo con nuestro yo superior. Los distintos altares suelen coincidir en un atributo común, ya que su forma puede ser muy variable y estar hecha de múltiples materiales que le dan diferente consistencia. Generalmente el altar simboliza un punto a partir del cual el individuo puede alzarse. Soñar con ello, puede representar tal necesidad de establecer un firme sustento, claro está, de tipo espiritual.

Otros. En sueños claramente reveladores, un altar puede indicar entre otras cosas una vocación o la necesidad de contraer un fuerte vínculo espiritual con alguien o con la vida misma.

Amanecer. *Véase* ALBA.

Amapola. Flor muy común en los campos que de alguna manera nos advierte de la llegada del verano. Por otra parte es una planta relacionada con la adormidera y que por tanto incita a vagar por el mundo de los sueños. El verano es una época de mucho trabajo en el campo y quien se escapa de él adormilándose es que quiere escapar de las situaciones que aparecen a su alrededor. En sueños simboliza la ociosidad propia del estado vacacional.

Amarillo. Color ambivalente cuyo significado varía según la intensidad con la que aparezca. Los tonos pálidos recuerdan a la luz del sol y por tanto simbolizan la fe y la bondad. Pero cuando la tonalidad es intensa sus valores se pierden por la avaricia, la falsedad, la infidelidad y la envidia. Para valorar el significado de este color el soñador se puede basar en la comparación con el dorado, cuya aproximación siempre se traducirá en valores elevados del espíritu, mientras que si el tono resulta apagado, pensaremos en el engaño, la falsedad y la mala suerte.

Amasar. Como en casi todas los trabajos repetitivos, la mente se despierta y se labran bien proyectos futuros o, en el peor de los casos, se critica y murmura en contra de ciertas personas. Cuando se sueña que se está amasando, esto quiere decir que la persona necesita establecer sólidas bases sobre las que desarrollar sus proyectos. Puede ser que en sueños se vea a otra persona amasando. Generalmente esta imagen suele despertar envidias, lo que se puede traducir como una revelación que nos concede nuestro subconsciente.

Ambulancia. Este arquetipo relativamente nuevo, se relaciona directamente con el del viejo Caronte, viajero incansable que recorría una y otra vez el trayecto entre la vida y la muerte. No necesariamente se tiene que tratar de una muerte real, la ambulancia puede vaticinar cambios importantes representados por una muerte simbólica.

Otros. Ver a una persona querida a bordo de una ambulancia revela inconscientemente que dicha persona está atravesando un periodo de crisis personal.

Amigo. Los amigos representan para nosotros la realización de un estilo de vida ajeno al nuestro, pero que se nos ofrece compartir para así conocer otras facetas de la vida que solos jamás podríamos siquiera imaginar. Cuando se sueña con un amigo, más que a la imagen que simboliza, nos fijamos en su apariencia, lo que nos revela cómo lo valoramos de forma inconsciente. Pero el hecho de soñar con un amigo merece ser considerado como tal. Se puede apreciar la necesidad de ampliar miras o por el contrario la inminente premura de atender a los propios asuntos. Ello dependerá del marco y del ambiente, así como de la persona que lo interprete.

Amor. El amor es la energía del reencuentro. Cuando los eternos contrarios como el día y la noche se encuentran, permanecen en perfecto equilibrio, sin que ninguno de los dos pre-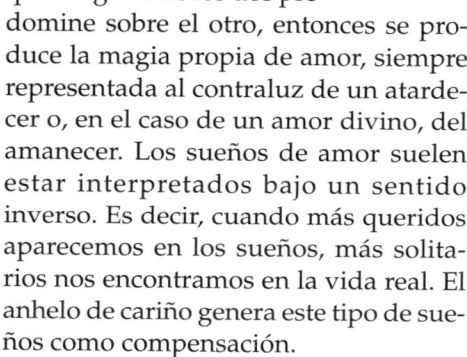domine sobre el otro, entonces se produce la magia propia de amor, siempre representada al contraluz de un atardecer o, en el caso de un amor divino, del amanecer. Los sueños de amor suelen estar interpretados bajo un sentido inverso. Es decir, cuando más queridos aparecemos en los sueños, más solitarios nos encontramos en la vida real. El anhelo de cariño genera este tipo de sueños como compensación.

S. Deseo. Un tema muy típico de estos sueños es el tema erótico. Cuando soñamos que hacemos el amor con otra persona y las sensaciones físicas dan la sensación de realidad, entonces se trata de uno de los múltiples recursos de nuestra psique para liberar y reparar los desequilibrios de la vida real.

Sprt. Los sueños de amor espiritual, es decir, en los que el sentimiento es lo que prima, mientras que el resto de los sentidos parecen apagados, a veces pueden revelarnos información íntima de nosotros mismos respecto a lo que sentimos.

Amuleto. Cuando uno encuentra su amuleto de la suerte durante el trans-curso de un sueño, significa que inconscientemente la persona esta solícita de algún tipo de protección espiritual. También puede manifestar la falta de creencia en el mundo de las energías sutiles, y ser así una compensación a dicha actitud ante el mundo mágico.

Otros. En sueños reveladores; es posible que al día siguiente se encuentre uno de frente con el objeto que hizo las veces de amuleto. Dejar pasar la ocasión de apropiarse de él y otorgarle el poder que se nos reveló en sueños sería una auténtica lástima.

Anciano. Las personas mayores, aunque aparezcan en el sueño como analfabetas e incultas, portan sobre su estampa la sabiduría práctica de la vida y de la experiencia. En nuestros tiempos desprestigiamos a las personas mayores por sistema, ya que vivimos en un mundo tan materialista que prescinde de todo saber espiritual. La aparición de una persona mayor en nuestros sueños es, mientras el contexto no diga lo contrario, señal de protección y de advertencia al mismo tiempo. El mensaje que porta el anciano es el siguiente: aprovecha ahora que puedes, la vida pasa en un momento y la muerte siempre acecha.

Ancla. Esta curiosa forma típica del ambiente mari-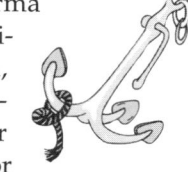no simboliza la firmeza, la estabilidad y la tranquilidad. Permite hacer un alto en el camino y por tanto permitirnos soñar. Abriga nuevas esperanzas y genera gran paz en los sueños en los que aparece. En algunos sueños de típica interpretación psicológica, cabe pensar que el ancla está mostrándonos de algún modo el lastre que nos impide progresar en la vida.

Ángeles. Estos inter-mediarios entre Dios y los hombres, se pueden presentar en sueños y cedernos  valiosos legados de conocimiento. Cuando un ángel nos visita, lo importante es interpretar el tipo de entorno y el mensaje que nos deja. Pero en general es un presagio de felicidad, curación y progreso feliz.

Sprt. A veces, cuando uno se encuentra en un punto crucial de la vida es muy posible que se le presente la ayuda de estos enviados. Hay que saber recibir dicha bendición.

Anguila. En la antigua China, soñar con anguilas era símbolo de deseo carnal. Según los psicoanalistas seguidores de Freud, su cuerpo cilíndrico y viscoso actúa a modo de símbolo fálico. Pero por supuesto que existen otras maneras de conocer el significado de los arquetipos, y por lo escurridizo de su cuerpo, la anguila también representa el disimulo como estrategia para aprovechar las oportunidades venideras.

Anillo. Vamos a señalar dos interpretaciones para el anillo. La primera atiende a su forma circular cuyo recorrido nunca tiene fin y por tanto representa la eternidad. La otra se le atribuye al poder y a la distinción que concede a la persona que lo porta. Esta última es propia del anillo y está íntimamente ligada con la personalidad. Por eso cuando regalamos un anillo o compartimos las alianzas con otra persona, de alguna manera estamos cambiando nuestra vida. Aceptamos modificar o perder parte de nuestra personalidad a cambio de la fidelidad y del nuevo pacto. Al soñar con un anillo, o que alguien lleva un anillo, habrá que pensar en el poder que simboliza y otorga a la persona que lo porta. Por otra parte hay que buscar la relación o el lazo que puede estar representando entre nosotros y la persona que lo porta. Si lo llevamos nosotros, es que estamos siendo conscientes de nuestro propio poder, pero tan solo en sueños. A lo mejor quiere decir que tenemos que descubrir el poder personal en nosotros mismos.

Animales. Lo mejor es ver lo que representa cada animal por separado y buscarlo en este diccionario.  En general soñar con animales es una representación del instinto. Cuando se trata de animales domésticos, son aquellos instintos que son fácilmente controlables. Para los animales salvajes, son las pasiones e instintos que en cierto sentido nos superan. Soñar que somos perseguidos por un animal indica que uno de nuestros instintos se ha desgajado de nuestra consciencia y ha de ser readmitido en la vida. Cuanto más peligrosa es la actitud de un animal en el sueño, más inconsciente es el alma primitiva del soñador y más necesaria se hace su integración en la vida para evitar conflictos posteriores.

Antenas. La antena representa la determinación de conseguir toda la información que flota en el ambiente. Cuando en sueños nos peleamos con una antena para orientarla o colocarla, lo que se representa es la capacidad que tenemos para hacernos entender ante los demás. Según se desarrolle la acción en el sueño habrá que interpretar lo necesitados que estamos de conectar con los demás o por lo contrario de cortar toda comunicación con el mundo exterior.

Antepasados. *Véase* ABUELOS.

Antiguo. Por lo general las cosas antiguas nos hacen pensar en lo genuino. El presente siempre nos parece falso, artificial y chapucero. La solera hace de un mosto cualquiera un buen vino, o al menos de esa forma nos engañamos. Cuando algo que aparece en sueños refleja cierta antigüedad, resalta la importancia del objeto.

Ext. Los estímulos externos pueden estar avisándonos que un coche por ejemplo ya es demasiado viejo y que precisa ser revisado o cambiado. También los temores pueden hacer que las cosas aparezcan envejecidas.

Antorcha. *Véase* LÁMPARA O FUEGO.

Anzuelo. No hay que olvidar que se trata de una trampa. Cuando un anzuelo aparece en sueños, se ha de pensar en que el inconsciente nos está avisando de algún tipo de traición. Por otro lado, nuestros temores a ser engañados podrían representarse por medio de este útil.

Arado. Es una herramienta de los dioses. Su misión es la de abrir la tierra para que de esa manera el cielo pueda penetrar en ella y modificar lo que los antiguos llamaban el estado primordial. Hay culturas como la islámica en la que el arado simboliza la ignorancia y la vanidad del hombre que desea modificar a la propia naturaleza.

S. Deseo. Interpretaciones de tipo psicoanalítico, confieren al arado valores semejantes al pene, mientras que el surco representa los órganos sexuales externos de las mujeres.

Árbol. Decir árbol es lo mismo que decir totalidad de la experiencia. Representa la síntesis de la comunión entre el cielo y la tierra. Su porte se diferencia en tres partes al igual que el ser humano. Las raíces son el pasado del hombre, sus antepasados, la capacidad de nutrirse y mantenerse firme en un medio en cierto modo hostil. El tronco es el presente, le confiere el porte tan importante hoy en día para ser respetado por la sociedad. El futuro estará representado por la copa, es el mundo espiritual, a través de ella se nutren los seres vivos de los valores celestiales. Su aparición en nuestros sueños es siempre bien recibida. Se interpretará como un buen augurio, es símbolo de protección y nos podemos ver en él reflejados si analizamos las tres partes mencionadas con anterioridad. Para mayor información se debe intentar descubrir la especie a la que pertenece el árbol soñado y buscarla en este diccionario.

Arca. La imagen arquetípica del arca es la de la portadora de la vida.

Cuando las condiciones son adversas, el arca protege y salva la vida de sus hijos queridos. Por eso se dice que representa el principio femenino. El arca tal y como se conoce en la historia tenía cabida para todos los animales, así la madre dispone de amor para todos sus hijos sin distinción de sexo ni edad. Que aparezca esta imagen en sueños es una curiosidad que debe ser explicada por medio de los sueños arquetípicos de la humanidad. Lo que está soñando el individuo no es una experiencia personal, sino que está viviendo en sueños lo que se ha llamado uno de los mitos comunes a toda la humanidad. Si se trata del Arca de la Alianza, entonces se ha de interpretar como la inteligencia y el conocimiento divino, que debe ser preservado de las malas intenciones de algunos hombres.

Arco. La fuerza de la elasticidad se hace patente en el arco. Representa la virilidad y el poder, pero al mismo tiempo se basa en uno de los principios fundamentales de la femineidad, el de ceder ante la fuerza. La tensión que genera requiere gran concentración. Cuando aparece en un sueño es posible que refleje la tensión existente entre las fuerzas masculinas y femeninas, pero que al mismo tiempo las unifica. El arco en los sueños se interpretaba en la antigüedad como avance y progreso, justamente por la unificación de ambos tipos de poderes.

Arco iris. Dicen que el arco iris es como un puente que une el paraíso con este mundo. Por lo tanto

representa a la gloria celestial, capaz de devolver al ser humano al paraíso. Cuando el arco iris aparece en sueños –lo que es una magnífica señal– se ha de interpretar que el inconsciente nos está invitando a que cambiemos nuestro estado de conciencia ordinario por uno más elevado.

Ardilla. En la historia de las leyendas, la ardilla carece de buena fama. Por una parte era considerada como la que trae la nieve y el invierno –justamente en países septentrionales–, por otro lado, creaba discordia entre el águila y la serpiente. Digamos que este animal participa tanto de la vida terrestre como de la vida en los árboles, pero no unifica, sino que se aprovecha de ambos. La aparición de este animal en sueños es interpretada como malicia y picardía que crea enemistad.

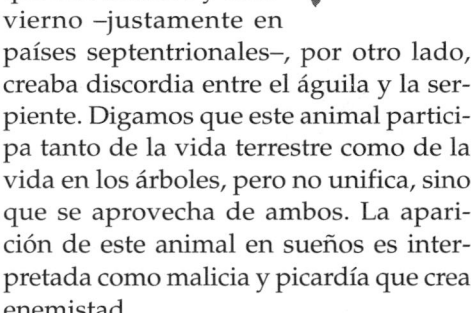

S. Deseo. Puede vaticinar que las relaciones de pareja resulten interesantes para ambas partes, pero que dicho romance no irá mucho más allá.

Arena. Si alguien conoce bien la arena es el mundo islámico. En ocasiones ha sido considerada por esta cultura como símbolo de limpieza y purificación, ya que se hacían abluciones con ella. Pero en Occidente es más lógico pensar que la presencia de la arena esté relacionada con la inestabilidad. Además se liga bastante bien con el mundo de la infancia ya que todos hemos jugado alguna vez con ella. Si en un sueño nos encontramos pisando sobre arena, ni que decir tiene que nos sentiremos en cierto modo atrapados por las circunstancias, incapaces de poder aplicar nuestro poder o, si así lo hacemos, este se disipará entre los millones de granos que la forman.

Arma. El arma indica el poder dentro de una situación. Pero siempre se tratará de un poder destructivo y arrasador. Por eso que aparezcan armas dentro de un sueño es señal de problemas, luchas y disputas. Cuando se trata de arma blanca habrá que pensar que estamos meditando una separación definitiva con alguien.

Armadura. Es sin duda un símbolo de protección frente al mal. Pero tal y como ocurre en otros casos, habrá que interpretar esta protección como una defensa ante el mal psíquico o espiritual, y rara vez físico. Si aparecemos portando una armadura en sueños, quiere decir que nos consideramos intocables pero que ello nos está suponiendo una serie de barreras ante los demás. Pero simplemente creer que precisamos protección ya es una clara muestra de debilidad emocional.

Armario. Los muebles y objetos que sirven para contener y guardar, desempeñan la misma función en el mundo onírico, con la salvedad de guardar y acumular las  experiencias y vivencias de la vida. Soñar con un armario revuelto o desordenado, nos viene a hacer ver que tenemos que aclararnos internamente a todos los niveles. Un armario vacío sim-

boliza que estamos dispuestos a incorporar nuevas experiencias a nuestra vida. En el caso de que la ropa aparezca de forma clara y rotunda, será interesante analizar el color predominante, el tipo de ropa, etc.

Aro. *Véase* CÍRCULO.

Arpa. Este instrumento simboliza el paso de un estado a otro, es un cambio de plano que en ocasiones ha sido comparado con la muerte simbólica. En el mundo celta el arpa produce la música que según su mitología daba paso a  las estaciones. Cuando aparece este instrumento en el contenido de un sueño se ha de interpretar como una bendición que acompañará al soñador y a los personajes que aparezcan en el sueño ante perspectivas venideras.

Arroz. Todos conocemos la costumbre de bendecir a los recién casados por medio del lanzamiento a puñados de este cereal. En Oriente el arroz es símbolo de abundancia y prosperidad, incluso se le ha relacionado con la felicidad y la inmortalidad. Que aparezca claramente en nuestros sueños es muy positivo. Cuando se lo ofrecemos a alguien, suele ser interpretado como que estamos dispuestos a proteger y a ayudar a personas que vemos en cierta manera necesitadas.

Arrugas. Es costumbre apreciar la ropa planchada, estirada, por lo que la arruga ha sido desde siempre despreciada y considerada como descuido del que la porta. No es extraño pues que la arruga sea interpretada en el mundo de la simbología como problemas y obstáculos de poca importancia que el individuo debe superar.

Ansd. Es bastante frecuente que en sueños de este tipo aparezca nuestro rostro lleno de arrugas, lo que nos viene a decir que nos mostramos temerosos ante la vejez y el desgaste físico.

As. Figura destacada de la baraja que simboliza la posición más elevada a la que podemos aspirar. Soñar con esta figura suele ser una buena señal; si está bajo nuestro dominio quiere decir que podemos contar con cierta ventaja respecto a los demás personajes del sueño.

Ascensor. No hay cambio más repentino de nivel que el que se produce por medio de este aparato. La jerarquía de la vida aparece conectada por medio del ascensor. Subir un nivel siempre dependerá de las relaciones personales que hayamos cultivado. Si el ascensor que aparece en el sueño se encuentra vacío, seguramente tendremos la sensación de haber perdido o desperdiciado las oportunidades de la vida. Ir en un ascensor abarrotado indica una competitiva lucha por adquirir una posición más destacada.

Ansd. En cierta medida todos somos un poco claustrofóbicos, y el ascensor representa quizá la más alta expresión de esta angustiosa sensación. Hay cierto temor latente a ser manejado o a perder el control sobre nuestro destino.

S. Deseo. Según interpretaciones de la escuela freudiana la subida y la bajada del ascensor se relaciona directamente con la satisfacción, el placer y la excitación sexual, que aumenta cuando este sube.

Asilo. Buscar asilo es señal de que nos encontramos indefensos. Se relaciona, pues, con el papel de la madre que protege a sus hijos para que así obtengan el descanso que les permita recuperar sus fuerzas. Asilo en términos geriátricos determina el miedo inconsciente a quedarnos solos, a sentirnos desplazados del ambiente de seguridad y protección. Pero en el caso de ver a una persona querida en un asilo es favorable, siempre y cuando el ambiente emocional correspondiente no señale lo contrario.

Asno. Este animal representa a la tozudez, la paciencia, la obstinación y también la obscenidad. Es representante de pobres y humildes. Hoy en día este animal corre el riesgo de extinguirse, su sustituto –el coche– nos puede ayudar a entender la interpretación de este símbolo. Un burro de buena apariencia, de buen tamaño y joven representa la riqueza y la posición de quien lo lleva. Por eso atenderemos a la apariencia y al estado del animal que aparezca en nuestro sueño.

Sprt. Si aparecemos montados en un burro en un sueño de este tipo, cabe pensar que somos conscientes de que por medio de la humildad y de la paciencia se consiguen mayores y mejores resultados, por lo menos en lo que respecta al mundo interior.

Ansd. Es imposible hacer cambiar de opinión a un burro. Si en nuestros sueños aparece un burro obstinado que no quiere cambiar de dirección o siquiera moverse, deberemos interpretar que no sabemos manejar nuestros instintos a la hora de vivir la vida.

Astros. Desde tiempos inmemorables, el ser humano ha buscado su destino por medio de los astros. El brillo de las estrellas, el color y su resplandor nos incitan a pensar en lo marcado de nuestro destino. Cuando el astro que aparece en sueños pertenece a uno de los planetas del sistema solar, se debe consultar su simbología para entender así el significado del mensaje que representa. Es posible que veamos a un astro caer desde los cielos, en cuyo caso se ha de consultar la palabra AEROLITO.

Atajo. Dice el refrán que no hay atajo sin trabajo. Cuando en el transcurso de un sueño nos introducimos en un atajo, se abre una nueva perspectiva ante nuestros ojos. Nunca sabremos a ciencia cierta lo que nos deparará el destino cuando usamos el atajo, por eso en cierta medida es una apuesta frente al destino. Un atajo en un sueño es un síntoma inequívoco de que estamos dispuestos a confiar en nuestra intuición. O todo lo contrario, como ocurre en sueños de sentido inverso, es posible que la presencia de un atajo nos indique que ya va siendo hora de confiar en la intuición personal.

Atasco. Normalmente a nadie le gusta estar atascado. Si la mente genera tales imágenes es porque en parte el incons-

ciente se está revelando de la situación personal a la que lo tenemos sometido. Por medio de la angustia y la desesperación del sueño es posible obtener una respuesta enérgica y decidida en la vida real. Así trabaja a veces el inconsciente. Cuanto mayor sea la obstrucción, independientemente del tipo de atasco de que se trate, menos estaremos asimilando la vida diaria. Es preciso mirar hacia dentro.

Ansd. Es bastante común que los atascos estén ligados a la angustia y a la ansiedad. Lo interesante en estos casos es dilucidar la causa exacta o cómo comenzó el atasco.

Ataúd. En algunas culturas se cuenta que el ataúd es el útero de lo que llaman el segundo nacimiento. Le conceden gran importancia ya que son culturas que creen en la reencarnación. En Occidente y en la cultura cristiana, el ataúd es un símbolo oscuro, triste y tenebroso. Es un elemento que está ligado al misterio de la muerte, ya que es puramente físico o material, que carece de explicación con el mundo espiritual. La aparición de un ataúd en el desarrollo de un sueño debe ser interpretado como miedo a lo desconocido, un mal augurio que está basado en nuestro propio temor.

Ansd. Cuando se ve un ataúd en un sueño de esta clase hay que intentar trabajar las imágenes personales que tenemos al respecto. Es posible que aprendamos a ver la muerte como un final natural que no tiene por qué asustarnos.

Otros. En sueños reveladores, el ataúd puede indicar el final de una etapa, la muerte de una de nuestras facetas personales, lo que da pie a nuevas posibilidades.

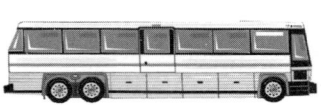 **Atleta.** Esta figura representa la máxima expresión del cuerpo físico, y por lo tanto infiere cierta merma en el mundo psíquico. Si nos vemos como atletas, es muy posible que hayamos abandonado el mundo sutil e intelectual y que no hagamos otra cosa más que trabajar el cuerpo físico. Pero también puede tener la significación de que nuestros esfuerzos no caerán en saco roto y que seremos debidamente premiados.

Autobús. Los medios de transporte normalmente indican el deseo o la necesidad de generar un cambio en nuestro estilo de vida. En este caso concreto, es factible que se trate de un cambio a escala colectiva, familiar o de compañeros de trabajo. También puede ser un cambio de actitud frente al comportamiento de los demás. *Ansd.* Perder el autobús puede causarnos una terrible ansiedad o una profunda desilusión. Habrá entonces que valorar qué es lo que hemos perdido, a dónde nos conducía ese trayecto y con quiénes está relacionado. Querer cambiar pero a la hora de la verdad no poder hacerlo, es sumamente decepcionante. Si analizamos el sueño, es posible que no se llegue a repetir nunca más.

Autógrafo. Por medio de la escritura de nuestro propio nombre, estamos reafirmando la personalidad. Cuando en sueños nos piden un autógrafo, a no ser que el ambiente diga lo contrario, se nos está exigiendo que nos determinemos de alguna forma. O ¿no será el inconsciente el que nos lo exija a nosotros mismos? Todo es posible, pero sin duda el hecho de firmar en sueños potencia el sentido de la individualidad y realza el concepto que tenemos de nosotros.
Sprt. Tras este curioso fenómeno es muy posible que se esconda cierta carencia de autoestima personal.

Automóvil. *Véase* COCHE.

Autopista. Las grandes vías de comunicación conducen siempre hacia un futuro incierto. Pero, por lo general, cuando una autopista aparece demasiado larga, el futuro precisa de esfuerzo y trabajo para llegar a alguna parte. Cuando en sueños aparece la autopista, la voluntad del soñador está siendo de algún modo puesta en duda.

Ave. Dentro de todo el reino animal, las aves son las más próximas a los dioses, por lo que se les ha atribuido el concepto de alma que asciende, espíritus en ascenso y manifestación de la divinidad. Siempre se ha dicho que nadie es más libre que un pájaro. Volar es un signo de liberación del mundo material, cosa con la que sueña el ser humano desde el principio de los tiempos. Si soñamos con un ave que está enferma o enjaulada resta decir que nuestro espíritu se siente atrapado y disminuido. Tal y como sea el espacio que le sea concedido al ave, así será la sensación que tengamos respecto a nuestra libertad. El ave también puede representar la visita de espíritus libres que acuden a nosotros para así enriquecernos con su mensaje. La coloración y lo abultado o llamativo de su plumaje es muy indicativo y debe ser consultado en la medida de lo posible en este diccionario.

Sprt. Puede que soñemos volar como un pájaro. Es un sueño arquetípico mediante el cual el espíritu se libera del presidio del cuerpo. Es muy revitalizador, y sus efectos permanecen en el tiempo.

Aventurero. *Véase* ATASCO.

Avestruz. Las plumas de esta ave representan la verdad. Es posible que la justicia y la ley estén representadas por este gigante de entre las aves. Desde luego ocupa un lugar distinguido, pero con su curioso comportamiento de esconder la cabeza, dan la sensación de que no quieren saber nada de este mundo. Si nos vemos representados por un avestruz en el desarrollo de un sueño, es muy posible que nos toque juzgar una acción o tomar cartas en un asunto del cual nos hacemos los desentendidos.

Avión. El gran medio de transporte capaz de surcar los cielos

cual dios alado, carece de simbología tradicional. Es preciso recurrir a la mitología griega para descubrir en Pegaso parte de los atributos que vamos a desarrollar. El caballo alado no tenía que pisar tierra firme para alcanzar sus metas. En el caso de soñar con un avión podemos interpretarlo de forma semejante. El avión nos lleva directamente a nuestros objetivos, y en definitiva es la ambición la que dirige tal deseo. Alcanzar una mayor posición se puede convertir en una ansiedad que genere sueños en los que aparezca este medio de transporte. El avión nos indica que más que disfrutar del camino, deseamos saborear de inmediato el placer de tener la meta a un paso.

Avispa. Aunque sea tan solo por los colores con que se pasea por el mundo, hay que tomarse en serio a este pequeño insecto. Peligros venideros, problemas y conflictos que aparecen de inmediato, eso es lo que augura ver una avispa en sueños. Si somos picados en el transcurso del sueño, entonces el problema ya se ha manifestado a pesar de no habernos percatado conscientemente.

Ayuno. El ayuno y la imagen que lo define despierta a primera vista una señal de alerta. Cuando la flaqueza llega a estados avanzados, todos nos sobrecogemos ante tal espectáculo. El ayuno voluntario es una forma de llamar la atención ante una injusticia. Si aparece esta imagen en sueños deberemos intentar descubrir cuál fue la causa que generó tal actitud, ya que ahí se encuentra la clave del sueño.

Ext. Si soñamos que nos ponemos en ayuno y llegamos a la conclusión de que nuestro sueño es de estas características, entonces es que estamos abusando de algún tipo de comida o de bebida.

Azada. Esta herramienta tradicional simboliza al mundo rural, al trabajo lento pero constante con que se extraen las riquezas de la tierra. Si soñamos con una azada entonces es que de alguna manera el inconsciente está harto de tanto nervio y de tantas prisas. Nuestras fuerzas no son lo suficientemente abundantes como para ser derrochadas, así que tendremos que guiar y enfocar nuestra vida de forma precisa y calmada a la vez.

Azafrán. Su color y el poco peso de los estambres se asemejan asombrosamente a la energía luminosa del sol. Simboliza la entrega máxima del amor, es el espíritu que transforma toda su materia en pura energía. Soñar con azafrán es un buen augurio sobre todo para los asuntos del corazón. Puede estar indicándonos que es hora de entregarnos plenamente y de forma desinteresada a otras personas.

Azul. Simboliza el intelecto, la verdad, la sabiduría, la paz, la tranquilidad, la contemplación y la prudencia, entre otras muchas cosas.

Pero habrá que analizar los elementos del sueño que presenten dicho color para poder interpretarlo correctamente. Si aparece en nuestros sueños por ejemplo un hombrecillo azul, este puede reflejar la excesiva racionalidad del soñador. Si el ambiente del sueño aparece teñido como por una luz azul, quizá lo que esté describiendo es un ambiente tranquilo e imperturbable. En fin, que además habrá que utilizar la intuición para descubrir el significado de ese color en el sueño, pues sus interpretaciones son múltiples.

Babosa. Dentro del lenguaje del simbolismo, la babosa aparece como el germen masculino. A la hora de interpretar sueños, es conveniente asignar a la imagen de babosa la de personas sinuosas de las cuales hay que desconfiar.

Ext. La baba que este animal deja tras su rastro podría simbolizar de alguna manera asco, mala digestión o cólico biliar.

Bacalao. A este pescado se le asocia de inmediato la idea de la salazón. Es por tanto el bacalao seco el que carga con el simbolismo de esta figura, que no es otra que la del esfuerzo consumado. También está asociado al aislamiento, a no ser que en el sueño sea compartido en la mesa con más comensales.

Otros. Si apareciera como bacalao fresco, será indicativo de prosperidad y riqueza.

Bache. *Véase* AGUJERO.

Bacteria. No es muy común soñar con estos pequeños microorganismos, pero en el caso de que esto ocurra, habrá que pensar en un sueño de causas externas que nos avisa de una enfermedad o de una infección. También, y dependiendo de la cultura y la actividad profesional del soñador, habrá que barajar la idea de que estas bacterias sean representativas de un sueño con connotaciones de tipo laboral.

Ansd. Hoy, debido a la amenaza que supone la guerra bacteriológica y al uso de armas biológicas por parte del terrorismo internacional, es más que probable que las bacterias empiecen a formar parte de nuestros sueños de ansiedad.

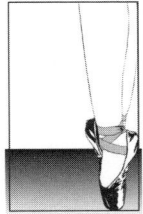

Baile. El baile representa el movimiento de la energía creativa. En parte bailar es imitar a la acción divina en el momento de la creación. Es un buen presagio bailar en sueños, o ver a alguien bailar, aunque a veces esto último podría suscitar envidias. Puede que soñar que bailamos se convierta en el único medio con el que contamos para liberar tensiones. Es importante prestar atención al contenido de ese sueño porque la acción del baile es de vital importancia en la vida.

Sprt. Hay bailes que pueden ser de tipo meditativo. Es importante observar si la danza que aparece en el sueño pertenece a alguna de este tipo, ya que sería un claro detalle que nos permitiría clasificarlo como un sueño de tipo espiritual. Por ejemplo, bailar con alguien dando vueltas en un estado casi de trance, podría significar que tenemos alguna conexión kármica con dicha persona, y estamos recordando ese vínculo tan importante en la dimensión onírica.

Bajar. Es casi un clásico de la interpretación de los sueños. La acción de descender al igual que la de subir, carga con un grueso simbolismo que hay que desarrollar. Sin duda alguna, la vida es un sube y baja constante. Lo que denota la bajura es un incesante sentimiento de inferioridad y de sometimiento. Aparte de este significado, también podríamos estar soñando que bajamos a inspeccionar las profundidades de nuestro ser, de los instintos y de los orígenes de nuestra persona.

Ext. La acción de bajar podría estar indicando un profundo cansancio y una necesidad insaciable de descanso.

Ansd. Cuando el descenso no cesa y se convierte en una acción incontrolada se ha de interpretar que alguna situación caótica se nos está echando encima.

Bala. La forma cilíndrica y puntiaguda de las balas representa de algún modo un peligro, por lo que ha de tomarse como un aviso del subconsciente para que estemos al acecho de cualquier situación anormal.

Balanza. Es la imagen del equilibrio y de la justicia. La ley natural y el orden tal y como deben de ser se representan por medio de esta herramienta de precisión, para hacernos entender que de alguna manera tenemos que equilibrar las fuerzas que operan en nuestras vidas. El deterioro que pudiera presentar la balanza que aparece en el sueño se puede interpretar como la sospecha de que alguien está alterando de alguna forma nuestro equilibrio, o que está poniendo en duda nuestro buen juicio.

Balcón. El balcón libera la energía propia del hogar, permite a la persona ampliar sus vistas sin tener que enfrentarse directamente con el mundo. El balcón permite al soñador disfrutar de la protección y de la seguridad además de operar de alguna manera sobre la sociedad. Cuando un balcón aparece dentro de un sueño, una interpretación válida es la de que nuestro inconsciente nos está señalando por medio de esta imagen arquetípica que contamos con un privilegio que hasta el momento no hemos valorado.

Balneario. Este lugar de purificación, descanso y reposo puede aparecer en el contenido de un sueño por múltiples razones. Quizá la más interesante de todas sea la necesidad externa de reponer fuerzas por parte de la persona que lo sueña. Otra posibilidad es que el soñador considere que una parte de sí mismo no resulta de su agrado y que de alguna manera debe ser renovada. Cuando se dé el caso en el que aparezca la imagen de las aguas puras y los baños de un balneario, es una buena señal. Para mayor información *véase* la palabra AGUA.

Balsa. En algunos diccionarios aparece la palabra balsa como la recogida y acumulación de aguas. Aquí vamos a trabajar con la imagen arquetípica de una balsa de troncos que representa la salvación en los momentos más delicados. Si esta imagen aparece en alguno de nuestros sueños hemos de interpretarla como la esperanza que abriga una solución que tiene que llegar por manos del destino y de la buenaventura. En parte la balsa nos sugiere que frente al porvenir nos sentimos desvalidos, y que no nos queda más remedio que confiar en la buena estrella.

Ballena. El 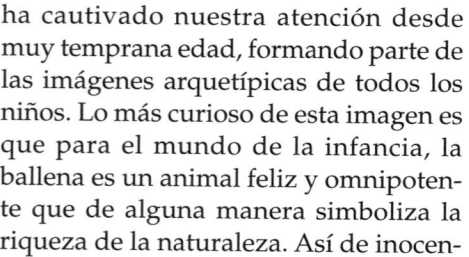 más grande de los animales ha cautivado nuestra atención desde muy temprana edad, formando parte de las imágenes arquetípicas de todos los niños. Lo más curioso de esta imagen es que para el mundo de la infancia, la ballena es un animal feliz y omnipotente que de alguna manera simboliza la riqueza de la naturaleza. Así de inocen-te, la ballena es percibida por los pueblos esquimales, gentes que han luchado cuerpo a cuerpo con este gigante de los mares al que veneran y respetan. Sin embargo, la cultura occidental y el cristianismo han promulgado una imagen oscura de este gran cetáceo. En este tipo de cultura, la ballena simboliza el sepulcro y el renacimiento. Esto es debido a la historia de Jonás y a la creencia popular de que allá donde se acababan los océanos habitaban monstruos inimaginables, de los cuales la ballena era su representante de carne y hueso. Desde aquí invitamos al lector a interpretar el sueño de forma que escoja, bien la luz, o bien el lado oscuro de la ballena, según sea el ambiente emocional que predomine en el sueño.

Bambú. Es la planta que da sustento al venerado oso panda. Se trata por tanto de una planta mágica para la cultura oriental. Su virtud más señalada es la de ceder ante las dificultades y las adversidades del tiempo. Es el bambú símbolo de resistencia, de vejez, y representa al hombre perfecto que se inclina ante lo que es más fuerte que él pero que se yergue nada más retirarse el opresor. Soñar con esta planta es prácticamente identificarnos con esta imagen, o relacionar a otras personas con ella.

Banco. Existen muchos significados tras este término por lo que tendremos que hacer un tratamiento secuencial de ellos. Cuando se habla de banco que sirve a modo de asiento, es preciso hacer un alto en el camino. Por lo menos así lo interpreta el mundo de los sueños. Un banco de este tipo nos invita a parar y a reflexionar sobre lo que nos acontece. Un banco desde el punto de vista financiero, representa la forma y el lugar que tenemos para reposar y guardar nuestras energías. Cuando aparece en sueños, tomamos conciencia de que nuestras fuerzas están depositadas fuera de nosotros mismos, y que eso da la posibilidad de que sean de alguna manera robadas o arrebatadas.

Bandera. Es una reafirmación personal que simboliza la victoria, la conquista y proporciona un punto de reunión. Es sin duda una representación del poder personal que resume todo aquello por lo que luchamos. Por ello es importante interpretar los signos, los colores y símbolos que aparezcan en el contenido de la bandera.

Sprt. Si somos nosotros los que portamos la bandera, habrá que interpretar que estamos luchando por revelar nuestra luz personal y por enterrar las facetas más oscuras del individuo.

Banderilla. Es análogo al significado de la bandera. Poner banderillas es una alegoría de conquista. Es por ello una demostración de poder que puede volverse en nuestra contra. Cuando las banderillas aparecen en el contenido de los sueños, cabe interpretar que algo del ambiente nos irrita o nos molesta.

Ext. Es posible incluso que haya algo físico que nos irrite o que se nos esté clavando. Oníricamente, alguna de estas molestias se puede manifestar por medio de esta imagen.

Bandido. *Véase* LADRÓN.

Banquete. Las grandes comidas representan la comunión conjunta de todos los comensales. En estas celebraciones se rinden honores a la abundancia, a la prosperidad y a los placeres terrenales. Cuando soñamos que participamos en un banquete, muy posiblemente el sueño representa una necesidad de apertura hacia el exterior. Si existe cierta repulsa hacia los alimentos cabe pensar en dos causas principales, una de ellas la encontraremos en la interpretación que considera el sueño generado por estímulos externos. La segunda posibilidad es la de que el soñador, tan solo desea compartir con los demás energías sutiles, como la información o la espiritualidad.

Baño. El acto de bañarse comparte los mismo valores simbólicos que las abluciones, 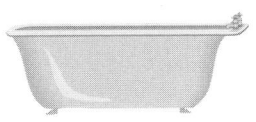 descritas en este diccionario. Como lugar de aseo, el baño en una casa representa el lugar donde transformamos y regeneramos nuestro cuerpo. Dentro de la interpretación onírica, habrá que entender que el baño actúa a modo de santuario donde podemos lavar nuestra alma. Por eso según aparezca representado el baño dentro del sueño, así aparecerá ante nuestros ojos el ambiente donde realizamos cotidianamente el ritual de la limpieza personal. Soñar por ejemplo que alguien se da un baño en nuestra bañera, puede ser entendido como que dicha persona se está inmiscuyendo en nuestra vida espiritual o que quizá nos está impregnando de energías negativas al dejar la suciedad de su cuerpo en nuestro santuario personal.

Bar. Los bares están ínti-
mamente ligados a
las relaciones coti-
dianas, a la vida
rutinaria y es donde generalmente nos
permitimos un descanso para charlar
distendidamente con los demás. Si hay
necesidad de relacionarse es posible
que soñemos con este tipo de locales. Si
trabajamos en él, entonces habrá que
dar una interpretación propia de los
sueños profesionales. Pero lo más
común es que el bar simbolice el salón
comunal donde teóricamente desaparece toda jerarquía, y las personas se relacionan de igual a igual. El sentido del
sueño no lo da la imagen en sí, sino que
la interpretación es un arte que debe
contemplar todos y cada uno de los contenidos del sueño. El bar nos proporciona el avituallamiento espiritual y
anímico necesario para continuar cada
día el duro viaje de la vida.

Barba. Es un signo de virilidad y soberanía hoy en día aún vigente en el mundo islámico. En Oriente se le da una
bella interpretación poética que es la
siguiente: la barba simboliza los rayos
del sol que descienden sobre la tierra
calentándola y permitiendo así que se
desarrolle la vida. Cuando la barba
resalta dentro del contenido de un sueño lo que principalmente se está señalando es la supremacía y el poder de la
persona que la porta. Como en otras ocasiones, habrá que valorar el color de la
barba según aparece explicado en el término COLORES de este diccionario.

Barco. Al ser el vehículo que nos porta
sobre las aguas, el barco no cesa de
representar nuestro largo viaje por la

vida. En el interior del
vehículo se mantie-
nen las mágicas
condiciones que
permiten que la vi-
da siga. Afuera, siem-
pre mora la muerte y la oscuridad que
nos devora. El estado del barco donde
viajamos en sueños representa la seguridad y la confianza en la vida. El estado
del mar o de las aguas simboliza las fuerzas adversas que nos acechan. El papel
que desarrollamos a bordo, no es otro
que el que creemos que debemos desempeñar en la sociedad, o si nos pesa, el
que estamos ya hartos de ejercer.
Sprt. La barca se ha asociado con la
muerte. Es el vehículo con el que Caronte se llevaba a los muertos. Claro que hay
que recordar que la muerte muy rara-
mente se interpreta como tal, sino más
bien como una regeneración y transformación personal.

Barrer. Es una la-
bor en la que la
atención actúa a
modo de reco-
gedor. Por eso,
cuando uno está
barriendo en sue-
ños, es como si estu-
viera de alguna manera
reuniendo las fuerzas necesarias para
lograr la consecución de sus objetivos. Si
por el contrario, nos toca barrer exten-
siones enormes, hay un debilitamiento
de la persona y se interpreta a modo de
castigo, de pena por las faltas cometidas.

Barro. El limo y el barro representan a la
tierra fecunda en la que ya están ejerciendo su influencia las fuerzas de la

vida. También es una representación del frescor y de la liberación de las energías ardientes. Este efecto es muy particular del barro y por ello puede generar sueños de estímulos externos. La plasticidad del barro nos sugiere el gran poder de transformación que este elemento aporta a nuestras vidas. El hecho de soñar con barro puede tener, como siempre, una doble interpretación. La primera y más positiva, es la de la renovación que nos permitirá llevar a cabo nuestros objetivos y nos ayudará a seguir adelante. Mientras que la segunda, y menos grata, es la del barro que molesta, que ensucia y que impide la buena marcha de las cosas.

Ext. Soñar con barro cuando estamos enfermos es bastante normal. Esto es debido a que la fiebre genera imágenes tan densas y pesadas como él, pero también su frescor puede aliviar y ayudarnos a librarnos de tan ardiente sensación.

Báscula. *Véase* BALANZA.

Basura. Ni que decir tiene que este es un sueño poco grato. Soñar con basura puede ser debido a un estímulo externo producido por el ruido de un camión de la basura o por el olor de esta. Pero, cuando en sueños nos vemos rodeados de desperdicios, habrá que pensar que nos estamos cubriendo de muy mala fama. Puede ser que, sin darnos cuenta, acumulemos malas vibraciones y que todo el mundo se percate menos nosotros. Gracias al subconsciente y a los sueños recibimos información que nos ayuda a mejorar en todos los sentidos.

Batuta. El aparecer en sueños con una batuta tiene el mismo significado que tomar las riendas o asumir una posición de autoridad. Ha de interpretarse, bien como la necesidad de tomar cartas en un asunto, bien como aviso de que nuestra postura conlleva ciertos riesgos.

Baúl. Tiene un significado semejante al de ARMARIO, pero en este caso habrá que tener en cuenta el aire misterioso  que le confiere poder ser utilizado en viajes. Siempre que aparece un baúl en sueños, se presentará el interrogante de los tesoros que podría albergar. Al pertenecer al mundo de la psique, el baúl de los sueños representa el contenido de la mente que aún desconocemos y que podría servirnos de gran ayuda.

Bayas. Los frutos de los bosques representan un regalo, un alimento fácil que nos reporta toda la energía del entorno. Desde un punto de vista menos terrenal, las bayas son energía para el espíritu, conocimiento para la mente o puede que incluso bendiciones para el alma. Cuando se sueña con ellas se auguran pequeñas ganancias carentes por completo de esfuerzo. Anímicamente son estimulantes y gratificantes.

Bebé. Los niños pequeños manifiestan la alegría del hogar, son lo mejor de la casa. El aspecto del bebé cautiva a cualquiera, son la espontaneidad y la expresividad en persona. Cuando aparece un bebé en nuestros sueños y nos identificamos con él, es que precisamos de toda la atención y cariño. Pero también se nos puede estar exigiendo que pongamos nuestra atención y cuidado en nuestras creaciones o en alguien muy querido. *Ansd.* Soñar con bebés para los padres es señal de un sueño mixto entre un sueño de estímulo externo y un sueño de ansiedad.

Beber. Es símbolo de asimilación. Cuando hablamos con la gente largo y tendido hay que ir echando un trago de vez en cuando para ir asimilando poco a poco las cosas, lo que permite incorporar nuevas informaciones. Beber representa la absorción de la experiencia de la vida, por ello compartir la bebida es un acto de comunión con los demás. Una interpretación psicoanalítica de beber y de tragar es la del deseo regresivo de volver al seno materno. Soñar que bebemos es un buen augurio mientras el marco del sueño no revele lo contrario. *Otros.* Es importante valorar el significado del líquido que bebemos. Si es leche entonces podría tratarse de un sueño espiritual. El material y el color del recipiente dice bastante del nivel social y la economía del soñador.

Bellota. Símbolo de progreso y de prosperidad económica. También significa riqueza espiritual.

Berenjena. No está muy bien considerada, pero no hay que olvidar que al ser un fruto, como tal debe ser considerado. *Sprt.* Las berenjenas representan de algún modo sacrificio y deudas que están pendientes.

Beso. Esta demostración de cariño está cargada de buena voluntad y de paz. Es una forma de sellar un pacto de buena fe y de entendimiento. Tras esta primera imagen del beso se esconden una serie de jerarquías que se ponen de manifiesto y reflejan las conductas y posiciones de las personas que intervienen. Cuando besamos a alguien en la frente de alguna manera estamos dejando bien claro que nos sentimos superiores a ella. Si besamos a alguien las manos o los pies nos estamos rebajando y humillando ante dicha persona. Existe también el beso de Judas, que a pesar de mostrar sumisión internamente alberga sentimientos adversos. En sueños un beso es un pacto en el que de algún modo la relación entre dos personas queda definida. Lo importante es analizar lo que sentimos, cómo nos vemos respecto a esa persona y el tipo de beso que se ha soñado. *S. Deseo.* Besar a una persona del sexo opuesto parece ser que para la escuela freudiana es siempre un símbolo de deseo carnal y de posible infidelidad ante nuestra pareja.

Bestia. Según Jung toda persona alberga una bestia en su interior. Al igual que en el cuento de *La bella y bestia*, no hay que juzgar nunca a nada ni a nadie por su apariencia.

Cuando de un animal decimos que es una bestia, realmente lo que estamos haciendo es proyectar los más bajos instintos que moran en nuestro interior sobre ese ser vivo. Por supuesto que las bestias tienen todas las papeletas para asumir ese papel, pero no hay que olvidar que las emociones y los significados son nuestros. Soñar con bestias demuestra que estamos de alguna manera invocando a nuestros instintos de supervivencia puramente animales. Habrá que descubrir si realmente sacar ese instinto es lo que nos hace falta, o bien si nos estamos sintiendo atacados por otras personas. También puede ser simplemente un aviso de que estamos liberando demasiada energía instintiva sobre los demás.

Bicicleta. Como todo vehículo que conducimos en sueños, la bicicleta representa  en cierto modo la manera de conducirse por la vida. A diferencia de otros medios de locomoción, la bicicleta responde a base de nuestro esfuerzo directo. Por tanto, cuando en uno de nuestros sueños aparecemos montando en bicicleta, habrá que tomar buena nota de todas las sensaciones que nos produzca para así poder interpretar debidamente cómo percibe nuestro inconsciente el viaje puramente individual que hacemos por la vida.

Ansd. Es bastante frecuente que nos veamos haciendo un gran esfuerzo por avanzar y que sin embargo no sea suficiente. En dicho caso el individuo siente que tiene que hacer acopio de fuerzas para poder vencer las dificultades que se le presentarán de inmediato.

Sprt. También se da el caso de ir en bicicleta y apenas notar el esfuerzo. Todo es disfrute y liberación. Esto representa sin duda un punto de encaje muy liberador. El individuo que lo sueña se siente ligero, libre y optimista frente a la vida; claro que se refiere a su vida estrictamente individual. También puede indicar las necesidades personales del individuo que sueña con ella.

Bidón. Como si de un contenedor se tratara, el bidón va poco a poco llenándose y aumentando su peso. A no ser que el marco y el ambiente del sueño digan lo contrario, el bidón representa una carga que de una u otra forma asumimos y de la que nos hacemos del todo responsables.

Bifurcación. Las encrucijadas de los sueños simbolizan los conflictos y las decisiones. Es obligatorio elegir y definirse ante una  bifurcación, que, sin duda, simboliza más lo que dejamos que lo que seleccionamos. De alguna manera el conflicto que se nos presenta es el de tener que renunciar a algo en la vida para así poder disfrutar plenamente de otras cosas. El dilema y la duda son posibles causas que generan la aparición de este símbolo. Pero, como siempre, es importante intentar dilucidar cuáles son los orígenes de tal dilema, que normalmente vendrán representados en el sueño por pequeños detalles que pueden escapar a nuestra atención.

Bigote. Todo lo que tenga que ver con la imagen personal se ha de valorar como si fuera un complemento que nos ayuda a esconder algo que no nos gusta de nosotros mismos. Un bigote puede ser símbolo de masculinidad, pero si tal fuera el mensaje que se quiere plasmar, lo más normal es que aparezca rodeado de la barba, que sin duda alguna resulta mucho más varonil. El bigote es un adorno que camufla, que oculta y disimula. Soñar con ello ha de tomarse como un aviso de que las personas no aparentan ser lo que realmente son.

Billar. Los juegos de mesa representan de alguna manera la vida. Es una alegoría en la que los jugadores actúan a modo de dioses del Olimpo, mientras que el verde tapete representa los actos de la vida. En el billar se apuesta de algún modo por la pericia, nos la jugamos basándonos tan solo en nuestro arte, lo que siempre supone un riesgo que reposa en manos del azar. Soñar con este tipo de juegos infiere cierto riesgo, bien que estamos asumiendo o bien que no nos importaría asumir. También se puede interpretar como un aviso indicativo de que necesitamos desarrollar la pericia y andarnos con precaución.

Billete. *Véase* DINERO.

Biombo. Es un objeto de protección. En la vida diaria nos sirve para protegernos y sentirnos más seguros ante las miradas ajenas. En sueños es una auténtica trinchera emocional, que salvaguarda la vida íntima del indivi-

duo. Pero también su significado entra a formar parte de la coquetería, ya que de alguna manera desvestirse tras un biombo siempre suscita las miradas y el interés de los presentes. Por eso se puede decir que soñar con un biombo puede ser interpretado como el deseo de relacionarse con los demás de forma íntima, pero sin llegar a entregarse, por parte de quien se esconde tras él.

Bisonte. Al haber constituido el alimento principal de un buen número de pueblos cazadores, el bisonte es un símbolo de abundancia y riqueza. Por otra parte representa un estado de placidez donde la energía reposa y se acumula. Es el animal de la pradera por excelencia, y todo cuanto en ella crece está a su completa disposición. Claro que, también, y debido a su gran tamaño y fuerza, se puede considerar a este animal como una bestia, en cuyo caso habrá que consultar dicho término en este diccionario. Ver a un bisonte en sueños es similar a presenciar un gran tesoro. Una imagen que puede ser plenamente disfrutada o en cambio avaramente codiciada. De nuestra actitud ante el bisonte de nuestros sueños obtendremos la respuesta a nuestra forma de entender las posesiones materiales.

Bizcocho. La imagen de un bizcocho repre-  senta un estado de gracia poco duradero. Se presenta ante nosotros como un apoyo que nos ayuda a impulsarnos y a seguir hacia delante con mayor ánimo. Resulta agradable y beneficioso, pero no deja de ser más que un dulce para un niño.

Blanco. Es el color de la luz, que contiene todos los colores sin que se pueda diferenciar ninguno. Simboliza la pureza, la castidad, la santidad y la inocencia. Es curioso cómo, en algunas culturas, este es el color del luto, ya que no es un color terrenal, sino que pertenece al mundo de los espíritus. Cuando en sueños vemos cosas que llevan el color blanco, posiblemente nuestro inconsciente nos esté comunicando que son de alguna forma inalcanzables para nuestra mano. Esto mismo se puede aplicar a las personas que aparecen vestidas con este color en nuestros sueños.

Blusa. *Véase* CAMISA.

Boca. Esta parte del cuerpo simboliza la entrada al mundo subterráneo. Su aspecto, a pesar de que nos hemos habituado a su sugestiva sonrisa, es desgarrador y amenazador. Por medio de la boca de cualquier animal, todo lo vivo vuelve de alguna manera a formar parte del vientre de la gran madre. Cuando soñamos con alguien que tiene una gran boca es señal de que lo estamos percibiendo como una persona ávida. La boca además está relacionada con el habla, es por tanto dispensadora de juicio y también contiene gran poder sobre los demás. Según aparezca la boca en sueños se nos estará informando de las actitudes internas de las personas que allí figuren.

Bocadillo. Esta comida frugal suele aparecer en sueños con el significado de comida rápida.

Generalmente, el bocadillo está asociado a los desplazamientos y a las comidas durante la jornada laboral.

Ext. Ni que decir tiene que la aparición de cualquier tipo de comida es susceptible de generar sueños en los que el hambre haga las veces de estímulo externo.

Boda. Es la unión entre los extremos, entre las dos manifestaciones de una misma energía. Es sin duda la representación de uno de los mitos más arraigados en la humanidad, el de la vuelta al estado primordial. Cuando en sueños participamos y asistimos a una boda, se están manifestando nuestros deseos de integración de lo que C. G. Jung denominó como *anima* y *ánimus* que no son más que las energías masculinas y femeninas presentes en toda persona.

Ext. Al ser un acontecimiento social puede que una boda de algún conocido o familiar próximo a nosotros desencadene una serie de ensoñaciones que hagan aparecer este símbolo.

Ansd. En general, el acto de contraer matrimonio es una de las metas sociales de muchas culturas y clases sociales. Para algunas muchachas –ya que suele ser más frecuente en chicas que en chicos– alcanzar cierta edad sin la perspectiva de una boda puede generar fuertes obsesiones y ansiedades que llegarán a reflejarse en sueños de este tipo.

Bodega. C. G. Jung explicó en uno de sus numerosos libros, cómo el espacio de una vivienda simboliza a la persona que en ella mora. En su caso particular la vivienda era bastante grande y poseía escaleras, lo que permitía remarcar las funciones superiores y manifiestas, de las más profundas y escondidas. En un sueño de nuestro personaje, aparecía una bodega en el fondo de la casa, donde para más INRI se encontraban restos de huesos humanos. Jung interpretó en este sueño que todo el piso sótano correspondía al inconsciente, el cual a su vez se podía dividir en tres partes o niveles: uno individual, otro cultural y otro colectivo. El encontrar restos humanos en la bodega de la casa soñada ayudó a este gran investigador a encontrar la base común donde reposan las experiencias que pertenecen a toda la humanidad como raza y que llamó inconsciente colectivo. Así, soñar con una bodega puede ser señal de querer olvidar o abandonar el estado habitual de consciencia que de alguna manera es impuesto por la vida diaria.

Bola. Toda bola forma parte del juego celestial. Simboliza a los planetas utilizados a modo de bola durante el «juego de la creación». Los juegos de pelota son propios de festejos solares y lunares. Jugar con las bolas es una manera de hacer ofrendas a los dioses, al igual que los niños juegan ante los mayores para el disfrute de estos últimos. Soñar que jugamos con una bola refleja el deseo de volver a sentir que somos niños.

Ext. La bola también puede simbolizar el movimiento imparable, la inercia de la materia. Son numerosos los sueños de este tipo que suelen estar provocados por fiebres altas.

Bolsa. Una bolsa que aparezca en sueños siempre llevará consigo un halo de misterio. No se sabe a ciencia cierta lo que contiene, tan solo se puede intuir por su forma. Además del misterio, el tamaño y la capacidad de la bolsa reflejará de cierta manera la riqueza de la persona que la porte. Por eso, si soñamos con bolsas o bolsos que llamen nuestra atención es que en definitiva guardamos celosamente nuestras riquezas, que no podemos dejar en manos de otras personas. La misma interpretación vale para quienes lleven su propio bolso.

Ansd. Es muy común perder el bolso en sueños. Ya hemos señalado que contiene nuestras riquezas y tesoros, ¡y no hay que olvidar que se trata de tesoros interiores!

Sprt. Deshacerse del bolso de uno mismo, arrojarlo al mar por ejemplo, es una forma de renunciar a las riquezas materiales, lo que libera al espíritu para que vague libremente.

Bomba. Independientemente del tipo de bomba de que se trate, toda bomba encierra un peligro; unas más y otras menos, pero todas contienen a presión algún tipo de elemento capaz de generar un gran trabajo. En sueños, este peligro nos alerta sobre las personas que aparezcan en las proximidades del artefacto. Pero, de alguna manera, soñar con bombas simboliza una faceta autodestructiva del que sueña con ellas: es en definitiva una vía de desahogo de las oscuras tendencias que alberga su mente.

Bomberos. Son personas que están directamente relacionadas con el peligro. Por eso cuando nos sentimos desamparados o cuando ya nadie puede ayudarnos, tan solo estos héroes pueden ofrecernos la ayuda que precisamos. Por una parte su aparición en sueños puede ponernos sobre aviso, pero por otro lado suelen figurar en el reparto onírico cuando de alguna manera nos sentimos desamparados o cuando nos azota un fuerte sentimiento de soledad.

Bombilla. *Véase* LUZ.

Bombón. Los dulces y golosinas siempre nos trasladan al mundo de la infancia. Los bombones están asociados pues a los regalos y sorpresas que nos daban cuando éramos pequeños. Soñar con bombones muestra nuestros deseos más profundos de volver a ser el centro de atención.
Ext. Dentro de los caprichos de las mujeres embarazadas, los bombones entran a formar parte del listado común de antojos. Es una clara muestra más de la necesidad de atención, que esta vez puede ir ligada a una necesidad fisiológica de azúcar o alimento.

Bosque. Es en parte uno de los dominios de la psique y a la vez representa al principio femenino. Es un lugar de misterio, de iniciaciones, de duendes..., pues en cierto modo todo bosque está habitado y está un poco encantado. Entrar en un bosque es como traspasar la puerta de lo desconocido y adentrarse en los misterios de la vida. Se dice que es femenino porque encierra un misterio que para ser desvelado hay que penetrar en él. Los dominios de la psique reflejan el conocimiento que encierra el bosque. Tras un periodo de tiempo viviendo en el bosque, el hombre aprende a manejar las fuerzas más sutiles y mágicas de la naturaleza. Aunque soñar con bosques pueda representar falta de claridad, hay que respetar la morada de los espíritus druídicos que en él habitan. Los miedos y las emociones que acompañen al sueño revelarán más claramente el significado un tanto misterioso y poco claro del bosque.

Botella. Su semejanza con el útero materno le confiere una simbología claramente femenina. Como suele ocurrir con todo lo que sirve de recipiente, el contenido del mismo carga con las características y el significado de la botella. La claridad y limpieza del líquido determinarán la pureza. Si la botella se rompe habrá que pensar en dificultades personales para guardar y mantener la riqueza. Soñar con botellas vacías es símbolo de pobreza y falta de oportunidades.
Ext. El agua y la sed bien pueden generar esta imagen onírica en mitad de la noche.

Botones. Son pequeñas representaciones solares y lunares, que simbolizan ciertamente los pequeños caprichos que la vida nos depara. Encierran numerosos significados que habrá que descubrir analizando las emociones y sensaciones que acompañen a las imágenes oníricas. El color, el material y el tamaño de los mismos son muy importantes a la hora de interpretar su significado, por lo que también habrá que tener en cuenta la interpretación de estas cualidades.

Brasero. Como toda fuente de calor, el brasero representa nuestra energía personal. En este caso particular, habrá que interpretar que la persona siente de algún modo que su energía debe de ser domesticada. Aprovechar al máximo su potencial sin arrasar a los que se encuentran a su lado, para no crear más residuos ni humos de los necesarios para desarrollar su labor, eso justamente es lo que nos viene a decir la imagen onírica del brasero.

Ext. Si es invierno y hace frío, es lógico pensar que la imagen del brasero sea generada como ocurre en este tipo de sueños.

Sprt. Siempre que interviene el elemento fuego hay que pensar que puede tratarse de un sueño de tipo espiritual. En dicho caso la liberación espiritual exige respeto para los demás. Si así lo percibimos, quizá se trate de la máxima expresión del espíritu, es decir, el amor a los demás.

Brazo. Es un claro símbolo de ejecución. Ya en la antigua escritura jeroglífica de los egipcios, el brazo se traducía en acción. Y esta acción se desarrollará según sean los adornos que acompañen a dicha extremidad. Bien puede tratarse de un brazo fuerte que nos proteja, bien un brazo ejecutor que aparezca armado. Pero si se trata de nuestro propio brazo nos servirá para juzgar cuál es la forma que tenemos de operar en la vida.

Brindar. Esta acción denota la necesidad de estrechar lazos con otras personas, aunque tan solo se haga de forma superficial. A veces cuando se brinda en sueños con una persona que creemos conocer, hay que interpretar que algo se nos escapa de ella, y que carecemos de información suficiente sobre la misma.

Bronce. Es un metal bien considerado, pero que no es tan preciado como para no ser utilizado por la gente común. Todo objeto que sea de bronce resaltará ante nuestros ojos, se distinguirá por su belleza, la nobleza y la resistencia de su naturaleza. En general resalta y embellece a las características propias de los objetos hechos de este material. Pero habrá que atribuirle también las propiedades no tan positivas del HIERRO (*véase* dicho término).

Bruja. Aquello que desconocemos, en cierto modo resulta siempre un tanto amenazador para nosotros. El poder de lo desconocido está en manos de la figura de la bruja, y como tal puede ser utilizado indiscriminadamente para causarnos un mal o un bien. La bruja una figura arquetípica que aparece usualmente en los cuentos de los niños, cuando se nos presenta en sueños, nos hace pensar en los grandes traumas que azotan a esa edad tan difícil. A la hora de interpretar el papel que esta figura desempeña en los sueños, cabe decir que en general carga con parte de nuestros anhelos no cumplidos. También representa de alguna forma al poder que mora en nuestro interior pero que no nos decidimos a emplear por no quebrantar nuestros ideales o nuestra imagen social.

Brújula. Es bastante común que en mitad de un sueño intentemos obrar de una manera consciente, lo que generalmente se interpreta como cierto temor a perder el control de los acontecimientos. La brújula representa el centro de coordenadas que nos permite ubicarnos y realizar una toma de tierra. La aparición de este útil en alguna de nuestras experiencias oníricas habrá que interpretarla, por tanto, como la necesidad de aferrarse a algo concreto.

Buey. Nos encontramos ante un animal claramente domesticado por el ser humano, el cual porta sobre su imagen todas aquellas virtudes propias de la imagen del toro que aparece reflejada en dicho término. El buey es el animal manso que aporta toda su fuerza para ayudar al ser humano en su trabajo con la tierra. Es curioso que en un sueño se diferencie entre toro y buey, pero si esto ocurre es que de alguna manera temremos la fuerza del instinto que en el caso del toro podría ser usada en contra nuestra. El buey, sin embargo, siempre está asociado al sacrificio y a la entrega incondicional.

Búfalo. Es un animal que simboliza el poder y a la fuerza de la naturaleza. Es el gran semental que está al servicio de la naturaleza para que este pueda manifes-

tar plenamente su gran fecundidad. Para las culturas de ultramar, el búfalo representa un poder sobrenatural capaz de batirse y competir con la fuerza de la Madre Tierra. La interpretación onírica es similar a la del toro.

Bufón. La majestuosidad del rey, la importancia de la imagen pública, la impecabilidad de los actos, no preocupan al bufón, al contrario, utiliza los valores sociales para ridiculizar su propia imagen y así hacer reír a los demás. El bufón ha cargado desde siempre con aquellas facetas que los ciudadanos desechaban de ellos mismos. Por eso el rey siempre ha precisado de esta figura para liberar de algún modo sus propios complejos y descargar sus insatisfacciones personales. Soñar con un bufón puede ser síntoma de nuestra necesidad de liberarnos de las presiones que la vida pública nos genera. El bufón se hará cargo de todos nuestros errores, de nuestras faltas y necedades que pudieran desprestigiar la preciada imagen social que tanto nos cuesta mantener. En un sueño de significado inverso, habrá que entender que el bufón nos devuelve aquello que de alguna manera proyectamos en los demás, y que realmente nos pertenece.

Búho. Por una parte la imagen onírica de esta rapaz nocturna carga con todo el peso de la sabiduría. Fama que seguramente le viene por la gran capacidad de observación que sin duda posee. Según el papel que desempeñe en nuestros sueños, así percibiremos a nuestra propia sabiduría práctica de la vida. Pero por otra parte, por ser un animal nocturno, ha sido asociado en numerosas ocasiones con la oscuridad y con la muerte, aunque rara vez suele desempeñar dicho rol.

Buitre. La imagen de la mayor de las rapaces ha sido utilizada en multitud de producciones cinematográficas como aviso inequívoco de muerte. Esa es posiblemente la representación onírica que resulte más usual, pero también hay que valorar la imagen arquetípica del ave que todo lo aprovecha y que es capaz de alimentarse hasta de la muerte misma. Por ello se ha asociado al buitre con uno de los trabajos más funestos pero importantes de la gran Diosa Madre, que todo lo devora para volver a generar la vida. Es por ello, que soñar con este animal puede tener una significación espiritual de regeneración y de renovación personal.

Burbuja. Esta graciosa forma simboliza a la más efímera de las creaciones. De alguna manera refleja nuestro paso por esta vida, que en definitiva tiene asignada la misión de nutrir a quienes contemplan nuestros actos y entran en contacto con nosotros. Las burbujas simbolizan las ilusiones personales; desde un punto de vista práctico pueden ser muy poco útiles, pero sin duda alguna son la manifestación pura de la gracia divina.

Caballo. Tiene una doble naturaleza, es decir, es un signo solar pero al mismo tiempo aporta elementos propios del agua y de la femineidad. Es por ello por lo que se le ha asociado con el intelecto y la mente, funciones claramente andróginas del ser humano. Cuando se da el caso en que un caballo aparece en uno de nuestros sueños entonces habrá que pensar que de alguna manera el inconsciente está clamando cierto equilibrio entre las facetas más femeninas y aquellas puramente masculinas del individuo. El caballo alado es una figura propia de la mitología y simboliza la rapidez mental que permite acceder de inmediato a aquellas cosas que tan solo son un mero proyecto. El Pegaso nos permite disfrutar sin tener que traspasar la pesada experiencia de lo terrenal.

Sprt. Es un buen presagio soñar con este tipo de animales. El color es algo fundamental, ya que se considera que el caballo negro encierra un gran poder que fácilmente podría obrar en contra nuestra.

Ext. Al ser un animal que impresiona y cautiva la atención, habrá que intentar recordar la última vez que tuvimos la ocasión de ver un caballo. En el medio rural, es común que el sonido de los cascos del animal interfiera y se incorpore a las escenas oníricas.

Cabaña. Toda cabaña encierra un misterio. Este tipo de construcción rememora los tiempos primitivos del ser humano, por lo que normalmente se la asocia con la magia y el mundo de la iniciación espiritual. Los niños se sienten muy atraídos por esta imagen, pues es muy posible que perciban de alguna manera al gran espíritu que mora en el interior de toda cabaña. Cuando en sueños aparece un cobijo de esta clase, habrá que interpretar que de alguna manera echamos de menos un poco de tranquilidad, por lo menos la suficiente para que nuestro espíritu se renueve y reconcilie con el mundo espiritual.

Cabello. *Véase* PELO.

Cabeza. Denota un gran control, sabiduría y mando. Junto con el corazón, la cabeza es la portadora de la energía vital, del genio de la persona y del poder. Los movimientos de cabeza contienen un claro e importante significado. Asentir con la cabeza es similar a inclinar nuestro poder y genio personal ante los demás. Es raro que en sueños aparezca una cabeza apartada del resto del cuerpo. La imagen, semejante a la de un busto, ha de interpretarse como una separación clara entre la fuerza del instinto y la fuerza de la razón y la inteligencia. Habrá por lo tanto que dilucidar si en el sueño el inconsciente nos está sugiriendo que dejemos volar a las ideas o bien que no cesamos de prestar atención exclusiva a todo cuanto la cabeza dicta. Esto último es lo más común, por lo que sería conveniente que hiciéramos algo por unificar ambas energías.

Ext. En sueños de este tipo es algo bastante normal que la imagen de una cabeza nos esté diciendo que existe una sobrecarga nerviosa o incluso que estamos padeciendo una enfermedad febril.

Cabra. Tras el reinado del becerro y el toro, la cabra junto con el carnero, pasó a ser el símbolo de toda una era de sacrificios. En la antigua Grecia la cabra era el animal sagrado por excelencia, pues además de ser la base de toda la alimentación, disfrutaba de un lugar privilegiado dentro de la mitología, ya que el propio Zeus fue alimentado por este animal. En la cultura china este es uno de los doce animales sagrados y se hace distinguir por la fuerza de su instinto. Sin embargo, en la cultura cristiana la actitud caprichosa de la cabra es considerada como fuente de todo mal. De hecho, el demonio tiene patas de cabra y cuernos de cabrito. Aun así, soñar con este animal suele venir a significar el mejor de los presagios. Por una parte denota la tranquilidad y la sencillez de la vida campestre. Es bastante común que simbolice el medio rural. Por otra parte es un símbolo de riqueza y prosperidad. Y tampoco hay que olvidar que este animal en estado salvaje representa el capricho de la vida, la libertad del individuo y la agilidad para escapar de los peligros.

Cactus. Al ser una planta que bien puede agraciarnos con sus bellas flores, no deja de manifestar el aprecio y la gratificación de la vida. Pero su aspecto es sumamente hostil. La mera aproximación a sus espinas nos hace sentir incómodos, por lo que de alguna manera un cactus que aparezca en sueños revelará siempre un aviso de agresión hacia nuestra persona. Combatir y hacer frente a dicha afrenta sería cometer un error. Si aguantamos con paciencia, el tiempo lo hará florecer y dar frutos. Nuestra templanza será recompensada.

Cadena. Por una parte es un complemento o adorno que aporta distinción a quien lo lleve. Las cadenas o esclavas son propias de las personas de poder y que desempeñan un alto cargo. Por otro lado –y esto no es de extrañar– simbolizan la esclavitud y el cautiverio que supone dar tanto valor a la jerarquía y al poder. La cadena también es un nexo de unión - entre las personas, es el matrimonio y la comunicación. Por eso soñar con una cadena es muy significativo siempre y cuando se conozcan los extremos a los que esta aparece unida. Las cadenas de los sueños pueden representar el pasado de la persona o incluso la línea de parentesco y las relaciones con nuestros antepasados. Puede simbolizar también lo que nos ata e impide volar, o los lazos que hay de unión y que estrechamos con los seres queridos.

Caer. La acción propia de la caída es muy típica y arquetípica del mundo de los sueños. De alguna manera caer siempre es olvidarse del mundo espiritual, de la confianza en lo superior y en la elevación del espíritu. La caída nos hunde de lleno en el mundo de lo material, y nos priva de los placeres del paraíso. Desde un punto de vista más práctico y cotidiano se puede decir que la caída nos hace perder la posición social, se trata pues de una humillación y de un deshonor.

Ansd. Esta es una acción que aparece con gran frecuencia ligada a emociones propias de este tipo de sueños. La acción de caer suele ser interrumpida y suele aparecer de forma recurrente dentro de un periodo determinado de tiempo. Es bastante común que este tipo de sueño y acción dé lugar a un sueño de tipo lúcido donde el individuo recobra parte del control. En dichos momentos, caer puede producir un gran placer, siendo posible transformar el sueño en una experiencia de liberación espiritual.

Café. Esta bebida tan excitante eleva la vibración de las personas y por  tanto facilita la comunicación y da pie a la tertulia. Suele estar asociada al mundo de la amistad y de las relaciones. Lo que simboliza esta planta es la lucidez, por tanto cuando aparezca en sueños se debe interpretar como una falta o un exceso de la misma.

Caja. Simboliza el principio contenedor de la vida, es decir, lo femenino. Siempre que aparezca una caja en sueños habrá que pensar en el misterio y en la abundancia que su interior anuncia. También se puede dar el caso de que la caja simbolice a las propias reservas energéticas del individuo. En dicho caso habrá que valorar todos los atributos que allí aparezcan reflejados por medio del color, del material y del tamaño de la caja.

Otros. Las cajas suelen representar las riquezas materiales, por lo que ver una caja llena o lustrosa puede ser una clara premonición de riqueza. Tan solo habrá que ingeniárselas para hacerse con ella.

Calabaza. En las antiguas civilizaciones precolombinas, la calabaza estaba relacionada con las mamas de las mujeres, eran por tanto una fuente 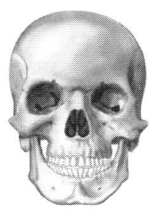 de alimento tanto espiritual como material. Es en definitiva un símbolo de riqueza y dicha. En la cultura africana, la calabaza es representada como claro signo femenino, pero en este caso por su gran capacidad de contención de riquezas. La calabaza sin más, carece de interés, se utiliza en la alimentación de países pobres o para el ganado, de ahí el dicho «dar calabazas». Soñar con calabazas o calabacines puede significar enraizamiento, apego a los valores materiales, falta de perspectiva en la vida o bien estar demasiado acostumbrado a lo cotidiano.

Calavera. Es el símbolo de la muerte, pero siempre que este término aparezca en el lenguaje esotérico habrá que pensar en la transformación del individuo y en la regeneración espiritual.

Caldero. Es el poder nutricio del lado femenino de la vida. El caldero representa siempre al caldero mágico capaz de transformar unos cuantos elementos en una poción nutricia y revitalizante. Soñar con un caldero refleja al deseo de alcanzar la fuente eterna del sustento y del aporte nutricio. También es muy posible que si el individuo se identifica con este utensilio, ello venga a significar que la persona inconscientemente precisa un medio que le permita transformar y aportar su propia energía o esencia personal. No hay que olvidar que para ciertas culturas, el caldero es la fuente de conocimiento eterno, el cual contiene todas las respuestas.

Calendario. La visión de un calendario dentro de una escena onírica, es sintomática de la necesidad de una referencia que permita al soñador no perderse por mundos de imaginación y fantasía. En cierto 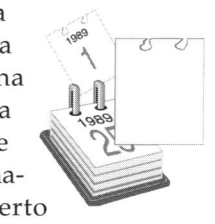 modo, el calendario representa el orden que clarifica nuestra vida en el más absoluto de los caos. La interpretación onírica del calendario siempre debe estar sujeta a cierto temor o inseguridad que mora en la incertidumbre ante ciertas circunstancias que nos rodean.

Calvicie. No es justamente un buen presagio cuando aparece una persona sin pelo en uno de nuestros sueños. De hecho, cuando se dice que a una persona se le va a caer el pelo es semejante a decir que se va a llenar de preocupaciones, cosa nada grata.

Calle. Aquellos sueños que transcurren en la calle suelen estar relacionados con la vida pública. Por tanto, así como aparece la vía pública en el marco de nuestros sueños, así percibimos de manera inconsciente el medio social y la vida pública que nos toca vivir. En consecuencia lo que deberemos esforzarnos por interpretar son los distintos elementos que aparezcan en la calle con la que soñamos, la cantidad de gente, el ambiente y las emociones que acompañan a dicha imagen.

Callo. Cuando estas durezas aparecen en los pies, en el mundo onírico se traduce como que al individuo le irrita tener que seguir avanzando en su vida sin que cambien ciertas condiciones. Si en sueños nos vemos con las manos llenas de callos o los percibimos en las manos de otras personas, entonces habrá que interpretar que apreciamos la labor desempeñada que ha generado dichas durezas.

Cama. Se trata sin duda del mueble más importante de nuestra existencia. En la cama pasamos casi un tercio de la vida, por lo tanto es importante tener en cuenta el significado que pueda aportar a los sueños. La cama es el reino del cuerpo. Hay culturas que creen que por la noche el alma abandona al cuerpo y por tanto la cama tan solo da sustento a este último. Los placeres relacionados con este mueble son los propios del cuerpo, el descanso y el deseo sexual. El tipo de cama, el tamaño, el color y demás atributos de la cama de nuestros sueños nos hacen ver la importancia que concedemos al cuerpo y a la vida material.

Camaleón. Pocos animales hay capaces de cambiar su aspecto y su color de manera tan  manifiesta y clara como el camaleón. Es tan rápido que se le considera parte del elemento aire, sus cambios constantes y su mimetismo así lo reflejan. Soñar con camaleones no es muy común pero puede denotar la falta de honestidad de alguna persona de nuestro entorno. Además el camaleón es un gran cazador que lanza su pegajosa lengua desde grandes distancias.

Camarero. Es el arquetipo del servicio masculino. Cuando en sueños somos servidos por un camarero revela que nuestro inconsciente  considera que estamos recibiendo el apoyo y la ayuda de un desconocido. No se podrá contar con dicha persona para realizar nuestros proyectos, tan solo es un apoyo en un momento dado, que incluso en el futuro podría volverse en contra. En el caso de vernos desempeñando este oficio, habrá que interpretar que nos sentimos poco valorados en el trabajo.

Camello. Este animal alberga en su imagen arquetípica dos extremos claramente opuestos. El primero de ellos es el de la realeza y la majestuosidad que le confieren los reyes del mundo árabe. Por otra parte es un animal que se arrodilla para recibir la carga. Este símbolo de humildad compaginado con la realeza y la distinción, dota al camello de gran fuerza y resistencia ya que no tiene que molestarse en defender su imagen. Esto no le preocupa. Soñar con un camello puede ser interpretado de muy diversas formas. Sin duda simboliza la constancia y el esfuerzo mantenido sin tener siquiera que beber. Por otra parte puede obrar simplemente como símbolo del mundo árabe, o bien aportar un toque exótico a nuestro sueño.

Sprt. Cuando nos identificamos con el camello o lo montamos en el transcurso de un sueño, es posible que nos sintamos liberados de ciertas ataduras. El mero hecho de no tener que repostar agua representa una gran liberación y aporta una agradable sensación de libertad y autonomía.

Camino. Lo que representa un camino dentro del marco de los sueños es sin duda el paso por la vida, o nuestra vida misma. El estado del sendero, tal y como lo apreciamos, si nos agrada o no marchar por él, aporta una gran información de la manera en la que nos encontramos en la vida. Es también importante la posición relativa con que se aprecia el camino. Cuando nos enfrentamos a él, entonces la persona se siente plena de energía y decisión. Cuando el camino se ve a costa de volver el rostro denota una actitud nostálgica y romántica ante la vida.

Camisa. Lo más importante de esta prenda es la pechera. De alguna manera, la camisa simboliza la protección del honor personal, de los valores que merece la pena defender y por los que luchar. El estado de la camisa y sobre todo de la pechera denotará cómo percibimos los valores de quien la vista, o si somos nosotros quienes la portamos, el estado de esta será un símbolo de nuestra ética personal.

Campana. Es un instrumento propio de la consagración. Desde siempre se ha utilizado para luchar contra los poderes oscuros y malignos. El sonido de la campana nos obliga a ponernos sobre aviso, es una forma de conectar con nosotros mismos. Según Buda este es un sonido que resume

toda la sabiduría de la doctrina a seguir. La campana también se ha utilizado para crear armonía y paz entre los hombres. De hecho, cuando en una aldea suena una campana, todas las personas entran en consonancia y abandonan el estado individual para regresar de nuevo a formar parte del colectivo. Por tanto, soñar con campanas puede ser interpretado como una señal de alarma, o bien como una llamada para evocar la energía espiritual.

Campesino. Esa figura de la historia está siendo arrasada por la del jornalero. El campesino ama la tierra, la venera y trabaja con amor y decisión. Ver un campesino en sueños es síntoma de lo alejados que estamos de la realidad. Nos habla de una visión romántica del mundo. Si es el propio individuo el que se ve como un campesino, puede ser un claro síntoma de lo cansado que se está de la ajetreada vida moderna. En este caso el sueño puede ser interpretado como una gran necesidad de librase del estrés.

Canas. Es uno de los más claros indicios de la vejez. Pero también es un claro síntoma de la cantidad de preocupaciones que azotan al individuo. Ineludiblemente hay un fuerte temor a envejecer, que puede manifestarse en un sueño cuando aparecen canas.

Canal. Este tipo puramente artificioso de guiar al líquido primordial, representa sin duda la prepotencia del ser humano frente a la naturaleza. El agua es la vida, manejarla a nuestro antojo es importante, siempre y cuando se encuentre dentro de unos límites, y estos límites están representados por el canal. Cuando soñamos con un canal, es que en cierto modo deseamos o debemos encauzar nuestra vida de forma consciente, o que así se nos está sugiriendo.

Candado. *Véase* CERRADURA.

Cangrejo. Este animal simboliza al signo astrológico de Cáncer. Su dura coraza le permite guardar en su interior un precioso mundo acuático que pasea libremente por donde marcha. También hay que resaltar la curiosa forma que tiene de ir por la vida sin enfrentarse a nada directamente. Bien ande para atrás o bien marche de lado, el cangrejo no es nunca de fiar, se defiende del medio de manera exagerada y lo que expresa es más una indecisión que una determinación. Se puede decir que este animal portador del medio acuático atesora el mundo emocional y que su gran cruz es la fuerte indecisión a la que se encuentra sujeto. He aquí la base interpretativa más marcada y relacionada con la imagen del cangrejo. Cuando soñamos con un cangrejo es como si nosotros mismos tuviéramos enfrente aquello que deseamos, pero cuando vamos a avanzar resulta que nuestro movimiento nos aleja de la meta deseada.

Caña. A pesar de su apariencia robusta, la caña refleja gran elasticidad y flexibilidad. Es una planta que simboliza al agua y no puede alejarse de este ambiente. Para entender el significado en sueños es preciso ver la caña como algo especialmente influenciable, que bien puede ser del todo beneficioso –en el caso de tratarse de la caña de azúcar–, o bien puede representar la ingenuidad –en el caso de que aparezca en forma de caña de pescar.

Cañón. En caso de que se trate de un arma ofensiva que nos está apuntando, habrá que interpretar el tipo de amenaza de la cual se nos está avisando por medio del sueño. Para ello es preciso obtener la mayor información del ambiente, ver qué energías o personas están relacionadas con el arma e intentar conocer la causa de tan ofensiva acción. Si por el contrario somos nosotros los que usamos dicha arma o que nos sentimos apoyados de alguna manera por ella, habrá que pensar en una sensación de victoria ante nuestros posibles enemigos, pero ¿de quién se trata? Es quizá lo más difícil de relacionar. Incluso en el caso de que se manifieste claramente en el sueño la persona que dispara, es posible que tan solo esté representando un papel que en definitiva no le corresponde. Habrá por tanto que buscar una relación de esa persona con otras semejantes y con el conflicto que nos preocupa.

Capa. Por una parte esta prenda simboliza cierta distinción y prestigio en las personas que la portan. Pero también

tiene un significado oscuro. Por algo es la prenda de los magos y de las personas que ocultan algún secreto. Es una prenda propia del mundo de los poderes ocultos. Es de esperar que las personas que veamos llevando esta prenda en alguno de nuestros sueños, escondan algún tipo de información en la vida real. La capa es también símbolo de elevación espiritual. En caso de vernos en sueños con una capa puesta, podría tratarse de un significado positivo relacionado con nuestro desarrollo personal y no del significado negativo de la misma, es decir de maquinaciones y engaños.
Sprt. Según C. G. Jung si en sueños se pierde una capa, entonces hay que pensar que estamos faltos de fe.

Capitán. En todas las posiciones que denoten cierta jerarquía social o política, la mera aparición de una de ellas deberá asociarse a emociones y sentimientos de envidia. Cuando en la vida real consideremos que disponemos de una posición más elevada que la del sueño, entonces se puede decir que nos sentimos de alguna forma humillados por algo. Lo contrario, es decir, cuando aparecemos en sueños con una graduación superior a la nuestra, se trata claramente de una compensación a las frustraciones de la vida diaria, y estaremos frente a un sueño de satisfacción del deseo.

Capucha. El capuchón ha sido considerado por la escuela de Jung como una cofia al más puro estilo litúrgico. Es por tanto una prenda propia del clero y que oníricamente debe ser interpretada como tal. Si nos vemos a nosotros mismos encapuchados entonces parece ser que tenemos algún tipo de mala con-

ciencia que nos obliga a ser humildes y a pagar por nuestros actos.

Capullo. Es sin duda el poder potencial de la flor. El capullo posee el poder mágico propio del viento, en el cual se producen las más apasionantes transformaciones de la materia viva. En el caso del capullo que contiene al gusano estamos ante uno de los misterios más apasionantes de la naturaleza. Por eso cuando vemos un capullo en sueños hay que interpretar que en cierta medida estamos deseosos de vivir una transformación de cerca, incluso de sufrirla en nuestra propia persona.
Sprt. La presencia del capullo denota un fuerte deseo de liberación espiritual. De hecho, es como si el cuerpo hiciera de capullo que está conteniendo y aprisionando al alma.

Caracol. La casa que arrastra este pequeño molusco es un auténtico laberinto en el cual el animal se interna y desaparece. Su simbología es tanto solar como lunar y, por ser un animal hermafrodita, se considera muy representativo del deseo sexual. Por la lentitud del caracol al andar y por lo rápido que se recoge cuando se le tocan los cuernos, hay que interpretar que estamos ante un animal que es representante de la timidez y de la introversión.

Caramelo. Este típico dulce de la infancia siempre ha sido representante del

engaño. Posiblemente por calmar el llanto de los niños, el caramelo tenga cierto componente de conformidad por parte de quien lo acepta. Cuando en sueños alguien nos ha dado un caramelo o bien nos vemos saboreando uno, habrá que pensar en que nos están menospreciando en la vida real y que no se nos está reconociendo como merecemos.

Carbón. La negrura del carbón no resulta nada grata ante los ojos de la persona que sueña. A no ser que se precise combustible y que sea quemado, el carbón siempre ha desempeñado una fea función en el mundo del simbolismo. Como castigo de los niños, siempre se ha dicho que los reyes magos les van a traer carbón. Estamos por tanto ante una energía sucia, negativa y poco agraciada. En el caso de que esta imagen aparezca en uno de nuestros sueños habrá que interpretar que estamos siendo objeto de mala fe por parte de alguien.

**Cárcel.** Raro será que los sueños en los que resultemos figurar como auténticos presidiarios, no se conviertan en un típico sueño de ansiedad. La cárcel, al igual que la muerte, revela un cambio drástico en la vida del soñador. Es en cierta medida parte de un proceso que se manifiesta de esta forma en el inconsciente, pero que precisa de un tiempo de espera que se entiende a modo de condena. Dilucidar qué tipo de cambio es el que se ha de esperar es sumamente difícil. Habrá que prestar para ello gran atención a los distintos detalles que acompañen al sueño. Rara vez se llega a clarificar la situación que lo genera, por lo que el mensaje que hay que recibir con este tipo de figura onírica es el de la espera incondicional, la humildad y la adaptación al ambiente.

Cardo. Mala fama lleva el cardo sobre sus hojas y espinas. La verdad es que en general son plantas muy beneficiosas en todos los aspectos –alimenticios, cosméticos, medicinales– pero tienen fama de ser feas y poco útiles ¡incluso se las considera malas hierbas! Cuando un cardo aparece en alguno de nuestros sueños, a la hora de interpretarlo hay que pensar en el desafío que presenta. Sus valores están protegidos y habrá que mostrar gran pericia para poder extraerlos sin resultar herido.

Carga. La acción de cargar claramente con un peso importante suele aparecer en sueños bastante comunes para todas las personas. Inevitablemente la pregunta será: ¿por qué llevamos esa carga? Si en el sueño nos vemos obligados a ello, entonces es que la carga es un castigo por algún tipo de pecado cometido. Pero si desconocemos la causa, entonces esa será la cuestión más importante a dilucidar y para ello habrá que recabar la mayor información posible que nos facilite el sueño.

Ansd. En general vernos sobrepasados por una carga es síntoma de que en la vida real no nos encontramos del todo bien.

Carne. Cuando en un sueño nos vemos comiendo carne, o comprando carne para comérnosla, un deseo

de lo más pasional y primario se está manifestando. La carne es el cuerpo, lo material en contra del espíritu.

Ext. Considerado desde un punto de vista médico este sueño bien podría tratarse de un claro ejemplo de provocación por parte de un estímulo externo que en este caso se podría tratar de una anemia.

S. Deseo. Soñar con carne debe de haber sido uno de los sueños que más abundaban en las mentes primigenias de los hombres y mujeres paleolíticos. Por tanto puede tratarse de un sueño cuasimítico o bien de una clara satisfacción de los placeres.

Carnero. Es el animal que representa la fuerza solar y el sacrificio al mismo tiempo. El hombre antiguo pasó de recrearse pasionalmente en la caza para dar paso a una postura más venerable y agradecida. Los profetas hablaron de rebaños de hombres y de alguna manera se identificó el hombre con el carnero. Para una persona que sueña con este animal, ha de existir una relación individual o profesional con el carnero. En caso contrario, se trata de un sueño típico que simboliza la abundancia y la riqueza. Pero también, en el caso de soñar que el animal va a ser sacrificado, puede que exista cierta identificación con el mismo, siendo el sueño un anuncio de que adoptamos tal actitud de resignación frente a la vida. Lo cierto es que puede tratarse de una identificación en la que nos veamos arrastrados socialmente cual carnero que se deja llevar por el rebaño.

Carpintero. La labor de la carpintería exige tener las cosas bien pensadas y planificadas. Además, las cualidades de precisión y la exactitud se combinan con un estado de gran concentración, ya que se requiere gran habilidad. Cuando se sueña con este tipo de profesión hay que interpretar que el inconsciente está deseoso de manifestar su creatividad a través de las actividades realizadas con las manos. Por otra parte se relaciona esta actividad con la dicha familiar, aunque el sujeto se sienta atado a las obligaciones de esta índole.

Carretilla. Este pequeño vehículo que nos libra de las grandes cargas que tendríamos que echar sobre nuestros hombros, tiene una serie de interpretaciones oníricas dignas de mención. Para empezar, por estar basada en una de las tres palancas típicas de la física, la carretilla simboliza el modo en que las fuerzas de la naturaleza están al servicio del hombre. Por otra parte usar una carretilla es similar a desarrollar parte de los proyectos más constructivos de la persona. Pero también hay que tener en cuenta que el esfuerzo físico por parte de la persona es la gran limitación de este útil, y su significado onírico dependerá de la persona que la lleve.

Carro. En la antigua simbología, el carro es el carro solar con el que los dioses cruzan el cielo. Por eso, soñar que vamos montados en un carro es símbolo de victoria. Es importante la posición que ocupamos dentro de este vehículo ya que si llevamos las riendas estaremos desempeñando la función del auriga, en cambio si lo que llama la atención son los caballos, lo que está representándose son las fuerzas vitales. Las ruedas simbolizan la fortuna. En caso de tener algún inconveniente con las mismas habrá que barajar que lo que simboliza el carro es nuestra suerte en la vida.

Carta. Las cartas recogen en su interior toda la simbología usada por el ser humano. Los cuatro palos son los cuatro elementos, las cincuenta y dos cartas son las semanas que tiene un año. Trece son las cartas que tiene un palo y son también los meses lunares del año. Cuando se sueña pues con la gran baraja de la vida se ha de interpretar que el individuo se está entregando a la suerte y al azar. Es más, se trata de una forma de jugar inconscientemente con la vida para no tener que tomar las riendas de la misma.

Carta de correo. Las noticias representan siempre un cambio y una modificación en la rutina diaria. Muchas veces estamos ansiosos de recibir alguna nueva que nos permita abandonar el trabajo cotidiano. Cuando en sueños nos vemos escribiendo una carta es muy posible que nuestro inconsciente nos esté pidiendo a gritos saber algo de nuestros amigos, y que haya una fuerte necesidad de comunicación. Si el sobre de la carta que recibimos tiene algún tipo de emblema habrá que interpretar el mismo para conocer cuáles son nuestros miedos respecto al mundo exterior.

Cartel. Es una de las maneras más comunes de anunciar un evento. Si nos vemos en un sueño poniendo carteles, habrá que pensar que de alguna manera tenemos la necesidad de comunicar algo. O si por el contrario nos vemos representados en un cartel, sin duda alguna nuestro inconsciente precisa reconocimiento personal que haga incrementar los valores del ego.

Cartera. Es el principio femenino contenedor de la vida. En el caso de la cartera, lo que se porta se considera sumamente valioso y preciado. En la cartera del mundo interior y del espíritu, lo que se va acumulando y guardando son sin duda los pequeños méritos, buenas acciones y demás que al final de nuestros días tendremos que responder por ello. Cuando en sueños sentimos gran apego por la cartera ello quiere decir que no estamos dispuestos a liberarnos de nuestro pasado ni de la historia personal. *Ansd.* Es muy común que en sueños perdamos o que nos roben la cartera. En dicho caso lo que se está representando es el miedo a que los demás no noten nuestra presencia. Es como si al perder la identificación que tenemos con nosotros mismos, dejáramos de existir.

Casa. Para los niños su casa constituye el centro del mundo. Es la representación material de la gran madre que los protege de las inclemencias del mundo exterior. Inconscientemente la casa contiene todas las representaciones del mundo exterior. Según uno tenga su casa, así percibirá el mundo de afuera, ya que de alguna manera nunca deja de ser el centro del universo personal. Incluso se puede aplicar la ley de la semejanza para correlacionar las partes de la casa con las diferentes partes del cuerpo humano. Por ejemplo, a través de las ventanas vemos y por tanto simbolizan los ojos, etc. Cuando en sueños vemos que una parte de nuestro hogar se derrumba, habrá que intentar encontrar la relación que dicha parte tiene con el cuerpo e intentar interpretar la enfermedad o el mal que físicamente podría haber generado dicho sueño. Otra posibilidad es la de ver que nuestra casa se llena de gente, en dicho caso el sueño nos estará indicando la forma en que individualmente nos estamos sintiendo invadidos por los demás.

Cascada. De alguna manera la cascada es la manifestación más clara de la energía de las aguas, que como ya sabemos simbolizan la vida. Se trata sin duda un elemento renovador, purificador y que nos enseña cómo perseverar y mantenerse inmutable fluyendo al mismo tiempo. En la interpretación de sueños, la aparición de cascadas se asocia a la buena marcha de las relaciones personales.

Sprt. A veces ante la presencia onírica de una cascada se puede sentir una gran liberación espiritual, en dicho caso la persona precisa librarse de las ataduras que le impiden relacionarse abiertamente con los demás.

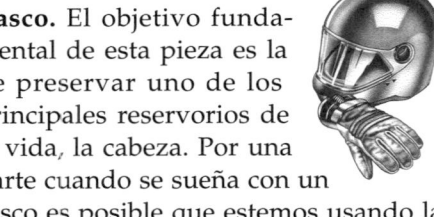

Casco. El objetivo fundamental de esta pieza es la de preservar uno de los principales reservorios de la vida, la cabeza. Por una parte cuando se sueña con un casco es posible que estemos usando la imagen del mismo para invocar la imagen del guerrero y del héroe. En otras ocasiones, cuando vemos que una persona aparece portando un casco, habrá que interpretar que este último no nos permite ver los pensamientos ni las intenciones que porta la persona en su cabeza. También se puede contemplar como un auténtico signo de la invulnerabilidad y por tanto quien lo porte se distinguirá de los demás e incrementará su poder.

Casino. Lugar de juego y entretenimiento. Cuando inconscientemente huimos de las responsabilidades de la vida, cuando ya hartos de tener que portar las riendas el individuo pone al servicio del azar todas sus pertenencias, entonces es muy posible que la imagen del casino aparezca en los sueños.

Castaña. Es un fruto típico de la oscuridad del otoño por lo que ha sido muchas veces relacionado con el mundo de los muertos. En el reino de los vivos, las castañas siempre han sido relacionadas con las largas tardes del invierno y con las reuniones de amigos. Soñar que comemos castañas es en parte una forma de remarcar el triunfo de la vida sobre la muerte, y si además las compartimos con alguien, habrá que entender que el individuo se siente acompañado en el difícil viaje de su existencia.

Castillo. El símbolo de castillo es el de la ciudad infranqueable, que difícilmente se puede conquistar. Cuando aparece en uno de nuestros sueños, el castillo normal- 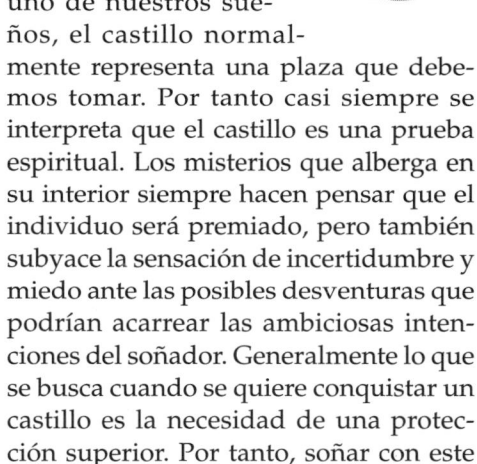 mente representa una plaza que debemos tomar. Por tanto casi siempre se interpreta que el castillo es una prueba espiritual. Los misterios que alberga en su interior siempre hacen pensar que el individuo será premiado, pero también subyace la sensación de incertidumbre y miedo ante las posibles desventuras que podrían acarrear las ambiciosas intenciones del soñador. Generalmente lo que se busca cuando se quiere conquistar un castillo es la necesidad de una protección superior. Por tanto, soñar con este tipo de edificaciones siempre alberga algún tipo de sensación de desamparo, a no ser que disfrutemos de la plena potestad del mismo.

Castor. Este curioso animal, uno de los representantes animados del mundo del trabajo y de la ingeniería, es un claro símbolo de la diligencia. Además también se le atribuye al castor la virtud de la castidad y del ascetismo. Puede que la satisfacción del trabajo bien hecho sea lo que el inconsciente busque a la hora de emitir este tipo de imagen onírica.
S. Deseo. Soñar con un castor es semejante a soñar con un esfuerzo continuado y

progresivo, por lo que para los seguidores de Freud soñar con este animal puede tener connotaciones de tipo sexual.

Castrar. Puede que sea uno de los miedos que más claramente representen al género masculino. La castración priva al ser humano de su propia creatividad, o por lo menos eso es lo que simboliza. Son múltiples las escenas de castración a lo largo de la historia de la mitología, lo curioso es ver que las consecuencias de estas crueles acciones dieron también sus frutos. Si soñamos que somos castrados, es que en el fondo sentimos que nuestra manera de operar en la vida no está bien vista. Pero también tenemos claro que a pesar de perder una parte de nuestra capacidad creativa, estamos permitiendo que se expresen aquellas energías que están más atrofiadas en nosotros mismos.

Catalejo. Las distancias en el espacio pueden sufrir una curiosa transformación en el mundo de los sueños. El catalejo nos permite ver en la distancia, pero en sueños seguramente nos estará permitiendo ver el futuro. Además de la claridad propia de este instrumento, el individuo que sueña que mira por un catalejo estará analizando las posibilidades de emprender un plan de futuro.

Catástrofe. Los cambios bruscos y violentos conllevan a una profunda transformación que apenas si nos deja tiempo para que nos adaptemos a ella. Cuando soñamos con un cataclismo hay que pensar que, de alguna manera, nuestro inconsciente está clamando un cambio sustancial en la forma de vida. Para que se genere una catástrofe normalmente es preciso que la preceda una acumulación y una plenitud, la cual permita un estado de bienestar y disfrute. Cuando se da el caso en el que aparecen los cataclismos en sueños, es decir, los cambios profundos del mundo interior de la persona, habrá que investigar por qué no se disfrutaba de las condiciones que lo preceden.

Ansd. En numerosas ocasiones las catástrofes son creadas por la mente a causa de las emociones intensas que las acompañan. El hecho de tener necesidad de vivir dichas experiencias es una clara muestra de lo poco interesante que nos parece nuestra vida, o bien del temor que nos imprime pensar desembarazarnos de lo que tanto esfuerzo nos ha costado.

Catedral. Al ser un lugar de retiro espiritual cuando aparece en alguno de nuestros sueños, se debe interpretar como una necesidad de retiro y cierta paz interior. También es un lugar que encierra gran misterio, ya que simboliza la manifestación material de la religión y de la espiritualidad. Cabe pensar que cuando se sueña con catedrales el individuo desee inconscientemente fundar las bases de sus creencias y valores éticos o morales.

Caverna. Es el símbolo del universo. También es el punto de encuentro entre lo divino y lo humano. Representa al conocimiento esotérico interior del individuo, es el mundo del subconsciente que de alguna manera desea cobrar mayor protagonismo en nuestras vidas.

Al ser un espacio vacío es importante que nos fijemos en lo que acontece en el interior de la caverna durante el transcurso del sueño. Todos los detalles que aparezcan nos brindarán la oportunidad de valorar más de cerca el significado del sueño.

Sprt. Existen numerosos mitos acerca del hombre que discurren en el ambiente de una caverna. Es muy posible que se tengan sueños arquetípicos basados en mitos y leyendas propias de la humanidad y que apenas tengan significación individual.

Caza. Es una acción que representa el papel de la muerte tras las almas. Es por ello que cuando aparece esta acción en sueños sentimos una gran emoción, independientemente de que seamos nosotros los cazadores o los cazados. Verse envuelto en una cacería a través de los sueños es síntoma de inquietud personal, de tener una profunda necesidad de evasión y de buscar aventuras. En el fondo se utiliza la caza como un medio de reafirmación personal.

S. Deseo. En algunos casos la caza se utiliza como compensación a la insatisfacción sexual. De esta manera es como puede ser contemplada la caza a la hora de hacer una interpretación sobre ésta en sueños.

Cebada. Las cosechas anuales de grano son el más claro ejemplo de la renovación anual y de la resurrección de la vida. Por tanto, soñar con cebada es un signo de fertilidad y de fecundidad, ya que de algún modo nos hace recordar el retorno de la primavera y de la juventud. También puede consultarse el término TRIGO en este mismo diccionario.

Cebolla. Lo más significativo de la cebolla son las múltiples capas que la forman. Tras ellas se supone que se esconde la causa primigenia de la vida. Por ello cuando se sueña con una cebolla es muy posible que el mensaje que esta aporte sea que haya que desvelar el secreto capa por capa. Retirar el mundo de las apariencias para por fin llegar a descubrir el principio y origen de todas las cosas.

Ext. Al ser un alimento bastante fuerte es posible que se nos repita su aroma a la hora de digerirlo y que eso nos refuerce esta imagen onírica.

Otros. Las buenas virtudes de la cebolla pueden ser echadas de menos por el organismo y este a través del sueño hacer ver que precisa de tal alimento.

Cebra. La piel de este animal no cuadra bien con su porte. Siempre llamará la atención su dibujo a rayas blancas y negras. Este fuerte contraste es sin duda símbolo de conflictos y de enfrentamientos de posturas diferentes. Por tanto, cuando vemos una cebra en sueños habrá que pensar que hay algo que no cuadra dentro del marco de nuestro sueño, y quizás en nuestra propia vida.

Cedro. Este árbol majestuoso y siempre verde denota gran pureza, fuerza y nobleza. Es el emblema de Líbano y allí se le adjudica el poder de la incorruptibilidad. Además de poseer propiedades mágicas, su madera es tan noble que fue usada para hacer con ella el templo de Salomón. Soñar pues con este árbol es un claro augurio de bienaventuranza, longevidad e integridad.

Cejas. Son sin duda un medio de expresión personal que se efectúa por medio del gesto. Si soñamos que nos depilan las cejas es como decir que nuestra expresividad está siendo coartada y que no podremos manifestar parte de nuestros estados de ánimo.

Celos. Posiblemente nadie escapa a este tipo de emociones. Aun así hay personas que son más propensas que otras a sentirlos. Cuando en sueños nos invaden los celos es muy posible que haya ocurrido algo que conscientemente haya pasado desapercibido y que por la noche se esté sometiendo a examen. También, en personas poco celosas es muy posible que aparezcan estas emociones en sueños porque estén siendo reprimidas en la vida real.

Cementerio. Los enterramientos de los muertos siempre han despertado gran inquietud en los seres humanos. Por ello es muy normal que desde pequeños nos hayan inculcado la neurosis del miedo a estos parajes. Por otra parte, cuando se ha perdido a un ser querido e interiormente no se ha aceptado dicha pérdida, el cementerio representa el último lugar que fue compartido con dicha persona y por tanto puede aparecer en nuestros sueños una y otra vez. Pero lo que realmente simboliza un cementerio no es más que el nutriente que vuelve a incorporarse al ciclo vital, y así es vivido por numerosas culturas. Se trata por tanto de un lugar rico del que algún día resurgirá la vida con más fuerza. Este último punto de vista puede dar lugar a tenebrosas imágenes, como la del resurgimiento de los muertos vivientes, pero esto es debido a una mala interpretación del simbolismo del campo santo.

Sprt. La imagen del cementerio, cuando está relacionada con una persona próxima, puede interpretarse como la existencia de relaciones mal resueltas con lo que aquella persona representa para el soñador.

Ceniza. Tras el fenómeno del fuego, tan solo quedan los restos minerales que no son capaces de liberarse al ambiente. Pues justamente eso son las cenizas. La representación simbólica es la de la materia que ha sido privada de todo soplo divino y por tanto se representa tan alejado de la vida como lo es la propia llama. Las cenizas son la base de una nueva existencia, es la posibilidad del nuevo resurgir. Soñar con cenizas nos obliga a pensar en una nueva labor, en que todo cuanto había ya se ha agotado y que de alguna manera es ya agua pasada. La presencia de cenizas obliga al ser humano a adoptar una postura más humilde ante la vida ya que para empezar cualquier cosa a partir de ellas se ve obligado a tener que recogerlas para limpiar la estancia de todo recuerdo pasado.

Centro. Es posible que en un sueño quede reflejada un área con mayor importancia que otras. El centro de una habitación o de un espacio cualquiera representa a la totalidad de lo que allí se encuentra. Cuando se nos presenta un centro con gran claridad es muy posible que esta imagen onírica esté escondiendo el claro deseo de ocupar dicha posición. Estar en el centro es ocupar todo el protagonismo y olvidarse un poco de la propia personalidad. Más que un acumulo de energía es un regalo que hacemos a los demás al mostrarnos tal y como somos. Cuando la imagen del centro no está bien vista en un sueño, es muy posible que en los últimos días hayamos presenciado un abuso de atención por parte de otras personas que no han sabido ceder la palabra a tiempo ni dar paso a otras situaciones.

Sprt. El centro siempre ha sido considerado un lugar de reverencia y respeto. Muchas religiones obligan a sus feligreses a mostrar humildad cuando se atraviesa tan sacra posición. En sueños de clara liberación espiritual, es muy posible que sintamos una gran energía ascendente que parta desde dicho lugar. La interpretación más adecuada es la de que intentemos alcanzar nuestro propio centro personal para así ascender hacia la luz.

Cepillo. Son múltiples los usos de este imprescindible útil. Los cepillos de la casa, desde el de los dientes hasta el cepillo de barrendero simbolizan la eliminación de sustancias susceptibles de generarnos problemas. En algunas culturas se usa como útil en los ritos de purificación. Es importante dilucidar el porqué del soñar con cepillos. Posiblemente en los últimos días hayamos tenido algún tipo de experiencia más remarcada de lo habitual en la que aparecía dicho útil. También es una forma de destacar una habitual acción tradicionalmente asociada al sexo femenino.

Ansd. Si nos encontramos en un sueño de este tipo cepillando sin parar habrá que interpretar que estamos saturados de problemas de los que no sabemos cómo desembarazarnos.

Sprt. Los cepillos pueden ser un útil ceremonial. El hecho de barrer o cepillarse el pelo tranquilamente es una forma simbólica de tejer los hilos del porvenir.

Cera. Sus magníficas propiedades han sido alabadas desde la antigüedad por todas las culturas. La denominación de cera virgen denota el trabajo y la entrega con que se produce esta sustancia tan rica. Al ser un producto de las hijas del sol, es normal que simbolice la luz del astro rey cuando reinan las tinieblas y la oscuridad. Soñar con cera puede tener la correspondencia onírica de la virginidad y de la pureza. Aunque también puede tratarse de un medio de protección frente al medio externo. Todo depende de la acción que acompañe a este producto de la naturaleza.

Ext. Es posible que días antes hayamos tenido algún altercado con avispas o abejas y que la cera represente este altercado.

Otros. En aquella clase de sueños que nos recuerdan nuestros deberes es más que probable que para las mujeres la cera represente el cuidado de su belleza.

Cerdo. Animal sagrado de la antigua China, el cerdo siempre ha simbolizado el placer y el disfrute de la vida. Pero este es un disfrute puramente carnal que se basa en la ignorancia, en la falta de conciencia de lo superior. El cerdo simboliza entre otras cosas la lujuria, como en el mito de Circe, que convertía en cerdos a los hombres que la deseaban. En Oriente se dice que hay tres animales que atan al hombre al mundo de las apariencias, uno de ellos es el cerdo, que sin duda invita al ser humano al más amplio y exuberante disfrute de los sentidos. Soñar con cerdos puede tener múltiples interpretaciones. Por un lado puede darse el caso de que un sonido o un olor extraño esté interfiriendo en nuestros sueños. Por otra parte podemos estar asociando la imagen de este «sucio» animal con alguna persona que se haya comportado de esta manera con nosotros. Pero si damos un paso más y atendemos a la imagen arquetípica del animal, a lo mejor encontramos que en el fondo nos gustaría llevar una vida menos complicada y entregarnos de lleno a un disfrute de tipo terrenal.

Sprt. En antiguos mitos se hace gala de la fuerza y de lo fiero que puede llegar a ser este animal. Un instinto de protección hacia las pertenencias que nos facilitan una vida de placer y felicidad podría ser lo que este animal está representando en nuestros sueños.

Ansd. En los sueños de ansiedad, si nos vemos perseguidos por este animal es muy posible que estemos huyendo de nuestros instintos. Seguramente lo que debamos hacer sea recapacitar y permitir que este animal nos envuelva con su energía.

Cereal. *Véase* TRIGO O CEBADA.

Cerebro. Antiguas creencias afirman que el alma del ser humano se aloja entre estos nobles tejidos. Han existido pueblos antropófagos que se comían la sesera de sus enemigos muertos para así apoderarse de la energía del pueblo vencido. Desde luego, y ya para todas las culturas, el cerebro simboliza la parte más noble y delicada del ser humano. Cuando aparece en nuestros sueños de una forma relevante, hay que pensar, como siempre que aparece un órgano, que su funcionamiento no es el correcto. En este caso concreto los problemas pueden estar causando un conflicto que impida el buen funcionamiento del cerebro.

S. Deseo. A veces hay sueños que intentan eliminar los problemas personales para que la persona pueda descansar más abiertamente y en paz. El cerebro contiene sin duda multitud de conflictos que bien podrían ser arrojados lejos del individuo a base de soñar con este órgano.

Otros. Siempre hay que pensar que se puede estar tratando de un sueño revelador en el que se esté dando gran importancia a nuestra capacidad intelectual.

Cerezo. Se dice que el cerezo, por florecer antes de echar la hoja, simboliza la desnudez del hombre tal y como viene al mundo. En Japón el cerezo es un signo de nobleza y virtud. Tras la simbología de este árbol habrá que buscar las posibles relaciones que nos hayan hecho soñar con el mismo. Posiblemente su fruto sea lo que más fácilmente llegue a nuestros hogares. Dicen que comer cerezas en sueños es síntoma de dicha y felicidad. Probablemente lo que represente este árbol en sueños siempre estará relacionado con la dicha y la fortuna.

Cerradura. El ojo de la cerradura es un auténtico dilema. Por una parte nos permite ver lo que hay al otro lado, pero si carecemos de llave entonces simboliza conflicto. Por eso cuando soñamos con una cerradura habrá que pensar en las propias limitaciones que nos generamos los seres humanos. Sin duda alguna podremos abrir esa puerta pero para ello precisamos solucionar un conflicto interno.

Ansd. Las cerraduras en sueños de este tipo pueden causar una profunda sensación de agobio. Por tanto, lo que realmente se está pidiendo al soñador es que no se agobie y sea capaz de mantener la calma para así poder solucionar sus propios problemas.

Sprt. La cerradura nos puede estar indicando la limitación que nos imponemos frente a la liberación de prejuicios. Más allá de los conflictos personales se encuentra la felicidad. Dar con la clave, ese es uno de los mensajes que simboliza la cerradura.

Cerveza. Para las culturas del norte de Europa, la cerveza ha sido considerada desde siempre como una bebida que dotaba de gran vigor a los guerreros. De hecho, aparecer en un sueño bebiendo cerveza puede ser una señal de triunfo. Tanto el festejo como la fuerza que acompañan a esta acción ayudan a la expansión personal. Cuando soñamos con cerveza, puede ser que nuestro inconsciente esté deseoso de liberarse de las ataduras de la vida cotidiana.

S. Deseo. Realmente es muy fácil que se puedan dar sueños de este tipo en el que aparezca esta bebida. Así que es importante llegar a encontrar la causa por la que estamos tomando la cerveza. Es posible que tan solo sea una imperiosa necesidad de disfrute y ocio.

Otros. Si el ambiente emocional y el marco que envuelve y acompaña a la cerveza no es del todo agradable, entonces habrá que pensar que esta bebida nos está causando un daño que podríamos evitar si hiciéramos caso de tales advertencias.

Cesta. La belleza de este tipo de recipiente recuerda de inmediato a cada una de las estaciones del año gracias a los diferentes productos que puede contener en su interior. Es por ello que habrá que analizar el contenido de la cesta que aparezca en nuestros sueños. De esa forma obtendremos una maravillosa información de lo que dicha imagen nos viene a decir. Generalmente, la interpretación onírica de la cesta es bastante positiva, ya que de alguna manera está arquetípicamente relacionada con las ofrendas a la diosa madre.

Otros. Ver en sueños una cesta vacía puede ser síntoma de insatisfacción personal, de deberes incumplidos.

Cetro. Es un utensilio que denota poder, soberanía, y transmite cierto poder a la persona que lo porta. Los grabados y la pedrería que pudieran adornar al cetro tienen o aportan tanto significado como el propio utensilio en sí. Por ello habrá que buscar su interpretación en este diccionario para conocer con más detalle la procedencia del poder que el cetro simboliza. Cuando nos vemos en sueños portando este peculiar instrumento hay que pensar en los honores que, o bien echamos de menos si no acompaña un ambiente emocional lo suficientemente grato, o bien puede ser interpretado como un aviso de que estamos recibiendo honores que no apreciamos.

S. Deseo. El cetro bien podría estar satisfaciendo en sueños los reprimidos deseos de poder que no disfrutamos en la vida real.

Otros. En caso de tratarse de un sueño de claro estilo revelador, podría ser que próximamente se reconozcan nuestros valores.

Chabola. La casa representa, en parte, las pertenencias y el nivel económico de las personas. Cuando soñamos con una chabola, lo que más claramente se manifiesta es la vida que mora en su interior en claro contraste con todo lo demás. Pero muchas veces esto no es suficiente. Si nos vemos en sueños habitando en una chabola –cosa que suele ocurrir cuando el estado de ánimo se encuentra por los suelos– es posible que lo que se esté remarcando sea la importancia de valorar la vida.

Ansd. Una interpretación que también se suele asociar a este símbolo es la de temer por la estabilidad económica.

Chacal. En el antiguo Egipto se utilizó y veneró mucho la imagen de este animal que representaba al dios Anubis. Sus prestaciones más destacadas eran debidas a su buena visión, además era muy capaz de ver igual de bien durante el día que por la noche, por lo que se le consideró el perfecto explorador. Lo más curioso es que este animal posiblemente jamás habitó los desiertos de Egipto y, por lo tanto, no fueron conocidas las peores facetas de su modo de vida. Es un animal carroñero, lo que nos conduce a pensar que su aparición en sueños es un mal presagio. Soñar con él podrá ser indicativo de que existan personas que se estén aprovechando del soñador.

Chaleco. Es una prenda de distinción. En caso de aparecer portando un chaleco es muy posible que simplemente se utilice a modo de distinción sobre los demás. El material con que está confeccionado y su color, así como el resto de los detalles, nos servirán para interpretar el sentido de tal clasificación.

Chaqueta. Siempre se ha dicho que cambiar de chaqueta es de personas falsas, frívolas y que carecen de valores. No es de extrañar que la chaqueta se encargue de representar la personalidad. Por eso, cuando esta prenda cobra un especial protagonismo en uno de nuestros sueños habrá que interpretar todos y cada uno de los detalles de la chaqueta para obtener así la mayor información acerca de la personalidad que nuestro inconsciente percibe de los demás.

Charco. Se trata sin duda de un peligro menor. El barro, los pantanos y ciénagas en general son sinónimos de posibles obstáculos que nos hagan perder tiempo, dinero o salud. El charco generado por la lluvia ocasional representa a los pormenores propios de la vida cotidiana que bien podrían ser fruto de problemas venideros.

Cheque. Cuando utilizamos esta modalidad de pago se suele decir que estamos preocupados por la buena marcha de nuestra economía diaria. En cambio si lo recibimos es un presagio de mejora. Pero recordemos que también puede ser visto como una mejora de tipo anímico, ya que la felicidad es el dinero del alma.

Chillar. Normalmente, cuando algo nos irrita profundamente tenemos la necesidad de liberarlo a través de la voz. La sensación de liberación es lo más importante de esta acción, pero nada más lejos de pensar que podremos solucionar algo de este modo. Si aparecemos a menudo chillando en sueños, no cabrá duda de que tenemos que hacer algún tipo de confidencia o de lo contrario acabaremos por enfermar. Si alguien nos chilla, posiblemente esta imagen se esté relacionando con alguna experiencia vivida en los últimos días en los que dicha persona o cualquier otra haya descargado sus malas vibraciones sobre nosotros.

Chimenea. El hogar de la chimenea simboliza la piedra sobre la que basamos nuestras ilusiones. La parte más alta o chimenea es la puerta por donde salen las creaciones al mundo. Es lo que los antiguos llamaban la conexión con el mundo de los dioses. Lo que se percibe de nosotros mismos es lo que sale de nuestro hogar a través de esta simbólica conexión. Cuando en sueños aparece una chimenea lo más importante es el tipo y la cantidad de humo que sale por ella. En caso de que no aparezca, es decir, que esté apagada, se interpretará como un mal presagio para el dueño de dicha casa.

Chocar. El efecto onírico de esta acción es el de la invasión de una persona sobre la vida de otra. Generalmente el que choca se interpreta como un ser extravertido o que por lo menos es visto así inconscientemente por el soñador. Sin embargo la persona arrollada, y aún más si se trata de nosotros mismos, interpreta el rol de individuo reservado e introvertido.

Otros. Puede darse el caso de encontrarnos ante una evidencia onírica que nos indique la necesidad de equilibrar nuestra energía en relación con la persona con la que nos chocamos.

Chocolate. Los dulces por lo general se suelen interpretar como síntoma de alegría. También es posible que se trate de todo lo contrario, es decir, que echemos en falta un poco más de alegría en nuestra vida y la incorporamos en sueños por medio de este dulce. *S. Deseo.* Para Freud todos los excitantes –y el chocolate es uno bastante considerable– están relacionados de alguna manera con los deseos de tipo erótico y sensual.

Chuleta. La carne es el alimento de la pasión. Pero en el caso de soñar con que nos deleitamos con una chuleta puede indicar la necesidad de encontrar una mayor pasión en nuestra vida interior. La chuleta bien puede simbolizar la costilla con la que Dios libró a Adán de su soledad. Si soñamos con chuletas las interpretaciones podrían ser múltiples, pero aquí vamos a señalar dos de ellas. La primera nos invita a participar más de la vida emocional, de no estar tan alejados de las fuentes de la vida. La segunda bien podría ser vista como un sueño de satisfacción del deseo en el que el cuerpo goza y se recrea con imágenes de fiesta y júbilo. *Ext.* Es muy posible que la chuleta señale cierta necesidad de introducir alimento en nuestro cuerpo, pero la particularidad de esta podría interpretarse como una carencia de alimentos ricos en proteínas.

Chulo. Cuando alguien abusa en sueños de la confianza de los demás, tal y como el chulo hace en la vida real, habrá que atender a las situaciones y a las personas que allí aparecen porque seguramente alguna de ellas está ejerciendo una actitud negativa frente a otras.

Chupete. Se puede decir que el chupete simboliza uno de los primeros vicios de algunos seres humanos. La acción de chupar suele estar más marcada en un tipo psicológico de personas que en otras. Cuando aparece de forma connotativa este elemento, probablemente haya que recurrir a la infancia del soñador para poder interpretar adecuadamente esta imagen. En general el chupete era un modo de solventar las frustraciones y las ansiedades del niño pequeño. Por lo tanto es posible que de alguna manera esté representando la necesidad de liberar las tensiones que ciertos problemas de la actualidad están ejerciendo sobre la persona que lleva el chupete.

Cicatrices. Aquellas señales que el paso del tiempo y de la experiencia de la vida dejan grabadas sobre nuestra piel, pueden ser representantes de los problemas morales que nos atormentan. Todo cuanto aparece en sueños sobre el cuerpo físico, habrá que pensar que se halla sobre el cuerpo psíquico de la persona que lo sueña. Si vemos a alguien en sueños que está lleno de cicatrices, no habrá duda de que lo estamos viendo atormentado por los remordimientos de un pasado que en cierta medida ha desfigurado su energía.

Ciclista. Cuando alguien está montando en bicicleta y así aparece representado en un sueño, hay que pensar que de alguna manera el individuo 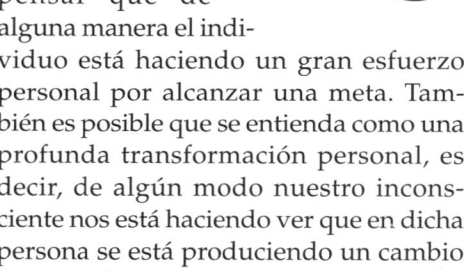 está haciendo un gran esfuerzo personal por alcanzar una meta. También es posible que se entienda como una profunda transformación personal, es decir, de algún modo nuestro inconsciente nos está haciendo ver que en dicha persona se está produciendo un cambio sustancial.

Ciego. La ceguera o incapacidad para apreciar las imágenes del mundo, ha sido considerada en parte como una forma más sabia y paciente de percibir el mundo. Antiguamente era bastante común que los ciegos recorrieran las villas ofreciendo la sabiduría que produce el escapar del mundo de las formas y de las apariencias. Incluso se llegó a decir que los ciegos veían el alma de las personas, y que por esta razón disponían de una especial sabiduría. Cuando aparece un ciego en uno de nuestros sueños, es muy probable que esta persona represente un tipo de actitud ante la vida que para nuestro particular punto de vista resulte inverosímil. Sin duda alguna, no somos capaces de comprender lo que es vivir sin visión, por ello se despiertan los sentimientos de compasión que posiblemente pudieran estar dormidos y no aparecer en la vida real. Si se da el caso en el que somos nosotros los que aparecemos ciegos en la representación onírica y, además no se produce ninguna sensación de agobio ni ansiedad, entonces lo más probable es que nos estemos deleitando en el placer de escapar del aburrido peso que genera la toma de conciencia.

Ansd. Es bastante común que en situaciones de gran tensión se sueñe que se pierde la vista y por tanto no se pueden realizar las pruebas venideras causantes de dicho estado. Esto nos hace recordar que estamos perfectamente dotados para superar las pruebas y de alguna manera ayuda a incrementar la confianza en uno mismo.

Cielo. Dos fueron las partes de las que surgió el mundo: una era el cielo, representante de la energía, y el otro fue la tierra, representante de lo material. Cuando el cielo queda resaltado dentro de un sueño, habrá que pensar que el inconsciente aclama a los valores del orden, de lo transcendente y del poder espiritual. Las aspiraciones del individuo son representadas a través del cielo de los sueños. Si este cobra especial protagonismo, entonces esto quiere decir que espiritualmente el individuo precisa crecer. Su mundo interior necesita echar alas y volar por el mundo de los ideales y de lo inalcanzable. Pero al ser el cielo un espacio habrá que valorar los elementos que en él aparezcan. Las coloraciones y las nubes son de principal importancia a la hora de interpretar esta imagen.

Ansd. No es extraño que un cielo lleno de nubarrones nos produzca un gran sobrecogimiento o incluso un estado de ansiedad. Las tormentas nos ocultan la visión del cielo, por lo que nuestras perspectivas de alcanzar parte de nuestros proyectos se ven truncadas.

Otros. Un cielo claro, sereno, carente de bruscos fenómenos atmosféricos nos estará indicando que es el momento de emprender y llevar a cabo los más ambiciosos proyectos que en esos días tengamos entre las manos.

Ciervo. Por su ligereza y rapidez, estos animales han sido considerados sobrenaturales por algunas culturas. En el mundo celta el mito del Astado hace mención al rey que fecunda a la diosa Tierra. En el mundo oriental y en el Budismo el ciervo representa la docilidad, la mansedumbre y la meditación, pero en la cultura china es uno de los pocos animales que se consideran insensatos. Justamente por esto último, el ciervo puede representar el enamoramiento. Según el tipo de sueño la interpretación será muy diferente. En el caso más claro, veremos que soñar con este animal es signo de felicidad, alegría, despreocupación, ya que de alguna manera simboliza la abundancia y la paz.

Cigarra. Debido a su singular canto, este insecto ha sido relacionado con la voz de la luz. Incluso se ha llegado a decir que es un demonio de la luz. En determinadas culturas existen mitos en los que se asocia a la cigarra con la pereza, ya que tanto cantar de poco sirve en la vida práctica.

Ext. En verano el canto de la cigarra puede aparecer de forma habitual en los sueños. Cualquier ruido semejante podría invocar su presencia.

Cigarrillo. No queda más remedio que asociar este vicio a alguna persona. En el caso de que el soñador no sea fumador, y aparezcan cigarrillos en su sueño, habrá que intentar dilucidar a qué persona pueden pertenecer, ya que en el fondo son una representación clara de alguien que ocupa nuestros pensamientos.

S. Deseo. Si el soñador no es fumador y aparece fumando en sueños, entonces habrá que pensar que en cierto modo envidia el supuesto placer que parece estar asociado al tabaco.

Ansd. El tabaco y los cigarrillos están íntimamente relacionados con los estados de ansiedad. Posiblemente exista algún tipo de represión que coarte al soñador y le impida fumar más.

Cigüeña. El mito de que los niños son traídos por la cigüeña, seguramente está basado en el comportamiento migratorio de esta ave. Cuando en pleno invierno, este gran pájaro vuelve a formar parte de nuestro entorno, inconscientemente relacionamos su llegada con la anhelada llegada de la primavera y con el resurgir de la naturaleza y la vida. Su aparición en sueños puede estar asociada con la llegada de algún tipo de sorpresas o de noticias.

S. Deseo. La rutina y la vida cotidiana a veces generan un gran pesar que la cigüeña puede llegar a modificar con su presencia en sueños.

Otros. Cabe pensar que una cigüeña podría hacer ver a una mujer que esta embarazada.

Ansd. Aunque raro, si esta ave nos ataca en sueños habrá que pensar que estamos siendo víctimas de algún tipo de estafa o engaño.

Cinturón. Tanto este común complemento como las cintas del pelo, son representantes de las ligaduras que nos mantienen anclados a un modo de vida. Cuando aparecen en sueños se encargan de recordarnos las responsabilidades que requieren de nosotros una total entrega. Como siempre que aparece una prenda es importante valorar el material, los adornos y el tipo de metal que porta. De esta manera podremos interpretar de qué forma percibimos nuestras propias obligaciones.

Ciprés. Árbol típico de los cementerios. Su peculiar forma hace recordar a la llama de las velas que se alzan hacia lo más alto. También debe a las propiedades de su resina el mito de mantener incorruptos a los cuerpos de los muertos, pues de esa manera se purificaban estos enterramientos. Por su carácter funerario no está bien considerado por nuestra cultura, pero en otras diferentes simboliza la fidelidad, la perseverancia y la virtud. Lo más seguro es que si soñamos con un ciprés, este aporte connotaciones de duelo a nuestro sueño.

Sprt. La presencia de este árbol en un sueño podría generar un agradable ambiente de respeto y sosiego.

Circo. El mayor espectáculo del mundo ha supuesto uno de los más fuertes alicientes de la infancia. Todo cuanto se pueda imaginar puede ser visto en la pista central. Por ello la imagen onírica del circo generalmente representa los deseos del mundo de la infancia. Según vivamos este espectáculo, así estarán representados los deseos de otros tiempos. No hay que olvidar que las emociones que se despiertan son tan intensas, que lo mismo pueden causar las más divertidas carcajadas como también el más triste lamento.

Ansd. Por la intensidad que acompaña a las emociones que se despiertan en el circo, no es de extrañar que sirva de escenario para este tipo de sueños. La interpretación se basará entonces en las acciones que allí se produzcan.

Círculo. Es el símbolo universal de la continuidad y de la totalidad. Es la forma de representar gráficamente al espíritu. Dos círculos unidos horizontalmente representan el infinito y lo eterno. La circunferencia divide dos mundos, uno exterior del cual hay que protegerse y otro interior cuya esencia se encuentra en el centro. Es por tanto una forma bella hacia el exterior, por lo que el círculo se considera la perfección, al mismo tiempo que manifiesta una clara protección y veneración hacia la esencia interior. O sea, que el círculo es la personalidad del individuo ya que además de contener su energía vital se encarga de ofrecer una fachada. Cuando soñamos con un círculo lo más importante es saber si estamos dentro de él o por el contrario estamos fuera y nos sentimos excluidos. En el primer caso, tendremos la sensación de estar protegidos, mientras que en la segunda opción, nos tocará perfeccionarnos y cultivar nuestra propia energía personal.

Circuncisión. Desde siempre este tipo de intervención ha sido relacionada con el rito iniciático de los varones adolescentes. Simbólicamente representa un sacrificio por el que los jóvenes deben pasar para ser tratados con el distintivo de hombres. Es pues un rito que hace patente la separación entre la infancia y la juventud. Pero hoy en día y para la cultura médica que impera en Occidente, la circuncisión es una operación que implica el uso de elementos cortantes sobre el sexo masculino. Por ello, no es de extrañar que la escuela freudiana relacione este acto con el sentimiento de castración.

Cirio. *Véase* VELA.

Ciruelo. Por florecer cuando todavía es invierno, este árbol representa la pureza y la belleza. Además está considerado en la cultura china como un claro signo de longevidad. El fruto de este árbol representa, según algunas tendencias de la psicología moderna, la fuerza del deseo de carácter sexual. Para una correcta interpretación onírica del significado de esta fruta o de este árbol, sería conveniente que se consultaran los términos ÁRBOL y FRUTA.

Cisne. En esta impresionante ave se combinan los elementos de aire y agua, por lo que no es de extrañar que represente a las fuerzas de la vida. Por su soledad y peculiar belleza el cisne se relaciona con el sentimiento propio del romanticismo. Su canto es reconocido como la inspiración y la expiración que permite al espíritu manifestar sus creaciones. Soñar con cisnes es un buen augurio que anuncia la buena disposición hacia el éxito por parte de la persona que sueña con ellos.

Clavel. Es una flor cuya simbología se encuentra asociada al amor y al matrimonio. La persona que porte en sueños un clavel despertará gran admiración. La pasión y la entrega pueden estas señaladas por medio de esta flor. Para obtener mayor información al respecto se puede consultar en este diccionario el color que distinga a la flor de nuestro sueño.

Clavo. Para la simbología un clavo es un principio vinculante. Es decir, la función de la trefilería es la de mantener unidas dos partes diferentes para formar una sola. Por tanto es de esperar que los clavos representen al destino del hombre, de ahí el aforismo de los clavos de Cristo. El estado, tamaño y la cantidad de clavos que aparezcan en el sueño nos estarán indicando las pruebas y dificultades que encontraremos en nuestro camino. Si en el sueño aparecen clavos en mal estado, o sólo un gran número de ellos, se interpretará como señal de estorbo, pues interferirán en la buena marcha de los acontecimientos oníricos.

Clínica. *Véase* HOSPITAL.

Cobrar. Es una acción onírica que establece un claro distanciamiento entre las personas que intervienen y la ejecutan activa o pasivamente. Si el soñador se ve a sí mismo haciendo de cobrador, es posible que en su inconsciente sienta que sale perdiendo en sus relaciones personales. Los problemas financieros pueden causar este tipo de acciones dentro de los sueños, pero por lo general son sueños de sentido inverso, es decir cuando el individuo cobra, posiblemente coincidirá con un grueso lote de deudas a pagar.
S. Deseo. Hay personas que materialmente nunca tienen bastante. Para ellas cobrar en sueños puede ser una acción simbólica de seguir incrementando su capital, lo que sin duda les parece todo un plato de gusto.

Coche. Sin duda el coche representa a la vaca sagrada del siglo XX. Esto se debe a que todos nuestros proyectos y pretensiones viajan sobre cuatro ruedas. Ya el alimento no es apreciado como tal, si no que es más importante su distribución y comercio que su valor en sí. Por tanto la vida marcha sobre ruedas y nuestro coche de los sueños representa a nuestra propia vida. Todo cuanto le ocurra nos atañerá directamente. Si se queda sin gasolina habrá que interpretar que se nos están acabando los recursos económicos. En cambio, si está en el taller, es más o menos que nos toca ir al médico, etc. Y si montamos en el coche de alguien, significa que inconscientemente deseamos participar más de su vida.

Ansd. Uno de los peores sueños con el coche ronda en torno a la posibilidad de robo del mismo. En dicho caso es posible que de forma inconsciente se nos esté informando de un cambio de actitud personal por nuestra parte.

Cocinar. Este tipo de actuación es un auténtico rito de transformación en el que se combinan los distintos alimentos para extraer de ellos todo su poder. Cuando soñamos que cocinamos, de alguna manera estamos manejando la materia para incrementar así nuestra energía personal. Pero también hay que considerar que estamos preparando el alimento para nuestro espíritu, por eso se puede interpretar que la persona está demasiado ligada al mundo material. Por supuesto que no es lo mismo que el soñador sea un cocinero o un ama de casa, que cualquier otro profesional, pues es bastante común que, aún en sueños, sigamos realizando las tareas que hacemos a diario.

Otros. Según el aspecto que nos ofrezca lo que cocinamos así se interpretarán los triunfos personales en la vida. Las cacerolas y los útiles representarán los medios de los que disponemos, mientras que el cuidado y la dedicación representan nuestra creatividad y motivación.

Coco. Hay multitud de cultos propios de las zonas tropicales donde se rinde tributo a este fruto. Su aspecto tosco y duro engaña a primera vista. Por dentro su color y su leche sorprenden y agradan. Soñar con coco es símbolo de disfrute de la vida, de saber aprovechar los placeres y de saborear todo lo grato que tenemos a nuestro alrededor.

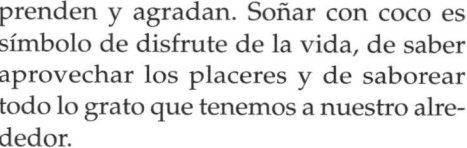

Ansd. Si no somos capaces de abrir un coco para comer, habrá que interpretar en dicho sueño que no se es capaz de aprovechar las oportunidades que la vida nos brinda.

Cocodrilo. El más grande de los reptiles que aún podemos encontrar sobre la tierra, ha sido considerado un dios por múltiples culturas. Suelen ser culturas en las que por lo abundante de la naturaleza, la muerte está bastante bien considerada o incluso es venerada. El cocodrilo es el gran devorador que devuelve el espíritu al cielo para que de esa forma pueda volver a nacer. Pero para el hombre occidental su significado es bien distinto: el cocodrilo es símbolo de traición, su hábitat constituye toda una trampa para el hombre, su mimetismo es todo un engaño…, lo cual nos lleva a pensar que cuando un cocodrilo aparece en algún episodio oní-

rico, siempre habrá que interpretar o prever algún tipo de traición.

Sprt. Si el cocodrilo de nuestros sueños no representa ningún peligro para nosotros, es posible que estemos sintonizando con uno de los grandes crímenes que se están cometiendo en la actualidad, la destrucción del planeta, donde el cocodrilo es uno de los más altos exponentes del reino animal.

Ansd. Si somos atacados por este animal, la interpretación más acertada es la de ser víctima de acciones personales un tanto fraudulentas u oscuras.

Cofre. La función del cofre es la de guardar los tesoros. Es de esperar que su presencia en un sueño represente un gran misterio y envuelva la escena de emoción. Algo semejante ocurre con el cuerpo femenino que encierra misterios y desata pasiones. Por eso se ha interpretado que la presencia de un cofre en sueños es similar al estímulo que provoca el cuerpo femenino sobre los hombres. Si en lugar de esta típica interpretación freudiana tenemos en cuenta a Jung, entonces diremos que el sujeto que sueña con un cofre aún anda claramente ligado a la madre.

Cojera. Con esta deficiencia se muestra la imperfección del mundo griego y de su mitología. Soñar que se está cojo representa una serie de inconvenientes que impiden que nuestra vida marche adecuadamente. Se dice que también la cojera desata la cólera de los dioses

que, como Vulcano, se encontraban siempre inmersos en ambientes poco apacibles.

Cojín. *Véase* ALMOHADA.

Cola. Según la escuela freudiana la cola es un elemento que posee un buen número de particularidades fálicas, y justamente por esto se debe interpretar su presencia en sueños como un claro componente sexual. Sin embargo, antiguamente se ha considerado que la cola de los animales dotaba a estos de gran equilibrio y destreza, además de servir a algunas especies de medio de comunicación. Cuando aparece destacada una cola en sueños lo que probablemente se esté haciendo ver por medio de esta, es el componente claramente animal que representa: el instinto. El hombre carece de cola y ello lo distingue de la mayoría de los demás animales próximos a él, pero no debemos olvidar –como Jung afirma– que el hombre civilizado ha de cuidar al animal que lleva dentro de sí y hacerlo su amigo, pues los instintos reprimidos son enormemente peligrosos para él.

Colador. Este útil de cocina tan empleado rara vez toma protagonismo en un sueño. En caso de hacerlo, la acción de colar puede ser vista como una selección muy particular que realiza el individuo para filtrar el tipo de experiencias que llegarán a influirle interiormente.

Cólera. Si consideramos este sentimiento tan intenso como parte de un ambiente onírico, habrá que pensar que las personas y los objetos que bajo esta sensación aparezcan representarán los problemas que atañen más directamente al soñador. De todas formas convienen apreciar la última vez que tuvimos un ataque de este tipo, o que presenciamos a alguien albergando dicho sentimiento. Es muy posible que el sueño en el que aparezca este sentimiento se pueda relacionar directamente con el pasado.

Colmena. Es sin duda un territorio gobernado plenamente por el poder femenino. Representa un símbolo de protección y producción propio de la más elevada industria. El orden que allí impera es la base principal de su floreciente economía. Cuando soñamos con una colmena, todos estos atributos deben ser considerados. Pero no toda imagen del sueño tiene por qué ser arquetípica. La asociación de ideas también funciona en sueños, por lo que es interesante intentar descubrir las posibles fuentes que hayan podido generar la imagen onírica de la colmena.
Ansd. La colmena puede representar a la fábrica y a la cadena de montaje que no cesa su producción a costa de la vida de los individuos.
Sprt. El orden propio de la colmena y su perfecta distribución de las tareas puede recordar a la vida monástica. Es posible que se añore participar en organizaciones colectivas, representadas en el sueño por la colmena.

Colores. *Véase* cada uno por separado.

Columpio. El movimiento constante de este divertido aparato hace que nos perdamos en la inmensidad de lo que podríamos llamar una cadencia repetitiva.

Esto es, nos induce a adoptar un estado meditativo. Cuando soñamos que nos columpiamos durante el transcurso de un sueño, es muy probable que la mente esté deseosa de experimentar dichas sensaciones y que a través del sueño sea la única manera de conseguirlo. Cabe pensar que se nos está pidiendo a gritos que abandonemos el habitual estado mental, aunque tan solo sea por unos instantes.
Otros. Por estar íntimamente asociado a la infancia, el columpio puede aparecer en sueños como representante de esta etapa de la vida.

Collar. Este adorno es un símbolo de dignidad y de distinción. Pero lo que más claramente representa es la ligazón que genera entre las personas que lo portan y quienes lo otorgan. Por eso se dice que el collar simboliza en cierto modo la esclavitud y la servidumbre entre las personas. También es considerado como un elemento de clara significación erótica que señala las relaciones de posesión entre las personas.

Columna. Todo pilar representa de algún modo el eje alrededor del cual gira el mundo. Su gran estabilidad hace que la columna represente a la firmeza que tanto añora el ser humano, ya que su comportamiento no cesa de cambiar constantemente. El pilar es una figura de veneración para el único animal que ha optado por caminar erguido: el hombre. Cuando dentro de un sueño resalta la presencia de una columna habrá que pensar que el individuo de alguna manera añora poder ejercer ese papel, o que por el contrario está harto y cansado de tener siempre que mantener dicha postura ante la vida.

Comida. El alimento que aparece dentro de los sueños habrá que interpretarlo como la necesidad de energía para el espíritu o para el mundo interior del individuo. Según se trate de un tipo de comida o de otro podremos encontrar la clase de emoción y sentimiento que añoramos. Por ejemplo, soñar con dulces indica que estamos deseosos de experimentar situaciones que nos resulten agradables.

Comerciar. El intercambio de productos durante el transcurso de un sueño se suele interpretar a modo de intercambio de experiencias entre las personas que allí intervengan. Los sentimientos y las emociones son las monedas más utilizadas en la intimidad de las personas. Soñar que comerciamos con dinero u otros objetos en parte nos está diciendo que estamos deseosos de compartir vivencias. Como siempre, para obtener una mayor información al respecto se puede indagar el significado que aportan dichos objetos.

Cometa. Desde la antigüedad se ha considerado que el cometa es el mensajero de los dioses. De alguna manera nos trae un tiempo nuevo a partir del cual ya todo habrá cambiado. Soñar con este fenómeno estelar es sin duda símbolo de un buen presagio, siempre y cuando se mantenga un espíritu vivo, abierto y dispuesto al cambio.

Compás. A pesar de que en nuestra cultura sea un útil propio del mundo de las ciencias, el compás desde siempre ha sido herramienta fundamental del mundo esotérico. Representa, entre otras cosas, la infalibilidad y la justicia.  Además su misión es la de trazar círculos que de alguna manera se adivinan como principio vital y fuente de vida. Vernos en sueños utilizando un compás puede ser interpretado como si estuviéramos trazando nuestro propio destino. Es un buen presagio siempre y cuando así lo muestre el ambiente emocional que lo acompañe. En caso contrario, puede ser interpretado al estilo inverso, es decir, se nos está comunicando que debemos tomar las riendas de nuestras vidas y marcar nuestros propios límites.

Comprar. Todas las acciones por medio de las cuales incorporamos riquezas a nuestro mundo material, denotan la necesidad o la obsesión de enriquecimiento del propio mundo interior. Es importante observar los enseres que compramos ya que nos ayudarán a precisar el tipo de sueño y por tanto la posible interpretación del mismo. Por ejemplo, si nos vemos haciendo la compra semanal, seguramente se tratará de un sueño de estímulo externo, es decir, por el día de la semana en que nos encontramos o por las actividades planeadas para el futuro inmediato, nuestro inconsciente nos está advirtiendo que hemos de comprar. Si por el contrario predomina un cierto tipo de productos habrá que tener en cuenta la simbología de los mismos.

Sprt. Antiguamente el hombre primitivo tenía que salir a menudo a cazar. Hoy en día el trabajo y las compras han sustituido dicha actividad. Es posible que comprando sintamos una emoción semejante a la que podría sentir un cazador ante una buena presa.

Comunidad. El ser humano es un animal sociable por naturaleza, así por lo menos ha sido demostrado por la historia. Pero hoy en día se está empezando a vivir un profundo cambio que aísla más que nunca al ser humano de su entorno. La necesidad de sentirse rodeado por personas afines a sus creencias y hábitos es cada día más fuerte. Soñar que formamos parte de una comunidad nos ayuda a espantar el miedo al aislamiento. Por otra parte se denota la necesidad de sentirnos parte de algo más grande que nosotros y que simbolice de alguna manera parte de nuestra esencia personal. También soñar con una comunidad puede denotar una fuerte necesidad de delegar el propio poder personal en pro de un ente mayor, el cual nos hace sentir más protegidos y seguros, al mismo tiempo que incrementa nuestro sentido de la importancia.

Comunión. El hecho de participar en este acto típicamente propio de la religión cristiana, hace patente que en el individuo subyace aún un sentimiento de culpa y temor cuyas raíces se remontan a la infancia. Por supuesto que hay que buscar otras explicaciones entre las últimas experiencias que pudieran estar relacionadas con este término. También se puede dar el caso de que el individuo viviera con gran intensidad ese importante momento de la infancia y que su aparición en sueños represente la intensa sensación de protagonismo que vivió en el pasado. Hoy en día bien podría ser que tuviera que afrontar una prueba semejante que de alguna manera invocara el recuerdo de la primera comunión.
Sprt. Puede ser un acto que haga patente la trascendencia del paso del tiempo, sobre todo si acudimos en sueños a la comunión de un hijo o de un sobrino, incluso de un nieto.

Concha. Cuando se trata de la concha de un molusco hay que pensar que por su brillo nacarado y por su relación con el medio acuático, es una representación de la Luna, de la diosa madre y de la virginidad. Para la escuela freudiana no hay la menor duda de que toda concha representa al principio femenino y que por tanto está íntimamente relacionado con los órganos genitales de este sexo. Esto puede que en ocasiones así sea, pero para los seguidores de Jung, la concha es un receptáculo que en la vida se adhiere y crece. Simboliza la protección femenina y de ella surge el nacimiento. Soñar con una concha o con muchas conchas puede tener como siempre múltiples significados ocultos. Por una parte puede ser una evocación al ambiente marino y representar la añoranza con que recordamos el periodo estival. Por otra parte puede ser perfectamente un emblema de pureza y belleza. Y por supuesto que sus formas redondeadas, las protuberancias de su superficie, las curiosas y suaves paredes internas, aportan una estupenda colección de atributos que bien podrían suscitar la sensualidad y el erotismo.

Ext. Si en cierta medida estas conchas son percibidas como signo de un elemento gastronómico, ha de pensarse que nuestra alimentación bien podría precisar de ciertos elementos marinos como el yodo.

Conejo. Es uno de los doce animales sagrados de la cultura china. Ni que decir tiene que es un animal que representa la fecundidad y la fertilidad, por lo que se le asocia a la Luna y a la madre. Como representación de la psique humana, el conejo es el gran tramposo que se ríe de todo y de todos. Soñar con conejos es símbolo de abundancia. Esto no es de extrañar ya que en la pirámide de ecología trófica el conejo es el sustento de una considerable cantidad de animales. Siempre que un conejo cobre especial protagonismo en uno de nuestros sueños no quedará más remedio que dilucidar si su imagen está cumpliendo la labor de representante de la lujuria o no.

S. Deseo. Según Freud, todos los roedores simbolizan los genitales externos ya que su pelo corto y suave así lo señala. Por tanto soñar con conejos puede desvelar las intenciones eróticas y sensuales del soñador.

Confesión. Cuando nos confesamos en sueños no cabe la menor duda de que por una causa o por otra sentimos una fuerte necesidad de liberar nuestra sen-

sación de culpabilidad. O puede ser que simplemente no encontremos sentido a vivir sin hacer cómplices a los demás de nuestros deseos, ilusiones y proyectos. También se puede hacer una interpretación inversa, es decir, que se nos advierte que nos estamos yendo de la lengua, lo que puede ser contraproducente de cara a nuestros intereses.

Consejos. Cuando oímos claramente un consejo en sueños, no nos queda más remedio que dejarnos guiar por él. De lo contrario no cesará de generar la duda de lo que podría haber ocurrido si así lo hubiéramos hecho. Hay quien asegura que los consejos que se escuchan en los sueños son claros síntomas de disputas y de riñas. La verdad es que cuando el inconsciente nos dicta sus puntos de vista por medio de los sueños resulta inevitable pensar que no existe ningún tipo de entendimiento entre nuestra parte racional y el inconsciente.

Sprt. Si el marco del sueño y el ambiente emocional son del todo propicios será muy interesante que el individuo confíe en los consejos recibidos de esta manera.

Construcción. El hecho de construir es relevante del buen ánimo de las personas que así se aventuran. Si vemos construir en sueños algo que nos resulte agradable, no queda la menor duda que se trata de nuestros proyectos. Es posible que se nos esté dando a entender que ya es hora de ponerlos en marcha. Tal y como aparece reflejada la construcción que realizamos, así se reflejarán nuestros planes. Es interesante observar todos los detalles porque así podremos cotejarlos con la realidad, lo que nos permitirá dimensionarlos adecuadamente.

Consulta. Lo más relevante de las consultas profesionales es el papel de paciente que debe adoptar la persona. Cuando soñamos que estamos en una consulta, probablemente se nos esté señalando la conveniencia de adoptar una postura más abierta y receptiva ante la vida. O por el contrario, se nos hace entender que no somos capaces de imponer nuestros criterios y puntos de vista particulares.

Otros. Es bastante común la costumbre de acudir a consultas sin una causa considerablemente seria. Lo que denota tal actitud es la de una profunda inseguridad en los criterios personales. Soñar con ello puede ser tomado como una revelación de nuestra propia personalidad.

Contrato. La firma de un contrato es siempre una acción de compromiso que limita la libertad personal del individuo. Cuando soñamos con este elemento hay que pensar que de alguna forma nos encontramos ante una importante decisión que bien puede cambiar el rumbo de nuestra vida. Es muy posible que la firma de un contrato se encargue de simbolizar en sueños aquellas preocupaciones que en esos días nos están rondando.

Copa. Todo objeto que muestra su utilidad gracias a su capacidad de contención, simboliza ineludiblemente al principio femenino. La copa ha sido utilizada por multitud de cultos en su rituales, en los que a través de esta se evoca la abundancia y la prosperidad. Cuando soñamos con una copa y esta cobra un especial protagonismo dentro de un sueño, se puede interpretar que estamos viendo u ofreciendo los bienes materiales que también de forma simbólica están contenidos en su interior. El hecho de brindar con una copa es un pequeño ritual de la vida cotidiana en el que se hacen chocar los «cofres» de nuestros tesoros para que de alguna manera desaparezcan las barreras entre los bienes de unas personas y las de otras, con el fin de que se mezclen los líquidos contenidos, símbolos inequívocos de la vida personal de cada participante.

S. Deseo. La copa puede aparecer en sueños como representante de festejos y comilonas. En dicho caso estaría mostrando los imperiosos deseos del soñador.

Sprt. La copa puede ser la portadora de la vida. Por eso si se rompe o se friega denota que se tiene que prestar mayor atención al cuidado de sus bienes materiales.

Copo. La nieve, por su blancura y frescura representa la más elevada pureza. Pero al mismo tiempo no es más que agua, por lo que dicha pureza está basada en la humildad y en la devoción del individuo. Soñar con paisajes nevados es un signo claro de limpieza interior.

Ext. En numerosos sueños nuestro inconsciente evoca la nieve para simbolizar el frío que está impidiéndonos disfrutar del descanso.

Coral. Si nos fijamos en las curiosas formas que adoptan los corales, rápidamente podremos observar que se asemejan a pequeños árboles de piedra. Tendremos por tanto que tener en cuenta el simbolismo de esta forma con la particularidad de que se trata de un elemento típicamente marino. Si al soñar con el coral nos encontramos inmersos en el mar, queda claro que estamos recreándonos en el inconsciente y que los corales representan nuestra personalidad más íntima, es decir, la que mostramos exclusivamente ante nosotros mismos. Pero si el coral se observa desde una posición externa al medio acuático, se interpretará que estamos juzgando nuestra moral y conducta ética desde el punto de vista de la razón.

Corazón. El centro de la vida emocional y sentimental, que contiene la fuerza vital al igual que lo hace la cavidad craneal, suele aparecer siempre de forma simbólica en el contenido de los sueños. Esto es, el corazón suele adoptar la conocida forma gráfica que todos conocemos desde la infancia. Con esa configuración se le resta pasión e intensidad a su imagen real. A grandes rasgos representa la sabiduría de los sentimientos frente a la sabiduría de la razón y la inteligencia. Cuando soñamos con un corazón, simbólicamente estamos invocando la compasión y la comprensión de las demás personas. Es el lugar donde se acumula y genera el amor, por lo que es de esperar que su sola presencia en sueños sea suficiente para resaltar las más altas virtudes del ser humano. Puede que esto sea una señal de lo que deberíamos cultivar, es decir, se nos está informando de una deficiencia. O por otro lado, se trata de un exceso en nuestro comportamiento que deberemos equilibrar de alguna forma. Para saber a ciencia cierta qué es lo que se quiere decir con la presencia de esta imagen, la única elección aceptable es la siguiente: los asuntos del corazón para bien o para mal son una fuente de conflictos que nos impiden el descanso.

Otros En sueños de tipo romántico la presencia de un corazón puede ser indicativo de que se nos están revelando parte de nuestros sentimientos, que en numerosas ocasiones quedan sepultados por una excesiva vida de consciencia y razón.

Ansd. El corazón es el principal órgano que padece las influencias negativas de este estado emocional. Cuando el corazón aparece en sueños de este estilo suele hacerlo en su forma fisiológica o incluso anatómica, lo que suele denotar mal funcionamiento o sobrecarga sobre este preciado órgano.

Corbata. La interpretación dada por el padre del psicoanálisis generalmente puede resultar un tanto obsoleta para la conciencia del mundo actual. Para Freud la corbata denota un claro signo de virilidad por tratarse de un complemento claramente masculino y además por la forma de pender. Hoy en día, la corbata es interpretada de forma más amplia y clara. Se dice que es un símbolo de esclavitud que se asemeja a los grilletes, con el que se hace patente la entrega de la energía masculina a la participación social. Mucho depende la interpretación de la corbata dentro de un sueño. Por una parte habrá que valorar si la corbata es o no un elemento habitual del vestuario personal. Por otra parte si somos hombres o mujeres, ya que en dicho caso podría estar mostrando inclinaciones homosexuales en el sexo femenino.

Ansd. La corbata será una de las primeras prendas que nos estorbarán en cuanto sintamos la conocida sensación de asfixia que acompaña a estos sueños. En dicho caso se la puede relacionar con el peso de nuestras obligaciones sociales. Aunque Freud diría que no soportamos el papel que se espera por nuestra condición masculina. Es decir, nos agobia el miedo al fracaso.

Cordero. Representa la inocencia y la sumisión. Por su suavidad y blancura representa a los neófitos de cualquier tipo. Actualmente se ha desprendido a esta imagen de toda tradición, por lo que se le atribuyen las virtudes de simplicidad, dulzura y obediencia. De todas maneras se debe consultar el término CARNERO descrito en este diccionario.

Cornamenta. Los cuernos de los animales rumiantes posen un claro signo distintivo de poder y jerarquía. Es un símbolo de fecundidad y fertilidad que muestra a las hembras el macho más interesante para aparearse. En algunas culturas más apegadas a la diosa madre y a la tierra, el hecho de aparecer en sueños portando una cornamenta sería un claro distintivo de honor y distinción. Probablemente con la invasión del cristianismo en las culturas del norte y del oeste de Europa se ridiculizó esta imagen intentando poner en evidencia las promiscuas costumbres propias de estos pueblos. Hoy en día ser un cornudo es una humillación social, cuando antiguamente era un gran honor. Este cambio puede generar gran confusión a la hora de interpretar sueños en los que la cornamenta cobre especial protagonismo.

Corona. Es un signo de supremacía y de victoria personal. También aparece en imágenes del mundo religioso, por lo que se puede interpretar como devoción y santidad. Cuando vemos que alguien porta una corona en nuestros sueños, o bien que somos coronados, la interpretación más acertada rondará siempre la idea de éxito y distinción personal. Pero el componente psicológico lo marca el entorno; ¿deseamos la gloria o por el contrario nos comportamos despóticamente con los demás? Sin duda lo que estamos señalando inconscientemente es que le damos gran importancia a la jerarquía y a la distinción social.

Correo. Cuando soñamos con el correo es que de alguna manera estamos deseosos de que algún tipo de cam-

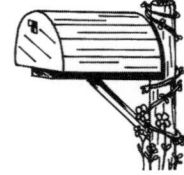

bio entre y modifique la rutina que nos aplasta.

Ext. Es posible que no hayamos revisado en días nuestro buzón.

Ansd. El correo puede ser una forma de recibir sorpresas desagradables por lo que puede ser fuente de miedos inconscientes.

Otros. En sueños premonitorios puede ser un claro signo de que alguien se está acordando de nosotros es esos momentos.

Correr. La acción onírica de correr muestra un claro avance muy liberador. Avanzar supone superarse a sí mismo, nos permite escapar lejos de agobiantes sensaciones de obstrucción y parálisis. Pero correr supone también un considerable gasto energético que bien puede ser causa del miedo al desgaste.

Ansd. Cuando en lugar de disfrutar de la carrera nos obsesionamos en pensar que no podemos mantenernos incansablemente corriendo, entonces estamos siendo presa del miedo impuesto por la razón. Así que más nos valdría en dichos casos dejarnos llevar por las circunstancias.

Sprt. La liberación que se puede alcanzar por medio de la carrera es excepcional. El hecho de traspasar las barreras del cansancio incrementa el espíritu que se expande y nos enseña otras formas de encarar la vida. Por lo tanto, correr en sueños es un claro símbolo de evolución personal.

S. Deseo. Según la escuela psicoanalista, la acción de correr se relaciona directamente con el acto sexual a causa del placer que puede proporcionar el movimiento.

Cortar. Es una de las acciones más significativas. Es una forma de expresar inconscientemente las decisiones. Lo más importante de la acción onírica de cortar es el objeto que se corta, ya que de él depende en parte toda la interpretación. En general esta acción se asemeja al deseo de verse librado de aquellas cosas de la vida que nos producen gran angustia y ansiedad.

Corteza. A pesar de tratarse de un elemento propio del mundo vegetal, la corteza representa un medio de protección. Lo más frecuente es que soñemos que marcamos algo sobre una corteza o que alguien pretende arrancarla de un árbol. En ambos casos se debe interpretar que el individuo inconscientemente tiene necesidad o deseo de profundizar un poco más en la vida, sobre todo en la vida interior.

Cortinas. Tras estos elementos supuestamente decorativos se esconde el misterio y la intimidad de cada hogar. Unas cortinas, al igual que un telón, suscitan numerosas emociones que despiertan la imaginación y el deseo. Además la separación que establecen las cortinas es fácilmente franqueable, por lo que se supone que el respeto se encarga de ofrecerles una imaginaria robustez. En el 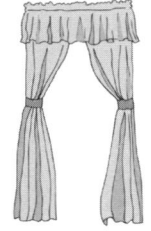 caso de soñar que uno está separado de aquello que desea por la sola presencia de unas cortinas ha de interpretarse como la necesidad de acortar distancias entre los elementos separados de esta forma.

Cosecha. Los frutos del trabajo personal deben ser cosechados a su debido tiempo para no perder así parte de la producción. La cosecha simboliza la alegría, el optimismo, la riqueza y la gratificación al trabajo. Pero esto es siempre que uno esté recogiendo sus propios frutos. Cuando por el contrario la cosecha no nos pertenece la interpretación es muy diferente. En este caso es más bien un trabajo y un servicio que prestamos. Soñar con la recogida de la propia cosecha es un buen augurio que colma de vitalidad y energía al individuo. El mero hecho de soñarlo es suficiente como para que la persona se reafirme. El estado de lo que recogemos es claramente determinante. Si aparecen los frutos estropeados es de esperar que la desilusión nos invada. En cierto modo la cosecha simboliza a la suerte.

Coser. Al igual que hilar o tejer, coser es una acción tradicionalmente asociada al sexo femenino, cuya simbología se interpreta como la trama de la vida tejida por las Parcas. Cuando se realizan labores de este estilo en sueños, entonces hay que pensar que el individuo está maquinando algún tipo de proyecto en su mente, pero que aún no ha sido puesto de manifiesto.

Crepúsculo. Momento mágico del día en el que se equilibran las luces y las sombras. Denota la posibilidad de la presencia de todo tipo de energías sin que unas se superpongan a las otras. Cuando soñamos con un atardecer o con un amanecer en parte estamos deseando que tanto las características femeninas como las masculinas intrínsecas en nuestra personalidad se equilibren y coexistan sin conflicto. Si se trata de un amanecer entonces todo será promesa de futuro, en cambio el atardecer se relaciona con la muerte. Es muy importante contar con las percepciones y las imágenes que con esta luz se produzcan. En general se puede decir que oníricamente se debe entender que si logramos el equilibrio próximamente habrá motivos de júbilo.

Crimen. Normalmente es de esperar que las imágenes de un crimen se asocien a sueños de ansiedad. El papel que asumamos es de principal importancia. De alguna manera seremos partícipes del delito, que en el fondo es lo que más importa. Tan solo la mera presencia del crimen hace que nos sintamos invadidos por una responsabilidad social. Por tanto habrá que interpretar que el soñador en su vida real se está sintiendo de algún modo presionado por la sociedad. Si somos nosotros los que estamos cometiendo el crimen, la interpretación se complica considerablemente. Por un lado habrá que considerar las relaciones que teníamos con la víctima, por otra parte la causa onírica del asesinato y por último el medio por el cual lo cometemos. En general se puede decir que el soñador en este caso se siente en deuda con la víctima, y en lugar de asumirlo, su inconsciente prefiere aniquilarla en sueños.

S. Deseo. Para Freud todo sueño persigue mejorar el estado personal. Por tanto cuando alguien se convierte en una carga, el hecho de asesinarle –por cruel y salvaje que parezca–, produce gran satisfacción morbosa al criminal.

Ansd. Raro es que la ansiedad no aparezca mientras contemplamos en sueños semejante acción, sin embargo no hay que olvidar que de alguna manera nuestra mente precisa presenciar el crimen. Posiblemente al despertar y comprobar que todo ha sido un sueño apreciemos más a nuestra víctima. Puede que ese sea uno de los sentidos del sueño.

Cristal. Dentro del mundo mineral, los cristales reflejan el más alto grado de belleza y pureza. Se dice que la exacta ordenación de su estructura les confieren propiedades mágicas que bien pueden ser usadas en el mundo de la magia y de la alquimia. La transparencia parece ser su más alta virtud y probablemente por ahí habrá que ir tras la búsqueda de una interpretación viable. Soñar con cristales invita al individuo a ingresar en el mundo mágico de la luz. La transparencia del alma, de las intenciones, dotará al soñador de un inmejorable talismán.

Sprt. La bola de cristal es un útil propio de los magos. Nada más que su presencia en sueños generará un ambiente muy propicio para el presagio y la revelación.

Cristo. No es una imagen muy frecuente en los sueños. A pesar de lo divulgado de su nombre, Cristo no suele prestarse a formar parte de nuestra vida onírica. Sin embargo,

lo que no hay duda es que su presencia tiene obligatoriamente que dotar al sueño de todas las características propias de los sueños espirituales. Por tanto se producirá una gran liberación interior, la alegría y la gracia se harán visibles y lo más importante es que nos ayudará a reconocer las facetas divinas que todos los humanos poseemos.

Crucero. Claramente estar de crucero, a no ser que nos toque desarrollar una profesión a bordo de un barco, es señal de estar disfrutando de unas estupendas vacaciones. De todas maneras es muy importante barajar las motivaciones que para el soñador infiere el medio marino, porque puede que para muchas personas un crucero pueda convertirse o significar un auténtico tormento. El mar como gran extensión de agua simboliza la vida, el barco es un vehículo que nos lleva a otros lugares, lo que nos conduce a pensar que el crucero simbolice el deseo interior de un drástico cambio de vida.

Crucigrama. Los pasatiempos en general poseen toda la simbología de la sociedad humana. Por eso, cuando hacemos un crucigrama nos ausentamos por unos

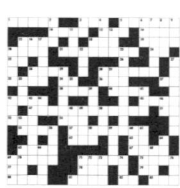

instantes de esta realidad para zambullirnos de pleno en otro mundo. Encontrar soluciones en ese otro mundo puede ayudarnos a incrementar nuestro ánimo y a enfrentarnos más jubilosamente con los quehaceres cotidianos. De alguna manera soñar con crucigramas es semejante a verse rodeado de problemas que nos exigen una pronta solución.

Crustáceos. Los insectos y animales de pequeño tamaño por lo general son símbolos de problemas o de mala salud. También puede ser que no nos encontremos del todo a gusto con la gente que nos rodea.

Cruz. Este elemento aparece en los más antiguos escritos registrados por la historia. Representa el centro del mundo y por tanto es el punto de comunicación entre el cielo y la tierra. El eje vertical corresponde con la energía masculina y el horizontal con la femenina. La cruz es el punto de encuentro entre los eternos opuestos. Por eso soñar con una cruz o aparecer en sueños portando una, es señal de que el individuo precisa alcanzar un equilibrio entre las diferentes facetas de su persona. También hay que tener en cuenta que es el símbolo de la cultura cristiana y que por lo tanto tiene que aportar en cierta medida protección y apoyo para las personas que estén próximas a esta religión o que se hayan educado bajo su simbología.
Otros. Una cruz también puede simbolizar la imagen del cruce de caminos, es por tanto un punto en el cual tenemos que meditar y reflexionar cuáles van ser los pasos que daremos a continuación.

Cruzar. Pasar de un lado a otro es siempre una acción un tanto peligrosa ya que supone un cambio de medio. El hecho de tener que cruzar una calle o atravesar un río simboliza un paso difícil en la vida del soñador, es algo así como tener que subir un nivel o adentrarse en un mundo diferente, aunque en el hecho de cruzar se sabe de antemano que en la otra orilla nos está aguardando. Cómo realizamos dicho cruce de las aguas, carreteras o incluso mares es lo más importante a la hora de hacer una interpretación correcta. Es posible que dispongamos de un sólido medio de transporte o que exista un puente o túnel dignos de nuestra confianza. Pero también se puede dar el caso de tener que enfrentarse a cuerpo descubierto con el peligro. Este último es un caso muy típico de los sueños de ansiedad.

Cuadro. Los cuadros representan las escenas de la vida. Cuando estamos frente a una de estas obras, lo más interesante es averiguar a qué momento del pasado pueden estar haciendo referencia. Hay cierta añoranza del pasado. Cualquier mirada hacia atrás nos hace ponernos románticos y melancólicos. Por tanto lo que representa en parte el cuadro es una auténtica evasión del momento presente. Las escenas que observamos sobre la pintura nos indicarán el tipo de emoción que añoramos sentir, las cuales nos permitirán alejarnos momentáneamente de las obligaciones cotidianas.

Cuartel. Al igual que las cárceles, los cuarteles simbolizan sobre todo para los hombres una obligación a cumplir, lo que se podría llamar y en cierto modo es, una larga condena. Dentro de la vida marcial, lo más difícil es adaptarse a la convivencia entre los soldados, a las normas impuestas y a la distancia que se interpone entre nosotros y los seres queridos. Soñar que estamos acuartelados puede ser interpretado a modo de mala adaptación a los tiempos. Se puede decir que no nos encontramos en ningún momento apoyados ni siquiera por las personas que están más próximas a nosotros. Por supuesto que habrá que barajar las condiciones y la vida que aparezca en el cuartel de los sueños.

Cuarto. *Véase* HABITACIÓN.

Cubo. Como todo recipiente, de alguna manera el cubo representa el principio femenino. Pero si atendemos a la figura geométrica del cubo veremos que hay una gran simbología adosada a él. Se puede considerar que el cubo es símil de perfección y de finalidad última de la materia. Es algo semejante a lo visto en el término CRISTAL. Arquitectónicamente se ha utilizado esta figura para denotar la máxima estabilidad, y en general ha servido de imagen para ilustrar la forma típica de todos los edificios. Se dice que el animal construye su casa o madriguera a imagen de sí mismo. Es muy posible que si en sueños aparece esta curiosa figura geométrica, lo que tendremos que interpretar es que dicha figura representa a nuestra propia persona. En dicho caso resultará primordial descifrar el material que lo compone, su emplazamiento exacto, si es hueco o macizo, etc.

Cucaracha. Por lo general soñar con insectos es señal de malestar físico y mental. Cuando nuestra psique carece de la suficiente salud, estados próximos a la

paranoia y a la esquizofrenia hacen aparición. Los insectos y más concretamente las cucarachas simbolizan todas aquellas cosas que quieren acabar con nuestra persona. Por eso se dice que soñar con cucarachas es temer que alguien próximo a nosotros se esté aprovechando indiscriminadamente a nuestra costa. Por tanto, si se repiten o se tienen a menudo sueños en los que aparezcan este tipo de animales u otros semejantes, será imprescindible tomar cartas en el asunto e intentar hacer una vida más sana a todos los niveles.

Ext. No es raro que pequeños ruidos nocturnos nos hagan pensar en estos desagradables animalillos, sobre todo si los hemos visto alguna vez por la vivienda.

Cuchillo. Por una parte el corte del cuchillo bien puede significar la liberación de las ataduras que mantienen a la persona atada a lo cotidiano. Bien puede interpretarse que la imagen onírica de un cuchillo podría estar indicando la existencia de emociones tan negativas como son el odio y la venganza, ambas basadas en una imperiosa necesidad de separación y distanciamiento. Por lo común, cuando cortamos lazos caemos víctimas del orgullo, por lo que en el fondo se interpreta que el cuchillo exige un alto nivel de conciencia para ser usado o de lo contrario se convertirá en el arma de la ignorancia y del mal. Soñar con esta herramienta puede tener muchas interpretaciones, pero quizá la que se deba resaltar es la sensación de peligro que siempre opera alrededor de esta imagen.

Cuello. La interpretación simbólica del cuello es la de la conexión entre el alma y el cuerpo. Así como aparezca el cuello en nuestros sueños, es como deberemos contemplar la relación entre nuestros actos más mundanos y aquello propios del espíritu.

Cuentas. En la antigüedad las cuentas se hacían por medio de una serie de bolitas o abalorios unidos por una cuerda a modo de collar, por lo que hacer cuentas es semejante a dar vueltas una y otra vez a dicho rosario. Soñar con cuentas podría estar de alguna manera representando nuestro paso por la vida, es una representación de la continuidad, de lo eterno y duradero.
Ansd. La aparición de las cuentas en los sueños de este tipo nos hacen ver lo preocupados que estamos por la vida material y el dinero.

Cuento. Cuando aparece un cuento dentro de un sueño que ya de por sí se podría considerar como tal, es un claro síntoma de fantasía e ilusión. Un sueño abre siempre un paréntesis y como tal debe ser tomado. Posiblemente lo que aparezca dentro de este sueño haya cobrado de repente un mayor protagonismo dentro de nuestra mente. La conexión entre lo que estábamos soñando y la trama del cuento es principal para lograr una buena interpretación.

Cuerda. Representa al igual que otros las ligaduras de la vida, los compromisos que día a día no paramos de entablar. Lo curioso es ver cómo lo que en Occidente es interpretado a modo de lastre, es decir, la cuerda nos impide volar y sentirnos libres, en Oriente es considerado con aquello que nos ayuda a permanecer ligados a la vida. También una cuerda puede servir para trepar y subir, en tal caso se interpretará a modo de escalera.

Cuernos. *Véase* CORNAMENTA.

Cuero. Este noble material ha funcionado durante toda la vida de la humanidad a modo de protección para el hombre. Por lo tanto cuando algo de cuero o una piel cobra el suficiente protagonismo en el transcurso de un sueño habrá que interpretar que de alguna manera nos sentimos protegidos a escala interior. Por supuesto que también puede tratarse de una añoranza, en cuyo caso se interpretará como una necesidad de ser protegidos por alguien.

Cuerpo. Se suele decir que el cuerpo que aparece en los sueños opera a modo de cuerpo etérico. Todo lo que veamos reflejado en dicho cuerpo habrá de ser trasladado a nuestro espíritu y mundo interior. Si, por ejemplo, nos percatamos de una lesión en las piernas, lo que significará, o al menos puede ser una de las interpretaciones posibles, es que el individuo no se sienta emocionalmente capacitado para recorrer por sí mismo el duro camino de la existencia. Si se tratara en uno de los brazos, la interpretación rondaría a la profunda incapacidad interior que hace que la persona no pueda operar sobre la realidad.
Sprt. Cuando se sueña con el cuerpo de uno mismo, es importante tener en cuen-

ta todas y cada una de las lesiones o sensaciones que se perciban sobre el mismo para así poder entender el significado revelador del sueño.

Cuervo. Esta es una de las pocas aves que son consideradas a modo de aves proféticas debido a su «charlatanería». Su color negro y su presencia en los ambientes carroñeros confieren mala fama al cuervo. Es por tanto un pájaro de mal agüero, pero no hay que olvidar que en algunas culturas fue considerado como un mensajero de los dioses. Soñar con este animal por lo general se considera un mal presagio. Hay quien asegura que tras el sueño muy pronto rondarán al soñador las desgracias y calamidades.

Otros. Según la obra de Freud el cuervo representa a la figura paterna, o al menos a la figura de la autoridad.

Cuesta. Si el camino es el representante de la vida. La cuesta se encarga de manifestar las dificultades que se nos presentan a diario. Por lo general y debido a lo materialista de esta sociedad la cuesta está asociada a las penurias económicas, entre otras.

S. Deseo. Para la escuela freudiana el hecho de subir animosamente una cuesta podría estar asociado con el deseo de satisfacción sexual.

Ansd. Es muy posible que a base de subir y subir se vaya fraguando cierta sensación de angustia que podría llegar a agotar al individuo. En dicho caso se interpretará la cuesta como la del sentido del deber y las obligaciones impuestas por el propio individuo.

Cuna. La representación de la cuna es la de la barca que con su balanceo nos ayuda a disfrutar de las mareas de la vida. Como todo aquello que circunda a los primeros momentos de la vida, se relaciona con la sensación de seguridad y de protección materna. A veces soñar con estos elementos de la primera infancia denota una fuerte necesidad de regresar al pasado y por tanto la persona precisa de un fuerte amor incondicional. Para las personas que ya tienen hijos, las cunas representan los «marcos» o soportes que salvaguardan a sus creaciones.

Ext. Los padres de niños de cuna normalmente pueden soñar que la cuna está vacía a modo de señal de que han dejado de prestar la suficiente atención al bebé.

Cura. Las relaciones que uno mantenga con estas figuras de la sociedad demarcarán claramente las posibles interpretaciones. En caso de no ser religioso, habrá que aclarar cuáles son los sentimientos que estas personas despiertan en nosotros. Si no las conocemos, a través del sueño nos será posible. Por lo general son representantes de la autoridad divina, pero claro está que para eso hay que creer en la ley divina y por lo tanto ser temeroso de Dios. Pero por lo general se puede decir que el cura o el confesor es una figura que trata de resolver las dudas de la fe. Si nos vemos vestidos de cura en el desarrollo de un sueño, posiblemente habrá que relacionar esta imagen con la sensación de vernos obligados a soportar las penas y glorias de otros.

Curar. La simbología de esta acción onírica debe buscarse siempre en la curación de los males del espíritu y no en los males del cuerpo. Curar puede ser contemplado a modo de resolución de problemas, que en este caso asumirán el papel de enfermedad. Cuando somos nosotros los que curamos a otras personas, es bastante probable que la interpretación más acertada sea la de ver la curación como una demostración de cariño. Si por el contrario somos nosotros los curados, resultará interesante descubrir si es un sueño de satisfacción de deseo, o se trata de un sueño espiritual.

Sprt. Si se muestran claramente las partes curadas en el transcurso del sueño y este es claramente espiritual, entonces no se debe pasar por alto la interpretación de las zonas afectadas.

Dados. Jugar con los dados viene a representar al sujeto que se pone en manos del destino. Cuando soñamos con dados se nos está sugiriendo de alguna manera que tengamos en cuenta el azar caprichoso que tanta influencia ejerce en nuestras vidas. También puede entenderse como un sueño de significación inversa, es decir, no estaría mal que nos planteásemos si no estamos dejando demasiadas cosas a la suerte del destino, o lo que es lo mismo que si los dados gobernasen nuestra vida, estaríamos perdidos.

Dama. La presencia de esta figura en sueños, cuando se trata de una dama desconocida, puede interpretarse como la presencia de un poder femenino superior. Hay quienes se empeñan en asegu-

rar que las damas desconocidas pueden representar la muerte, pero el color de las vestimentas en numerosas ocasiones desmienten esto categóricamente. La dama blanca, por ejemplo, representa a la diosa madre que conoce a la perfección los misterios propios de la naturaleza, de la tierra y de las aguas. La fertilidad y la fecundidad suelen ser los atributos que normalmente concede. Pero por supuesto que no siempre todo es tan claro. Las vestimentas, los colores y los complementos que lleven puestos las damas de los sueños nos estarán indicando qué parte de la energía femenina están representando. En el caso de ir vestida de negro, es muy probable que se trate de una representación de la muerte, que todo lo devora y engulle para así poder nutrir de nuevo a la vida.

Danza. *Véase* BAILE.

Dardo. Quizá la imagen conocida por todos sea la del dardo propio de los juegos. Pero arquetípicamente, el dardo ha sido empleado como emblema de arma sutil que ha servido para introducir veneno sin que apenas nadie se percatara. En ambos casos soñar con dardos representa un ataque hacia la integridad de alguien. Bien puede ser la nuestra propia, en dicho caso los dardos van acompañados de una clara sensación de irritación. Lo importante es averiguar quiénes son los que nos están atacando, ya que bien por tratarse de un juego o bien por tratarse de un arma sutil, el dardo no representa a un peligro abiertamente manifiesto.

Dátil. Este fruto tan preciado en los países desérticos, ha portado desde siempre el símbolo de la fertilidad y de la fecundidad. Si bien las uvas se encargaban de representar el género femenino, el dátil se encarga de representar al masculino. Según la escuela freudiana este fruto representa claramente el deseo sexual. De hecho en algunas culturas se utiliza en los cortejos y en los banquetes nupciales. Soñar con él puede estar indicando de alguna manera cuáles son nuestros deseos e intenciones eróticas.
Sprt. Ya que también se ha utilizado como elemento sagrado, bien podría ser que apareciera en sueños de este estilo. En dicho caso habrá que interpretar el dátil como el misterio de la vida.

Deber. Aquí vamos a hacer referencia al sentido del deber y no a las deudas. No quepa la menor duda de que si en sueños estamos pendientes de nuestros deberes, no estamos descansando como nos merecemos. Cuando aparecen este tipo de sueños normalmente lo hacen para intentar solucionar aquellas cuestiones que nos están preocupando demasiado en la vida cotidiana, y de esa manera poder mantener el estado de sueño. *S. Deseo.* Puede darse el caso de que se impongan deberes a terceros. En dicho caso estamos liberando nuestros complejos ejerciendo sádicamente nuestro poder sobre los demás.

Debut. Cuando debutamos en sueños lo que realmente se está produciendo en nuestra psique es un mecanismo que ayuda a reafirmar la personalidad. Generalmente esto ocurre cuando nos encontramos bajo una fuerte tensión generada por una prueba que inminentemente se nos aproxima. El hecho de revivir el debut, nuestro primer debut de cara a un público que inevitablemente nos está enjuiciando, vale para obtener la satisfacción de haberlo ya realizado y por tanto saber que somos capaces de volver a enfrentarnos con nuevas pruebas que, por ende, serán sin duda menos impactantes que nuestro primer debut.

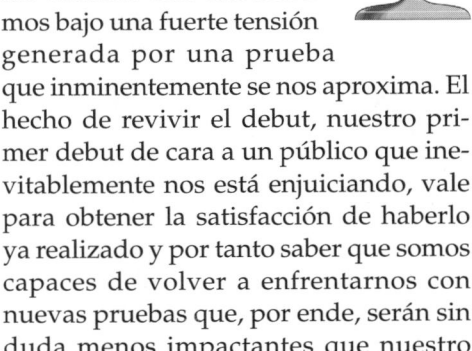

Decapitar. El hecho de separar a algo o a alguien de su propia cabeza, es un símbolo de hundir a otros en la inconsciencia más que de la muerte en sí. La cabeza es uno de los dos principales reservorios de la energía de la persona. Cortar la cabeza es privar al cuerpo del espíri-

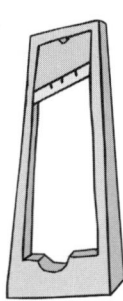

tu. Decapitar en sueños es, por tanto, una acción que pretende eliminar el poder intencionado de los demás

Decorar. Se puede decir que decorar nuestra casa en sueños equivale a librar a nuestro espíritu de aquellas partes oscuras que no nos gustan. Por eso cuando soñamos que decoramos un lugar habrá que buscar una posible interpretación en lo que dicho ambiente pueda significar y las personas que se encuentren en relación con ese sitio. En el caso concreto de nuestro hogar, lo que se pone de manifiesto son las relaciones con las personas que allí viven, y sobre todo la relación con la pareja. El sueño de decorar nos indica también aquellas facetas de nuestra vida que precisan mayor atención.

Dedal. A pesar de ser un claro útil de protección, el dedal se relaciona directamente con el género femenino y con el contenido que es capaz de albergar. Según la escuela freudiana el dedal representa el sexo femenino. Aunque más que al sexo de las mujeres, se debería hacer mención a la laboriosidad de las mismas.

Dedo. El dedo siempre ha tenido una clara muestra de la intencionalidad de la persona. Para el mundo de la magia y de lo sobrenatural el dedo es un símbolo de poder que es capaz de generar grandes actos. Por ejemplo, un dedo delante de la boca imprime silencio a los demás,

dos dedos levantados a modo de bendición simboliza el poder espiritual sobre otros. Incluso los cuernos formados por el índice y el anular eran antiguamente considerados como una protección contra el mal, aunque tras la invasión del cristianismo en las culturas europeas, se transformó en un insulto. Por tanto soñar con dedos que claramente resaltan su presencia indica cuáles son nuestras intenciones ocultas sobre los demás. Simbolizan claramente el poder oculto que ni siquiera nosotros mismos percibimos conscientemente.

Defecar. Siempre hay que entender que las acciones oníricas son una representación de nuestro mundo interior y psíquico. El acto de eliminar nuestros residuos sólidos en el transcurso de un sueño representa en cierto modo la necesidad de eliminar aquellas emociones, sentimientos e ideas que nos podrían causar gran daño si permanecieran más tiempo albergadas. Posiblemente esta eliminación onírica se produzca en momentos en los que estamos empezando a sentir los primeros síntomas de intoxicación.

Defender. Siempre que nos defendamos en sueños de alguien o de algo, es signo inequívoco de que lo que simboliza el elemento que nos agrede, realmente nos está provocando graves daños en nuestra vida real. Si soñamos que defendemos a alguna persona de algún tipo de peligro o agresión, esto quiere decir que de alguna manera estamos percibiendo en la vida real que esta persona está sufriendo los agravios de ciertas personas o situaciones.

Deformar. Existen cantidad de relatos en los que aparecen personajes gravemente deformados, sin embargo parece ser que estas deformidades los dotan de una serie de habilidades y poderes que a todos acaban por embriagar. La deformidad es un signo inevitable de la vida y de alguna manera representa la sabiduría del esfuerzo y de la fuerza de voluntad. Los seres deformes albergan en su interior grandes dosis de suerte y de buena fortuna. Si vemos que nuestro cuerpo aparece deformado en sueños, o bien que aquellas cosas sobre las que nos proyectamos se deforman, habrá que interpretar que estamos siendo conscientes del gran trabajo que estamos o están realizando, así como de las consecuencias que ello supone.

Dehesa. La energía de este paraje es mansa, suave y al mismo tiempo sabia gracias a los viejos árboles que la forman. Soñar con este tipo de paisaje es signo de plenitud, de estabilidad y de equilibrio. Pero no todo queda ahí, por otra parte habrá que valorar el estado de los elementos que en ella aparecen. Por ejemplo el estado de la hierba –si es verde o seca–, la presencia o no de ganado, la apariencia de los árboles, etc. Todo el conjunto nos está indicando a través del sueño la manera en la que estamos percibiendo el mundo, si es un medio agradable o por el contrario es un lugar en el que no nos encontramos del todo a gusto. Pero eso lo podremos apreciar mirando el horizonte, el cielo y el color de dicho paisaje. Para ello deberemos consultar la interpretación de dichos términos en este diccionario onírico.

Delantal. La interpretación de esta prenda es muy variada ya que antiguamente se utilizaba como ropa de ritual. Por otra parte es una prenda que está claramente relacionada con un tipo de profesión y también se usa a modo doméstico. Para más INRI, la escuela freudiana interpreta que el delantal es un útil claramente femenino cuyo simbolismo es, entre otros, el del objeto que sirve para mantener ocultas las intenciones sexuales de quienes lo portan. En líneas generales se puede decir que el delantal señala una intención, ya sea ritual, profesional o de tipo doméstico. Cuando nos vemos vestidos en sueños con esta prenda sin duda alguna podemos interpretar que estamos dispuestos a entrar en faena.

Delfín. Este alegre cetáceo representa al gran salvador, ya que aparece en antiguos mitos ejerciendo a modo de guía de las almas en su viaje por los mundos subterráneos. Cuando soñamos con este animal nos encontramos claramente ante un buen presagio que nos ayuda a encontrar nuestro camino. Puede tomarse a modo de señal que nos indica que hemos escogido la buena senda.

Delirio. Según algunas corrientes de la psicología, el sueño no deja de ser un delirio, ya que mientras soñamos nos creemos que las visiones son reales. Si soñamos que estamos delirando, es muy posible que en el fondo estemos poniendo a prueba el material onírico, es decir, estamos haciendo una comprobación de lo que tenemos en esos momentos en la mente. No nos quedará más remedio que pensar que el delirio trata de un elemento que no se aleja demasiado de la realidad.

Otros. Hay sueños que nos hacen tomar consciencia de cosas que nos están ocurriendo y que conscientemente no somos capaces ni siquiera de captar.

Delito. En este caso concreto, si nos vemos en sueños cometiendo un delito habrá que pensar en lo que Freud llamaba satisfacción del deseo a través de los sueños. Cuando alguien opera de modo fraudulento en sueños, está sin duda haciendo algo que su moral le prohíbe, por tanto de alguna manera estas acciones se encuentran reprimidas en la psique de la persona. Pero en los sueños nos permitimos obrar sin prejuicios y por tanto podremos saber lo que se siente haciendo aquello que inconscientemente tanto anhelamos. El tipo de delito nos puede dar pistas de la relación con la vida real, por ejemplo si se trata de un asesinato puede que estemos hartos de tener que aguantar a ciertas personas. Un robo nos permite disfrutar del dinero sin tener que trabajar, etc.

Demencia. *Véase* LOCURA.

Demonio. La aparición del Maligno en sueños es muy poco común. Es sin duda el mayor representante del mal, y este último suele aparecer representado en formas menores más concretas y acordes con cada situación. Si se sueña con el Demonio lo más probable es que la persona haya tenido una infancia atormentada por asuntos religiosos. La mera presencia de esta figura nos hace pensar en etapas propias de la infancia, cuando la figura del mal entra por primera vez en nuestra concepción del mundo. En dicho caso, el sueño habrá de interpretarse a modo de experiencia regresiva que en el fondo nos estará haciendo revivir la deliciosa infancia, y, seguramente, al individuo no le importe tener que pagarlo con el alto precio del miedo que acompaña a la presencia del demonio en sueños.

Dentista. Por lo general el dentista representa al verdugo que se encargaba de torturar a los presos. Por lo menos inconscientemente así lo podemos ver cuando opera sobre nuestra dentadura con sus sofisticadas máquinas. Como de alguna manera acudimos a él de forma voluntaria tendremos que aceptar que su acción es beneficiosa para nosotros. Por lo general ir al dentista en sueños se interpreta como si estuviéramos pagando por nuestros pecados. Por tanto suelen ser épocas de crisis en las que nos enfrentamos con los conflictos que nos atañen.

Ext. Es muy posible que un dolor de muelas nocturno genere este tipo de sueños.

Otros. A modo de sueño revelador podríamos interpretar que nuestro inconsciente nos informa de pequeños males, a los que no estamos prestando atención.

Deportista. Hoy en día el deportista simboliza al héroe de las antiguas epopeyas de la antigüedad. Por eso si soñamos que estamos realizando proezas propias de este personaje o simplemente nos encontramos en sueños vistiendo ropas deportivas, muy probablemente estemos haciendo halago de nuestra fuerza y habilidad física. Soñar con esta figura onírica puede ser interpretado como una manera de potenciar la autoestima personal.

Depresión. Vernos deprimidos en sueños es sin duda un aviso de nuestro estado de ánimo real. Hay que tener en cuenta que en dichos aspectos de la vida el inconsciente tiene una mayor información de nosotros que el estado de conciencia habitual. Por tanto no hay que preocuparse, aunque sí habrá que tomar medidas y tratar de hacer algo positivo por nosotros mismos.

Derecha. El lado derecho de la vida, del cuerpo y por tanto de todo cuanto nos rodea, representa el principio masculino, el poder, la autoridad y la voluntad. Rara vez se resalta este aspecto en sueños, pero habrá que interpretar que todo lado derecho de cualquier objeto que esté siendo sometido a análisis, está salpicado por las cualidades propias del principio masculino, es decir, por lo manifiesto, lo definido, lo útil y lo que sirve de modelo para todo lo demás.

Derramar. Esta es una acción que en la vida real tiene más consecuencias emocionales que prácticas. Ello es debido a la imagen simbólica de tal acción y que es la siguiente: cuando se derrama algo se está perdiendo la vida que de algún modo queda refleja por medio del contenido de los recipientes. Todo recipiente simboliza al principio femenino, encargado de contener y generar la vida. Cuando en sueños estamos derramando algo, habrá que interpretar la sustancia esparcida para poder conocer qué parte de la vida es la que se está desperdiciando en realidad.

Derribar. A veces para poder crecer hay que liberarse de aquellas cosas que nos están impidiendo evolucionar. En general la acción de derribar se suele interpretar oníricamente a modo de aniquilación de aquellas partes de nuestra psique que se están convirtiendo en un estorbo. El elemento que es derribado se encarga de aportar todo el simbolismo del mismo. Interpretando dicha imagen podremos hallar una mayor información al respecto.

Desabrochar. Por lo general el hecho de desabrochar una prenda en sueños aparece siempre asociada al erotismo y al deseo sexual. Por eso es conveniente tratar esta acción como parte inequívoca de un sueño de satisfacción de deseos. Puede ser que el individuo que sueña con desabrochar sienta en la vida real imperiosos deseos de que otras personas se relacionen con él íntimamente, pero bien por su condición, bien por su timidez, no haga realidad tales sueños. Curiosamente, a través de las producciones oníricas se ven cumplidas sus expectativas.

Desafío. Rara vez intentamos enfrentarnos a un desafío gratuitamente, pues es un acto que genera gran tensión emocional. Pero a veces es necesario que las hormonas que entran a formar parte de las emociones propias que genera el sabor del reto, se liberen y circulen por el torrente sanguíneo. En tales casos la mente produce representaciones que nos ponen en situaciones que no vivimos habitualmente. Aquello que nos genera gran desafío se encarga de simbolizar parte de nuestros miedos, complejos y frustraciones.

Desaguar. El líquido elemento siempre ha aportado el simbolismo de lo vivo. Pero también se encarga de mostrar las emociones que nos invaden y pueden ser fuente de conflicto. Cuando en sueños estamos desaguando una estancia, lo que realmente deberemos interpretar es lo siguiente: por una parte no somos capaces de mantener una vida emocionalmente equilibrada, mientras que por otra, se nos está diciendo que no damos salida a los afectos. Por eso se suele decir que soñar con desagües es señal de que los problemas acogotan la vida del individuo.

Sprt. Si se produce un desagüe cómodo, sencillo y eficiente, lo más normal es que en sueños se viva una grata sensación de liberación personal, lo que de alguna manera nos está indicando que estamos teniendo un sueño típicamente espiritual.

Desangrar. Además de ser el fluido más preciado por la vida animal, la sangre representa la fuerza y la energía necesaria para poder vivir. Si soñamos que alguien se está desan-

grando, esta imagen puede informarnos de la debilidad con que percibimos a dicha persona. Si somos nosotros mismos los que nos estamos desangrando habrá que interpretarlo como un aviso inconsciente de una posible enfermedad. Pero siempre hay que pensar que aquello que se representa en sueños forma parte del mundo psíquico interior y, por lo tanto, la imagen de desangrarse puede indicar que tenemos que reforzar nuestras barreras emocionales frente a los demás.

Ansd. Normalmente, cuando alguien querido se desangra en uno de nuestros sueños, suelen aparecer sensaciones de agobio y ansiedad. En estos casos lo que se nos está revelando a través del lenguaje onírico es la importancia y la inminencia de la vida. Es probable que estemos atravesando una etapa en la que no apreciamos nada y no nos mostramos agradecidos por lo que se nos ha dado.

Sprt. La muerte y la acción de desangrarse suelen estar asociadas, por lo que puede ser que estemos viviendo una experiencia onírica de tipo espiritual. En el caso de no sufrir una excesiva ansiedad a lo largo del sueño, es decir, que se puedan controlar los niveles de miedo, podremos tener acceso a uno de los mitos que más misterio ha generado siempre en el ser humano.

Desaparición. Parece ser que cuando en un sueño ocurre una desaparición, hay que pensar que de alguna manera nos estamos olvidando de una parte muy importante de nuestra vida interior. Es posible que a consecuencia de estos olvidos se generen situaciones desagradables o incluso que acontezcan cambios bruscos en la vida del individuo. Cuando es uno mismo el que desaparece hay que interpretar que estamos olvidándonos de los demás, tanto que podría causarnos la sensación de estar solos en el mundo.

Desatar. Otra acción onírica que implica la liberación. Cortar cuerdas significa en el lenguaje simbólico que estamos soltando aquellas ligaduras que nos mantienen en parte presos de las condiciones rutinarias y en parte unidos a la tierra y a la vida. Si somos nosotros mismos los que nos desatamos entonces se producirá casi con toda seguridad una fuerte sensación de libertad que hará que se expanda el espíritu. Pero no es de extrañar que también surja cierta sensación de vacío, miedo o incluso vértigo.

Descalzo. Cuando en un sueño nos veamos a nosotros mismos carentes de calzado, esto querrá decir o señalar el desconcierto que nos producen las imágenes y el ambiente que se nos presenta.

Descender. Por una parte descender se relaciona de forma directa con una toma de contacto con el mundo de lo real. Las emociones y sentimientos cobran mayor relevancia y nos permitimos prestar toda nuestra atención a todo tipo de sensaciones. Atrás quedaron las elucubraciones y las demás actividades típicamente cerebrales. Si se mantienen largo rato en descenso habrá entonces que pensar que la persona está sondeando sus emociones más profundas, llagará así hasta sus propias raíces y encontrará la relación que le mantiene unido a sus antepasados. Por otra parte, y desde el punto de vista freudiano, descender se interpreta como la ausencia de deseo sexual.

Descomposición. Normalmente este término no suele ser señal de un buen síntoma. Por lo general cuando vemos que algo se está descomponiendo, interiormente aparece la desagradable sensación y certeza de que ese será nuestro inevitable final. Hay que ver el contexto onírico, pero aquello que se está descomponiendo representa de alguna manera a aquella parte de nuestro mundo interior que está desapareciendo a marchas forzadas.

Desconocido. El extranjero siempre trae cosas nuevas y en su bolsa porta los nuevos cambios que antes o después obrarán en la sociedad. Para los que lo reciben, tanto cordial como despreciativamente, el desconocido cuenta con parte del poder que el paisano otorga a sus dioses, lo que hace que se le tema. Los desconocidos de los sueños introducen en nuestro mundo interior otras visiones del mundo que hasta el momento ni siquiera contemplábamos como mera posibilidad. En general la aparición de un desconocido siempre genera gran expectación en los sueños, por despertar en nosotros nuevos valores o incluso deseos de tipo sexual.
Ext. En el caso de que el desconocido se parezca y nos recuerde a una persona conocida, seguramente indicará que en días anteriores en algún momento nos hemos acordado de ella, aunque sea a un nivel subliminal.

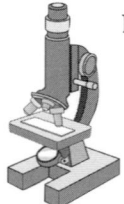

Descubrir. Los descubrimientos son por lo general causa de alegría. En la vida onírica, cuando descubrimos algo, habrá que interpretar que al fin hemos dado con el acceso a una parte aún dormida de nosotros mismos. Por supuesto que habrá que analizar el hallazgo para saber de qué parte se trata, pero por lo general todo descubrimiento es signo de alegría y se considera un buen presagio.

Desear. Según Freud, todo sueño esconde en su envés una clara persecución de satisfacer el deseo. Todos sabemos que esto sirve tan solo para una pequeña parte de los sueños. Pero nos sorprenderíamos si descubriéramos la cantidad de deseos que se ocultan tras las imágenes oníricas. Cuando en sueños deseamos algo abiertamente queda claro que de alguna manera nos consideramos incapaces de satisfacer tal deseo. Por tanto es una forma de conocer simbólicamente cuáles son los límites que nosotros mismos nos imponemos.

Desembarcar. Poner los pies sobre tierra firme siempre nos ayuda a recuperar la sensación de seguridad. Cuando en sueños desembarcamos nos encontramos retornando a aspectos de nuestra vida interior que habíamos olvidado, al mismo tiempo que ponemos punto final a una clara etapa de nuestra vida. Según el contexto se asegurará si se trata o no de un sueño feliz, pero por lo común se entiende que se ha superado una prueba con éxito.

Desenterrar Por lo general la acción de desenterrar se asemeja en gran parte a la de DESCUBRIR –*véase* dicho término–. La interpretación onírica dependerá del objeto que desenterremos. Lo importante de esta acción es que hay que entenderla como la recuperación de algo interno que nos pertenecía y que en estos momentos lo estamos reivindicando a través del sueño. En el caso de que se trate de una persona querida, se entenderá que la echamos de menos y que estamos dispuestos a hacer lo que sea para recuperar dicha relación.

Desfile. Lo más significativo de un desfile es la gran demostración de orden y disciplina. Por lo general, soñar que presenciamos un desfi-

le señala la necesidad de poner a desfilar nuestras ideas, valores y relaciones. Es decir, el desfile de los sueños nos invita a poner en orden nuestro caótico mundo interior.

Ext. Posiblemente si se trata de un desfile de modelos lo que tengamos que hacer será poner un poco de orden en el armario.

Desheredar. Por el tipo de acción podríamos asegurar que se trata de un sueño claramente traumático. Si somos nosotros los desheredados en sueños, cabría pensar que estamos ante un claro ejemplo de ruptura con la línea de los antepasados. Cada vez menos, pero por lo general se suele traspasar de padres a hijos un legado que muchas veces se puede convertir en una pesada carga. Soñar que nos desheredan puede ser todo un trauma, pero a veces es mejor –y el inconsciente así lo prefiere– pasar un mal trago que tener que cargar con los dioses de nuestros antepasados.

Deshollinador. Esta imagen, propia de los cuentos de Dickens, tiene bastante mala fama a la hora de interpretar sueños. Se dice que sólo el hecho de soñar con este personaje trae de por sí mala suerte. Lo que se puede deducir de la figura del deshollinador es que si de alguna manera nos identificamos con él, tendremos que cargar con los malos humos de los demás. Incluso en algunos textos se dice que soñar con esta figura es un síntoma de la suciedad que alberga nuestro mundo interior.

Desierto. Se trata de un paisaje que inequívocamente nos genera gran desolación. Pero no hay que olvidar que también se puede contemplar como un lugar de retiro y meditación. Puede ser que esta imagen onírica nos esté indicando justamente una visión de nosotros mismos, de nuestro asilado y desamparado mundo interior, el cual debemos desarrollar a toda costa. Pero para estar seguro de ello deberá ir acompañado de sensaciones que sean acordes.
Ansd. Si nos encontramos perdidos, sedientos y maltrechos en un desierto es muy posible que nos estemos castigando en sueños por nuestra falta de hermandad y colaboración con los demás.

Desinflar. Por lo general el aspecto de expansión siempre está asociado a una buena distribución de la energía personal. El hecho de ver que algo se está desinflando es semejante a la pérdida de la energía vital. No es muy común ver que alguien se desinfla en sueños, pero sí ver un objeto que de alguna manera relacionemos con alguien próximo a nosotros. En dicho caso el desánimo se hace patente por medio de esta curiosa acción.

Desnivel. Generalmente, estamos acostumbrados a disfrutar de pisos planos en los que podemos movernos sin tener que poner un excesivo cuidado. De esta manera nos sentimos más seguros y firmes. Cuando en sueños aparece un marcado desnivel en el suelo tendremos que pensar que nos acecha un peligro, que bien podría tratarse de una trampa. El desnivel del sueño puede mostrar que las cosas no están tan claras como nos gustaría.
Otros. En el caso de estar descendiendo por un desnivel pronunciado, habrá que interpretar que nos encontramos en una tesitura un tanto delicada.

Desnudez. El estado de desnudez recuerda y simboliza el estado primordial del ser humano. Representa en parte el despojo de todos los bienes terrenales para mostrarnos tal y como realmente somos. Es posible que si aparecemos desnudos en el transcurso de un sueño y no sentimos vergüenza ninguna, esto signifique que nos sentimos limpios de todo chantaje moralista que pudiera ser impuesto por la sociedad. También puede ocurrir que nos sintamos incómodos de mostrarnos de esa manera públicamente y por tanto la desnudez refleja los condicionamientos sociales a los que nos vemos sujetos en la vida real. *Otros.* En el caso de ver a gente desnuda durante un sueño se debe interpretar como la comprensión que sentimos hacia ella. De alguna manera nos estamos identificando con aquellos que se muestran sin tapujos ante nuestros ojos. *S. Deseo.* Este es uno de los sueños típicos que fueron descritos por Freud. La interpretación que se le dio a tal imagen de desnudez fue la de revelar los deseos sexuales del individuo.

Sprt. Para contrarrestar las interpretaciones de su maestro, Jung desveló que una de las posibles interpretaciones de la desnudez del sueño podía provenir de la sensación de libertad y la euforia que siente todo niño pequeño cuando se ve liberado de los agobiantes ropajes. La sensación de liberación no es sólo física, pues conviene recordar que en sueños siempre se trabaja con el mundo interior. Se trata, por tanto, de una sensación de liberación espiritual propia de estos sueños.

Desodorante. Cuando aparece en nuestros sueños este elemento propio de la higiene diaria, hay que pensar que nos sentimos incómodos debido al olor corporal que desprendemos. Si profundizamos un poco más, podemos ver que nuestro olor refleja nuestra energía personal más instintiva, en parte egoísta y conservadora. Sentirnos incómodos con nuestro olor es no estar aceptando una parte importante de nosotros mismos. Por eso, cuando en sueños nos damos cuenta que no hemos usado el desodorante, o nos vemos impregnándonos convulsivamente con su aroma, habrá que interpretarlo como un aviso del inconsciente cuyo mensaje es justamente que estamos dando demasiada importancia al mundo de las apariencias y no somos capaces de relacionarnos natural e íntimamente con los demás.

Desollar. Es una acción hoy en día un tanto escondida a los ojos de la sociedad actual. No es extraño que si en nuestra alimentación incluimos grandes cantidades de carne, nos veamos envueltos en imágenes oníricas que reflejen parte del proceso del despiece del animal. Se suele decir que cuando nos vemos participando en sueños en esta operación, se nos advierte de la gran cantidad de cólera que hemos albergado en nuestro interior.

Sprt. En muchas culturas, incluida la nuestra, tenemos que reconocer que sobre la muerte de los animales se han constituido numerosos ritos y mitos. Es posible que cuando nos veamos desollando a un animal en sueños, estemos participando en alguna de estas representaciones arcaicas del inconsciente colectivo en las que se veneraba la vida por medio del sacrificio de un animal.

Desordenar. Otra vez han de mencionarse las compensaciones psicológicas que se producen por medio de los sueños. Por lo general, los niños disfrutan desparramando al máximo todos los enseres que en un momento dado tienen a su alrededor. Es posible que tanta responsabilidad de la vida adulta oprima al niño interior que todos llevamos dentro y que este tenga que salir por medio de los sueños. Cuando nos desquitamos generando un gran desorden, realmente estamos revelándonos contra las opresiones cotidianas, permitiéndonos el placer de hacer lo que nos venga en gana. *Ansd.* Hay personas que son realmente maniáticas del orden y pueden sentirse muy mal en un ambiente caótico. Si este es el caso, el sueño intenta mostrarnos nuestras compulsiones de forma traumática para que pongamos pronto remedio a un problema del que seguramente ya habíamos sido avisados con anterioridad.

Despedida. En las despedidas se generan un montón de sensaciones y emociones que bien podrían predominar en el ambiente emocional del sueño, lo que determinaría claramente su correcta interpretación. Por lo general lo más evidente de las despedidas es el fin momentáneo de una relación. Es un cambio que siempre nos conduce a una mayor soledad. Por tanto es de esperar que con este tipo de sueño se nos esté haciendo ver que en parte tenemos gran reparo a la hora de quedarnos solos. Hay casos, como la despedida de la pareja sentimental en la que la sensación que predomina es la incertidumbre, la duda de qué va a hacer nuestra media naranja sin nosotros. En dicho caso habrá que pensar en la falta de confianza como posible interpretación. Por otro lado también se da el caso de que la despedida se viva como una liberación.

Cuando un adolescente se despide de su familia quizá pueda sentirse muy feliz de la sensación de libertad e independencia que ello significa. Lo importante, y ya para todos los casos, es analizar y recordar cuál fue el sentimiento predominante en el sueño.

Despertador. El reloj es un símbolo clásico del mundo de los sueños y su sonido se relaciona con los latidos del corazón. Pero en el caso concreto del despertador lo que interesa no es el sentido del tiempo en el ámbito filosófico, sino todo lo contrario. Se suele soñar con el despertador cuando hemos percibido inconscientemente alguna anomalía en su funcionamiento y no hemos hecho nada para solucionarlo. Es un aviso del inconsciente que nos pone al corriente de que seguramente tendremos que despertarnos por nosotros mismos.

Despertar. La acción de despertarse está de alguna manera relacionada con el acto del nacimiento. Cuando en sueños nos despertamos y vemos un nuevo mundo, se estará poniendo de manifiesto la gran necesidad de cambiar nuestros hábitos. Pero puede ser que en lugar de tratarse de solventar un claro deseo interno, nos estemos enfrentando a lo que se ha llamado un sueño lúcido, en el que tenemos el control de la situación y lo que se ha despertado sea la conciencia sin que tengamos que despertar realmente. En dicho caso se nos está permitiendo acceder a mundos desconocidos por nuestra psique. Gracias a ello podemos encontrar y descubrir facetas y habilidades personales que escapan a nuestro control.

Ansd. Como hemos mencionado, despertar es en parte una representación de volver a la vida. Cuando en sueños no somos capaces de despertar a alguien muy querido, la interpretación más válida para este caso es la de que estamos implicándonos excesivamente en la vida de los demás y que hacemos caso omiso de los toques de atención que se nos dan al respecto.

Despido. El despido laboral constituye uno de los más negros fantasmas que hoy en día azotan a esta sociedad puramente materialista. Por lo general, soñar que nos despiden suele ir acompañado de un ambiente emocional negativo, por lo que habrá que interpretar que nos estamos preocupando en exceso por el trabajo, o que no nos estamos dando cuenta de los pequeños detalles que día a día empeoran nuestra imagen como trabajadores. También se puede dar el caso de que más que un aviso o un miedo, el despido refleje una liberación para el trabajador. En dicho caso habrá que ver qué es lo que está oprimiendo a la persona en su trabajo para que desee liberarse de lo que en definitiva es la base de su sustento.

Ansd. Si se repite con cierta intensidad este sueño, habrá que tratar este asunto como si de un trauma psíquico se tratara. Para ello lo mejor es indagar en el pasado personal y en los valores transferidos por los padres y la condición familiar.

Destacar. Si somos nosotros los que destacamos en sueños de forma ventajosa sobre los demás, no quedará más remedio que pensar que estamos dando pie a satisfacer uno de nuestros más íntimos deseos. Por tanto se están poniendo de manifiesto aquellos pequeños complejos que nos hacen sentir en inferioridad de condiciones. Puede ser que los que destaquen sean otros y que nosotros nos veamos en clara desventaja en sueños. Pero en el fondo existe una causa común a ambas interpretaciones y es la posición de superioridad o inferioridad que mostramos en nuestras relaciones con los demás. Por ello es importante que nos percatemos de la competitividad que imprimimos al ambiente o de qué manera respondemos ante ella.

Destetar. Este delicado paso de la vida de todos puede quedar seriamente grabado en el inconsciente y generar grandes problemas en la vida adulta. Por lo general lo que simboliza un destete es un distanciamiento entre la madre y el hijo, que se suele vivir de forma traumática. Si soñamos que estamos destetando a un niño viene a representar más o menos lo mismo que si los niños somos nosotros y nos vemos en la otra orilla del escenario de la vida. Pero lo que aquí nos interesa es la trama de la obra. En este caso y como de costumbre habrá que analizar el ambiente emocional del sueño, pero a pesar de ello la interpretación más general es la del abandono y el alejamiento de lo que más queremos en el mundo, todo ello guiado por la consciencia y la fuerza de voluntad que no cesan de decirnos que es lo mejor para todos. Soñar con un destete puede interpretarse como la imperiosa necesidad de tener que tomar una determinación en algún aspecto principal de nuestra vida.

Destino. Es bastante raro soñar con el propio destino personal. Si ello ocurriese no habrá que dejarlo pasar por alto. Lo más normal será que nos hallemos ante un sueño de claro contenido premonitorio en el que se nos facilitan próximos eventos que entrarán a formar parte de nuestras vidas. Es importante registrar todas las sensaciones que pudieran servirnos a modo de señal que nos permita clasificar este sueño como una premonición.

Ansd. A veces la incertidumbre de desconocer lo que va a ser de nosotros se puede convertir en toda una obsesión. Soñar bajo estas influencias con nuestro destino señala la falta de comunión entre la persona y el mundo exterior.

Destornillador. Esta herramienta puede ser contemplada como la acumulación y la continuidad del esfuerzo. Cuando en sueños la acción de atornillar cobra gran relevancia, lo que habremos de deducir es que estamos intentando asegurar la estabilidad de algo que consideramos importante para nosotros. El ambiente y el marco definirán de qué se trata. También puede ser que esta herramienta nos esté indicando la necesidad de hacer reparaciones en aquellos asuntos de nuestra vida interior que de alguna manera se están empezando a hacer pedazos.

Desván. Hemos de recordar que la casa viene a representar al individuo. Hoy en día pocas son las casas que tienen desván, pero generalmente todos tenemos la clara imagen de lo que en él se acumula. A grandes rasgos el desván contiene un gran surtido de objetos sobrantes de lo más diverso, por lo que incita a despertar nuestra imaginación y deseos de jugar. Se puede decir que el desván simboliza aquellos recuerdos que guardamos de nuestra vida pasada, que tienen en común algo pintoresco, por lo que no han sido desechados, pero que en verdad carecen de gran relevancia y utilidad. Cuando soñamos con un desván bien puede interpretarse que de algún modo algunos recuerdos de nuestras vidas han sido removidos, lo que puede estar generando cierta sensación de incomodidad.

Desvío. Se dice que cuando vamos transitando por una vía en sueños, lo que esta representa es nuestra vida. Si se nos presenta súbitamente un desvío en mitad del camino, esto se puede interpretar como que nuestros proyectos más inmediatos están siendo pospuestos. Lo mejor que podemos hacer ante esta clara señal es admitir que las cosas no van a marchar tal y como esperábamos. Para obtener una mayor información al respecto, habrá que barajar el tipo de camino en el que nos encontramos, si lo recorremos a pie o no, y cómo está indicado.

Detective. Por lo general la figura del detective se suele relacionar con problemas y acusaciones. El detective simboliza, en cierta medida, nuestra curiosidad, la cual podría estar generándonos más problemas que entretenimientos. También se puede interpretar que nuestra curiosidad permanece dormida y al soñar con un detective se nos despertarán inquietudes que estimularán esta atrofiada particularidad de toda psique sana.

Deuda. El mundo material suele usarse de un modo simbólico dentro del contenido de los sueños. Por ello, el dinero, el cual nos permite disponer de todos los caprichos que se nos antojen, se ha de interpretar como la energía personal. Si se considera que se tienen deudas al respecto, entonces habrá que pensar que de alguna manera no estamos teniendo en cuenta a ciertas personas que nos han ayudado a lo largo de nuestra vida. Además las deudas se pueden convertir en un lastre emocional que nos impida relacionarnos adecuadamente con los demás. Es importante no dejar pasar este tipo de avisos del inconsciente sin hacer nada al respecto.

Ext. Por supuesto que el mundo material también puede generar imágenes oníricas. El mero hecho de habernos olvidado de pequeñas deudas nos genera gran inquietud interior y estas pueden ser recordadas a través de los sueños.

Diadema. Por su parecido se debe de interpretar del mismo modo que CORONA.

Diagnóstico. Cuando en sueños alguien emite un diagnóstico hay que interpretar que dicha sentencia está siendo dictada por nuestro yo superior, y que por lo tanto debe ser escuchada. Pero lo difícil no es interpretar lo que significa la emisión de un diagnóstico en sueños, ya que se trata de un mensaje que nos enviamos a nosotros mismos y que nos ayudará a solventar ciertos problemas. Lo realmente difícil es saber interpretar dicho diagnóstico. Para ello tendremos que analizar término por término el sueño, para así hallar la respuesta más acertada.

Diarrea. Puede ser un claro síntoma de enfermedad, en cuyo caso se trataría de un ejemplo evidente de sueño provocado por un estímulo externo a la psique. Pero en el caso de que esto no sea así, tendremos que pensar que hay algo en nuestra vida real que está escapando a nuestro control. Bien puede ser que estemos perdiendo dinero o bienes materiales, o simplemente que estamos desaprovechando nuestra vida. Lo importante es descubrir el origen oculto de esta desagradable sensación.

Dibujar. En los sueños, dibujar es interpretado como una manera de exponer claramente nuestros proyectos. Aquello que dibujamos deberá ser entendido a modo de representación simbólica de nuestros deseos más inmediatos. El estilo, los colores o los métodos utilizados nos ayudarán a entender nuestras más relevantes ideas.

Dientes. Simbólicamente, y en numerosas culturas, los dientes han sido utilizados como una señal de guerra. Cuando en sueños los dientes adquieren gran protagonismo hay que pensar que de alguna manera estamos haciendo gala de nuestro poder. Además la mordedura es una forma de poner límite a algunos problemas que requieren una solución tajante. Cuando en sueños se nos caen los dientes, esta situación refleja lo inseguros que nos sentimos de nosotros mismos. Para el ser humano, los dientes juegan además el papel de la sonrisa, es decir, se encargan de mostrar nuestro humor. Una posible interpretación más a tener en cuenta es la del estado de salud. Los dientes y la boca reflejan rápidamente cualquier deficiencia orgánica. Aparecer en sueños con los dientes oscurecidos, o sufrir cualquier tipo de afección bucal se debe interpretar como un aviso que nos lanza el inconsciente para que tomemos medidas respecto a nuestra salud.

Diluvio. Las escenas que forman parte de la historia de la humanidad y de sus mitos nos ayudan a cobrar conciencia de ciertas experiencias que han cambiado el curso de la historia. El caso particular del diluvio atiende a la purificación de la especie humana. Por eso cuando soñamos que llueve, puede ser que se trate de este tipo de situación y lo que estemos haciendo de una manera inconsciente sea lavar nuestro espíritu. En general a nadie le gusta pagar por los pecados de los demás, tener que purificarse por toda la humanidad puede ser un tanto desagradable, por lo que en definitiva se considera que soñar con el diluvio es un mal presagio. Pero hay que ver también el lado bueno de las cosas. Tras el diluvio todo a nuestro alrededor

aparecerá renovado, la tierra y las relaciones serán más fecundas y fértiles. Siempre que soñemos con el elemento agua, estaremos sumergiéndonos de pleno en el mundo de las relaciones humanas.

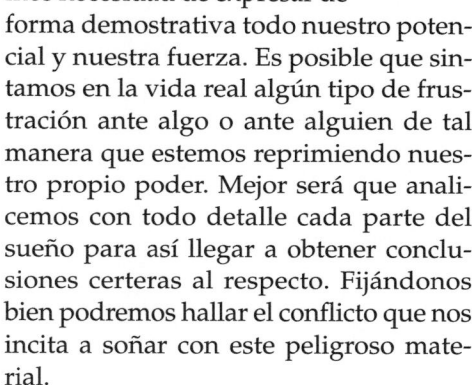

Dinamita. Si en un sueño se nos presenta la imagen de la dinamita o de la pólvora, habrá que pensar que sentimos necesidad de expresar de forma demostrativa todo nuestro potencial y nuestra fuerza. Es posible que sintamos en la vida real algún tipo de frustración ante algo o ante alguien de tal manera que estemos reprimiendo nuestro propio poder. Mejor será que analicemos con todo detalle cada parte del sueño para así llegar a obtener conclusiones certeras al respecto. Fijándonos bien podremos hallar el conflicto que nos incita a soñar con este peligroso material.

Dinero. Por una parte el dinero representa todo tipo de riquezas materiales. Con dinero podemos hacer realidad todos nuestros sueños, por lo menos a un nivel material. Pero rara vez una interpretación onírica es tan sencilla. Lo más normal es que el dinero sea una representación de la energía personal, que en definitiva es la que nos permite llevar a cabo nuestras acciones. Lo que ocurra con el dinero del sueño será sumamente significativo. Raro es que tan solo se utilice el dinero para poseerlo, lo más normal es que pase de unas manos a otras. Si se nos va de las manos, se podrá interpretar como la pérdida de energía que nos ocurre en presencia de otras personas. Si por el contrario no cesamos de ganar más y más, entonces puede ser que nos sintamos claramente necesitados de energía, tanto que nos convertimos en seres insaciables.

Ext. Las preocupaciones económicas bien pueden actuar a modo de detonante para la formación de estas imágenes oníricas.

Sprt. Dar dinero a los más necesitados puede ser considerado como un acto de gratitud que fortalece nuestro espíritu, sobre todo si el marco emocional así lo demuestra.

Dinosaurio. Hay varios aspectos que debemos considerar de estos impresionantes animales. Por una parte, es la gran bestia que aterroriza a los humanos, o por lo menos así nos lo han hecho ver las producciones cinematográficas. Esa imagen nos está mostrando la fuerza del inconsciente, incapaz de ser gobernada ni reprimida. Pero además hay que contemplar el ensueño de la vida primitiva en la que la bestia genera un gran desafío al ser humano. Enfrentarnos a un poder mayor que el nuestro nos vigoriza. Pero también puede ser que en sueños nos recreemos con el tranquilo estilo de vida que estos grandes saurios debían llevar. En dicho caso estarán representando a una de las más altas expresiones de la vida. La interpretación onírica en este caso debe ser positiva porque restablecerá nuestra fuerza espiritual.

Por último, soñar con dinosaurios puede ser visto como una clara señal de algo que ocurrió hace demasiado tiempo. Puede ser utilizado como símbolo de extinción. Todo aquello que hagan o reflejen será contemplado como obsoleto y falto de valor en el mundo actual.

Dios. No es muy corriente soñar directamente con la más alta divinidad, ya que en definitiva  sería como mantener un diálogo con el Creador. Por lo general, esta presencia en sueños ha sido interpretada como la necesidad o añoranza de entrar en contacto con la figura paterna. Puede ser entonces que precisemos de su protección, o que por el contrario nos veamos necesitados de eliminar su presencia y desprestigiarlo para así tomar el relevo en la larga función de la vida.

Diploma. Si se nos entrega un diploma en el transcurso de un sueño lo primero que tendremos que pensar es que estamos deseosos de que nuestros méritos sean reconocidos. Pero el diploma no versará sobre los asuntos mundanos. El sueño es siempre un reflejo del mundo interior y, por tanto, lo que estamos solicitando por medio de este sueño son los frutos de nuestros actos, lo que puede denotar que nuestra moral no está lo suficientemente fundamentada. Cuando se precisa que sea alguien de afuera quien diga si hacemos bien o hacemos mal, entonces no queda opción, el sujeto carece de una escala de valores morales lo suficientemente estable.

Dique. Un dique siempre está conteniendo algún tipo de fuerza que bien podría dañarnos a nosotros o a un conjunto de propiedades. Por tanto en el propio dique se podrá sentir la pugna entre las fuerzas de la naturaleza y la acción del hombre. Si paseamos a lo largo de un dique, de alguna manera nos estamos midiendo o comparando con las fuerzas que dominaban los Titanes, acción que sin duda nos vigorizará. Ver un dique en buen estado puede ser interpretado como un buen augurio que beneficiará a nuestras ganancias.

Dirigir. Es bastante común que nos veamos al frente de un considerable volumen de recursos humanos que debamos manejar y guiar. Por una parte, al hecho de adoptar responsabilidades en sueños le corresponde la interpretación directa de estar preparado para subir a un nivel superior al que nos encontramos en realidad. Pero por otra, también puede ser una forma de protesta por parte del subconsciente que nos indica que no podemos más, que tenemos que delegar en alguien. El poder, la acción de dirigir, es una pescadilla que se muerde la cola. Además de estas interpretaciones, hemos de contemplar la posibilidad de que la persona necesite cobrar mayor protagonismo en su vida y que tan solo por medio de los sueños sea capaz de disfrutar de dicha sensación. En este caso ha de tomarse como un aviso que nos impulsa a tomar cartas en el asunto y así atrevernos a dar un difícil paso en la vida.

Disco. En lo que respecta a la simbología, el disco es una representación de la energía solar, por tanto nos ayuda a invocar a la creatividad y a expresarnos abiertamente. Por lo general, el disco a un nivel práctico se trata de un soporte musical, que en definitiva también simboliza la creatividad del artista. A modo de interpretación, la presencia de un disco en sueños evoca momentos de bienestar, de seguridad y protección, así como de disfrute y participación activa en la vida.

Discurso. En el caso de estar escuchándolo habrá que interpretar que el individuo considera que tiene que aprender y enriquecerse en el plano interior. La interpretación dependerá de si se trata de un discurso positivo o por el contrario se utiliza como medio de expresión de protesta. Si somos nosotros los que estamos pronunciándolo, habrá que pensar en la necesidad de dar explicaciones. De alguna manera el individuo ve necesario dar a conocer y compartir su mundo interior. La interpretación en este caso también estará marcada por el contenido del discurso, e incluso este bien podría sugerir otro tipo de interpretación.

Disfraz. Así como en la vida real el disfraz oculta la identidad de las personas, en el mundo de la representación sim- 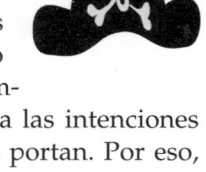 bólica, el disfraz oculta las intenciones de las personas que lo portan. Por eso, cuando en un sueño nos vemos disfrazados estamos escondiendo el objetivo de nuestras acciones. De las personas que aparezcan disfrazadas, debemos desconfiar, ya que es posible que nos estén engañando en la vida real. Existe también una tendencia que intenta explicar la representación simbólica del disfraz pero en sentido inverso. Se suele decir que las ropas se interpretan en sueños como si de disfraces se trataran. Por eso los disfraces en sueños pueden ser observados a modo de ropaje sin más y por tanto la imagen de persona disfrazada nos estará desvelando la personalidad verdadera de quien lo porta.

Divorcio. En el caso particular de que estemos casados o tengamos pareja, el soñar con el divorcio se debe tomar a modo de aviso de que algo no marcha del todo bien en nuestra relación amorosa. En este caso el sueño puede ser desencadenado por una causa externa que hemos pasado por alto o bien por un sentimiento tan profundo que ni siquiera es conocido por nuestro consciente. En el caso de no tener pareja deberemos repasar nuestra infancia, porque posiblemente estemos reviviendo algún pasaje de la vida en pareja de nuestros padres que hayamos retenido de forma subliminal.

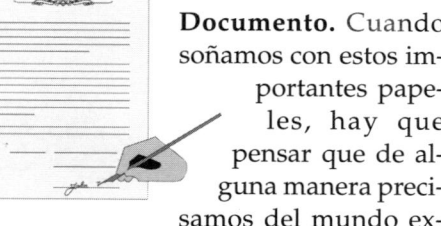

Documento. Cuando soñamos con estos importantes papeles, hay que pensar que de alguna manera precisamos del mundo exterior para afianzarnos en la vida. Hay que analizar lo que ocurre con esos papeles porque posiblemente estemos ante una situación en la vida real que nos genera gran preocupación.

Domar. Por medio de esta acción conseguimos meter en cintura a nuestro propio poder personal. Es una representación muy típica de la adolescencia por dos motivos. Por un lado refleja la necesidad del individuo de hacerse con las riendas de su propia energía, y por otra parte nos ayuda a vencer oníricamente a las personas que denotan un gran poderío. Los posibles problemas que puedan aparecer en el transcurso de la doma tendrán que interpretarse a modo de posibles percances que bien podrían aparecer a consecuencia de nuestro modo de proceder.

Dominó. Los juegos de mesa en cierto modo representan la vida misma. El contraste entre el blanco y el negro desempeña el papel de representar el bien y el mal. Los números son los encargados de simbolizar el azar. Si estamos jugando en sueños habrá que valorar las personas que allí aparecen, el ánimo con que nos implicamos en el juego y el desarrollo de la partida. Todo esto debe ser interpretado a modo de pequeña escena de nuestra vida actual.

Donación. Las donaciones que hacemos en sueños son una representación de los favores que nos deben. Por eso es importante contar con el ambiente emocional y el marco del sueño para poder interpretar debidamente de qué manera vivimos los favores que hacemos a los demás.

Dormir. Aunque parezca absurdo, es bastante normal verse a uno mismo durmiendo dentro de un sueño. Más normal es encontrarse a otra persona totalmente dormida. Por lo general lo que aparece en el sueño es una compensación con lo que ocurre en la vida real. Por eso si estamos dormidos es muy posible que estemos excesivamente despiertos a un nivel consciente, lo que se puede traducir en que carecemos de una vida interior lo suficientemente viva. Otra posible interpretación es la de que la persona que duerme está como dormida en la vida real, por lo que en todo cuanto hace se muestra negligente.

Otros. Existe una modalidad de sueño parecido al lúcido que a veces se ha relacionado con el viaje astral. Puede darse el caso de verse a uno mismo durmiendo en directo. En dicho caso la interpretación escapa a las experiencias oníricas habituales.

Dormitorio. Según Jung la casa representa en sueños a las diferentes partes de la personalidad. Si analizamos cada una de estas partes resultará que el dormitorio viene a simbolizar a la pareja y al matrimonio. En dicho caso soñar con esta habitación resulta similar a revelar los conflictos que surjan en nuestras relaciones sentimentales. Por ejemplo, si soñamos que el dormitorio está lleno de gente estará claro que las relaciones de la pareja con las demás personas están siendo fuente de problemas. En el caso de carecer de pareja, el dormitorio representa a la intimidad de la persona. Todo cuanto allí ocurra estará simbolizando los problemas más íntimos del individuo.

Dragón. Este animal es el único que dentro del gran grupo de los animales sagrados de la antigua China, pertenece al mundo de la fantasía y de la leyenda. El dragón de nuestros sueños representará la capacidad de proyectar nuestra energía más allá de los límites de lo cotidiano. Cuando nos tiramos un farol estamos haciendo uso de esta energía que denota gran magnificencia ante los demás. Soñar con un Dragón, por tanto, puede ser interpretado de dos maneras. Por un lado hay que pensar que el sueño es una compensación de la vida y, por tanto, querrá decir que no estamos haciendo uso de esta cualidad expansiva del ser humano. Pero por otra parte, el sueño con el dragón nos puede indicar el exceso de pavoneo y endiosamiento que estamos profesando en nuestra vida real.

Droga. Este tipo de sustancias, más que constituir una mera evasión de la realidad y una conducta autodestructiva, permiten al individuo desarrollar algunas facetas de su personalidad que estaban totalmente paralizadas. Cuando se toma una droga se activan comportamientos y conductas que no parecen propias. Claro que esto supone una liberación de la cual no se puede abusar ya que rápidamente pasa factura al cuerpo y a la mente. Soñar que nos drogamos es síntoma de lo atascados que nos encontramos en nuestra vida cotidiana. Se necesita cambiar pero no se sabe de qué manera se puede hacer. La droga siempre simboliza un camino fácil que nos ofrece oportunidades a un precio demasiado alto.

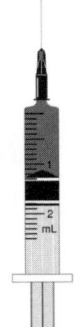

Duelo. Batirse en combate singular con una persona es un claro ejemplo de disputa y discusión. El ambiente emocional nos dirá la intensidad de la carga de rabia y odio con que el individuo se implica, lo que resulta crucial a la hora de valorar las posibles consecuencias de este sueño. El duelo simboliza de alguna manera que estamos pleiteando en serio con una persona en concreto. No se puede desestimar este sueño, pues nos avisa de que estamos yendo demasiado lejos en lo que aparentemente podría tratarse de una broma. También se puede interpretar como que debemos plantar cara noblemente a cierto tipo de amenazas y humillaciones, sin entrar en odios y malas tretas.

Dulces. Las golosinas, tan comunes en el mundo de la infancia, ayudan al ser humano a vencer los estados de ansiedad de una forma casi inmediata. Cuando soñamos que estamos tomando un dulce, posiblemente lo que haya que interpretar es que estamos deseosos de escapar de la angustia vital que nos provoca la existencia. El dulce carga de optimismo a la persona, por lo que es posible que soñar con ellos se trate de una compensación ante pequeños estados de depresión.

S. Deseo. Psicoanalíticamente se dice que el dulce produce una sensación de placer que de alguna manera está relacionada con el placer sensual. Por ello comer dulces bien podría ser síntoma de nuestros deseos sexuales.

Ext. El metabolismo de la glucosa y de los azúcares es muy complejo. Hay personas que pueden incluso sufrir crisis de escasez de glucosa en sangre, lo que es incluso peligroso para el cerebro. No es de extrañar que en dichos casos el dulce aparezca formando parte de los sueños que se clasifican con este tipo de etiqueta, sueños provocados por causas externas.

Duna. A estas curiosas formaciones típicas de los desiertos y de los ambientes costeros, se las reconoce por su forma sinuosa y por su gran capacidad de transformación. Al estar formadas de arenas, estas pequeñas montañas muestran una de las propiedades menos manifiestas del elemento Tierra, la de la fluidez y el movimiento. Cuando soñamos con dunas, una de las interpretaciones posibles se basa en esta curiosa propiedad casi exclusiva de ellas, y que sin lugar a dudas nos enseña que la belleza del mundo material radica en el movimiento y en el cambio, no en lo estanco y en la acumulación. Si las sensaciones y emociones que albergan este sueño son en parte desagradables, habrá que pensar que la duna representa entonces la inseguridad económica y las fluctuaciones en los bienes y propiedades.

Edén. *Véase* PARAÍSO.

Eclipse. Sin duda esta imagen onírica es sumamente sorprendente y a la vez significativa, y suele presentarse en sueños premonitorios, reveladores o de contenido místico. El eclipse representa al oscurecimiento de la luz y por tanto de la personalidad, permitiendo así que la sensibilidad y el apasionante mundo de la psique afloren. Cuando en sueños de súbito se produce un eclipse o se hace referencia a este fenómeno hay que pensar que nuestra personalidad es tan fuerte e impactante sobre el mundo, que nuestro subconsciente nos sugiere a través del sueño apagar parte de su luz. Esto vale a modo de interpretación personal, como también valdría decir que el inconsciente está dando prioridad al mundo interior o que simplemente existe en la vida real un grave desequilibrio entre la personalidad activa y la psique receptiva o sensitiva.

Otros. En sueños de mayor envergadura, es decir, en los que se auguran situaciones futuras o se reviven hechos pasados de la humanidad, el eclipse se considera un mal augurio que próximamente desembocará en tragedia.

Eco. Se trata sin duda de un curioso efecto que desde siempre ha sorprendido al hombre. Escuchar su propia voz reflejada por el caprichoso entorno en el que se encuentra, hace que la persona tome referencia de su expresión y repare en el efecto que su presencia produce en los demás. Se dice que el eco es un símbolo de pasividad y de regresión, por ello soñar con él puede ser causa de dudas sobre las acciones que uno mismo ejecuta. De una manera o de otra soñar con eco puede ser interpretado a modo de falta de confianza en la propia persona, por lo que esta necesita escuchar lo que está haciendo para así asegurarse que está a la altura de sus expectativas.

Edad. Cuando en sueños nos preocupamos por la edad o vemos que cumplimos años, no queda la menor duda, hay que interpretar que el individuo está sufriendo una crisis personal que le obliga a hacer repaso de su vida y a tomar conciencia de lo que ha hecho y ha dejado de hacer. Si en sueños nos vemos quitándonos años o aparecemos más jóvenes esto querrá decir que en definitiva estamos deseando revivir emociones que hace ya tiempo que no hemos sentido. La juventud y la infancia representan edades muy ricas en experiencias, emociones y sensaciones. Por ello, hay que pensar que cuando nos vemos más jóvenes, el inconsciente está haciendo de las suyas por medio de los sueños y nos está diciendo de alguna manera que nuestra vida carece del frescor necesario como para ser del todo satisfactoria.

Edificio. Los edificios de nuestra pertenencia que aparecen en los sueños bien pueden entenderse como nuestro futuro o nuestras creaciones. Según las particularidades de este, nos veremos más o menos reflejados en él. Lo importante es interpretar el tipo de materiales utilizados y lo que significan. La cantidad de puertas y ventanas, el tipo de materiales del mismo y por supuesto el tamaño de este. Un gran edificio nos hace ver que nuestras ambiciones también lo son, y que no nos queda más remedio que asumir el trabajo que ello implica.

Otros. En algunos sueños Freud interpretó que el edificio es una representación del principio de autoridad y que sin duda nos estamos identificando con él, es decir, es de nuestra propiedad y nos hace sentirnos importantes. Cuando nos hallamos ante un edificio impactante y por algún motivo tenemos que entrar en él, se ha de interpretar como una crisis de autoridad, en la que todavía nos vemos como personas oprimidas por otras de mayor peso.

Edredón. La suavidad y el confort que garantiza esta confección nos hace revivir los primeros momentos de la infancia en los que además de calor, recibíamos amor y protección materna. Soñar pues con edredones es un claro síntoma de que la persona inconscientemente está deseosa de lo que se ha llamado en psicología crecimiento geotrópico, es decir, añora todo tipo de cuidados, placeres y sustancias que nutran y restablezcan su cuerpo, prescindiendo en todo momento de la evolución espiritual, personal y profesional.
Ext. En sueños de este tipo, la aparición de un edredón puede estar significando que precisamos del calor de esta prenda, pues no estamos lo suficientemente abrigados como para seguir durmiendo a pierna suelta.

Eje. Esta representación propia de la geometría simboliza el eje del mundo alrededor del cual se producen todos los acontecimientos. Cuando soñamos con él es muy posible que estemos añorando la permanencia, la estabilidad y lo inamovible de su posición ya hartos de andar siempre dando vueltas. Puede servirnos consultar la palabra COLUMNA, ya que de alguna manera el eje representa la columna vertebral del universo.

Ejecución. Ante esta eminente y aterradora imagen, el soñador se siente impotente, percibe a flor de piel el sabor de la injusticia y se postra ante los caprichos del destino. Por eso soñar que estamos siendo ejecutados es una representación onírica que debe de ser interpretada por un lado a modo de sentimiento de culpabilidad, pero por otro, como mero capricho de una sociedad gobernada por seres corruptos y poco evolucionados. Por lo general el sentimiento de culpa y arrepentimiento nubla toda visión superior que nos ayuda a vivir estos momentos con dignidad. Por tanto se está debatiendo en nosotros la actitud de agachar las orejas ante las normas sociales o, a pesar de no contrariarlas, ser capaces de poder mantener la suficiente fuerza moral como para no perder las referencias éticas que definen nuestra personalidad.

Otros. Si nos toca a nosotros llevar a cabo una ejecución, bien puede ser que nos veamos con un exceso de responsabilidad que realmente no nos corresponde. Es decir, seguramente alguien en nuestra vida real está ejerciendo presión sobre nosotros, cargándonos con parte de sus obligaciones.

Ejercicio. Uno de los más claros síntomas de aparecer haciendo ejercicio en sueños es lo sedentario que puede resultar nuestro estilo de vida para nuestro cuerpo. Superar la pereza y poner en funcionamiento a cada uno de nuestros músculos sin duda alguna nos ayuda a fomentar el sentimiento de libertad que el peso de la vida cotidiana acabará por aplastar. Soñar con ejercicio moderado y feliz es un buen síntoma que nos ayudará a mantener el ánimo más alto. Puede ser significativo de que estamos algo faltos de él o que por el contrario al estar pasando un mejor momento en la vida, aparezcan estos sueños tan liberadores y limpios.

Ejército. Tan solo se ha de solicitar la acción del ejército cuando no quede más remedio. Su acción es siempre devastadora, traumática y acaba con toda forma de prosperidad y vida. Cuando en sueños soñamos con este elemento de la sociedad, ya sea que formamos parte de él o que se presenta en nuestra vida, algo muy grave tiene que estar pasando. Posiblemente nuestra vida precise de un golpe de voluntad que cambie el rumbo que últimamente parecía llevarnos a la deriva, o que por el contrario estemos hartos de que otros decidan por nosotros y que tengamos que hacer algo definitivo al respecto. Si el ejército nos salva, puede que estemos añorando protección por parte de la sociedad que no encontramos en la vida real. Si por el contrario nos ataca, estaremos siendo víctimas de nuestro propio comportamiento social, que de alguna manera deberemos cambiar de inmediato.

Elecciones. Si en sueños vivimos escenas de estos momentos tan excepcionales, lo más importante es definir nuestra posición al respecto. Por un lado podemos ser candidatos y por tanto apareceremos en el sueño con cierto halo de protagonismo que bien podría explicar todo el contenido del sueño. Por otra parte, si nos consideramos parte del electorado, lo más seguro es que el significado del sueño se centre en la sensación de engaño y confabulación por parte de ciertos sectores de la sociedad.

Electricista. Para el subconsciente, así como el hombre del butano siempre representa la fuerza muscular, el electricista carga con el peso de simbolizar la persona de mente clara que se las bandea con fuerzas propias de los dioses, como son el rayo y la centella. Su acción es siempre muy dinámica e indica progreso y realización de nuestros proyectos. Si soñamos con un electricista posiblemente signifique que estamos añorando una solución que facilite y simplifique la realización de nuestros proyectos.

Elefante. La visión occidental de este animal se corresponde con una imagen de circo, en el que se le obliga a subirse en un estrecho tocón o se le ridiculiza soltando un ratón. Pero en Oriente el elefante es uno de los animales más venerados, y por lo tanto simboliza algo muy diferente a la simpleza que le hemos impuesto. Soñar con un elefante puede ser síntoma de paciencia, sabiduría y felicidad en el hogar, siempre y cuando su presencia no suponga ninguna amenaza para nosotros. En caso de sentirnos amenazados por él tendremos que pensar que no somos capaces de barajar con suficiente maestría las fuerzas del inconsciente.

S. Deseo. Es posible que aparezcamos mostrando un elefante o bien que dispongamos de toda su fuerza por estar amaestrado, en cuyo caso se puede interpretar que nos encontramos ante un sueño de satisfacción del deseo que denota la necesidad de sentir en nuestras manos el poder de las fuerzas de la naturaleza.

Elevar. *Véase* SUBIR O ASCENSOR.

Embalar. Siempre que nos encontramos embalando algo resulta impepinable que pronto nos tocará trasladar, mover y cargar. Es por tanto señal de crisis y cambio. Por lo general se puede considerar que este tipo de acción nos viene a decir que tenemos que cambiar algo en nuestra vida, o que ya nos toca poner orden en aquellas pequeñas cosas que sin darnos cuenta nos están haciendo más pesada y difícil la existencia.

Embarazo. Hay un gran número de posibles interpretaciones que bien pudieran encajar con esta imagen. Por una parte bien puede ser entendida como un aviso de retraso del periodo en la mujer. Puede tratarse de temor ante un embarazo no deseado, o bien podría ser todo lo contrario, es decir, la satisfacción del deseo de tener un hijo. También puede ser que la mujer que sueñe con estar embarazada, en realidad lo esté, constituyendo entonces un sueño premonitorio. Se ha dado el caso, por ejemplo, de una mujer que estaba intentando quedarse embarazada y se soñó nadando en una enorme piscina –simbólicamente, el agua es el inconsciente–. En un momento determinado del sueño, la mujer se giró quedando flotando hacia arriba, y se vio con una enorme barriga que sobresalía del agua. Cuando al día siguiente se hizo el test de embarazo, efectivamente lo estaba.

Embarcar. El hecho de meterse en un barco representa el comienzo de una nueva aventura. Seguramente el individuo que lo sueña tiene algunos asuntos entre manos y prevé en sueños las consecuencias de dichos actos. Es posible que tras la acción de embarcarse se esconda el miedo a las consecuencias de las últimas decisiones que hemos tomado. La sensación de peligro viene reflejada por el mar y la inmovilidad del retorno por la duración de la travesía.

Emboscada. Para que se pueda dar una emboscada nos tenemos que ver envueltos por un medio hostil o por lo menos propicio para que así ocurra. La emboscada, más que representar la acción de ser agredido nos está haciendo ver que nos encontramos en una tesitura en la que bien podríamos perder buena parte de lo que con tanto esfuerzo al fin hemos

conseguido. Puede ser que también se trate de un aviso y que por lo tanto estemos previendo la posibilidad de que nos pueda ocurrir un asunto un tanto inesperado. Las personas que intervienen representan a los poderes que nos inquietan, mientras que el medio en el que ocurre simboliza parte de nuestros temores.

Embriaguez. Resulta curioso pero es bastante frecuente verse a uno mismo emborrachándose en el transcurso de un sueño. El estado de embriaguez nos conduce a liberarnos de inhibiciones que mantienen en parte reprimido al subconsciente. No es de extrañar que este sueño nos esté haciendo ver que nos tomamos la vida demasiado en serio y que tengamos que permitirnos soltar amarras. Rara vez la interpretación de estos sueños viene a ser de tipo inverso, en dicho caso nos estaría haciendo ver una faceta de nuestro comportamiento que está siendo excesivamente explotada.
S. Deseo. En personas que sientan predilección por el alcohol ni que decir tiene que este es un sueño típico de satisfacción, en el que el individuo se permite todo tipo de excesos.

Embudo. Este peculiar pero imprescindible útil de cocina rara vez cobra el suficiente protagonismo en un sueño como para ser significativo. En caso que sí lo sea, soñar con un embudo puede simbolizar las estratagemas y habilidades que estamos desarrollando para llevar a cabo nuestros propósitos. Lo que ocurra con el embudo, es decir, si se vierte el líquido, si resulta pequeño o incluso el color de este nos estarán dando gran información sobre el modo en que estamos enfocando las cosas. El líquido bien puede simbolizar parte de la problemática y el envase representa el fin que perseguimos con tanta ansia.

Emigrar. Hoy en día es uno de los temas que más preocupa a la política mundial. La emigración refleja en casi todos los casos la disconformidad con las condiciones que imperan en el lugar en el que estemos, por tanto siempre se emigra persiguiendo «un sueño». En nuestro caso, soñar que nos vamos y lo dejamos todo bien puede estar justificado por las dificultades que nos esperan día tras día. Soñar que emigramos denota el cansancio de tener que volver a enfrentarnos con lo que ya sabemos que nos espera. A veces, por no decir siempre, casi preferimos enfrentarnos con lo desconocido antes que tener que soportar la rutina. Para obtener mayor información es importante buscar en el sueño las causas de nuestra partida y también el lugar de destino. Este último reflejará lo que estamos echando de menos en nuestra vida, mientras que lo primero habla acerca de nuestros sueños y aspiraciones reales.

Empapelar. La única diferencia con pintar es el material que usamos, ya que el fin es más o menos el mismo. Decorar con papel supone un trabajo mucho más delicado que la pintura, además de que la fragilidad del papel requiere una mayor habilidad. Cuando decoramos algo es que estamos hartos del ambiente y de la apariencia externa que nos rodea, por

tanto necesitamos cambiar para poder así dejar atrás una etapa y poder seguir adelante con un aire nuevo. Ya hemos dicho que el papel requiere de nosotros gran cuidado y atención, por tanto de alguna manera tenemos que hacerlo bien, esta vez nuestro subconsciente nos recuerda que para que el cambio de etapa psicológica se llegue a producir es fundamental hacer las cosas con gran delicadeza.

Empeñar. No queda más remedio que relacionar esta acción onírica con la falta de dinero y el desprenderse de lazos muy antiguos y significativos de nuestra vida. El acto de empeñar conlleva la simbología de abogar por el valor material en detrimento de aquellas virtudes puramente sentimentales que el objeto empeñado pudiera significar para nosotros. En definitiva es una derrota de la persona ante la vida que todo lo consume, incluso nuestros tesoros más valiosos. Ni que decir tiene que soñar que empeñamos algo representa dejar atrás una etapa de la vida, y por tanto la entrada en un nuevo ciclo para el cual precisamos del impulso del dinero del objeto empeñado.

Emperador. Según Freud toda representación masculina que denote poder se convierte de inmediato en una figura de autoridad paterna para nosotros. También, y no queda duda del doble sentido de la flecha, se encarga de simbolizar la autoridad personal que somos capaces de proyectar sobre los demás. En la simbología china, el emperador nos habla del rigor, de la sabiduría y también del distanciamiento imprescindible para poder juzgar con certeza cualquier evento de la vida, que es en definitiva lo que el emperador hace. Según se muestre el emperador de nuestros sueños así será nuestra capacidad de ejercer el papel de padre, jefe o director.

Empleo. *Véase* TRABAJO.

Empresa. Ese organismo impersonal para el que trabajamos y del que sacamos el sustento para alimentarnos, se ha relacionado con la actividad del ser humano hasta tal punto que bien puede ser vista como el principio devorador femenino que todo lo transforma al margen de los intereses del individuo. Soñar con la empresa para la que trabajamos de bien poco nos puede servir, lo más normal es que tengamos que recurrir al término TRABAJO para así poder obtener una interpretación más reveladora.
Otros. Si somos nosotros los que formamos la empresa, entonces bien puede ser que estemos ante un sueño que ejerce a modo de guía personal. Posiblemente este sueño nos esté haciendo ver que ha llegado la hora de dar un paso más en el largo sendero de la evolución personal.

Enamorar. Si aparecemos nosotros como personas enamoradas en nuestro sueño, conviene saber que los enamorados representan la elección de poner una parte de nuestra vida en manos de aquellas personas que hemos ele-

gido. Por ello es importante ver a la figura del enamorado como un individuo capaz de confiar ciegamente en una causa, o en el caso del amor, en una persona. Sentirse ciegamente enamorado en sueños es una situación no muy frecuente que suele hacer que el individuo reviva emociones que cree no volverá a sentir ya más en la vida. Por tanto puede tratarse de una triquiñuela del inconsciente para hacernos ver que podemos vivir de otra manera, que existen estados de conciencia muy diferentes y que son en realidad saludables tanto para nosotros como para las personas que nos rodean.

Enano. Este personaje de fábula siempre ha representado la sabiduría y el dominio de las fuerzas terrenales. Se dice que provienen de las montañas y que viven bajo la tierra, donde tienen un reino construido con gran esfuerzo y sabiduría. Lo que puede representar esta imagen dentro de un sueño, son sobre todo los trabajos duros, hechos con tesón y templanza. Por otro lado también representan el misterio de la tierra, con sus tesoros y secretos. Cuando vemos un enano en sueños, nuestros valores y destrezas terrenales como son la habilidad manual o el trato mundano con los demás, aparecerán cristalizados en dicha figura. Lo que le ocurra y lo que haga tal personaje será fundamental para saber cómo ve nuestro inconsciente esa parte de nuestra persona.

Otros. Por su vida en las cavernas los enanos fueron clasificados por Jung a modo de guardianes del inconsciente. Esto es, representan la llave que nos permite encontrar un estado de conciencia más acertado.

Encantamiento. *Véase* MAGIA.

Encender. La acción de prender el fuego determina la disposición sentimental de una persona para llevar a cabo los dictámenes de su moral. Cuando en sueños aparecemos encendiendo un fuego, se puede interpretar que estamos dispuestos a llevar una acción a buen término. Sin embargo también se puede tratar de la necesidad de liberar y espirar las culpas de la persona. Es de relativa importancia el material que estemos quemando. Si se trata de una hoguera que nosotros mismos hemos juntado palo a palo, esto querrá decir que estamos dispuestos a asumir el protagonismo y que actuamos en la vida de forma generosa y grata para con los demás.

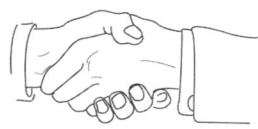

Encerrar. La intención de querer encerrar a alguien denota claramente que no aceptamos algún tipo de manifestación que dicha persona representa. Si por ejemplo encerramos a un ladrón entre rejas, eso quiere decir que estamos reprimiendo lo que los ladrones representan, es decir, vivir la vida sin dar golpe. En el caso de que seamos nosotros los encerrados, entonces la cosa cambia considerablemente. Lo más normal es que este encerramiento

esté señalando aquellos obstáculos que no nos permiten ser plenamente nosotros mismos. Por tanto, también habrá que analizar las causas por las que somos encerrados y las personas que nos condenan a ello.

Encina. Este importante árbol de la cultura mediterránea posiblemente aparezca en nuestros sueños simbolizando a nuestra propia persona. Según muestre su apariencia, así nos estaremos percibiendo a nosotros mismos. Además la encina es un árbol que sobre todo representa la fortaleza de la vida. Si hacemos un esfuerzo y nos fijamos en el tamaño relativo de su copa, de su tronco y de sus raíces podremos saber si nos vemos como personas claramente espirituales si predomina la copa, o por el contrario estamos bien enraizados en la vida y en las relaciones personales. El tronco denota la majestuosidad y la imagen social.

Encontrar. Se puede decir que la acción de encontrar algo en mitad de un sueño no puede ser del todo interpretada sin considerar el objeto hallado. De todas formas encontrar es siempre una acción que debe ser considerada como la llegada de algo nuevo a nuestras vidas, o la recuperación de una parte olvidada de nosotros mismos. En el caso de que nos encontremos con alguien, habrá que interpretar que existe algo que debemos tener en cuenta y que dicha persona se encarga de simbolizar.

Encuentro. Posiblemente todo encuentro personal debe ser considerado a modo de premonición que nos está indicando que la persona con la que nos reunimos en sueños tiene algo importante que comunicarnos o bien juega un papel importante en esos días. En el caso de que el encuentro soñado pertenezca a una imagen del pasado, no queda más remedio que entender que lo que ocurrió entonces no quedó lo suficientemente aclarado y que deberemos meditar para poder resolver dicho asunto que nos está perturbando.

Enebro. Esta planta ha sido considerada por la cultura grecorromana como una planta de protección y confianza, muy utilizada en los ritos de iniciación. Puede ser que la aparición del enebro en sueños sea percibida a modo de protección espiritual pero sin olvidar que las punzantes hojas pueden ejercer desagradables arañazos sobre nuestro cuerpo. Soñar con este arbusto bien puede ser interpretado como un claro símbolo de nuestras dotes superiores que podrían servir para defendernos de aquellas personas que pretenden abusar de nosotros.

Enemigos. Los enemigos que aparecen en los sueños son figuras de la vida real sobre las que proyectamos nuestros miedos, inquietudes y cualidades que no queremos reconocer como propias. Analizando el comportamiento y la psicología de dichas personas podremos indagar un poco más sobre el oculto mundo del inconsciente, ya que al estar representando de algún modo las energías de nuestro lado oscuro, bien podremos paliar el desequilibrio interno que estas nos generan. Es importante valorar lo que ocurre entre los enemigos de los sueños y nosotros, pues ello nos

podría revelar gran información interpretativa.

Enfado. Siempre que nos enfadamos estamos desplegando una inmensa cantidad de energía que en algún modo nos consume, lo que nos provoca aún más ira. Este círculo vicioso se puede presentar en el transcurso de un sueño, lo que será interpretado a modo de aviso, es decir, se nos está diciendo que en la vida real estamos malgastando nuestras fuerzas por medio de esta emoción que tan fácilmente nos apresa. Las causas del enfado son muy importantes a la hora de la interpretación, pero si el ambiente predominante es el del enfado, habrá que tener en cuenta lo anteriormente expuesto. Nunca hay que olvidar la posibilidad de encontrarse ante un sueño de significado inverso, es decir, es posible que el enfado sea una compensación a un estado emocional excesivamente melancólico y romántico predominante en la vida real.

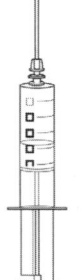

Enfermedad. Lo más probable a la hora de interpretar una enfermedad que se presente en sueños es que tengamos que atender a las necesidades propias de los sueños de estímulos externos. Esto es, se ha de interpretar que estamos siendo avisados de una anomalía en el funcionamiento de nuestro cuerpo. Pero también cabe la posibilidad de enfrentarnos ante un sueño típico de satisfacción del deseo. En dicho caso la interpretación rondará al deseo de escapar de la maquinaria rutinaria que nos mantiene presos, por lo que añoramos pasar unos días en cama recibiendo los cuidados de quienes nos quieren. En sueños de carácter revelador, la enfermedad puede estar indicando un tipo de conducta, de emociones y sentimientos de los que el soñador abusa en su vida real. Por lo tanto tendremos que intentar encontrar la relación entre, por ejemplo, una infección aguda y un comportamiento flemático, o entre un cólico biliar y una constante actitud de rabia ante la vida. De esa manera nos conoceremos más profundamente, lo que nos brindará la oportunidad de poder ser más felices.

Engordar. Es una imagen curiosa que bien puede estar reflejando alguno de nuestros más profundos deseos. Aunque hoy en día la gordura no está bien vista, hay multitud de personas que necesitan que su cuerpo engorde. No hay que olvidar que el inconsciente se encarga siempre de compensar los desequilibrios propios de la vida cotidiana. Aparte de esta sencilla interpretación bien podemos ver cómo la gordura de los sueños hace más referencia al mundo interior de la persona que al puramente físico. Ver que engordamos en el transcurso de un sueño nos puede estar indicando la necesidad de expandir nuestra energía personal, pero siempre empezando de dentro hacia fuera, que es realmente el verdadero progreso personal.

Engranajes. Este es un sueño bastante habitual que denota algún tipo de problema físico o psicológico que está impidiendo de alguna forma que el individuo alcance la fase de sueño profundo. Es bastante normal que esta imagen se produzca en distintos momentos dentro de la misma noche. La imagen de los engranajes viene a representar una incesante actividad mental recurrente, que suele estar asociada a bloqueos energéticos orgánicos que impiden el reconfortante descanso que tanta falta nos hace.

Engrasar. Si aparecemos engrasando en sueños, tendremos que atender a la representación de aquello que estamos preparando. Bien puede ser que estemos recordando un mantenimiento que habíamos olvidado bien sea en el coche o en la máquina de coser. Pero si el sueño muestra claras señas de ser más complejo, puede darse el caso de que sean nuestros proyectos lo que precisen ser limados a modo de que resulten viables ante los ojos de los demás.

Enhebrar. Lo que más nos resalta de esta acción es la pericia y la tranquilidad que se precisa para poder realizarla a la primera. Posiblemente cuando estamos enhebrando en sueños lo que esta imagen quiere decir es que es menester que actuemos de forma muy fina para poder alcanzar satisfactoriamente nuestros objetivos.

Enjambre. Muchas veces se confunde el enjambre con el ataque de un considerable número de abejas. El enjambre es una forma de viajar que usa una parte de la colmena para así fundar una nueva. Para la gente que bien lo conoce, es decir, gente de campo y apicultores, el enjambre es un síntoma claro de crecimiento y progreso. Incluso se puede dar la dicha que inesperadamente un enjambre nuevo se instale en una colmena vacía. Pero hoy en día también se ve al enjambre como una posible fuente de hostilidad. Por supuesto que hay que tener respeto con tal formación natural, pero no es en ningún caso motivo de alarma como se ha mostrado en numerosas interpretaciones. Claro que, como los sueños son una producción individual, habrá que precisar nuestro concepto al respecto para aclarar el significado del sueño.

Enredar. El hecho de enredarse con algo siempre lleva unidas connotaciones de freno y estorbo. Cuando soñamos que algo se nos enreda habrá que interpretar que algo nos está impidiendo crecer. Es importante ver lo que se nos enreda, pues podría ser una parte de nuestra propia energía que no estamos teniendo lo suficientemente en cuenta o que de algún modo desechamos.

Ensalada. Lo más característico de la ensalada es la riqueza que supone incorporar alimentos crudos en nuestro cuerpo. Por eso puede tratarse de una necesidad orgánica que se expresa a través de los sueños, interpretación muy habitual y sencilla que en la mayor parte de los casos coincidirá con la realidad. Además, puede ocurrir que la ensalada se encuentre asociada a otras ideas o imágenes que en el fondo sean el motivo o representación de nuestro sueño. En este caso concreto la ensalada bien podría estar representando al verano, o estar simbolizando a una persona querida a la que tanto le gusta este entrante.

Enseñar. Dentro de la acción de enseñar se está manifestando una clara distancia entre las personas que están formando parte de la escena. Si somos nosotros los que enseñamos a los demás, de alguna manera nos estamos situando en un plano superior que las demás personas que intervienen en el sueño. También esta acción puede hacer referencia a una pasión que subyazca oculta en nuestro interior y que a través de los sueños encuentre salida a su expresión. En tal caso bien puede tratarse de un sueño revelador que nos esté indicando facultades ocultas. Otra posibilidad es la de que seamos nosotros los que recibimos las enseñanzas de otra persona, en cuyo caso se ha de tener en consideración la posición de distinción con que estamos viendo a la persona que nos imparte sus enseñanzas.

Entierro. La tristeza que siempre rodea a este acto social suele ser la nota predominante que deba ser tenida en cuenta a la hora de buscar una interpretación adecuada. Un entierro simboliza el alejarse para siempre de una parte querida de nuestra vida. Al decir adiós a alguien próximo a nosotros, estamos dejando atrás una parte de nosotros mismos, lo que bien merece unos momentos de recapacitación a modo de recordatorio. Pero tal y como el refrán dice, «el muerto al hoyo y el vivo al bollo», o sea, que el sueño también refleja las oportunidades que todo alejamiento abre de cara al futuro simplemente por el mero hecho de dejar un hueco a rellenar en nuestra vida. *Ansd.* Bien puede tratarse de un sueño desagradable que no seamos capaces de vivir sin que la emoción nos invada por completo. En dicho caso habrá que contemplar lo atrapados que nos encontramos ante nosotros mismos. Al no ser capaces de soltar aquello que consideramos que forma parte intrínseca de nuestra persona. El sueño se puede tomar a modo de aviso del inconsciente, que nos dice que nos implicamos en exceso y siempre ponemos la nota personal en todo lo que hacemos.

Entrada. Aquello que encontramos en las entradas, por ejemplo de las casas, siempre opera a modo de anticipo que nos hace imaginar de inmediato lo que vamos a encontrar en el interior. La entrada de nuestro sueño bien puede simbolizar la imagen personal. Ambas cosas han de ser tenidas en cuenta a la hora de interpretar la aparición de una entrada en un sueño. Otro punto importante que no hay que pasar por alto son los detalles que allí aparecen ya que pueden ayudarnos a saber lo que representa dicha entrada.

Entrañas. Cuando soñamos con las entrañas ya sean de un animal o de cualquier otra cosa, lo que estamos en realidad viendo o buscando son las bases y criterios de las cosas, para así no caer en la falacia que produce el mundo de las apariencias; es decir, nuestro deseo de profundizar en las cosas, de hallar el quid de la cuestión de todo. Pero por lo general lo que nos ocurre con tal actitud, es que nos manchamos las manos, lo que en el fondo supone un estorbo para poder seguir con la fluidez necesaria que la vida imprime.
Otros. El manipular las entrañas de un animal nos hace participar de la energía vital que estaba contenida en su interior.

Cuando soñamos con imágenes cargadas de sangre y pasión, el sueño bien puede indicar que estamos deseosos de experiencias intensas, o incluso de alimentarnos de carne. Soñar con entrañas puede ser síntoma de estados ligeramente anémicos.

Entrenar. Si soñamos que nos estamos preparando para participar en cualquier tipo de prueba o actividad, es fácil que nos sintamos inseguros de nuestras capacidades personales. En el caso de que se trate de un deporte que practicamos es posible que el sueño nos esté indicando la necesidad de olvidarnos un poco de nuestras obligaciones y que tengamos que entretenernos practicando un poco de deporte.

Entrevista. Las situaciones y sensaciones que se crean en estos momentos tan especiales denotan claramente el aplomo y la fuerza con que pisamos sobre la tierra. Una entrevista es siempre un duelo en el que se barajan la fuerza y la destreza, así como la diplomacia y otras virtudes personales. Pero también la entrevista de un sueño puede representar lo juzgados que nos sentimos por los demás.

Envejecer. Al ser una de las más típicas preocupaciones del ser humano, no es de extrañar que antes o después nos veamos en uno de nuestros sueños mostrando una edad bastante superior a la que tenemos en realidad. Vernos envejecer a lo largo de un sueño suele ir acompañado por sensaciones y emociones que por lo general nos crean cierta ansiedad y angustia. En caso de que esto no sea así, hay que recordar que por lo general el sueño nos está hablando más de nuestra conducta que de nuestro cuerpo. Un envejecimiento interior se puede traducir en un bajo estado de ánimo, que sin duda se viene fraguando desde un tiempo atrás.

Ansd. Si vernos envejecer es causa de una gran alteración emocional queda claro que se nos está haciendo ver por medio de este sueño que estamos dando demasiada importancia a las apariencias y muy poco o nada a nuestro espíritu.

Envenenar. En caso de que el envenenamiento haya sido claramente intencionado, es que de alguna manera alguien en nuestra vida real está soltando sus malas vibraciones sobre nosotros y probablemente el sueño nos indique que hemos llegado al límite de nuestras fuerzas. Si por el contrario somos nosotros los que envenenamos a una persona en el transcurso de un sueño, entonces habrá que interpretar que nos estamos resarciendo de las malas pasadas que consideramos haber padecido por culpa de esa persona. En este caso conviene recordar que en sueños es bastante común que la imagen de una persona sea utilizada para representar a otra, dado que entre ambas existe una relación clara que tan solo nosotros mismos podemos llegar a descubrir.

Ext. Sufrir un envenenamiento en sueños bien puede ser entendido como una típica señal de que algo nos ha sentado mal.

Envidia. La interpretación de las emociones siempre varía mucho según las personas y las circunstancias que aparezcan en el sueño. En general la envidia aparece en sueños para mostrarnos un tipo de frustración que no somos capaces de admitir o ni siquiera reconocer en la vida real como tal. Las personas a las que tenemos envidia representan en el sueño algo que seguramente no seremos capaces de relacionar. Por ejemplo, en sueños podemos estar envidiando la gorra que lleva una cierta persona. Pues lo que tenemos que buscar es una adecuada interpretación de dicho objeto además de lo que esa persona significa para nosotros.

Epidemia. Por lo general las epidemias que suelen aparecer en los sueños están reflejando las plagas con que Dios castigó a los egipcios, o el diluvio que diezmó la población mundial. Por tanto son sueños de carácter místico en el que el soñador evoca recuerdos ancestrales de la especie humana. Para Jung existe un inconsciente colectivo común a toda la humanidad y a través del cual podemos revivir experiencias de un pasado remoto. La interpretación de estos sueños suele reflejar que el momento social que estamos viviendo en los últimos días es semejante al que podría verse antes de que se produjera una de estas catástrofes. El individuo en este caso está previendo de alguna manera el futuro por medio de una experiencia de un pasado muy lejano. Este tipo de sueños pueden sernos de mucha ayuda si los interpretamos debidamente, ya que nos están indicando cuál es la actitud más acertada a tomar de cara al futuro.

Epitafio. Aquellas palabras que leemos en un epitafio cobran un rigor y un carácter muy especial. Lo más seguro es que estemos ante el fallecimiento en sueños de un ser querido, pero si lo que resalta es el epitafio, entonces habrá que pensar que en la vida real estamos mucho más ligados a dicha persona de lo que podríamos imaginar. La información facilitada por el epitafio de seguro que porta un significado oculto que debe ser debidamente interpretado a la par que el sueño.

Equilibrio. Una de las imágenes que suelen representar esta cualidad es la de la balanza o la del equilibrista. Seguramente el equilibrio se hará patente en nuestros sueños cuando estemos atravesando una etapa dificultosa en nuestra vida real. En dicho caso casi se puede decir que se trata de un sueño que está reflejando nuestra condición actual. Por otra parte bien puede ser tomado a modo de aviso que nos indique que no llevamos lo que se dice una vida muy equilibrada, y que tengamos que analizar la imagen exacta del sueño para poder extraer de ella la información necesaria para descubrir la faceta a la que está haciendo referencia el sueño.

Equipaje. Siempre se ha dicho que la vida es un largo viaje en el cual el viajero va conociendo sitios nuevos con sus gentes a la par que inevitablemente va dejando otras cosas atrás. El equipaje representa aquellas cosas materiales por las que sentimos gran apego y que de alguna forma consideramos imprescindibles. Pero el sueño también nos puede

dar a entender que tanto peso bien puede estar limitando nuestros pasos y que en muchas ocasiones estamos portando cosas que ni siquiera utilizamos.

Ansd. Es bastante común soñar que hemos perdido la totalidad de nuestro equipaje en un lugar lejano. En dicho sueño, lo que nuestro inconsciente señala es que no tenemos la menor confianza en nosotros mismos, por lo que somos de la opinión de que «tanto tienes, tanto vales».

Equipo. Cuando soñamos que formamos parte de un equipo, lo que se pone en tela de juicio es nuestra capacidad de colaboración con los demás. Por eso es posible que por una parte la causa que haya suscitado tal imagen se encuentre en una necesidad de participar en labores colectivas. También podría darse el caso de que el soñador esté harto de tener que cargar con problemas que son generados por otras personas que se están aprovechando del grupo a modo de escudo. Otra interpretación es la de que esta imagen onírica significa falta de iniciativa cuando nos encontramos rodeados por personas afines a nuestra profesión.

Ermitaño. A veces el inconsciente se encarga de compensar los desequilibrios que la ajetreada vida moderna nos genera. Por ello es muy posible que la aparición de esta imagen represente la necesidad de soledad y aislamiento, que de alguna manera permitiría a la persona tomar conciencia de su mundo interior. Pero no siempre los sueños obran así.

Cabe la posibilidad de que el sueño esté reflejando nuestro comportamiento, y el ermitaño puede significar que a pesar de encontrarnos rodeados por un buen número de personas afines, no nos estemos relacionando con ellas con la suficiente calidad humana.

Erupción. Ver en sueños que un volcán entra en erupción viene a mostrar entre otras cosas el estado de nuestro inconsciente. Por analogía y semejanza, la lava corresponde a las emociones y a los pensamientos inconscientes, ya que se encuentran ocultos ante los ojos de todos. Cuando el volcán de nuestros sueños entra en erupción, habrá que pensar que nos sentimos en clara desventaja con las posibles manifestaciones de nuestro inconsciente. De alguna manera hemos alimentado las fuerzas que escapan a nuestro control y ahora estamos temerosos de lo que podrían desencadenar.

Escalar. Esta acción suele aparecer en los sueños envuelta por una sensación de ansiedad, seguramente marcada por el sentido del deber. No es extraño que la escalada se haga más larga de lo que nos gustaría, y que no se llegue a la cima con facilidad. En dicho caso, escalar es sinónimo de luchar por obtener una mejor posición en la vida. Es también un representante claro del firme sustento que otorga el trabajo bien hecho, el riesgo a mantener una actitud impecable. Esta acción onírica suele aparecer cuando el individuo está atravesando una etapa de duro trabajo y de gran responsabilidad en su vida laboral o social.

Escalera. Es uno de los más típicos elementos oníricos. La escalera con sus peldaños representa las pequeñas tretas que debemos solucionar para así poder crecer en el sentido más amplio de la palabra. Es importante intentar recordar de dónde parten y hacia dónde se dirigen o terminan estas escaleras. De alguna forma el principio y el fin están marcando por una parte su relación con el inconsciente –si la escalera entra en la tierra–, o bien su componente moral y consciente –si parte de la superficie– o incluso la relación con el plano espiritual –si parte del aire y termina en las estrellas–. La forma de la escalera también revela y contiene gran información oculta. Por ejemplo, una escalera de caracol representa un mundo misterioso, ya que nunca vemos el final al que nos dirigimos. Una escalera de mano nos estará indicando que nuestras aspiraciones son más bien prácticas y un claro componente social o económico. Los peldaños indican el tipo de dificultades. Si son pocos y muy distanciados, habrá que interpretar que pasamos demasiado tiempo enredados en un mismo problema. Si son numerosos y poco elevados, querrá decir que no solemos parar demasiado tiempo a reconsiderar un asunto y que preferimos tratar la superficialidad de la vida. Pero en cualquier caso lo que importa es subir la escalera sin tropiezos, esto es, nos está sugiriendo el éxito de nuestra vida. A no ser que nos caigamos, soñar que subimos una escalera es signo inequívoco de triunfo.

Escamas. Verlas en sueños con toda claridad denota la gran importancia que estamos dando a la protección individual. Su función onírica es semejante a la de las armaduras, con la diferencia fundamental de que las escamas siempre nos recuerdan a animales submarinos o antediluvianos, por tanto nos están hablando de una protección instintiva. Su interpretación también depende de cómo las veamos. Es posible que nos den asco, o que nos dé la sensación de que algo se nos está escurriendo. Pero lo importante es evaluar a quién o a qué están sirviendo de protección. De esa manera podremos saber qué es lo que percibimos de los demás de forma primaria, instintiva y casi animal.

Escándalo. No suele ser un sueño agradable aquel en el que nos vemos envueltos en un escándalo. Pero lo que el soñador no aprecia es que en ese sueño está acaparando atención y aclamando audiencia gracias al escándalo formado. Es posible que alborotar en nuestros sueños pueda estar relacionado con el mundo de la infancia en la que éramos capaces de todo con tal de que nos hicieran caso. Si es otra persona la que monta el escándalo habrá que interpretar que de alguna manera se nos está exigiendo atención sin entregar nada a cambio.

Escaparate. Los escaparates de las tiendas pueden aparecer en nuestros sueños desempeñando la función de imagen pública. Es decir, todo lo que aparezca expuesto en el escaparate de nuestros sueños se está mostrando al público abiertamente, y actúa a modo de imagen personal del individuo.

Escarabajo. Este animal sagrado del antiguo Egipto, debe ser considerado como el poder creativo individual que nos regenera y da fuerzas. Cuando este animal resalta en uno de nuestros sueños se ha de considerar a modo de símbolo de buena suerte y de gran dicha. Si por algún casual, vemos cómo alguien aplasta o mata al coleóptero, entonces el sueño se debe interpretar como que estamos permitiendo que la buena suerte se nos escape de las manos. Verlo volando, sin embargo, es señal de dicha y alegría.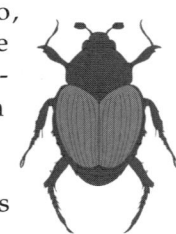

Esclavo. Las posiciones jerárquicas pueden representarse por medio de la más contrastada de todas ellas, es decir, la moral del amo y del esclavo. Cuando hay un esclavo es porque también existe un amo. Si esta relación aparece en nuestros sueños es importantísimo aclarar a quiénes se corresponden ambos papeles. De esa forma podremos averiguar qué es lo que está haciendo que una persona aparezca denigrada de esta forma en nuestros sueños.

Escoba. Cuando barremos en un sueño, se interpreta que estamos ejerciendo nuestra influencia y poder sobre los demás. La escoba es por tanto una herramienta mágica con la que se está operando en el mundo. De hecho la escoba mágica de las brujas de los cuentos así nos lo simboliza. Si en nuestro sueño estamos manipulando una escoba cerca de alguien se habrá de interpretar como un intento de librarnos de la influencia que dicha persona pretende ejercer sobre nosotros.

Escombros. Lo que convierte a una piedra o a un ladrillo en escombro es en parte su forma, pero fundamentalmente lo es el orden que está ocupando. Es decir, escombro es más un papel que se le da a un material que una cualidad. Cuando en sueños vemos gran cantidad de escombros, hay que interpretar que impera gran desorden en el entorno que simboliza el sueño.

Esconder. Esta es otra de las acciones típicas de los sueños. Esconder algo es símbolo de secretismo, de falta de sinceridad o incluso de sentimiento de culpa. Por lo general se puede relacionar esta imagen con la edad infantil, en la que se opera más de esta forma que de otra. Cuando uno se esconde en sueños, posiblemente se trate de que existe algo en la vida real que nos está imprimiendo gran ansiedad, bien pudiera ser una situación difícil que tenemos que afrontar.

Escorpión. Este impresionante animal simboliza la fuerza de la destrucción total y por tanto la de una posible nueva regeneración. Desde el punto de vista de la vida es un animal de mal presagio, cuya presencia atormenta a cualquiera. Pero en la historia de la simbología se le ha atribuido un buen papel para el mundo de los muertos, a los que vela y acompaña al mismo tiempo que hace de guardián de las puertas de dicho reino. Por lo general se dice que es un mal augurio, que es símbolo de engaño, traición y venganza. Es importante dilucidar cuáles son las relaciones más directas e inmediatas que atañen al animal de nuestros sueños para poder interpretar debidamente cuál es su función y a quién está representando. Pero también hay que aprender a ver el lado bueno de todas las cosas. Como gran símbolo de poder, el escorpión también nos dice que tenemos que ser capaces de ejercer nuestra influencia con fuerza y decisión.

Escribir. Al ser una forma de comunicación con el mundo, escribir bien puede aparecer en nuestros sueños señalando la necesidad de abrirnos al mundo. Pero si vemos  en nuestros sueños a alguien escribiendo largo y tendido, lo que deberemos de interpretar es que dicha persona está tramando algo en contra nuestra. Por lo general la escritura es una acción favorable que en ocasiones puede ser interpretada como el augurio de nuevas y agradables noticias. Si aparecemos en sueños en el papel de escritores, estaremos de enhorabuena porque de algún modo nuestras ideas serán consideradas por los demás.

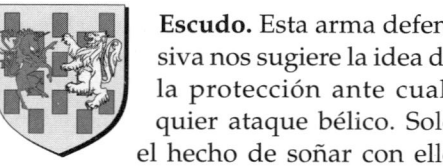 **Escudo.** Esta arma defensiva nos sugiere la idea de la protección ante cualquier ataque bélico. Solo el hecho de soñar con ello es interpretado como una clara señal de que tememos por nuestra integridad. Por tanto resulta totalmente imprescindible defendernos de los agresores por medio de este objeto. De todas maneras el individuo que se ve en sueños portando un escudo se siente protegido ante los demás, lo que no quiere decir que tenga confianza en sí mismo, sino que precisa de útiles o métodos que velen por su fragilidad.

Escuela. Soñar que tenemos que volver a la escuela nos hace regresar de inmediato al mundo de la infancia. Este tipo de vuelta al pasado nos hace revivir las intensas emociones que tanto nos abrumaban, y que de alguna forma añoramos en nuestra vida actual. También se da el caso de que la escuela represente la obligación diaria, que en la actualidad no podemos eludir, pero que cuando éramos niños sí que podíamos hacerlo. La escuela aparece también en sueños cuando se aproxima el momento de la verdad ante una prueba de la vida real. Entonces nos acordamos de cómo salimos victoriosos de aquella tan importante prueba, lo que nos llena de ánimo y confianza para poder vencer los retos venideros.

Escupir. Puede ser que en sueños esta acción aparezca remarcada con la suficiente intensidad, en cuyo caso debe ser entendida como el deseo de deshacerse de aquellas cosas que mantienen oprimido al espíritu. En el caso de escupir a alguien la interpretación cobra mayor claridad ya que en lugar de liberarnos de nuestras opresiones estamos rechazando de pleno a alguien.

Ext. Se puede dar el caso de que este sueño aparezca por causas fisiológicas que podrían estar indicando una posible enfermedad.

Esfera. La esfera es un símbolo de perfección. Cuando la observamos en uno de nuestros sueños por lo general el ambiente que la acompaña suele  ser grato y reconfortante, ya que de una manera o de otra simboliza el equilibrio del mundo interior. En el caso de que la esfera pudiera representar un peligro potencial, el sueño deberá ser interpretado a modo de aviso. De cualquier modo, se nos está haciendo ver que el equilibrio y la perfección interior pueden ser deficitarios y la causa de buena parte de nuestros males.

Esfinge. La esfinge es una representación del poder de la inteligencia y de la materia reunido bajo la imagen de esta figura. En un principio fue dirigida a Ra, dios del Sol naciente que simboliza la fuerza, la energía, la sabiduría y la dignidad. Soñar pues con una esfinge es un buen presagio que se relaciona con el mundo del misterio y del enigma. Puede ser símbolo de los enigmas que envuelven al mundo interior y que creemos desconocer. También puede ser una invitación a explorar dicho mundo. A no ser que el ambiente emocional diga lo contrario y se torne en un torbellino de obsesiones, no tiene por qué ser un signo de mal augurio.

Esmeralda. Al igual que todas las piedras preciosas, simboliza poder, riqueza y propiedades mágicas. La esmeralda es una piedra que bien puede dotar a las personas que la llevan de gran fecundidad y suerte. Se dice que también es una piedra que encierra al conocimiento y que puede ilustrar a quien la posea. Si en sueños nos vemos portando estas piedras preciosas y el ambiente emocional es grato y reconfortante, entonces las esmeraldas están simbolizando nuestra espiritualidad, conocimiento y vitalidad.

Espada. Es el arma de la humanidad por excelencia. Con ella han soñado los hombres durante miles de años, por tanto su aparición en sueños está cargada de simbolismo e historia. Es sin duda un representante del poder del dominio sobre los demás, de la fuerza física capaz de acabar con seres incluso de otros mundos como son los dragones y lograr el exterminio del mal. Cuando en sueños aparece esta arma, no queda más remedio que pensar en la representación de poder personal que está ejerciendo la persona que la porta. Por otro lado puede aparecer como manifestación del principio de autoridad masculino. Así que resulta imprescindible que la espada vaya dirigida por unos valores morales adecuados. Estos valores son sumamente importantes a la hora de interpretarse el sueño y suelen hacerse patentes gracias a otros elementos del mismo que resulta muy interesante desvelar. La espada con unos fuertes valores que la empuñen no duda en zanjar asuntos de un solo golpe, por lo que habrá que esperar que también simbolice la toma de decisiones. Las posibles mellas o deficiencias que aparezcan en nuestra espada estarán haciéndonos ver que nuestra capacidad de decisión, de ejercer nuestro poder y en definitiva los papeles claramente masculinos no se encuentran bien equilibrados en nuestro interior personal.

Especias. Hay que recordar que buena parte de lo que soñamos son deseos insatisfechos que parten de nuestra psique y que se representan por medio de los sueños. Cuando aparecen los sueños salpicados de numerosas especias es significativo de que nuestra vida está falta de experiencias intensas que nos hagan verla llena de color y alegría.

Espectáculo. Los actos multitudinarios son agradables y enriquecedores, pero sumamente efímeros. Si soñamos con ellos es probable que estemos echando en falta un poco más de relación en nuestras vidas. Si somos los protagonistas del mismo, se debe consultar el término ESTRELLAS.

Espejismo. Los espejismos son meras ilusiones que de alguna forma se materializan para dotarnos de un poco más de ánimo en aquellos momentos en los que nos vemos totalmente perdidos. Su aparición en sueños nos puede estar sugiriendo que nos estamos dejando llevar por deseos infundados que antes o después se desvanecerán. Tras el espejismo viene siempre una gran decepción. El sueño también puede indicar que sin darnos cuenta nos estamos dejando conducir a un estado depresivo.

Espejo. La propiedad más destacada de este apasionante cristal es la de reflejar las cosas tal y como son. En los cuentos de la infancia los espejos decían la verdad, lo que algunas veces no era agradable para las brujas que los utilizaban. Se interpreta también que el espejo es un útil que bien puede ser utilizado para fomentar y multiplicar el poder personal. Antiguamente se creía que cuando alguien se miraba en un espejo una buena parte de su energía quedaba prisionera en él. Esto permitía hacer ritos y magias que incrementaban el poder personal. Cuando en sueños nos vemos reflejados en un espejo hay que recordar que lo que estamos viendo es la imagen de nuestra alma, de nuestro mundo interior. Es pues una invitación a la reflexión interior. En dicho momento el ambiente y las sensaciones que acompañen al sueño serán importantísimas a la hora de interpretarlo ya que portarán la simbología de nuestro más remoto interior. Se dice también que los espejos pueden ser símbolos del mal, y que su aparición en sueños en forma defectuosa o bien hecho añicos, nos estará indicando grandes desilusiones en nuestros proyectos.

Espía. Las situaciones en la que aparecen estos personajes son siempre complejas y misteriosas. Si en

nuestros sueños alguien nos espía es un claro síntoma de que tenemos información valiosa o personal que nos podría causar graves daños si es revelada públicamente. Por eso la figura onírica del espía nos sugiere cautela en nuestra vida real.

Espiga. Es un claro símbolo de la acción de las fuerzas solares en armonía con la tierra y el agua. La espiga es un fruto que nos ofrece el grano y por tanto es señal de riqueza y prosperidad, que se obtiene como recompensa a nuestros esfuerzos. Pero también es señal de labores futuras que supondrán un agradable aporte de riqueza y felicidad. Cuando soñamos con espigas hay que pensar siempre positivamente en torno al crecimiento personal.

Espina. Tanto como si se trata de espinas de pescado como si son las defensas de las plantas espinosas, se han de interpretar como aquellas pequeñas molestias que nos impiden marchar alegremente por el mundo. Las espinas simbolizan pues los obstáculos de la vida cotidiana que nos obligan a pisar con prudencia. Por lo general se dice que soñar con espinas significa problemas y dificultades que nos causan gran irritación y nos hacen la vida un tanto desagradable.
Otros. Si se nos clava una espina es que hemos pasado por alto algún tipo de advertencia y ahora estamos pagando las consecuencias de tal imprudencia.

Esqueleto. Es una de las representaciones gráficas de la muerte. No hay duda

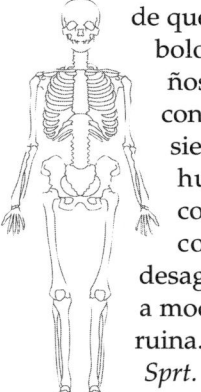

de que cuando aparece este símbolo en uno de nuestros sueños estamos enfrentándonos con el gran misterio que desde siempre ha acongojado al ser humano: la muerte. No se considera que puede ser otra cosa más que una imagen desagradable, que se interpreta a modo de fracaso, desilusión o ruina.

Sprt. Si el esqueleto aparece en un sueño de este tipo entonces hay que pensar que estamos siendo avisados por el inconsciente de que es preciso tomar conciencia de nuestro comportamiento, ya que este podría traer graves consecuencias.

Esquí. Soñar que practicamos este deporte puede ser interpretado de formas muy diferentes. Si alguna vez hemos practicado el esquí, lo más normal es que se trate de un sueño de satisfacción del deseo que nos está indicando la necesidad de liberación que precisamos en ese momento. Pero si no es un deporte que lo practiquemos habitualmente o incluso si jamás lo hemos hecho, entonces probablemente se trate de un sueño espiritual en el que sentimos una gran liberación.

Establo. Es un lugar mágico donde el hombre siempre ha percibido la paz y la bondad animal que flota en el ambiente. De hecho, el nacimiento de Cristo se fijó en un pesebre para denotar la sencillez y lo innecesario del dinero para que se produzca el milagro de la vida. Pero por otra parte está la inocencia y la bondad de la vida animal que siempre ha maravillado al ser humano. Cuando se sueña con un establo es posible que se haga por varios motivos, uno puede ser indicio de economía y de prosperidad –cosa que hoy en día está prácticamente fuera de contexto–, o bien por el ambiente de sosiego que siempre nos sugiere el medio rural.

Estación. Las estaciones son lugares de despedidas y de encuentros. Posiblemente cuando soñamos con una estemos recordando o invocando una escena que se nos quedó gravada por su intensidad emocional. También las estaciones simbolizan una puerta de entrada y salida que nos permite alejarnos de la vida cotidiana y acceder a otros mundos más gratos. Cuando soñamos con una estación hay que fijarse bien en los detalles. Si aparecen personas queridas, lo que tal vez haya que interpretar sea la necesidad de volver a sentir emociones tan gratas como esas, pero si se da el caso de vernos solos o con otras personas que también van a viajar, habrá que interpretar que se está deseoso de un pequeño periodo vacacional.

Estadio. Son por lo general lugares donde se realizan esfuerzos y deportes muy dinámicos o espectaculares. Por lo tanto siempre que aparece un estadio en sueños habrá que pensar en el anhelo de acción del que sueña. Esta clase de apetencia suele estar relacionada con una necesidad de liberación causada por la rutina.

Estiércol. Los excrementos de los animales suelen ser interpretados en los sueños de forma negativa. Se dice que son un síntoma claro de putrefacción, lo que implica siempre enfermedad y descomposición. Pero en el saber popular existe la superstición que relaciona el estiércol con la suerte en riqueza. Por eso es posible interpretar que soñar con abono fresco de animales sea signo de buena fortuna económica.

Estómago. Es bastante común que esta parte principal del aparato digestivo entre a formar parte de nuestros sueños debido a que son frecuentes las noches que nos acostamos después de una cena copiosa. Pero también existen otras causas que pueden estar representadas por esta imagen onírica. Por ejemplo, si soñamos con un estómago dolorido pero cuando despertamos desaparece por completo tal sensación, puede ser que en el transcurso de un sueño las fuertes emociones hayan provocado la secreción gástrica sin que haya llegado realmente la comida, lo que podría generar tal dolor. El estómago se relaciona con la capacidad de actuar rápidamente, por lo que habrá que aceptar esa interpretación cuando nos veamos envueltos en una situación similar.

Estrellas. Estos diminutos puntos de luz que brillan en el cielo de la noche son representaciones de mundos en miniatura. Su luz, aunque de poco nos pueda servir, está aportando a la imaginación la sugestiva imagen de nuevas promesas, de otras posibilidades aparte de lo que conocemos aquí. Para interpretar debidamente lo que puede significar una estrella que aparezca en nuestros sueños es preciso considerar la bondad que la más importante de las estrellas –el Sol– vierte sobre nosotros. Por tanto, siempre interpretaremos bondad, fortuna, protección, esperanza cuando aparezca la imagen de la estrella.

Ansd. A veces se puede soñar que una estrella estalla o se nos viene encima. En dichos casos se interpretará que no somos capaces de aprovechar las oportunidades que nos brinda el destino.

Estudiar. Es bastante frecuente que a medida que se esté acercando la fecha de un acontecimiento en el cual se va a evaluar de algún modo nuestra capacidad intelectual, se sueñe que debemos estudiar o volvemos en sueños a nuestra antigua vida de estudiantes. Cuando soñamos que estudiamos nos entra tal sensación de agobio que pronto nos tenemos que acordar de que se trata tan solo de un sueño. En ese mismo instante nos damos cuenta de que con anterioridad hemos salidos victoriosos de situaciones semejantes y que posiblemente en esta ocasión también lo hagamos. De todas maneras cabe pensar en otro tipo de causas que pudieran ser interpretadas de forma diferente. Por ejemplo, si nos vemos estudiando en sueños y anteriormente no hemos realizado ni siquiera estudios medios, podría estar indicando

que se abren nuevas perspectivas en nuestra vida.

Ansd. Es bastante frecuente soñar que tenemos que estudiar asignaturas que ya hemos aprobado. Su interpretación puede ser la anteriormente expuesta pero la angustia nos hace ver lo excesivas que a veces pueden ser nuestras preocupaciones.

Estufa. Aparte del agradable calor que producen, las estufas representan una imagen que nos recuerda al invierno y al recogimiento típico de tales fechas. Esta estación climatológica se relaciona con la vida hogareña y las Navidades. Cuando soñamos con las estufas, nuestro inconsciente nos recuerda lo placentero que sería volver a experimentar dichas sensaciones.

Ext. Sueños de este tipo pueden ser provocados por la falta de abrigo suficiente durante la noche.

Examen. Los exámenes se suelen presentar en los sueños de las personas que en su juventud han llevado una vida de estudiantes. De todas formas los exámenes representan a aquellas pruebas de la vida que exigen de nosotros un gran esfuerzo mental, que por lo general es causa de gran preocupación. Comúnmente se sueña con exámenes que se han tenido que repetir varias veces, lo que nos produce gran angustia al soñarlo y darnos cuenta de que aún tenemos que repetirlos. Pero de alguna manera nuestra mente se obliga a recordar que ya hemos aprobado con éxito dicha prueba, y, aunque sea cuando nos despertemos, nuestro ánimo subirá al comprobar que tan solo se trataba de un sueño.

Exilio. Verse en el exilio, es un castigo que nos obliga a vivir lejos de nuestras propias raíces. Por ello, puede ser que estemos ante un sueño de sentido inverso, es decir, que nos haga ver lo poco que apreciamos lo que tenemos. Nuestro inconsciente nos castiga con experiencias semejantes para contrarrestar un poco nuestro desagradecido comportamiento.

Éxodo. Puede que nos veamos envueltos en un éxodo masivo en el transcurso de un sueño que nos hace participar de una gran pena común. Puede ser que se presente por una causa o por otra, lo importante es compartir el sentimiento de pérdida de las propias raíces. Ante un mal común desaparecen las barreras que impiden a los individuos mancomunarse, por lo que se crea una hermandad digna de vivirse. Posiblemente esto sea lo que el inconsciente añore y reclame por medio de este sueño sin retorno.

Extranjero. Las personas que vienen de otras culturas nos influyen notablemente. Cuando soñamos con extranjeros estamos de alguna forma deseando que alguien de  afuera nos ayude a cambiar el estilo de vida que tanto nos pesa y del que no sabemos cómo salir. De todas formas se puede consultar el término AVENTURERO en este diccionario.

Fábrica. Se puede soñar con una fábrica por muy diferentes motivos. Uno de ellos puede ser por el aspecto externo en el que la desolación y la contaminación suelen predominar. En dicho caso habrá que pensar que la fábrica simboliza a la industrialización, a la vida apresurada y a la falta de sensibilidad ecológica. Por otra parte si en el sueño aparece la producción envuelta del mágico ambiente en el que todo se encuentra en su justa medida, entonces el sueño adquiere otra perspectiva. En este caso nos estamos deleitando con la fuerza del trabajo y por tanto estaremos ante un sueño profesional. Cuando soñamos con este tipo de imágenes la fábrica simbolizará nuestras expectativas y deseos de realización.

Falda. Se dice que la interpretación de esta imagen arquetípica cambia notablemente según el sexo de la persona que lo sueñe. La falda para las mujeres puede ser lo que la chaqueta para los hombres. Se trata de un elemento de distinción que nos hablará de la clase social de quien la porte. Además los colores y los pequeños adornos que pudiera llevar bien podrían indicarnos la personalidad de la soñadora. Por otra parte, para un hombre las faldas representan las posibilidades de entablar relaciones con una mujer. Bien puede ser que se trate solo de relaciones amistosas, entonces las faldas suelen ser cerradas por las rodillas o con pliegues. Pero también se puede dar el caso de que las faldas sean provocativas, lo que veremos como fuente de deseo sexual. En el caso de ver a un hombre con faldas de mujer, tendremos que pensar que estamos inconscientemente desprestigiando su imagen por algún motivo que tendremos que investigar.

Falo. El órgano reproductor masculino es un símbolo de fuerza y potencia, que desafía a las leyes de la naturaleza. Cuando se sueña con un falo pueden existir varias interpretaciones. Una de ellas es la de ser consciente de la propia potencia personal, por lo que a veces se puede soñar con el propio falo. En el caso de que sea una mujer la que sueñe con este símbolo, bien puede ser que se trate de mero deseo sexual, o bien se podría interpretar como el deseo de poseer la fuerza y la potencia que este órgano representa. Pero también se puede dar el caso de que el falo sea un representante del poder político y social en aquellas sociedades claramente patriarcales. Si se da el caso, no queda otra opción que pensar que la persona está hambrienta de poder y protagonismo.

Familia. La familia simboliza la jerarquía en aquellas relaciones en las que el afecto es el principal lazo de unión. Por eso cuando soñamos que nos encontramos en familia lo que principalmente se marca es la posición en la que aparecemos. Por ejemplo, un padre de familia puede verse relegado a una posición inferior por la mera presencia de otra superior que imprima mayor respeto patriarcal. En dicho caso el objeto de nuestro sueño es el de hacernos ver que nada es absoluto, que nuestra posición y nuestro poder es tan solo un accidente. Pero no todo va a ser jerarquía. Si soñamos que estamos disfrutando de un día en familia, no queda la menor duda de

que se está haciendo buen uso de lo que se tiene. En dicho caso, se puede decir que el individuo añora a los suyos y que inconscientemente echa de menos un poco de calor humano.

Fango. *Véase* BARRO.

Fantasma. Hay que diferenciar entre las imágenes propias de los cuentos en los que el fantasma se representa por la típica sábana blanca. En tal caso se interpreta que esta imagen pertenece al mundo de la fantasía infantil por lo que se valora de forma positiva, dando clara muestra 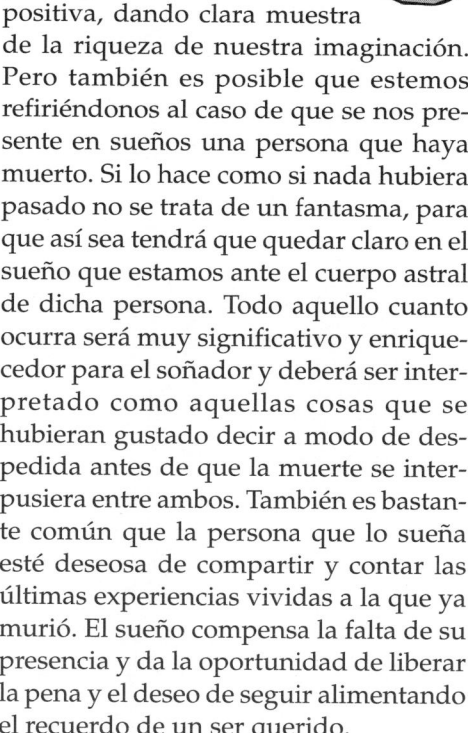 de la riqueza de nuestra imaginación. Pero también es posible que estemos refiriéndonos al caso de que se nos presente en sueños una persona que haya muerto. Si lo hace como si nada hubiera pasado no se trata de un fantasma, para que así sea tendrá que quedar claro en el sueño que estamos ante el cuerpo astral de dicha persona. Todo aquello cuanto ocurra será muy significativo y enriquecedor para el soñador y deberá ser interpretado como aquellas cosas que se hubieran gustado decir a modo de despedida antes de que la muerte se interpusiera entre ambos. También es bastante común que la persona que lo sueña esté deseosa de compartir y contar las últimas experiencias vividas a la que ya murió. El sueño compensa la falta de su presencia y da la oportunidad de liberar la pena y el deseo de seguir alimentando el recuerdo de un ser querido.
Otros. Es bastante común que se nos den consejos por medio de estos encuentros. Es conveniente no dejarlos caer en saco

roto ya que suelen ser bastante acertados. Se suele pensar que es una forma de que nuestro Yo superior nos ayude a encontrar el camino.

Faquir. La figura de este curioso personaje en alguno de nuestros sueños nos ayuda a prever el engaño en otras personas. Su papel actúa a modo de ilusionista que nos hace ver cosas que no son realidad. Eso es justamente lo que está diciéndonos este sueño, que en nuestra vida real hay alguien que está intentando engañarnos. Pero también se puede dar el caso de que seamos nosotros los que estemos ejerciendo el papel de faquir. Si esto ocurre la interpretación más acertada es la siguiente: nuestro inconsciente nos dice que queremos deslumbrar a alguien y para ello tenemos que hacer maravillas, lo que exige de nuestro comportamiento gran pericia y autocontrol.

Farmacia. Si soñamos que vamos a entrar o que entramos en una farmacia, lo más normal es que tengamos que enfrentarnos a ciertos imprevistos que deberemos solucionar. Al farmacéutico se le puede ver como a alguien que nos puede ayudar a poner fin a nuestros problemas.
Ext. Soñar que compramos una medicina concreta viene a decirnos que estamos incubando una enfermedad y que debemos cuidarnos cuanto antes.

Faro. Se puede ver el faro como una gran luz que nos ilumina, por tanto haríamos bien en consultar el término LÁMPARA. Pero si es de día, su imagen resalta por su gran altura y por su redondez. El faro de día simboliza lo mismo que un pilar, por eso podríamos consultar el término COLUMNA. Para la escuela Freudiana, el faro a la luz del día bien podría ser un símbolo fálico que llamara nuestra atención porque representa el poder y la fuerza. En el caso de tratarse de una luz que nos guía en la noche el faro simbolizaría la capacidad de orientarnos por la vida. La fuerza de su luz así lo representará, por ello también hay que apreciar su color e intensidad en la escena onírica.

Felicidad. Es un término un tanto abstracto pero que bien puede aparecer formando parte del ambiente emocional que acompaña a los sueños. La felicidad puede ser vista desde varias perspectivas a la hora de valorar los sueños en los que aparece. Por una parte está la función de compensar la realidad, es decir, llega un momento en que el inconsciente crea una situación feliz para resarcirse del exceso de monotonía a que lo tenemos sometido. También puede verse como una satisfacción de los deseos del soñador. Pero lo más importante son sin duda las imágenes que se utilizan para mostrar esa felicidad, ya que de alguna manera nos están haciendo ver cuáles son las posibles vías para alcanzar pequeñas dosis de tan anhelada bendición.

Feria. Se puede decir que la feria representa a todas las energías que existen sobre la tierra, gracias al denominador común de la comunicación y el comercio. En la feria todo el mundo saca a relucir una muestra de su energía, posiblemente esto sea lo que debamos interpretar cuando soñamos con la feria. Resulta inevitable que ante un ambiente concreto el individuo se comporte de una forma determinada. La feria imprime en nuestro espíritu el carácter de sacar de nosotros mismos aquello que estamos dispuestos a compartir con los demás. Pero una cosa es importante, en la feria predomina la farsa, todo el mundo simula darlo y ofrecerlo todo, pero tan solo se ponen a disposición de los demás aquellas cosas que nos sobran y con las que estamos dispuestos a negociar.

Fermentación. Hasta hace apenas un centenar de años, las fermentaciones han sido uno de los grandes misterios de la humanidad. Se utilizaron desde tiempos inmemoriales y fueron consideradas cosa de magia –e incluso hoy en la actualidad lo siguen siendo para los niños y aquellas personas que están totalmente al margen de estos procesos biológicos–. En toda fermentación actúa de forma simbólica una fuerza misteriosa que permite la transformación de la materia en alimento para otros seres vivos incluido el hombre. Con la fermentación se cierran aquellos ciclos de la naturaleza que resultan más evidentes a la observación directa. Soñar con la fermentación es como soñar con uno de los mayores misterios de la vida. Por eso un sueño de estas características posiblemente esté indicando al individuo que está atravesando un proceso de transmutación personal que augura un futuro beneficioso y un próximo renacimiento.

Ferretería. Muchas son las personas que se pierden entre las estanterías de estos lugares. 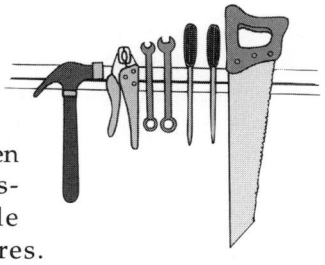 Las ferreterías ofrecen un sinfín de posibilidades y de soluciones que nos permitirán resolver aquellas deficiencias prácticas que nos acosan día tras día. Incluso ayudan a la mente a desarrollar la imaginación práctica que a su vez alimenta a la creatividad. Soñar que vemos o que estamos en una ferretería significa de algún modo la posibilidad de poner nuestros proyectos en marcha. Así como discurra la acción, nuestros planes futuros marcharán. Puede ser que estemos considerando que para progresar de algún modo necesitamos que nos brinden oportunidades y medios adecuados.

S. Deseo. Muchas son las personas que se volverían locas si las dejaran hurgar y merodear a su antojo por una de las más destacadas ferreterías de su ciudad.

Feto. Esta imagen no tiene por qué ser un mal presagio, ver en sueños los estados primordiales del ser humano bien puede estar indicando la necesidad de revivir experiencias próximas al nacimiento de uno mismo, y así conectar con la parte más instintiva del ser humano. Para las mujeres embarazadas soñar con el feto puede ser un síntoma de conexión directa con la vida que llevan dentro, pero siempre que el ambiente emocional así lo remarque. En el caso de que se muestre con claridad un ambiente negativo habrá que pensar en los miedos que acosan a las personas cuando un nuevo ser va a venir al mundo. Es posible también que aquellas personas que hayan abortado alguna vez en la vida tiendan a revivir experiencias de este tipo a modo de recuerdo emocional intenso, que extrañamente el inconsciente se permite revivir una y otra vez.

Fianza. Puede tratarse de un sueño de preocupación económica típico. Es decir, se tiene que conseguir una cantidad de dinero antes de una fecha, y el individuo desconfía de que eso pueda llegar a suceder. Cuando se nos exige una fianza y no estamos envueltos en ningún tipo de déficit financiero, hay que pensar que de alguna manera el mundo interior del soñador está protestando por la desconfianza que este presenta ante todo lo que no se puede comprobar material o prácticamente. Si soñamos con una fianza, se nos está invitando a desarrollar nuestra fe en la vida.

Fichar. Se trata de una acción cotidiana para una buena parte de la población. Lo más significativo de esta acción es que opera a modo de carrera contrarreloj, de tal manera que obliga al individuo a adoptar una actitud de máxima concentración. Los motivos y tipos de sueños que pueden aparecer son bastante diversos. Más adelante veremos aquellos marcados por la ansiedad o los de satisfacción del deseo. Pero lo más curioso aparece cuando el individuo ficha por amor al arte, es decir, para fijarse a sí mismo unos márgenes de actividad y descanso. En dicho caso, soñar que fichamos es un resultado del sentido del deber y de la voluntad, por lo que de alguna manera se está poniendo en tela de juicio nuestra moralidad.

Ansd. Suele ocurrir que reproduzcamos oníricamente imágenes y situaciones que nos llenan de estrés y ansiedad y la acción de fichar puede ser una de las más ordinarias.

S. Deseo. Fichar resulta un sueño típico que se produce en el entorno del final de la noche. Cuando estamos en el duermevela propio del despertar, soñar que fichamos nos llena de placer al creer que hemos consumado una de las obligaciones que nos impide seguir durmiendo.

Fidelidad. Por lo general todas las personas sentimos la inminente necesidad de mantenernos fieles a nosotros mismos y a nuestros ideales. Para ello tenemos que renunciar a una buena parte de nuestros deseos más remotos para atender así las obligaciones que nos hemos impuesto. Cuando en un sueño estamos siendo infieles a nuestro plan de vida, ya se trate de fidelidad matrimonial o fidelidad profesional, entonces nos encontramos ante un claro ejemplo de sueño de compensación. Es decir, nuestra psique se encarga de amortiguar los esfuerzos de la voluntad que es necesaria utilizar día a día para poder seguir adelante. *Sprt.* Es posible que podamos comprobar en sueños el dulce sabor de la fidelidad, es decir, ver de algún modo cuáles son los resultados más destacados de llevar a cabo tan importante valor. La interpretación es la necesidad de renovar la fuerza moral del individuo, es decir, la persona puede estar atravesando un momento de debilidad y esto le aporta fuerzas para continuar.

Fiebre. Muy normal es que la fiebre entre a formar parte de los sueños de las personas que están enfermas o de aquellas que estén velando la enfermedad de un ser querido. Por lo general ser trata de sueños de motivación externa, en los que se incluyen procesos fisiológicos en el material onírico. Cuando la subida de temperatura nada tiene que ver con la enfermedad, entonces la fiebre se relaciona tal y como lo hacen los psicoanalistas, es decir, con los estados de apasionamiento muy extremos.

Fiesta. El ambiente festivo se puede invocar por muy diferentes motivos. En primer lugar, trataremos de comprender aquellas compensaciones de la mente que se ocupan de restablecer los desajustes de una conducta excesivamente severa. Por eso soñar con una fiesta puede ser en definitiva un claro síntoma de aislamiento y de falta de relación con los demás. Por otra parte las fiestas son una representación de la vida, cuyo denominador común es el desahogo y la despreocupación. Vernos envueltos en una fiesta puede estar indicándonos una falta de mundo, es decir, se nos está avisando de que nos estamos limitando a vivir en una parcela muy limitada de la vida.

S. Deseo. Se trata de una de las más intensas catarsis que vive el ser humano, por tanto es bastante común que entre a formar parte del gran mundo de los sueños de satisfacción.

Fila. Las colas de espera contienen una simbología muy peculiar ya que nos permiten ver un sinfín de actitudes ajenas. Mientras esperamos estamos ociosos y aburridos, lo que suele generar un peculiar estado de observación y crítica. Lo importante de las colas de espera es la actitud que adoptemos. Hay quienes no cesan de criticar y quejarse, otros se abstraen en sus pensamientos y también están los que no cesan de buscar una triquiñuela para adelantar posiciones. La fila refleja la manera en que aceptamos y participamos en la sociedad. Por otro lado también se puede considerar la posición que ocupamos, por tanto estaremos estableciendo una jerarquía y nos mediremos con los demás.

Otros. Se puede dar el caso de que estar en una cola en sueños nos esté advirtiendo de que debemos tener más paciencia para lograr alcanzar nuestros fines.

Filmar. Da igual que se trate de un vídeo, de un tomavistas o incluso de una cámara

de cine. La acción de filmar nos sugiere la idea de estar viendo la vida a través de una lente, es decir, estamos percibiendo tan solo aquello que enfocamos, el resto nos lo estamos perdiendo. Esto bien podría ser una de las interpretaciones válidas que a modo de aviso el inconsciente genera y muestra con el sueño. Pero también podríamos caer en el caso de que filmar en sueños esté dando un claro ejemplo de las escenas que más repetimos en nuestra vida cotidiana. Si analizamos lo que estamos filmando podremos obtener una rica información que nos permitirá analizar y descubrir el color de las gafas con que miramos la vida.

Finca. El campo siempre nos invita a tomar un mayor contacto con nosotros mismos, a cultivar la energía interior y a adoptar una actitud más meditativa. Pero claro está que esto es válido para las personas que viven en la ciudad, para aquellas personas en mayor contacto con el medio rural, la finca puede ser un claro símbolo de trabajo por hacer. Por eso lo importante y lo que vamos a intentar interpretar es el estado de la finca. Si está muy trabajada y cultivada, entonces suponemos que este sueño es fuente de éxito y buena suerte. En el caso de estar abandonada denota un espíritu soñador y bucólico.

Firmar. Cuando en sueños aparecemos firmando algo, estamos estableciendo una serie de premisas que nos ayudan a atar cabos sueltos, lo que de alguna manera nos podría causar incómodas situaciones. Pero adquirir compromisos puede traer graves consecuencias, por eso siempre que firmamos en nuestros

sueños estamos atravesando un momento crítico en nuestra vida real. Como las condiciones pueden ser muy diversas, y la obligación de adoptarlas también, resulta conveniente consultar el término CONTRATO de este diccionario onírico.

Flamenco. A esta ave rosa propia de las marismas se le asocia la simbología del pájaro del amor, capaz de transformar lo más desagradable en una bella forma. Soñar con flamencos es un síntoma de bienestar interior, que nos permite disfrutar de la belleza para así mejorar nuestro espíritu. Se suele tratar pues de sueños de naturaleza terapéutica que nos ayudan a mejorar interiormente.
Otros. Hoy en día la ornitología y observación de pájaros está muy extendida. Si hemos realizado últimamente algún tipo de salida de este tipo, es posible que la imagen del flamenco nos esté sirviendo de representación para evocar dicho momento.

Flan. Desde niños lo que más nos maravillaba del flan era su textura y su graciosa forma de moverse. Si en nuestros sueños aparece un flan, además de consultar los términos DULCES e INFANCIA, habrá que pensar en que nos sentimos reflejados por la imagen del flan. De alguna manera se está revelando aquel tipo de comportamiento que nos está llamando la atención. Es posible incluso que se nos esté diciendo que tenemos que ser más dulces, maleables y agradables a la vista de los demás.

Flauta. Este instrumento se ha relacionado con la expresión de las emociones más seductoras y envolventes. Se dice que simbólicamente la flauta nos ayuda a expresar de forma armónica nuestras emociones más disparatadas y extremas. Cuando en sueños nos vemos tocando una flauta, primero tendremos que diferenciar si alguna vez hemos tocado este instrumento, si es un mero símbolo que se encarga de transportarnos a la infancia o por el contrario si se trata de un medio que nos permite expresarnos. En este último caso se interpretará que tenemos que dar forma a nuestras emociones para poder liberarlas adecuadamente, es decir, de alguna manera esta imagen onírica actúa a modo de sueño de sentido inverso que nos muestra la necesidad de liberar la angustia. Por otro lado puede ser que tan solo escuchemos el sonido de una flauta, lo que resulta siempre agradable y se interpreta como un grato presagio.
Otros. Se puede dar el caso de que nunca hayamos tocado este instrumento y nos veamos por medio de los sueños tocando perfectamente una melodía que incluso creeríamos poder volver a reproducir. En dicho caso puede ser que nos encontremos ante un sueño revelador que nos muestre parte de nuestras facultades ocultas.

Fleco. Los flecos han sido utilizados en los rituales mágicos desde tiempos remotos para simbolizar el aura y así dar una mayor muestra de poder de la persona que los lleva puestos. Cuando en sueños nos vemos llevando vestimentas con flecos, posiblemente tengamos que consultar el término HIPPY. Pero lo más importante es que estamos dejando que nuestro cuerpo se expanda para así desembarazarnos de las normas que coartan la libertad personal.

Flecha. Existen numerosas interpretaciones simbólicas para la flecha. Una de las más simples la relaciona con el principio masculino por su forma alargada y su capacidad de penetración. Pero quizá la más acertada y útil de todas sea la siguiente: la flecha simboliza aquellas acciones que ya se han lanzado al vuelo y por lo tanto sus consecuencias son irrevocables. Todos sabemos que ante una flecha uno nunca debe detenerse, es por tanto un símbolo de movimiento. Si soñamos con flechas tendremos que precisar si estamos ante un arma que nos puede herir o con la que podemos ejercer gran poder. O bien nos hallamos ante un símbolo que nos hace tomar conciencia de nuestros actos. Para este último caso, una flecha por ejemplo pintada en la pared se interpretará como que el individuo ya no tiene mayor opción que seguir adelante, lo hecho, hecho está, y por tanto es absurdo reparar en el pasado. Lo único que debe preocupar es el futuro. Si este es el caso concreto de nuestro sueño, habrá entonces que interpretar que se trata de un aviso para indicarnos que la forma de proceder en el mundo real nos está causando una serie de consecuencias bastante desagradables.

Flores. Dentro de la anatomía de una planta, la flor es la promesa del futuro fruto y por tanto de la función más importante de la misma.

La belleza propia de las flores es una representación del espíritu, y cuando se abren representan a la evolución más elevada del ser. Por eso, cuando soñamos con flores estamos de alguna manera recordando el resurgir de la vida propio de la primavera. La presencia de las flores en los sueños nos hacen pensar en que el individuo precisa de una causa lo suficientemente imperiosa como para desplegar las corazas que mantienen a su espíritu preso. Por eso se suelen relacionar las flores con el amor, ya que este último es la gran causa por la que nos mantenemos vivos y desplegamos velas una y otra vez. Soñar con flores puede ser un claro síntoma de que estamos necesitados sentimentalmente. El ambiente emocional, el tipo de flor y su color nos pueden ayudar a interpretar mejor el sueño.

S. Deseo. Según el padre del psicoanálisis, Sigmund Freud, las flores que aparecen en los sueños suelen ser una representación del órgano reproductor femenino, cosa que en algún caso concreto puede corresponderse con la interpretación adecuada.

Sprt. En los sueños de claro carácter espiritual, la flor puede simbolizar nuestras ilusiones. Según el estado y el color con que aparezcan en la imagen onírica, así tendremos que contemplarlas.

Flotador. El hecho de vernos provistos de un flotador es una imagen que nos hace pensar que necesitamos ayuda para poder mantenernos. Sin duda alguna esto denota una inseguridad que bien podría ser interpretada como una falta de apoyo en las relaciones personales. En el caso de que nosotros seamos los que ofrecemos o facilitamos el flotador entonces deberemos interpretar que sentimos que las circunstancias de la vida nos obligan a tener que ayudar a ciertas personas que de alguna manera parecen depender excesivamente de nosotros.

Fobia. Este tipo de estado suele aparecer más bien en el ambiente emocional de los sueños, por tanto se trata de una sensación que nos invade y que nos incita a perder el control sobre nosotros mismos. La fobia indica que el sueño es de principal importancia, ya que se trata de un problema que nos causa grave perjuicio. Se puede dar el caso de que lo más importante sea la presencia de la fobia, en dicho caso hay que pensar que la persona no se encuentra en un momento lo suficientemente estable. El miedo es siempre una respuesta típica del instinto y cuando esta emoción desborda a la persona es posible que nos estemos enfrentando de golpe y porrazo con todo nuestro mundo interior. Es decir, si somos extravertidos en exceso, entonces necesitamos de algún tipo de mecanismo que nos devuelva de inmediato a una posición más centrada, y eso es lo que el miedo consigue pero de una forma excesivamente drástica.

Foca. Este escurridizo animal bien puede aparecer en alguno de nuestros sueños representando lo inaccesible que puede llegar a ser una persona. Por su forma de jugar y su gusto por nadar también podría estar simbolizando a personas de corta edad, o quizá trasladándonos a nuestra infancia.

Fondo. No resulta nada extraño que en el transcurso de un sueño nos empeñemos en encontrar el fondo de las cosas. Si en el sueño nos encontramos inmersos en un túnel o en una cueva, el fondo simboliza lo desconocido, por tanto si no somos capaces de dar con el final de las cosas el mundo de lo desconocido queda sin limitación, lo que interiormente genera gran desasosiego. Buscar el fondo de las cosas es una actitud natural que nos ayuda a situarnos y también nos sirve para cobrar confianza. Si en un sueño damos con el fondo de las cosas es señal de que en la vida sabemos y conocemos el terreno sobre el que pisamos.

En caso contrario, habrá que reparar en nuestro comportamiento para así poder establecer una sólida base sobre la que poder manifestar nuestra personalidad abiertamente.

Fontanero. Las conducciones de gas y de líquidos de toda clase están muy relacionados con la vida emocional de las personas. El agua, fluido principal que representa a la vida, llega a nuestras casas por medio de las cañerías. Cuando un fontanero aparece en alguno de nuestros sueños no cabe la menor duda de que se trata de un guía que nos ayuda a manejar adecuadamente nuestro mundo interior. Si nuestras cañerías de los sueños pierden líquido, habrá que pensar que nuestras emociones y relaciones personales están atascadas o carecemos del suficiente suministro, y por lo tanto precisamos de la ayuda de un especialista que nos ayude a mejorar tales aspectos de nuestra vida.

Forja. En una forja se pone de manifiesto claramente el poder transmutador de la llama. Es el poder masculi-

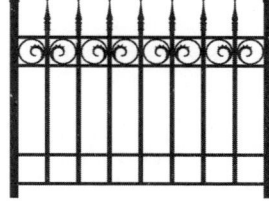

no que se junta con la materia claramente femenina para dar a luz a los metales, cuyas propiedades son de naturaleza ambivalente. Por tanto la forja representa el momento de la creación en el que se juntaron los principios opuestos para dar vida al mundo tal y como lo conocemos. Soñar con una forja es símbolo de misterio y se suele dar en sueños místicos o de clara naturaleza espiritual.

Forro. Así como la prenda se encarga de representar a la categoría social y económica de la persona, el forro se encarga de representar la imagen que tenemos de nosotros mismos. Por eso cuando en sueños el forro de la ropa cobra un especial protagonismo, habrá que pensar que nos enfrentamos a nuestra propia imagen, la cual deberá ser llevada a la palestra. Es posible que también se dé el caso de que veamos forros que, por ejemplo, protejan un libro. Entonces habrá que entender que estamos ante un elemento de protección cuya interpretación dependerá del objeto al que esté envolviendo. Lo más importante es la carga emocional que estamos imprimiendo sobre el objeto forrado, al cual consideramos de principal importancia y le auguramos gran uso.

Fosa. Verse metido en un hoyo tal y como la estancia en un foso suele sugerir, puede ser interpretado como un estado de depresión causado por un cúmulo de problemas en la vida real. Tal como discurra la escena onírica así veremos las posibilidades de solucionar los problemas en el futuro. Si es otra persona la que está en el foso, entonces interpretaremos que nos estamos viendo obligados a solucionar los problemas de otras personas con el fin de prevenir futuros inconvenientes.

Fotografías. Siempre que repasamos el álbum nos afloran recuerdos que nos ayudan a revivir las antiguas sensaciones que nos llenaron de emoción en su día. Cuando en sueños aparecen algunas fotografías estas operan de forma similar, es decir, lo que estamos haciendo es soñar con el pasado de nuestra vida. Así que las fotografías de un sueño se interpretan como añoranza, y el ambiente emocional del mismo se interpreta como el grado de obsesión que tenemos ante hechos pasados. También es posible que se trate de un sueño de compensación a una conducta excesivamente proyectada sobre el futuro, la cual es responsable de la distancia emocional hacia nuestros seres queridos.

Fracaso. Las decepciones de nuestros sueños denotan gran pesimismo por parte de la persona. De alguna manera, los sueños que conducen a un fracaso están mostrándonos cuál es el estado de ánimo real que mora en nuestro interior, por lo tanto se trata pues de un aviso de nuestro inconsciente que nos ayuda a poner los pies en la tierra. Cuando vemos fracasar a otros se nos está haciendo ver la auténtica relación sentimental que nos une con esa persona, ya que es posible que nos sorprendamos ante nuestra propia reacción emocional.
Otros. Puede ser que el fracaso de los sueños esté relacionado directamente con el sentido de culpabilidad de la persona.

Fractura. Los accidentes de los sueños suelen estar asociados con las dificultades de la vida. Se puede decir que si soñamos que nos fracturamos una parte de nuestro cuerpo estaremos siendo alertados sobre la existencia en nuestra vida real de una situación que nos está costando más esfuerzo del que somos capaces de realizar. Es importante valorar la parte de nuestro

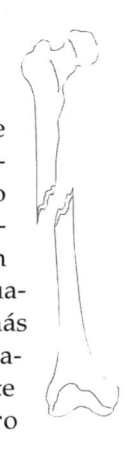

cuerpo que nos lesionamos ya que nos servirá como pista para poder desvelar el problema. Por ejemplo, si nos fracturamos una pierna, los problemas de la vida real nos estarán imprimiendo un estado de paralización que no nos permitirá movernos con soltura. En el caso de que se trate de un brazo, la interpretación será que si no solucionamos dicho problema pronto nos veremos incapaces de obrar, ya que estaremos con las manos atadas.

Frenar. Normalmente los frenos cobran especial relevancia en sueños de ansiedad en los que nos encontramos con una avería inesperada en un momento de gran tensión. Siempre que viajamos en un vehículo en el transcurso de un sueño, nos enfrentamos al gran viaje de la vida. Verse sin frenos en un momento crucial del mismo representa por tanto el miedo a dejarse llevar por las circunstancias. Si soñamos que no tenemos frenos, eso quiere decir que en la vida real los utilizamos en exceso y que no sabríamos qué hacer si en un momento concreto nos fallaran. Por eso, este tipo de sueños se deben interpretar como un exceso de control sobre nosotros mismos, al mismo tiempo que nos están brindando la sugerencia de soltar amarras y dejarnos llevar con mayor fluidez por las circunstancias que nos envuelven en un momento determinado.
Otros. En el caso de que los frenos funcionen y nos veamos obligados a pegar un frenazo, se interpretará que estamos

sufriendo una serie de contratiempos que buenamente podríamos ignorar pero que no somos capaces de ello.

Fresa. Se dice que las fresas son la fruta del hombre honesto cuya principal virtud es la de realizar buenas acciones  que ofrece desinteresadamente a los demás. Si en un sueño nos vemos comiendo fresas se interpretará a modo de buen augurio, ya que al despertar encontraremos nuestra alma renovada y feliz. Si una persona le da de comer fresas a otra estaremos frente a una posible unión sentimental entre ambas. De todas formas es conveniente repasar el término no FRUTA.
Ext. Las fresas son frutas ácidas muy ricas en vitamina C; puede ser que una deficiencia en esta sustancia desencadene una serie de imágenes oníricas que nos inciten a consumirlas.

Frigidez. Es posible que en la vida real esto represente un problema de la persona en cuestión, lo que entraría a formar parte de los sueños provocados por las preocupaciones personales. Pero lo más normal es que se trate de un sueño que está representando algún tipo de problema que nos impide llevar a cabo nuestros más importantes proyectos. De alguna manera la frigidez está manifestando la dificultad de expresarnos tal y como somos y lo que es más importante, nos está impidiendo disfrutar de ello.

Frío. Al tratarse de una sensación causada por un estímulo externo lo más probable y común es que se trate de un sueño de esta clase, es decir, se produce para que pongamos remedio de alguna manera. En el caso de que no sea así, el frío de los sueños nos está indicando que las dificultades para hacer las cosas son numerosas, lo que debe ser interpretado a modo de aviso de la parte inconsciente de nuestra psique.

Frontera. Si nos encontramos próximos a una frontera en el transcurso de un sueño, es preciso valorar qué es lo que se está produciendo en el sueño porque de alguna manera la frontera simboliza una discontinuidad, y por lo tanto es posible que si la cruzamos dejemos un buen número de cosas atrás. La frontera señala un antes y un después en nuestra vida, y eso es lo que nos preocupa, ya que todo crecimiento obliga a dejar cosas por el camino y muchas veces la nostalgia es más fuerte que nosotros mismos.

Fruta. No cabe la menor duda de que la fruta es todo un regalo que nos concede la naturaleza y que su presencia en sueños siempre será signo grato de ver. La fruta representa la culminación del individuo que se entrega al mundo con devoción y entusiasmo. Cuando soñamos con fruta entre otras cosas se ha de interpretar que estamos ante un momento de gran placer, que nos permite ser tal y como somos sin que ello genere ningún tipo de conflicto. Lo que ocurra con la fruta dirá mucho al respecto de nuestro sueño, así como la clase a la que pertenezca. En el caso de que nos veamos ofreciendo fruta a los demás, habrá que interpretar que se nos sugiere por medio de los sueños que nos ofrezcamos alegremente al mundo, sin miedos ni complejos. También es posible que nos den fruta, lo cual será interpretado como que tenemos que aprender a apreciar la energía de los demás de una forma grata y desenfadada. Si la fruta que aparezca en el sueño está estropeada, tendremos que refinar nuestra propia expresión ya que un exceso de optimismo podría estar ofendiendo a otros.

Fuego. Se suele decir que este es el elemento más elevado de todos y que representa a la energía creativa. La luz cálida que el fuego puede presentar facilita la expresión de la creatividad, mientras que la luz arrolladora del cenit propio del verano aniquila cualquier tipo de belleza. El fuego simboliza la energía del individuo, sus valores morales, la fuerza de expresión y el amor. Cuando soñamos con el fuego todas estas cosas y muchas más se ponen en el candelero, y por ello, determinar el grado de su presencia puede ser de gran ayuda para interpretar el sueño. Para ello uno se puede servir del resto de los elementos, es decir, cuando en una escena onírica se echa de menos el agua es porque el fuego es excesivo, si falta el aire nos viene a decir que el fuego precisa de nuestra intervención y que su presencia está debilitada. La tierra nos haría ver si hay o no suficiente materia prima para poder alimentar al fuego interior.

Ext. En los sueños de este tipo lo más probable es que con la imagen del fuego estemos buscando una fuente de calor.

Ansd. Es típico que el fuego y la ansiedad se simbolicen conjuntamente por medio de los incendios que todo lo arrasan. Hay que recordar que lo que soñamos es parte de nuestro mundo interior, y por tanto lo que se está quemando es nuestra propia personalidad. Una interpretación válida es la de que debemos aprender a liberar aquellas actitudes que no son correctas y para ello debemos pasar a través de la transmutación de la llama y resurgir de nuestras propias cenizas cual ave Fénix.

S. Deseo. El fuego puede estar representando a la pasión y al estado energético del individuo. Muchas veces las escenas bajo la luz de una hoguera están representando nuestros deseos de sentir el gusto de los placeres sensuales.

Sprt. Siempre que el fuego aparezca en sueños de este tipo tendremos que interpretar que se trata del fuego divino que nunca cesa y que viene a representar los valores morales más elevados del ser humano.

Otros. Por la luz que genera, el fuego ha servido desde siempre al hombre a modo de guía. El humo que desprende puede ser interpretado como señal de actividad humana. No cabe duda de que soñar con fuego puede ser señal de una revelación sobre nuestra propia personalidad. Tan solo habrá que valorar cómo reaccionamos ante él y qué sensaciones nos envuelven en el sueño.

Fuelle. Este curioso útil está íntimamente ligado al fuego, y por lo general se usa para alimentarlo. Siempre que soñemos con un fuelle hay que comprobar si realmente está sirviendo a modo de representación del aliento con que alimentamos nuestras ilusiones personales. Por otra parte el fuelle es una herramienta que genera aire, que en muchas ocasiones simboliza los conflictos, por lo que es posible que soñar con él represente en parte desacuerdos en las relaciones personales.

Fuente. No hay que olvidar que el agua es la representante de la vida por excelencia. La fuente es por tanto la que dispensa la inmortalidad en las cuatros direcciones principales. Además el agua que mana de la tierra es símbolo de purificación, de regeneración y esperanza. La limpieza interior es lo más importante, ya que nos ayuda a valorar el frescor de la vida al mismo tiempo que alimentamos con nuestro halo su fragancia. Soñar con una fuente dice ya mucho de por sí, sin duda se trata de nuestra fuente interior, y el agua que salga por el caño nos estará indicando lo vivificante que resulta nuestra experiencia para nosotros mismos y para los demás. Cuando en sueños vemos una fuente con aguas turbias habrá que pensar que vamos por mal camino y que debemos parar inmediatamente nuestras actuaciones si no queremos caer víctimas de nuestros propios actos. En el caso de que de la fuente mane poca agua pero esta sea límpida, se interpretará como falta de vitalidad.

Ext. La fuente de nuestros sueños puede ser generada por la sed nocturna, que por medio de esta imagen pone a prueba nuestra necesidad de agua.

Ansd. La falta de agua, una fuente que se seca y que no mana, suelen ser las imágenes que generan esta desagradable sensación. En tal caso hay que interpretar que tememos envejecer y secarnos, que carecemos de la confianza suficiente en la vida, la cual provee siempre a sus hijos.

Sprt. Una fuente siempre ha representado parte de la energía divina de la diosa madre. Es posible que en sueños de este tipo la fuente nos ayude a conectar con la más sutil de las facetas ocultas en nuestro interior.

Otros. Cabe recordar que en el paraíso existe una Fuente, la llamada de la Vida. Puede que en nuestros sueños aparezca representada tal y como subyace en el inconsciente colectivo.

Soñar con la Fuente de la Vida será reconocido de inmediato por lo reconfortante y lo vivificador que nos resultará presenciar dicho sueño.

Fuga. La vida del fugitivo nos llena de emoción. El descanso y el sosiego es algo que no existe dentro de sus planes más inmediatos. Cuando en sueños nos estamos fugando de alguna parte, habrá que valorar las causas de nuestro presidio y las personas que intervienen para así poder llegar al quid de la cuestión. La acción de fugarse representa por una parte deseos de evasión, pero por otra deja bien patente que estamos preocupados por las intenciones poco amigables que otras personas proyectan sobre nosotros.

Ansd. Por lo general las fugas están envueltas en un halo de ansiedad, lo que muestra la prioridad de solucionar el asunto que esté afectando negativamente a nuestra vida real.

Fumar. Para poder valorar esta acción onírica es imprescindible definir la actitud ante esta afición. En caso de ser fumador habitual resulta normal aparecer fumando en sueños, lo que será interpretado como señal rutinaria. Pero en el caso de ser fumador ocasional o no fumador, aparecer fumando en sueños puede señalar la expansión de nuestra energía. Por medio del humo, el fumador visualiza el resultado de sus actos, lo que le ayuda a concentrarse y a tomar conciencia de sí mismo. Fumar es algo que los brujos norteamericanos han practicado durante toda la vida ya que les ayudaba a tomar contacto con su propio poder. Al fumar en compañía se están fundiendo y aceptando simbólicamente las personalidades de los individuos que intervienen en la escena onírica.

$\mathcal{G}$

Gacela. A grandes rasgos, la gacela viene a representar al grupo de animales que buscan pacer con tranquilidad y que siempre están dispuestos a escapar. La huida de la gacela es similar a la sabia actitud del alma humana ante las pasiones terrenales. Por tanto se dice que su presencia en sueños viene a representar el alma, la sensibilidad y la gracia. Como podemos comprobar todas estas son virtudes propias del lado femenino de la vida, por lo que la gacela de nuestros sueños bien podría estar refiriéndose a una muchacha de la vida real.

Sprt. Otra posible interpretación para la presencia de la gacela es la siguiente: representa nuestro lado femenino que se siente preso por un aplastante lado masculino que no cesa de imprimir las condiciones que deben guiar nuestra vida. La gacela en dicho caso representaría al anhelo de libertad y de expresión de la energía femenina de nuestra psique.

Gafas. Se dice que las gafas pueden hacer cambiar el color de la vida o incluso hacernos ver una realidad diferente.  Las gafas que aparecen en los sueños vienen a desempeñar un papel semejante al de los cuentos, es decir, cuando soñamos que nos ponemos unas gafas y en la realidad no las usamos comúnmente, entonces se ha de interpretar que no queremos ver las cosas tal y como son, o que estamos sedientos de detalles y que nos estamos perdiendo la trama principal de las cosas. En el caso de que veamos a otras personas con gafas puede ser significativo de que ante los ojos de nuestro inconsciente dichas personas parecen marchar perdidas por la vida, aunque también es posible que estén camuflando su personalidad.

Galán. Podemos soñar que vamos por la vida como un prestigioso galán. Este tipo de sueño podrá ser interpretado a modo de satisfacción del deseo de figurar y destacar sobre los demás. Con ello el ego se satisface aunque sea por medio de los sueños, lo que no está mal, pero indica que en cierta medida estamos un tanto insatisfechos con la imagen y la personalidad que nos ha tocado en esta vida. Ser seducidos por un galán también se debe incluir en este tipo de sueños, pero en este caso se tratará de un sueño de satisfacción sensual, y estará indicando en parte las necesidades afectivas de la persona seducida.

Galleta. Cuando soñamos con este dulce tan habitual en nuestra vida doméstica, es porque estamos viviendo un sueño de claro estímulo externo. El hambre en mitad de la noche intenta ser paliada por medio de esta imagen onírica, y si no es suficiente con recrearla en sueños, el individuo acabará por despertarse. De todas formas la galleta simboliza un humilde alimento que bien podría estar operando en sueños a modo de representante de momentos de esca-

sez o también es posible que invoque ciertos momentos de la infancia.

Gallina. Esta ave ha sido utilizada en rituales por multitud de culturas. Seguramente lo que se invocaba por medio de este animal era el dominio de la energía femenina sobre la sociedad. También fueron utilizados en rituales oscuros en los que se creía que el sacrificio de la gallina permitiría a quien realizara el ritual conectar con el mundo del misterio. Lo que queda claro es que a la imagen de la gallina se le ha otorgado un gran poder y cuando soñamos con ella es posible que estemos conectando con el nuestro propio. Pero no hay que olvidar que se trata del poder femenino y que su fuerza radica en la protección de su procreación. Por eso cuando soñamos con una gallina hay que intentar encontrar cuál es su prole o de qué manera está representada, ya que eso nos permitirá encontrar un significado más rico y fructífero.

Gallo. El canto de este animal forma parte de la historia de la humanidad y se encuentra grabado en el registro de todos los seres humanos. Con su canto el gallo invoca a los dioses solares, es decir, procede a manifestar abiertamente y de forma desafiante todo su poderío. El gallo no canta en cualquier momento, tan solo lo hace cuando se siente lo suficientemente poderoso y eso siempre va en relación con la manera en que se muestren los demás. Soñar con un gallo es símbolo de orgullo personal, y es posible que mediante el sueño nos estemos percatando del efecto que produce sobre nosotros el orgullo de otros.

Ganar. Una acción semejante tan solo puede estar representando dos cosas. La primera de ellas estará haciendo referencia a la necesidad de compensar los déficits que marca la vida, es decir, en nuestra vida real no estamos acostumbrados a ganar, por lo que generamos sueños de este tipo. La segunda es la de la satisfacción del deseo, es decir, nos estamos permitiendo el placer de recrearnos en una acción tan grata como es la de prevalecer sobre todos los demás. En este caso es posible que el individuo luche a diario de forma competitiva y que el sueño no sea más que un mero entrenamiento.

Otros. En el caso de ver ganar a otras personas en sueños puede ser que nos esté indicando que hay alguien que nos está ganando terreno en la vida real sin que nos estemos dando cuenta conscientemente.

Ganso. La historia de los cuentos ha otorgado a este animal un papel que no le hace demasiada justicia. En la antigua simbología el ánsar común ha ocupado papeles tan dignos como el ganso del Nilo de cuyo huevo surgió todo, o como el rápido mensajero de la antigua China. En general se le asocia con la idea de libertad del estado salvaje que no huye del mundo civilizado. Soñar con un ganso puede, por tanto, estar relacionado con la tontería y la estupidez de los actos de una persona en cuestión, o bien tratarse de un sentimiento más elevado que nos hace tomar contacto con la vida salvaje y nos recuerda que estamos sujetos a un mundo doméstico que, en parte, nos mantiene prisioneros de nosotros mismos.

Ganzúa. Si en el transcurso de uno de nuestros sueños cae en nuestras manos una ganzúa es posible que se despierten en nosotros intenciones poco honestas. Sería pues bastante común pensar que la ganzúa de los sueños pone a nuestra disposición un atractivo mundo que hasta el momento estaba privado a nuestros ojos. Es importante valorar las tendencias cleptómanas del individuo ya que es posible que la ganzúa esté representando una serie de incitaciones que están siendo reprimidas a un nivel inconsciente y que por medio de los sueños tienden a aflorar. Pero lo que no cabe duda es que la ganzúa está poniendo en tela de juicio nuestra honestidad, lo que quedará a merced del ambiente emocional y de la trama onírica.

Garaje. Una de las posibles causas que bien podrían generar este tipo de sueños es la preocupación que nos ocasionan nuestros vehículos, los cuales se encargan de representar nuestro nivel social. Por tanto, cuando en un sueño aparece nuestro propio garaje se puede interpretar que nos preocupamos en mantener nuestra apariencia social. Pero curiosamente, al soñar con este tipo de estancia es posible que estemos relacionando dicho espacio con nuestra propia vivienda, lo que denotaría una clara deficiencia en comodidades y lujo. Para algunas personas soñar con el garaje podría estar simbolizando lo innecesario que resulta otorgar un lugar semejante a una máquina cuando en nuestra vida se precisan mejoras materiales y humanas por doquier.

Garbanzo. *Véase* LEGUMBRES.

Garganta. La misión fundamental de la garganta es la de tragar. Toda la musculatura y los epitelios que la forman están especializados en desarrollar este movimiento. Sin ella no seríamos capaces de incorporar absolutamente nada a nuestro organismo, lo que antes o después significaría la muerte. Tragar es una acción onírica que bien podría ser relacionada con la de incorporar bienes y riquezas. Pero nunca hay que olvidar que todo el material onírico se refiere a las necesidades del mundo interior y que, por lo tanto, lo que se ha de incorporar son nuevas experiencias que nos ayuden a comparar y a alimentar nuestros valores personales para así poder crecer en personalidad y espíritu.

Garrafa. La garrafa representa la forma sencilla y práctica adoptada por las gentes humildes para almacenar sus productos. De alguna manera soñar con garrafas puede ser una representación de nuestros recursos personales. Por tratarse de un recipiente destinado a los líquidos, y al pertenecer al mundo de los sueños tendremos que pensar que se trata de recursos emocionales que nos ayudan a mantener una vida de relaciones sana y rica. Soñar con garrafas puede ser visto a modo de aviso para que tengamos en cuenta que estamos, o bien abusando de nuestros recursos, o bien acumulándolos en exceso.

Garrota. El poder de la garrota es portentoso y definitivo. Cuando nos vemos en posesión de una garrota conectamos con nuestro poder instintivo que nos recuerda de lo que somos capaces. Si en sueños aparecemos portando una garrota interpretaremos que interiormente somos personas resueltas que marchamos por el mundo con decisión, por lo menos en lo que respecta a dicha escena. Pero también el sueño indica que precisamos estar en posesión de un símbolo de poder para actuar con mano firme.

Garza. En Oriente se considera que estas aves son símbolo de delicadeza y sutilidad ya que es perfectamente capaz de remontar el vuelo desde el agua sin removerla. Soñar con esta ave es un buen síntoma, ya que por lo general suelen aparecer en humedales naturales, que representan la tranquilidad necesaria para que la vida se organice y desarrolle. Para poder interpretar la presencia de este animal en nuestros sueños nos fijaremos en la sutilidad y el respeto con que hacemos las cosas. Si, por ejemplo, somos demasiado bruscos, esta imagen onírica nos sugiere que seamos más delicados y respetuosos, ejerciendo el papel de consejero para guiarnos a la hora de actuar en la vida real.

Gas. Por lo general el gas es uno de los elementos más peligrosos que se encuentran en nuestro hogar. Es bastante normal que nos cree ciertas inquietudes que en algunos casos se convierten en fobias nocturnas. Por otra parte es una forma de simbolizar la energía etérea, lo que bien podría ser la fuerza de las palabras y del verbo. Si en sueños usamos el gas para nuestro beneficio habrá que interpretar que estamos quedándonos con buena parte de la energía que se pone en común cuando nos reunimos con los demás. En el caso de que veamos un escape que no sea peligroso interpretaremos que de alguna forma se nos va la fuerza por la boca.

Gasolina. Hoy en día este es el segundo líquido más preciado de la tierra. Sin gasolina se paraliza nuestra actividad, así que nos encontramos en una sociedad que funciona a fuerza de pistón. La gasolina en sueños representa nuestra energía personal, la capacidad para hacer y conseguir buena parte de nuestros propósitos. Vernos privados de ella en sueños resulta similar a sentirnos impotentes ante la vida.

Gato. Se dice que el gato representa al poder variable del Sol y de la Luna, pues la pupila de sus ojos cambia a la par que la luz. Las cualidades que más se hacen notar a la hora de aplicar la simbología de este animal son el sigilo, la pasión del deseo y la libertad. Por su actitud egoísta el gato también se ha ganado cualidades oscuras y se le ha considerado un signo claro del mal augurio. Lo más importante es que cuando soñamos con un gato estamos viendo reflejada en la imagen de este animal aquella parte de nuestra personalidad que opera con sigilo, egoísmo e independencia. De alguna forma, los sueños con este animal nos están poniendo sobre aviso de que hay personas a nuestro alrededor que nos acechan de la misma manera que el felino hace con sus presas. Lo que también puede desatar en nosotros toda la fuerza del instinto y cargar así con toda la mala fama que ha acompañado a este animal.

S. Deseo. Se ha asociado al gato con la pasión y el deseo dado que su comportamiento es sumamente instintivo. Es posible que el gato de los sueños represente el deseo de seducción.

Otros. Por connotaciones sociales, ver en sueños un gato negro genera un cierto estado de superstición negativa que no suele ser propicio para el individuo, a no ser que él mismo lo rechace de pleno.

Gaviota. Por su relación con el medio marino, generalmente se considera que este pájaro es un símbolo de tranquilidad y de largos viajes. En ciertas culturas se le relacionaba con la  posesión del día, el cual nacía a su antojo. Pero quizá la más alta virtud que se le puede otorgar a este animal es la de la libertad y la belleza de su vuelo planeante. Pero eso son cualidades que podremos encontrar revisando el término AVE. Soñar con una gaviota bien puede ser una asociación de ideas que nos traslade al medio marino y al recuerdo del periodo estival.

Gemelos. Los gemelos representan a las dos caras de la naturaleza humana. La envidia suele ser el sentimiento negativo que separa al uno del otro. Al soñar con gemelos se debe diferenciar si se trata de hijos gemelos, o bien nos encontramos ante personas adultas pero gemelas. En el caso de los hijos gemelos, soñar con ellos nos puede estar sugiriendo que lo queremos todo para nuestra descendencia y al mismo tiempo que deseamos disfrutar de su naturaleza plenamente. En el caso de estar esperando un hijo, los padres que sueñen con gemelos estarán expresando su deseo inconsciente de tener tanto un niño como una niña ya que son incapaces de reconocer sus preferencias al respecto. Si soñamos con niños o bebés gemelos –que no son nuestros hijos– a los que cuidamos, quizá se trate de un contacto con nuestra dualidad interior, con el aspecto femenino y masculino de nuestra psique –si los niños del sueño son de sexo opuesto–, que en definitiva resulta inocente y tierno. Si por otro lado en nuestros sueños aparecen personas adultas gemelas, o el hermano gemelo de alguien a quien conocemos, entonces habrá que pensar que estamos apreciando la otra cara de la moneda y que somos capaces de ver que las personas no son sólo lo que aparentan ser.

Gente. Las imágenes oníricas en las que aparece un gran número de personas pueden ser interpretadas como la manifestación de la diversidad de opiniones y la diversidad cultural. Cuando nos vemos literalmente tragados por la multitud, dicho sueño nos estará informando que de alguna manera estamos perdiendo lo que consideramos como genuino, y que por tanto estamos perdiendo el sentido de la individualidad.

Ansd. Al perder en sueños a un ser querido entre el gentío, es muy posible que nos estemos preocupando en exceso por algo inevitable que existe en la vida y que nos obliga a cada uno a seguir nuestro propio camino.

Germinar. Simplemente ver el proceso de la germinación nos maravilla. La fuerza y la sencillez de la vida es algo que resta protagonismo al ser humano. Ver germinar algo en uno de nuestros sueños nos conduce a pensar que las cosas marchan solas, que nosotros ya hemos puesto las condiciones necesarias y que tan solo nos queda velar para que nada interrumpa dicho proceso. También puede estar representado un miedo, ya que aquellas cosas que funcionan por sí mismas podrían operar en contra nuestra. En dicho caso la semilla que germine representará a la mala hierba –cualquier enemigo natural del hombre–. Nuestros proyectos y deseos también se pueden poner en nuestra contra y crecer de forma descontrolada.

Gigante. Estos enormes seres de la mitología representan las fuerzas elementales de la naturaleza. Son los poderes primordiales que debemos domesticar y educar para que no operen contra nosotros. Cuando en sueños soñamos con un gigante de alguna manera se nos está poniendo sobre aviso de que hemos desatado energías que escapan a nuestro control, y que cabe la posibilidad de que nos veamos perjudicados por ellas. Si vemos a una persona conocida convertida en gigante, nuestro inconsciente nos hace ver que dicha persona está adquiriendo un gran poder que no controla ni es capaz de dirigir.

Gimnasia. La actividad física es tan necesaria que si dejamos de practicarla en la vida real, por lo menos nos quedará la satisfacción de compensar dicho déficit por medio de los sueños. Bien podría ser interpretado este sueño a modo de consejo e incitarnos a mover más el cuerpo. Si en sueños vemos a alguien haciendo gimnasia habrá que interpretar que sabe cuidarse o bien que es incapaz de disfrutar de la inactividad, eso dependerá del carácter que dicha persona presente en la vida real.

Girasol. A pesar de tener toda la apariencia de un signo solar, el girasol carece de una postura determinada. Su movimiento se produce a capricho del Sol, y por eso se le considera su esclavo. Por tanto, ¿qué fiabilidad se podría esperar de un girasol? Cuando soñamos con esta peculiar flor bien se podría interpretar que en cierto modo nos estamos identificando con ella y nos sentimos esclavos de una figura de autoridad –representada por el Sol–. Por otra parte es posible que nos encontremos ante falsas riquezas –entendiendo estas como virtudes o dones–, ya que el girasol no es la riqueza que aparentemente representa.

Gitanos. La mala fama que se les ha adjudicado a los gitanos por parte de la sociedad, nos obliga a tener que relacionar a esta raza como símbolo de pillaje y oportunismo constante. Si en sueños aparecen estas personas, quizá signifique que nos sentimos intimidados por su actitud acechante que intenta hacerse con todo aquello que signifique riqueza. Pero como en todos los casos resulta imprescindible que repasemos qué es lo que representa un gitano para nosotros, ya que en otros casos bien podría ser un símbolo de pasión, de pureza y nobleza, o bien de conexión con la vida instintiva.

Globo. Los globos son un símbolo de imaginación que permiten al niño que los lleva sentir la extensión de su propia energía más allá del ámbito corporal. El globo representa a la esfera que se contiene a sí misma, lo que nos hace tomar conciencia de nosotros mismos a la par que nos permite disfrutar de la extensión de los dominios personales. La tensión y presión que existen en su interior nos hace pensar que el globo simboliza las emociones contenidas en nuestro propio interior. Al pincharse un globo nos desinflamos con él. Soñar con este singular juguete, podría ser una manera de entender que nuestra energía se puede expandir fácilmente si somos capaces de tomarnos la vida como un juego, lo que nos permitiría alcanzar la felicidad propia de un niño.

Gloria. La gloria representa por sí misma uno de los sueños de la humanidad. De alguna manera todos añoramos poder alcanzar al menos una pequeña porción de gloria en nuestra vida. Tras este deseo se esconde la sensación de descontento que subyace bajo todo lo que hacemos. Por eso soñar que alcanzamos la gloria bien podría estar simbolizando el grado de nuestras decepciones personales y se trataría de un claro sueño de compensación de la realidad, aunque no siempre tiene por qué ser así. Saborear la gloria en sueños también podría tratarse de una clara muestra de satisfacción de deseos ocultos.

Golondrina. A este pájaro tan común se le ha asociado una simbología muy beneficiosa. A grandes rasgos, suele decirse que la golondrina es un ave de resurrección, ya que su llegada representa un signo inequívoco que augura la inminente llegada de la primavera. También, por regresar cada año al mismo nido y con la misma pareja, la golondrina simboliza la fidelidad y su presencia en las casas siempre es signo de dicha y alegría. Al soñar con este incansable volador posiblemente nos estemos percatando de lo sencillo que es vivir alegremente. La imagen onírica que nos sugiere la golondrina así nos lo muestra, por ello la presencia de este pájaro bien puede ser interpretada como la llegada de la primavera –entendida esta como una época de colorido y esplendor–, como el reencuentro con un ser querido o como señal inequívoca de los ciclos de la naturaleza.

Golosinas. *Véase* DULCES.

Golpear. Esta violenta acción representa una proyección de nuestra energía. Al golpear algo, la persona toma conciencia de sí misma al comprobar de forma física y tangible el efecto que su energía genera en el medio que la rodea. Cuando en sueños aparecemos golpeando algo, de alguna manera estamos intentando sacar de nuestro interior lo que no nos conviene guardar por más tiempo. Por ello se dice que los golpes simbolizan los conflictos que nos depara el destino. En el caso de estar golpeando a cierta persona, esto indicará que inconscientemente guardamos rencor contra ella o hay algún aspecto de su personalidad que no nos gusta.

Ansd. En el caso de recibir golpes en el transcurso de los sueños, habrá que fijarse bien en la parte del cuerpo afectada y en el objeto con que somos golpeados. Ambos podrían aportar gran información al respecto. Pero la primordial interpretación girará en torno al sentido de culpabilidad del soñador y al deseo de castigarnos que apreciamos en otras personas.

Sprt. Golpearse a sí mismo conlleva siempre un sentimiento de culpa y un deseo de liberar la conciencia del peso moral que infunden ciertas acciones pasadas.

Goma elástica. Lo más peculiar de la goma es su sorprendente elasticidad. Siempre que en sueños aparezca una goma se nos estarán mostrando las beneficiosas ventajas que esta cualidad ofrece. Pero además hay que apreciar los inconvenientes. El exceso de flexibilidad también genera una debilidad que bien podría ser la causa de trastornos que pueden estar implicados a la hora de buscar una explicación a la presencia del elástico en nuestros sueños.

Gorila. Hallarse ante un gorila, aunque tan solo sea en sueños, es siempre sumamente inquietante. Esto se debe a que toda su potencia no está gobernada de una forma racional, sino instintiva. El gorila justamente representa a nuestro instinto, el cual podría operar en contra de los intereses de nuestra razón. También se puede utilizar la figura del gorila para relacionarla con personas –por lo común pertenecientes al género masculino– cuya presencia resulte excesivamente tosca para nuestra sensibilidad.

Gorrión. Dentro de los pájaros de pequeño tamaño, el gorrión representa al más mundano de sus representantes. Al soñar con gorriones estamos de alguna manera usando su imagen para remarcar el sentido de lo común y lo cotidiano de la escena.

Otros. Por su acción sobre los cultivos, existe una mala imagen del gorrión que rara vez es utilizada con esta connotación. En todo caso se puede ver más fácilmente el lado oportunista de su estilo de vida.

Gorro. Según el padre del psicoanálisis, el gorro que aparece en sueños está íntimamente relacionado con los genitales masculinos. Es posible que en algunos casos, y tal como muestra en su libro *La interpretación de los sueños,* esto tenga un gran sentido de ser, pero por lo general el gorro es un complemento estético que aporta gran personalidad a quien lo porta. De alguna manera el gorro simboliza y da forma concreta a la fuerza vital contenida en la mente. Pero lo que está claro es que cubrirse la cabeza es siempre un signo de poder personal. Por eso cuando entramos en una estancia es cortesía quitarse el gorro en señal de humildad. El gorro así como el sombrero pueden estar marcando un claro orden jerárquico ante los demás. (Consultar el término SOMBRERO para más información).

Gotera. Por más pequeña que sea una gotera, es capaz de hacernos perder la tranquilidad y el sosiego que nos procura el hogar cuando el tiempo atmosférico es más hostil. La gotera representa las fuerzas de la vida operando en nuestra contra. Su acción es acumulativa y de ahí la sensación de intranquilidad. Si en sueños se nos presenta una gotera es un claro síntoma de que nuestra imagen social hace aguas, de que tenemos que poner un parche para que las emociones de los demás no penetren en nosotros a la par que tampoco dejaremos opción a que nuestra intimidad pueda ser observada.

Granero. La mera imagen de un granero repleto sacia plenamente a quien lo posee y da pie a generar envidias en los demás. El grano ha sido desde siempre claro signo de riqueza, y por tanto simbolizará la plenitud que resarce al hombre de sus esfuerzos. Según aparezca el granero de nuestros sueños así podremos decir

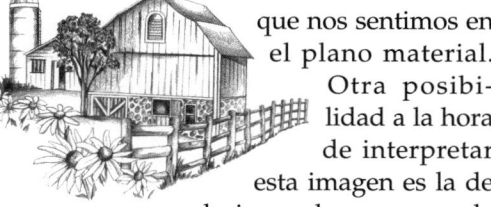 que nos sentimos en el plano material. Otra posibilidad a la hora de interpretar esta imagen es la de relacionar el granero con la vida sencilla que se vivía antes, y que de alguna forma es añorada hoy en día.

Granito. La cualidad que más resalta de esta piedra es su dureza casi cristalina. Su aparición en el mundo de los sueños debe ser interpretada a modo de figura inamovible que marca su entereza infranqueable.

Granizo. Pocas son las virtudes que se le atribuyen al granizo. Por lo general se le considera signo del fracaso que el destino nos depara. Su presencia en sueños puede interpretarse a modo de pérdida de bienes materiales.

Granja. El lugar donde se produce el sustento de la vida siempre nos ha ayudado a imprimir en los niños una actitud positiva ante los valores terrenales y hacia el alimento. Cuando soñamos con una granja normalmente se está haciendo alusión al medio rural y a su plácida belleza. Pero en una granja están ocurriendo muchas cosas más. El misterio de la vida no cesa de surgir en cada momento al mismo tiempo que prevemos el destino de cada uno de los animales que allí aparecen. Lo más relevante de una granja es lo corto de sus ciclos naturales, lo que nos hace partícipes de la rapidez con que suceden las cosas cuando se tiene entre manos materia viva. Al soñar que nos encontramos en este paraje, posiblemente estemos dando salida a uno de los deseos incumplidos de un buen número de niños, o bien puede ser que nos estemos preocupando por la calidad de lo que estamos introduciendo en nuestro cuerpo.

Grasa. Simbólicamente ningún otro elemento representa tan bien como la grasa la incapacidad de ejercer nuestro poder, ya que lo que esta toca se hace resbaladizo y difícil de controlar. En caso de soñar con grasa que nos hace patinar, habrá que interpretar que nos sentimos plenamente impotentes ante las circunstancias que nos acompañan. Otra posibilidad es la grasa alimentaria. Por lo general, en la dieta más difundida en esta sociedad la grasa constituye uno de los pilares de nuestra alimentación. Soñar con ella bien podría ser entendido como una saturación o simplemente como una digestión pesada causada por una cena excesiva.

Grito. Por medio del grito viajan las emociones más intensas que precisan encontrar una forma de ser expresadas. El hecho de que otra persona nos grite nos paraliza justamente por la gran descarga emocional que ello supone. Por una parte el grito puede ser una señal de alarma y como tal debe ser consultada en este diccionario, pero por otra parte hay que destacar que su presencia en sueños imprime la urgencia de prestar mayor atención a lo que se nos está comunicando en la vida real. Es posible que haya alguien intentando decirnos algo importante pero que, por cuestiones de forma, no somos capaces de llegar a percibir.

Grulla. *Véase* GARZA.

Grumos. La mala distribución material hace que nos encontremos a veces con estas incómodas acumulaciones que nos obligan a reparar en ellas y tener que prestarlas cierta atención. Cuando en sueños nos encontramos grumos en algún tipo de líquido o en la comida, o puede que incluso en las masillas que utilicemos en nuestro trabajo, habrá que pensar que estamos obrando apresuradamente por la vida, lo cual nos genera un estado de crispación que nos conduce a no ser capaces de librarnos de las cosas mal hechas.

Grupo. Nunca ha sido cosa sencilla el trabajo en grupo. Por lo general surgen claras diferencias y se termina por perder el ambiente primigenio que facilitaba las cosas. Cuando soñamos que estamos colaborando en forma grupal es importantísimo despejar todas las incógnitas que nos impidan ver con claridad cuáles son nuestros sentimientos. Es posible que si el sueño no es del todo agradable, cosa que cabría esperar, se nos esté haciendo ver que en la realidad no somos capaces de encontrar nuestro lugar en un grupo al cual pertenecemos. Aunque más bien se trate de que no luchamos lo suficiente por hacernos un sitio en dicho grupo.

Gruta. *Véase* CAVERNA.

Guadaña. Es una de las formas más comunes que se han utilizado desde siempre para mostrar la presencia de la muerte. Su aparición en un sueño no es lo que se dice nada grata, por eso se interpreta que estamos previendo algún tipo de riesgo sumamente grave en aquella faceta de la vida que sea representada en este sueño. Es importante, si aparece la señal de la guadaña en un sueño, que no pospongamos por más tiempo la toma de una decisión importante, ya que de alguna manera la guadaña no dudará en zanjar la cuestión de un solo golpe.

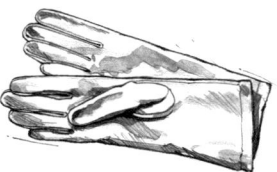

Guantes. Si nos vemos provistos de guantes en un sueño esto es indicativo de lo poco que queremos implicarnos en los asuntos que aparezcan representados en él. También son un indicador del honor o por lo menos así lo debemos interpretar si nos vemos llevando unos guantes blancos. Hay un lenguaje establecido según operemos con ellos. Por ejemplo, si tiramos los guantes o pegamos a alguien se está desafiando a otra persona para que demuestre su honor. El hecho de quitarse los guantes es síntoma de sinceridad y operar con guantes implica que la persona está ocultando algún tipo de intención.

Guerra. La guerra siempre simboliza el eterno conflicto entre el bien y el mal. Cuando soñamos con ella hay que intentar dilucidar qué faceta de nuestra vida se encuentra en conflicto, para así poder asignarle a toda la escena una interpretación adecuada. La guerra también puede ser vista como la abolición de un orden que resulta excesivamente opresivo. Aquellos conflictos que no solucionamos a tiempo se manifestarán de pleno cuando aparezca la guerra. Una guerra onírica puede representar la batalla interna del soñador para superar aspectos negativos de su personalidad o para resolver el conflicto entre su parte consciente e inconsciente. En el caso de que sean otras gentes las que se encuentren en guerra, es posible que hayamos proyectado nuestros problemas usando a otras personas a modo de pantalla.

Ansd. Es bastante lógico que en los sueños de guerra aparezcamos sumidos en una continua sensación de ansiedad. En dicho caso sería conveniente considerar el papel que nos toca vivir dentro de dicho sueño ya que de alguna manera nos está diciendo cuál es nuestra postura ante el conflicto que nos mantiene presos del miedo.

Guía. Puede tratarse de un sueño muy especial aquel en el que se nos aparezca un guía al que tengamos que seguir. Hay quien asegura que el papel de este personaje simboliza al Yo superior, que nos dicta consejos y enseña a través de los sueños. Su misión es, por tanto, la de ayudar al soñador a completar su personalidad. Siempre que aparezca un guía en sueños, ya sea un guía de montaña o turístico, habrá que pensar que simbólicamente está representando al maestro y que todo cuanto allí acontezca operará a modo de enseñanza. Es importante subrayar nuestro comportamiento ante el guía ya que dirá mucho de cuál es nuestra actitud ante el conocimiento.

Guisante. Las vainas de guisantes se relacionan siempre con el ambiente familiar y las relaciones entre las personas próximas al sujeto. De alguna manera están representando los problemas cotidianos de sencilla solución pero que podrían dar pie a futuras discusiones y conflictos de mayor índole.

Guitarra. Para el mundo budista la guitarra es símbolo de armonía universal. En general la presencia de una guitarra en sueños nos hace pensar en el entendimiento entre las personas que entren a formar parte de la escena. Incluso se puede dar el caso de que la guitarra sea un símbolo de deseo, de placer y de erotismo.

Gusano. Este poco agraciado estado de la vida de un buen número de animales invertebrados, representa la vida después de la muerte. No cabe duda de que soñar con gusanos no es nunca un plato de gusto y que por lo general tendremos que interpretar que nos encontramos ante la disolución de algo muy personal por lo que sentimos un gran apego. A no ser que el gusano luego se transforme en algo muy bello –cuestión que interpretaremos como que somos capaces de apreciar la transformación y acabaremos disfrutando de los resultados de tal cambio–, el sueño nos está indicando que nos estamos corrompiendo y que no somos capaces de apreciar la vida en todas sus facetas.

Habitación. Así como la casa simboliza a la persona, la habitación representaría la vida íntima. El color de las paredes, el orden, el estilo y el mobiliario nos estarán informando de cómo es la persona cuya habitación aparezca en nuestros sueños. Por ejemplo, si la habitación es soleada y tiene grandes ventanales, la persona tendrá carácter alegre y estará abierta a las relaciones personales.

Hacha. Esta impresionante herramienta es un símbolo del poder que obra de forma tajante. Realmente soñar con el hacha nos está indicando que precisamente necesitamos tomar una determinación en nuestra vida. Además de ser un elemento cortante, el hacha precisa de la fuerza y del golpe, lo que se interpreta como signo indudable de implicación en el asunto. Cuando en sueños aparece alguien con un hacha en las manos, obviamente sentimos su poder, lo que en la mayor parte de los casos nos hace tomar precauciones. Esto se debe interpretar como que hay alguien en nuestro entorno cotidiano cuyas decisiones nos están afectando, por lo que debemos centrarnos en nuestros asuntos.

Hada. Dentro de los cuentos y fábulas, las hadas simbolizan las energías más sutiles y mágicas. Si en uno de nuestros sueños aparece un hada no cabe la menor duda de que estamos de suerte. Con su mera presencia se nos abre un mundo mágico, lo cual nos ayuda a conectar con las habilidades ocultas que todos poseemos. El hada de nuestros sueños nos estará haciendo ver que somos capaces de conseguir todo aquello en lo que creamos, pero si no creemos en ella, mejor será que nos vayamos despidiendo de un buen número de bendiciones. Es curioso cómo se puede soñar con cosas con las que no se cree en la vida real. Hay que recordar que todo material onírico va destinado al mundo interior, el hada de nuestros sueños forma parte de nuestros deseos inconscientes y nos iría mucho mejor si la mimásemos en lugar de tomarla como un mero ser de cuento infantil.

Spirt. En el sueño de una mujer, un hada puede estar reflejando su psique en su totalidad, o lo que Jung denominó su «sí misma». Lo que representa un estupendo augurio para su crecimiento interior.

Halcón. Al igual que las águilas, el halcón es un ave solar que simboliza la libertad y que ha sido considerado mensajero de los dioses. Sus más nobles valores son muy elevados, nunca opera en contra de lo que cabría esperar de tan alta estirpe y jamás se deja arrastrar por la lujuria. Cuando vemos un halcón en sueños tenemos que esperar que nuestros proyectos están siendo guiados adecuadamente y que no tenemos por qué preocuparnos por ellos. También tendremos que pensar que ante nosotros se abre un extenso panorama que nos ayudará a la hora de tener que decidir lo que queremos y lo que nos conviene.

Hamaca. Está claro que la presencia de este cómodo componente propio del mobiliario lúdico y estival, representa una invitación al descanso, pero no precisamente para el cuerpo como podríamos pensar. En los sueños la hamaca está destinada al reposo del espíritu y del mundo interior. Lo más probable es que cuando aparece una hamaca en alguno de nuestros sueños, esta represente la actitud infatigable que acabará por destruirnos y secarnos por dentro, y que sea por tanto una invitación a la quietud y el sosiego del alma. Si alguien en sueños nos cede una hamaca es signo inequívoco de que nos está invitando a compartir sus experiencias personales con nosotros.

Harén. Raro será que si soñamos con un harén y pertenecemos al sexo masculino no estemos ante la presencia de un sueño de satisfacción del deseo. En el caso del sexo femenino, pertenecer a un harén puede tener muy distintas interpretaciones. Una de ellas, y posiblemente la más certera, sea la de la necesidad de la persona de sentirse parte de un grupo de mujeres que estén padeciendo las mismas penalidades que la protagonista. El sufrimiento compartido es un fuerte nexo de unión que bien ayuda a soportar el peso amargo de la vida cotidiana.

Ansd. Otra posibilidad es la de verse en un harén en contra de la voluntad propia, y por lo tanto sufrir las humillaciones que eso significa. En dicho caso habrá que buscar en la vida real cuál puede ser la causa de tal sentimiento de humillación. Es muy probable que la conducta sexual de la persona y de su pareja tenga mucho que ver en el asunto.

Harina. La maravilla de este polvo blanco nos infiere una grata sensación de pureza e inocencia. Es el alimento preferido en la infancia, por lo que siempre que aparezca la harina en sueños es muy probable que esté representando a la misma. Por otra parte es un símbolo de riqueza muy humilde, nada pretenciosa, lo que nos enseña a apreciar el valor de las cosas sencillas. Es importante lo que hagamos con la harina del sueño; en el caso de moler el grano para obtenerla, será signo de tener que trabajar interiormente para así poder conseguir la dicha. Si cribamos la harina estaremos de alguna forma depurando nuestro interior de los pequeños defectos y errores cometidos en el pasado.

Helada. Cuando llegan los periodos de las grandes heladas la vida se paraliza en el exterior y se alimenta el mundo interior con el fuego del hogar. Si soñamos con la helada, podríamos pensar en dos tipos de interpretaciones principales. La primera de ellas nos habla de la advertencia de que todo cuanto se refiere a la exteriorización de nuestra persona se encuentra en un estado de paralización plena. La otra nos estaría invitando a parar nuestra actividad exterior para así meditar interiormente lo que realmente estamos haciendo con nuestra vida. Esta segunda opción además nos ayudaría a sanear las relaciones con las personas que están íntimamente relacionadas con nuestra actividad, e incluso nos evitaremos algunas presencias que estén actuando a modo de parásito.

Ext. Una típica forma de mostrar a través de las imágenes oníricas que estamos insuficientemente abrigados por la noche es la de ver que está cayendo una gran helada.

Helecho. La reproducción de esta planta siempre ha representado un gran misterio para el hombre, por lo que se le han adjudicado propiedades ocultas y mágicas. Además es una planta muy sujeta a la humedad ambiental por lo que su distribución resulta antojadiza y curiosa. Se dice que soñar con un helecho es un símbolo de protección, que de alguna manera las fuerzas sutiles de la vida están velando por nosotros. En otras culturas, las hojas del helecho se han relacionado con las alas de las águilas, por lo que se ha interpretado que es una planta que representa los más elevados valores y puros sentimientos. Soñar pues con ella sería signo de que nuestro corazón late armónicamente con nuestros pensamientos.

Hélice. Con el movimiento de una hélice se genera la turbulencia que agita al mundo. Soñar con una  hélice es un signo de movimiento y de agitación. Es posible que alguien en nuestro entorno no cese de alterar el equilibrio que tanto cuesta alcanzar, y que por medio de la hélice se nos esté haciendo ver que así es. Pero se puede dar el caso de que el significado sea inverso, es decir, que el medio en el que nos encontramos y que también estará de alguna forma representado dentro del sueño, precisa de una energía de activación que debe correr por cuenta nuestra.

Hemorragia. La sangre es sin duda el fluido corporal más valioso del que disponemos. Si por algún motivo se pierde, es una clara representación de que estamos perdiendo parte de nuestra energía vital. Es menester que pongamos pronto remedio a dicha situación, para lo cual hay que valorar las causas que están generando dicha pérdida. Por supuesto que no tiene por qué ser de forma literal, es decir, la energía de la que estamos hablando es siempre de naturaleza psíquica, por lo que merece la pena trabajar con los elementos que aparezcan en el sueño con el fin de descubrir por qué perdemos energía psicoemocional en nuestra vida. Por ejemplo, si la hemorragia nos la causamos nosotros mismos con nuestra actividad es posible que estemos continuamente luchando contra nosotros mismos en la vida real.

Herencia. Es muy común que en casos de gran avidez por el vil metal, seamos capaces de olvidarnos de los valores más importantes de la existencia. Por medio de la herencia en sueños se nos está haciendo ver que lo que menos nos importa es que una persona de nuestra familia haya fallecido, tan solo se nos queda grabado el dinero que nos deja. La segunda opción resulta más elevada y en ella se utiliza la herencia a modo de simbología que refleja cómo las personas mayores que han mostrado gran ascendencia sobre nosotros nos legan cierta misión que ellos mismos no han sido capaces de realizar a lo largo de su existencia. El dinero legado en este caso es signo de riqueza espiritual.

Herida. Una lesión en nuestro cuerpo físico en el transcurso de un sueño marcha de forma paralela a las heridas que marcan nuestra psique y nuestra alma. Si aparece una acción que nos está desgarrando, hay que analizar el significado de la misma. Lo más probable es que se trate de una herida psíquica de toda la vida –un abuso, un agravio, un miedo, etc.– que en los últimos días se esté abriendo, y ser consciente de ella implica evolución personal. Su dolor no debe asustarnos, lo cual es otra de las cosas que tenemos que observar en el sueño, es decir, nuestra respuesta ante la lesión ya que nos ayudará a entender el significado del mismo.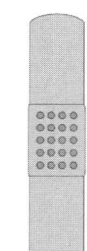

Hermanos. Lo que de alguna manera representan los hermanos en el mundo de los símbolos son aquellas virtudes y cualidades que vemos en los demás y de las que nosotros mismos carecemos. Los hermanos son nuestros iguales y por tanto nos comparamos con ellos de forma natural. Lo que le ocurra a un hermano en sueños bien nos podría estar ocurriendo a nosotros. Por eso es importante que no proyectemos sobre ellos nuestra sombra, ya que de lo contrario estaríamos tirando piedras contra nuestro propio tejado. Soñar con los hermanos es como soñar con aquella parte personal que no aceptamos de nosotros mismos.

Héroe. Este viejo arquetipo de la humanidad simboliza las más manifiestas virtudes del ser humano capaz de entregarse en defensa de los más débiles tan solo por satisfacer su deseo imparable de justicia y de deber moral. En la vida moderna la figura del héroe puede estar encarnada por un atleta, una prestigioso científico, o un aventurero tipo *Indiana Jones*, es decir, por un personaje que sobrepasa los límites de la sabiduría o la resistencia. Cuando soñamos con el héroe es posible que se nos esté advirtiendo de los peligros que representar dicho papel puede suponer. Por otra parte es posible que estemos operando de una forma poco noble en nuestra vida real por lo que los sueños al encarnarnos en la figura de héroe compensan y espiran nuestro sentimiento de culpabilidad. El héroe persigue siempre unos valores, que en el sueño se muestran de modo diverso; por ejemplo, a través del ambiente emocional. En caso de poder conocerlos, sería interesante meditar en el significado de los mismos ya que en numerosas ocasiones tras ellos se esconde un auténtico *modus operandi* plenamente egoísta y pretencioso que debemos superar.

Herradura. Se dice que la herradura es un signo de buena suerte cuando lleva siete perforaciones. Dejando de lado toda superstición, decir que la herradura por su forma nos enseña a no enfrentarnos directamente con las cosas, esto es, actúa a modo de parábola que nos enseña a dar un rodeo, ya que mostrar las intenciones personales de

forma directa puede generar serios inconvenientes. Las gentes del campo y sobre todo los ganaderos bien saben esto, y por eso la forma más adecuada de manejar al ganado –cuyo calzado ejemplar lo constituye la herradura– es con mano izquierda.

Herramientas. Sin ellas el ser humano se siente desvalido y perdido. Quizá la más destacada virtud del hombre frente al resto de los animales lo represente el hecho de poder confeccionar útiles que le permitan poder desempeñar funciones para las que la naturaleza no le ha dotado. Las herramientas son pues una prolongación de nuestro ser que nos ayuda a alcanzar la más alta y destacada posición en el mundo. Soñar con herramientas es en cierto sentido un sueño de poder en el que se presentan los útiles que nos ayudan en nuestra evolución. Lo más complicado de este tipo de sueño es trasladar su significado al plano del sutil mundo interior. Es decir, son herramientas de la psique lo que vemos representado en los sueños. Con ello se nos está brindando la oportunidad de cobrar mayor conciencia de nuestro funcionamiento interno.

Herrero. Se dice de los herreros que son los modernos alquimistas, ya que son los únicos que siguen trabajando con sus manos los elementos propios de dicho arte como son el fuego, la fragua y el metal. La magia del herrero le permite doblegar uno de los más fuertes materiales que conocemos. De alguna manera representa para nosotros la magia del saber y el conocimiento práctico. Si soñamos con un herrero, es posible que estemos añorando sus virtudes. Si consideramos que carecemos de ellas, entonces precisaremos de su presencia y así conseguiremos hacernos con su energía transformadora y práctica. Es por tanto una señal de victoria sobre las pequeñas dificultades de la vida.

Hiedra. Esta preciosa enredadera está asociada al mundo mágico de las aguas y puede ser contemplada como la fuerza femenina que se sustenta gracias al apoyo que le brindan el porte de los demás seres que tiene a su alrededor. Su fuerza denota el vigor de la vida eterna que se nutre de todo cuanto hay a su alrededor. Soñar con ella es una invitación a aprovechar cuanto la vida nos ofrece y a dar gracias por ello y así demostrar nuestro reconocimiento ante poderes mayores.

Hielo. Es el estado del agua mediante el cual el líquido elemento pierde la mayor parte de sus virtudes y propiedades. Por una parte se pierde la movilidad y la fluidez propia de este líquido. Por otra, su temperatura inhibe toda posibilidad de vida. El hielo es una paralización de la vida, y eso es lo que por medio de su presencia se nos comunica en los sueños. Cuando soñamos con hielo es probable que se nos haya enfriado el espíritu y nos falten las fuerzas morales suficientes para poder llevar a cabo nuestras más imperiosas empresas.

Hierba. Hay un refrán de los pueblos del norte de Europa que dice lo siguiente: «la hierba del vecino siempre crece más verde». En este caso la hierba se está utilizando a modo de símbolo que denota la riqueza, la suerte y la vitalidad que se manifiesta abiertamente. Soñar con hierba es símbolo de frescor, de viveza y de esperanza, pero lo difícil es encontrar el significado global del sueño y la posición relativa que la hierba ocupa en él. De esta manera podremos averiguar qué parte de nuestra vida es la que precisa del verdor de la hierba y cuál está plena de dicho vigor y esplendor.

Hierro. El hierro simboliza la fluidez material. Sus propiedades de inmejorable transmisor de la electricidad y del calor así lo muestran. Por eso cuando soñamos con metales, lo más llamativo es que, pese a su firmeza y gran cohesión, existe siempre la sensación de movimiento, aunque tan solo sea a un nivel interior. Cuando soñamos con el hierro estamos valorando la necesidad de mostrarnos firmes en nuestro comportamiento externo pero siempre dispuestos a retransmitir internamente toda información que nos llegue, es decir, mantener cierta fluidez en nuestra actitud. Por supuesto que es fundamental valorar la forma externa del utensilio hecho de este metal, ello nos ayudará a encontrar significados más precisos.

Hígado. Todos y cada uno de los órganos de nuestro cuerpo se relacionan con un estado emocional concreto y con un sentimiento. En el caso del hígado encontramos que la melancolía es su principal sentimiento, es decir, cuando el hígado cobra especial protagonismo por su disfunción, mostramos una actitud melancólica frente al mundo. Soñar con el hígado puede ser interpretado como un exceso de este tipo de estado del cual debemos salir por medio de un firme propósito de mejorar. Por otra parte es posible que soñar con el hígado nos esté haciendo ver los excesos a los que le sometemos con nuestra alimentación.

Ext. Por su gran aporte en vitaminas y otros nutrientes esenciales, el hígado de nuestros sueños puede estar sugiriendo que nos hace falta incorporar dicho alimento a nuestra dieta.

Higuera. En el mundo antiguo se ha valorado notablemente este árbol por ser fuente de alimento tanto para las personas como para el ganado. Por su fruto, así como por la leche que corre por el interior de sus retorcidas ramas, la higuera ha sido desde siempre considerada como un símbolo de femineidad o incluso de erotismo. Soñar con una higuera puede ser considerado como una señal de abundancia y de riqueza interior.

S. Deseo. Por lo jugoso de sus frutos y su dulzor, su presencia en sueños bien puede ser interpretada como deseo sexual, sobre todo si se comparte con una persona de otro sexo.

Hijo. Es difícil sintetizar en unas pocas líneas todo lo que los hijos pueden llegar a representar. Sin duda alguna son nuestra más elevada e importante creación, ya que les ofrecemos una buena parte de nuestra vida. Por otro lado simbolizan el disfrute de la vida y la posibilidad de realización en cualquiera de las cuatro direcciones. Soñar con los hijos es lo mismo que soñar con nuestras más ardientes ilusiones. Ocurra lo que les ocurra nos afectará de inmediato y lo padeceremos sin que podamos evitarlo ni tampoco hacer nada para solucionarlo.

Ansd. Es frecuente que los sueños sobre nuestros hijos sean de ansiedad. Por ejemplo, un padre reciente puede soñar que extravía a su hijo y no consigue encontrarle. Lo cual, más que decirnos que somos malos padres, significa que tanta responsabilidad nos agobia y nuestros sueños dan salida a esta ansiedad.

Otros. Se puede dar el caso de ver a nuestros hijos como una vía que nos conduzca al disfrute de lo bueno de la vida. Esta imagen nos estará invitando a modificar nuestra conducta habitual, posiblemente demasiado rígida y seria.

Hinchar. Según la escuela psicoanalista, todas las acciones que actúen de forma acumulativa y repetitiva estarán íntimamente relacionadas con el acto sexual y la excitación de la libido. Hinchar es una de las más características ya que, al igual que el acto sexual, tiene un final claramente definido y claramente liberador de la tensión acumulada.

Hipopótamo. El estilo de vida de este animal nos recuerda al comportamiento del cerdo pero a una escala mucho mayor.

Su gusto por los humedales y los barrizales así nos lo muestra. La mera imagen de un hipopótamo andando por el lecho de un río o chapoteando cual cerdo gigante es una clara muestra del disfrute más elemental que se pueda dar en la naturaleza. El hipopótamo de nuestros sueños nos invita a disfrutar del placer con mayúsculas, a recrearnos en un mundo lleno de endorfinas, pero ojo, ¡al hipopótamo no hay que molestarle!, la rabia de tener que desperdiciar un solo instante de placer para tener que defenderse puede ser inconmensurable.

Hippy. Este personaje portará toda la carga de nuestros ideales de juventud, que por medio del sueño están reivindicando su lugar y sus valores indiscutibles. Si por otra parte nos consideramos un poco hippies, entonces nos estaremos identificando con la imagen de nuestros sueños y lo que le ocurra será lo que deberá ser interpretado.
Sprt. Es por todos conocida la importancia que el movimiento hippy otorgó a los valores espirituales en décadas anteriores. Es posible que el hippy de nuestros sueños esté representando a nuestro propio espíritu.

Hoguera. Se podría decir que es el símbolo del fuego dominado por el hombre. La hoguera representa el fuego en su justa medida pero precisando del constante aporte de leña y atención. A cambio la hoguera nos lo da todo, su luz, su calor y su protección frente a las fieras. Soñar con una hoguera puede ser muy significativo ya que es posible que anhelemos el calor y la protección en nuestra vida real. También la hoguera es un signo de riqueza y de poderío. Podemos tomar una referencia de nuestra energía personal por medio de la hoguera de nuestros sueños.

Hoja. Esta finísima estructura vegetal puede ser vista como una muestra inequívoca de la presencia de vida. Cuando tras  el duro invierno no somos apenas capaces de diferenciar un árbol muerto de otro en claro estado de latencia, los primeros brotes de las hojas nos muestran la esperanza con su tímido verdor. Soñar con hojas es indicativo de un futuro venturoso y prometedor. En el caso de ver hojas secas o amarillentas en nuestro sueño, habrá que pensar en la melancolía propia del otoño.

Hollín. Este fino polvo negro que no cesa nunca de salir de las conducciones de las calderas, no es un signo muy grato a la hora de interpretar un sueño. Por una parte se considera que es signo de penurias y de condiciones poco prometedoras. Pero si en el sueño aparecemos limpiando el hollín por completo, entonces es indicativo de que estamos mejorando las condiciones de nuestro entorno, por lo que habrá que pensar que los resultados serán más satisfactorios.

Hombro. Esta parte del cuerpo resalta por su potencia y capacidad de movimiento. Lo más probable es que cuando en sueños nuestra atención quede fijada en los hombros haya de ser interpretado como la necesidad de desarrollarnos, es decir, necesitamos ponernos a prueba. Así conseguiremos tomar mayor seguridad y conciencia de nosotros mismos.

Hormigas. Por lo general los sueños en los que aparecen insectos suelen ser interpretados como señal clara de cierta falta de salud física o psíquica. Pero en el caso de las hormigas y debido a su incansable batallar diario, es probable que estemos usando dicha imagen por su capacidad de trabajo y su incansable labor. Si soñamos con hormigas posiblemente se nos esté haciendo ver que nuestra vida apenas difiere sustancialmente de la suya, lo que podría también relacionarse con cierto estado de estrés y depresión. En el caso de estar alegres y felices, en lugar de identificarnos con las hormigas lo que estamos haciendo es identificar a otros con estos incansables insectos.

Horno. Se dice que la cocina es un reflejo de la madre por ser el lugar donde se prepara todo el alimento que nos nutre. Resulta evidente que el horno simbolice entonces al corazón de la madre, que con tanto amor nos premia con dulces y ricos asados. Cuando soñamos con el horno lo más probable es que se esté interpretando el poder transmutador de la madre capaz de dar la vuelta a lo malo para conseguir siempre un cálido y agradable final. En el caso de que la persona tenga hijos, se podría pensar que tal sueño significa que el soñador está siendo un tanto austero y frío en la educación de los pequeños, por lo que no vendría mal un poco más de calor de hogar y amor maternal.

Horóscopo. Hay personas que están sumamente sugestionadas con el futuro.

El horóscopo ha adquirido hoy en día un significado puramente predictivo, lo que es un error, aunque a la hora de interpretar su significado en sueños no queda otro remedio que tratarlo así. Soñar pues con el horóscopo nos indica que nos preocupamos en exceso por el futuro seguramente descuidando el presente, lo que estará reflejando lo absurdo de nuestro proceder.

Hospital. Hay quien dice que el hospital más que una casa de salud es un lugar por donde se pasa antes de morir. Algo de razón hay en ello, pero más que pensar en la muerte lo que aquí nos interesa es lo que se siente cuando uno se encuentra hospitalizado. Lo más relevante es el tiempo que se ha de pasar en dicha institución. La enfermedad parece lo de menos, lo que más preocupa es la retención o la privación de libertad. Soñar con un hospital es como tener presente que estamos condenados a tener que pagar nuestras faltas a base de nuestra libertad. También puede ser que la imagen onírica del hospital nos esté indicando cuán temerosos nos mostramos ante la enfermedad.

Hotel. A la hora de soñar con un hotel es importante observar el detalle del lujo y de la categoría del lugar, ya que muchas veces la aparición de un hotel en uno de nuestros sueños implica nuestros deseos de vivir lujosamente. Por otra parte el hotel es un signo de vida itinerante, de desarraigo y desplazamiento. Es posible que por medio de esta imagen y a través de nuestros sueños se nos esté haciendo ver que estamos hartos de estar lejos de nuestro hogar. Aunque también la interpretación puede ser de orden inverso, es decir, que vivimos en una casa a la que vemos como si de una pensión se tratara, lo que denotaría una gran inestabilidad en la vida del soñador.

Hoz. Es un elemento que se relaciona con la muerte al igual que la guadaña y al mismo tiempo está simbolizando el poder del pueblo. Al soñar con la hoz estamos siendo testigos de la fuerza de la humildad, lo que nos sugiere unirnos a ella. Pero también estos sueños destacan la importancia de tomar una decisión tajante basada en el más claro sentido común.

Hucha. Al tratarse de un recipiente nos encontraremos ante un claro símbolo de femineidad. A la vez simboliza la acumulación de la riqueza, por lo que el sueño sería generado por nuestro inconsciente porque probablemente estemos atravesando un periodo delicado en la vida real y nos convendría intentar acumular y fomentar el ahorro de energías.

Huellas. Simbolizan la presencia divina, el camino que el hombre debe seguir. Cuando en un sueño estamos viendo nuestras propias huellas, querrá decir que es importante que tomemos conciencia de lo que vamos dejando por la vida. Posiblemente se trate de una toma de contacto con nuestras propias creaciones. En el caso de ver las huellas de otra persona, lo más importante es asimilar la posición relativa que dicha imagen supone. Es decir, se interpretará que se nos está haciendo ver que en lugar de andar nuestro propio camino nos estamos dejando guiar por la experiencia de los demás.

Huerto. La imagen de un buen huerto es siempre muy reconfortante y demuestra el estado de la persona que lo mantiene. Si el huerto que aparece en nuestros sueños es de nuestra propiedad nos servirá a modo de espejo, reflejando nuestra persona, y por tanto habrá que subrayar la idea de que tenemos que ser más orgullosos y exigentes con nosotros mismos. Si vemos la huerta de otras personas conocidas, posiblemente lo que debamos interpretar es la comparación y la envidia que ello nos podría generar. Si el sentimiento es de alegría interpretaremos que sentimos gran cariño por dicha persona; en el caso de ser un sentimiento negativo estaremos siendo ruines en nuestro comportamiento real con ella.

Huesos. Si apreciamos que los huesos son la parte sólida del cuerpo, es lógico pensar que representen la firmeza de nuestro carácter. Si los huesos son de cualquier otro animal, entonces lo que habrá que señalar es el implacable paso del tiempo y su relación con la muerte. Puede darse el caso de que en sueños nos accidentemos y se nos fracture un hueso, por lo que se debe consultar el término FRACTURA.

Huevo. Es uno de los más claros símbolos que señalan al principio vital. El huevo puede simbolizar el germen de todo principio. La cáscara representa la ignorancia absoluta, es el velo que nos impide ver la realidad de la vida. La clara es signo de agua y de relación entre el mundo interior y el exterior. Por último la yema es símbolo de lo genuino, de lo irrepetible e intransferible. Cuando en sueños aparece un huevo en su forma natural, hay que interpretar que nos encontramos ante un nuevo mundo que es totalmente desconocido para nuestro entendimiento. Por una parte el huevo simboliza –a no ser que esté dañado– todo tipo de posibilidades a realizar por el individuo que están bajo la protección de la buena ventura.

Humo. Se dice que la chimenea es la puerta de la casa que nos comunica con el cielo. El humo se encargará de portar nuestros mensajes y de elevar el alma. Cuando soñamos con humo nos vemos obligados a interpretar que se exige de nosotros una mayor purificación espiritual. Pero si se da el caso de que nos encontremos en mitad de una humareda que nos impida ver, será inevitable que pensemos en que nos encontramos en medio de una etapa de gran confusión.

Ídolo. Existen numerosas formas de representar a un ídolo. Lo más normal es que las personas famosas –actores, cantantes, etc.– representen a los ídolos de la juventud. En dicho caso, cuando la persona sueña con su ídolo, este representa un profundo deseo de identificación con todos y cada uno de los detalles de dicho personaje. Se trata por tanto de un sueño de satisfacción del deseo, es decir, se disfruta de la idea de vivir como una gran estrella. Para las personas más maduras, el ídolo suele ser una representación de un mito, de un dios o de un gurú. Existen muchos tipos de representaciones que por lo general presentan una imagen exterior arcaica. En este caso el ídolo también es un sueño de satisfacción del deseo, pero a diferencia del caso anterior, ahora nos encontramos con unos valores interiores que se ayudan de una casi ridícula imagen externa. Para ambos casos, soñar con el ídolo personal es una manera que usa el inconsciente para recordarnos que siempre precisamos de algún tipo de guía que nos indique qué dirección tomar.

Sprt. Un ídolo podría estar representando nuestro «sí mismo», y por tanto aparecería en nuestro sueño –normalmente bajo la forma de un sabio, un santo o un profeta de igual sexo que el soñador– como un indicio de crecimiento interior.

Iglesia. Para poder interpretar debidamente lo que significa soñar con una

iglesia es importante definir las relaciones que la persona tiene con la religión y si es practicante o no. Por lo general la iglesia representa el lugar sagrado al que hay que acudir con asiduidad para restablecer la conexión con Dios y con el mundo del espíritu. Por eso aquellos a los que en su vida les hayan inculcado un culto concreto, si no lo practican les invadirá un sentimiento de culpa que será lo que aflore tras la imagen onírica de la iglesia. Para otras personas menos creyentes la iglesia de los sueños puede representar un claro signo de poder y jerarquía, mientras que para las personas más espirituales no practicantes de ninguna religión concreta, la iglesia es un lugar que encierra y limita la expansión del alma.

Imán. Lo más llamativo de esta curiosa energía de la naturaleza es el poder de atracción, es decir, el magnetismo que opera por medio del imán. No hace falta decir que las personas usamos y causamos gran atracción sobre los demás con nuestra mera presencia. Por eso lo más común es que cuando soñemos con un imán se esté utilizando esta imagen para representar de algún modo este tipo de magnetismo interpersonal.
Otros. Puede darse el caso de que el sueño con imanes esté relacionado con ciertos desajustes orgánicos y fisiológicos basados en la polarización.

Impermeable. El agua representa simbólicamente la vida y las relaciones afectivas. El impermeable de nuestros sueños opera a modo de coraza antiemociones que nos permite mantener un mundo interior inalterable. Cuando

este sueño se repite, es decir, el individuo se ve provisto de este tipo de prenda, se puede casi asegurar que la persona carece de la suficiente fuerza interior como para poder permitir la entrada de otras personas en su intimidad sin que ello le afecte o le provoque una crisis.

Impotencia. Por lo general este sentimiento se encuentra asociado a un gran miedo personal, que suele ser la causa principal que genera esta clase de sueños. Todos hemos sufrido alguna vez en la vida este tipo de sensación ya que es una de las principales angustias que azotan al ser humano en los primeros estadios de su vida. Soñar con la impotencia puede ser en parte una regresión al estado de bebé al que le tienen que hacer todo, incluso consolarlo. Por otra parte entra en escena el orgullo, el cual a veces duda de la propia energía personal. En este caso lo que se está produciendo es un miedo al fracaso que suele acompañarnos en aquellos momentos de la vida real de muy baja autoestima.

Incendio. Para comprender bien este tipo de sueño resulta imprescindible que nos familiaricemos con lo expresado en el término FUEGO. El incendio es ante todo una alarma que nos está avisando que todas nuestras pertenencias pueden irse al traste de la noche a la mañana. El fuego del incendio nos invita a hacer el pequeño esfuerzo mental a través del cual nos imaginamos lo que sería de nosotros si nos viéramos privados de todo cuanto poseemos. En cierta medida, esta catástrofe onírica nos incita a pensar en una renovación personal que nos haga reforzar el vínculo entre la vida cotidiana y los más altos valores del espíritu.

Incesto. Por lo general el amor entre los hermanos es algo que ha existido de forma natural. Representa uno de los más puros sentimientos que desde pequeños han aprendido de sus padres. El miedo a que resurja este amor en la edad adulta ha generado la idea del incesto, que por el bien de la sociedad hay que combatir. Cuando soñamos que estamos realizando actos incestuosos se suele interpretar que el individuo no se siente plenamente satisfecho por su vida en pareja y que añora la sensibilidad y el mimo del que disfrutó con sus hermanos muchos años atrás.

Incienso. El humo del incienso es una representación de la elevación del espíritu, que a la vez se purifica y regenera. Cuando soñamos con ello, hay que pensar que nuestro inconsciente nos está pidiendo a gritos que nos dediquemos a satisfacer los deseos de nuestro espíritu.

Ext. Los aromas percibidos durante el descanso nocturno muchas veces se pueden representar e incluir en los sueños por medio de imágenes semejantes a la de la varita de incienso.

Indemnización. Las deudas contraídas con los demás muchas veces no quedan lo suficientemente claras y generan resquemor y malentendidos. Si en uno de nuestros sueños nos vemos indemnizando a alguien o viceversa, habrá que pensar que no nos encontramos en paz con dicha persona. Lo más normal es que estemos viviendo un sueño de compensación de la realidad, para así poder disfrutar del maravilloso desahogo que produce la sensación de vivir sin deudas hacia los demás.

Independencia. Por lo general en la vida vamos adoptando nuevos y cada vez más complejos compromisos que poco a poco acabarán por pesarnos. Lo más habitual es que intentemos huir de ello aunque tan solo sea a través de los sueños. Para mejor entendimiento de lo que nos está queriendo comunicar el inconsciente se debe intentar dilucidar cuál es el lastre cuyo abandono ha generado el sentimiento de independencia vivido por medio del sueño.

Indigestión. Hay dos tipos principales de interpretación para esta clase de sueños. Lo más común es que se trate de un sueño generado por causas externas, es decir, seguramente habremos cenado demasiado y la sensación de pesadez se traduce en una imagen de indigestión. Pero por otra parte no hay que olvidar que todo lo que se vive en sueños puede ser tomado como un producto destinado exclusivamente para el mundo interior y para la vida psíquica. En este caos el sueño nos estará clarificando las ideas respecto a ciertos asuntos de nuestra vida que no somos capaces de solucionar o «digerir» por nosotros mismos.

Infancia. Se dice que cualquier tiempo pasado fue mejor. Es decir, tendemos a olvidar lo malo de las cosas y a recordar aquellas situaciones que nos produjeron gran satisfacción. Volver a vivir la infancia es uno de los más envidiables deseos que pueden satisfacerse por medio del sueño. En la infancia estábamos más vivos y las emociones se secundaban a una velocidad vertiginosa, lo que nos hacía sentir la vida a flor de piel. Cuando soñamos que retornamos a aquellos tiempos posiblemente quiera decir que tenemos que hacer un pequeño esfuerzo para volver a sentirnos como entonces, para lo cual quizá debiéramos jugar como niños en nuestra vida actual.

Infierno. Como siempre que nos referimos a conceptos de tipo religioso, resulta imprescindible a la hora de hacer una buena interpretación de los sueños, contemplar lo que entendemos personalmente por infierno. Como nos encontramos ante siglos de tradición católica, no nos queda más remedio que interpretar que el infierno es un lugar de castigo y pago por nuestras malas acciones. Pero, ¿estamos seguros de lo que es el bien y el mal para nosotros? Nos encontramos, pues, ante una situación delicada en la que merece la pena disfrutar del tipo de infierno que aparezca en nuestros sueños porque así por lo menos llegaremos a conocer la manera en que nuestro subconsciente ve dicho reino. El ambiente emocional es de esperar que sea negativo, pero por lo general se encontrarán atisbos de energías que merecerán la pena ser consideradas.

Otros. Para Jung el infierno está señalando cuáles son las faltas que nos señala la sociedad y que subyacen en cada momento en el inconsciente colectivo. Soñar con el averno es una manera de conectar con lo que permanece común a todos los seres humanos en un momento dado de la historia y de la cultura.

Infusión. Si la persona que sueña con este tipo de bebida suele tomarlas de forma cotidiana, entonces la imagen no tiene mayor importancia que la de señalar situaciones rutinarias. Pero, en caso contrario, habrá que pensar que se trata de una bebida a modo de medicamento, por lo que el individuo se está considerando a sí mismo como una persona enferma. Además la enfermedad de los sueños puede estar haciendo referencia tanto al cuerpo como a la psique y al mundo interior. Cabe pensar que la infusión –sobre todo si sabemos de qué tipo se trata– nos esté indicando el tipo de afección emocional o física que nos atañe.

Injusticia. En ocasiones el inconsciente opera a modo de drenaje emocional que nos permite conocer cuáles son las cosas que están haciendo mella en nuestra persona. Las injusticias que aparecen en nuestros sueños así lo están mostrando. Por una parte nos indican aquellas cosas que están marchando en contra de nuestros principios más profundos y por otra parte nos avisan de la manera en que nuestro inconsciente está apreciando el comportamiento de los demás.

Inocente. En caso de que aparezcamos como tal en la trama de un sueño ello quiere decir que estamos siendo juzgados en la vida real por otras personas de nuestro entorno. Lo importante de este sueño es ver por qué se nos juzga y quiénes son las personas implicadas en ello.

Insectos. Por lo general los insectos causan al ser humano una serie de irritaciones y sensaciones de malestar. Por otra parte hay un sinfín de estos pequeños animalillos que intervienen en los procesos de descomposición que tanto desagrado nos provoca. Es de esperar, por tanto, que soñar con insectos no sea lo que se dice un símbolo nada agradable. Es más, en algunos casos puede incluso llegar a significar que el individuo se encuentra atravesando una racha de poca salud. Cuando soñamos con insectos nuestro inconsciente está manifestando una enérgica respuesta ante la irritación que impera en el mundo que nos circunda. Otra posibilidad es que se nos esté haciendo ver que nos encontramos temerosos por la perdurabilidad de nuestras obras, que por lo general suelen aparecer como víctimas de la acción de estos pequeños y molestos seres.

Inspector. A menudo la figura del inspector hace referencia a la figura interior que poseemos del principio de autoridad. Cuando soñamos que alguien nos está sometiendo a una inspección es una manera de manifestar nuestro desacuerdo ante la invasión que alguna persona está ejerciendo sobre nuestra intimidad. También se puede ver la presencia del inspector como el temor a ser descubiertos por algún tipo de actividad fraudulenta que estemos llevando a cabo.

Instrumento.
Los instrumentos musicales representan el sentimentalismo. Cuando soñamos con ellos habrá que pensar que nuestro inconsciente está de alguna forma intentando decirnos que precisamos dar salida a nuestros sentimientos y sobre todo darles una forma concreta para que los demás puedan participar y disfrutar de ellos.
Otros. No hay que olvidar que el sueño es un proceso que bien puede estar actuando a modo de revelación. En el caso del instrumento musical bien podría ser que nos encontráramos ante el medio a través del cual poder dar cauce a nuestra energía.

Intoxicación. Por lo general se trata de un tipo de sueño propio de aquellos generados por estímulos externos. Se debe interpretar, por tanto, que nuestro cuerpo precisa de depuración y limpieza. Puede ser que nos encontremos ante una intoxicación grave, pero no tiene por qué ser el caso. Puede tratarse de algo más sutil y que esté pasando desapercibido para nuestra atención. Incluso podría ser que se tratara de un tipo de emoción, sentimiento o costumbre que esté perjudicándonos en exceso.

Inundación. Como siempre que el elemento agua entra en acción, será conveniente que pensemos en las emociones, en las relaciones personales y en las fuerzas vitales. Soñar con una inundación puede ser un claro síntoma del temor que nos provocan ciertas relaciones personales o el temor a que se desaten enérgicas pasiones que nos hagan perder el control sobre nuestro mundo emocional. Además la inundación también puede ser contemplada como la manifestación más abstracta de los miedos que nos han sido transmitidos en nuestra educación.

Inventario. Si soñamos que tenemos que hacer un inventario o nos vemos haciendo un repaso a todas nuestras posesiones, cuentas y relaciones, habrá que interpretar que personalmente estamos dejando atrás una etapa importante de la vida y que nos preparamos ante otra nueva. Al hacer inventario en sueños estamos ordenando nuestra vida para que así no se mezclen las nuevas experiencias que vamos a vivir con nuestros recuerdos y asuntos pendientes.

Invernadero. Cuando estamos temerosos de las energías que aparecen a nuestro alrededor, es bastante frecuente que aparezcan imágenes como estas en nuestros sueños. Si nos vemos construyendo un invernadero en alguno de nuestros sueños, interpretaremos que nos estamos preparando ante las inclemencias que están por venir.
Ext. Malas condiciones atmosféricas durante la noche podrían ser causa suficiente para que se incube la imagen de invernadero que nos haga sentir más protegidos.

Invierno. Cada estación tiene una serie de energías en alza y otras en detrimento. El invierno nos invita a recogernos, a cultivar nuestra energía interior y a disfrutar de nosotros mismos y de las personas que nos rodean. En el

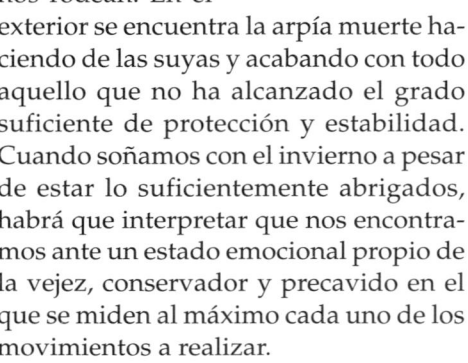

exterior se encuentra la arpía muerte haciendo de las suyas y acabando con todo aquello que no ha alcanzado el grado suficiente de protección y estabilidad. Cuando soñamos con el invierno a pesar de estar lo suficientemente abrigados, habrá que interpretar que nos encontramos ante un estado emocional propio de la vejez, conservador y precavido en el que se miden al máximo cada uno de los movimientos a realizar.

Invitación. Las invitaciones son cesiones que hacemos a otras personas de nuestra energía personal. Pero lo que más resalta ante este tipo de actos es el rigor que se espera de ellos. No cabe duda de que tanto como si invitamos como si estamos invitando, hay que respetar al máximo para así ser respetados. Otra posible interpretación gira en torno a lo buenos anfitriones que en un momento dado podemos llegar a ser. La invitación puede tomarse a modo de consejo del inconsciente que nos invita a hacer participar a otros de nuestra vida interior.

Inyección. Todos de pequeños hemos sentido en mayor o menor grado gran pavor ante la mera idea de ser pinchados. Dicho temor permanece en el inconsciente y aflora por medio de los sue-

ños en los que aparece la imagen de la jeringuilla. Lo que seguramente se esconde tras la imagen del médico que nos pincha es la invasión que se produce sobre nuestro cuerpo, que es semejante a una violación de nuestra intimidad.

Isla. Muchas veces se ha dicho que toda isla opera a un nivel inconsciente como un lugar des-habitado, lo que inevitablemente nos deja a solas con nosotros mismos. Es, por tanto, un lugar de meditación y reconciliación con nuestra vida. Cada persona tendrá su lugar interior para recogerse, la isla de los sueños puede estar salpicada de detalles que nos ayudarán a identificar nuestros más íntimos deseos. También pueden aparecer sentimientos y sensaciones adversas que nos ayudarán a conocer cuáles son nuestros miedos ante la soledad.

J

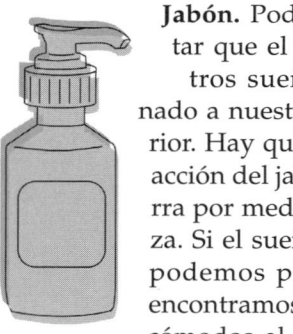

Jabón. Podemos interpretar que el jabón de nuestros sueños está destinado a nuestro mundo interior. Hay que pensar que la acción del jabón todo lo borra por medio de la limpieza. Si el sueño es favorable podemos pensar que nos encontramos interiormente cómodos al utilizarlo, pero si nos vemos obligados, si nos sentimos presionados en el sueño, lo interpretaremos como que nos negamos a borrar viejas huellas por miedo a perder simbólicamente parte de nuestra vida.

Jade. Esta piedra semipreciosa ha sido considerada por la cultura china como uno de los alimentos propios del espíritu. Cuando se sueña con el jade de alguna manera se están imponiendo las fuerzas espirituales para que no tengamos ni la menor opción de escapar de nuestra misión en la vida. El jade nos impulsa a superarnos continuamente y su presencia en los sueños así nos lo está indicando.

Jamón. Por lo general la presencia de un alimento concreto está reflejando una apetencia bien justificada, y aunque se tratase de un sueño de satisfacción del deseo y con él el capricho de saciar nuestro apetito quedara satisfecho, en general esto es poco común. En el caso del jamón bien podría tratarse de la deficiencia de una sal o de algún otro elemento como el yodo que aparece en altas concentraciones en este alimento.

Jardín. El gusto de las personas por los jardines viene desde muy antiguo y desde siempre se ha interpretado tal afición con el trabajo del hombre en el paraíso. Si soñamos con un jardín estaremos ante una imagen que nos da idea de cómo es nuestro mundo idílico. Al analizar el jardín de nuestros sueños podremos conocer mejor nuestro mundo interior. Los más ínfimos detalles pueden estar diciendo mucho al respecto de nuestros miedos, nuestros caprichos y delirios.

Jarro. Es bien conocida la relación de este utensilio con el gran vaso de la vida del que nunca cesa el maravilloso fluir de la vitalidad. Cuando soñamos con una jarra de alguna manera estamos haciendo mención al aporte de su contenido, el cual es siempre beneficioso. Si de la jarra vemos salir algún tipo de flor habrá que interpretarlo a modo de buen augurio que nos incita a beneficiarnos de las virtudes propias de la fertilidad y fecundidad. Por otra parte bien podemos ver al jarrón como un medio de contención de las emociones y sentimientos. La belleza, el tamaño, el color y el material que lo forman nos estarán diciendo de qué manera nos vemos reflejados en los demás.

Jaula. Si está vacía no quedará más remedio que pensar que hemos perdido algo muy bello y difícil de volver a conseguir. En el caso de estar ocupada habrá que observar las características del pájaro ya que estará simbolizando en parte al artista que lle-

vamos en nuestro interior. Cabe también el caso de ver la jaula como un medio de represión que coarta la libertad. En dicho caso se interpretará el sueño como que nos identificamos más con los animales y la naturaleza que con los hombres, lo que nos llevará a pensar que no nos sentimos cómodos en la sociedad que nos rodea.

Jefe. No cabe duda de que el jefe es el principio de autoridad que desde siempre el padre ha representado para el hijo. Cuando soñamos con el jefe en la mayoría de los casos se trata de un sueño típico de carácter profesional en el que la rutina y los problemas no cesan de aflorar. Pero también se puede dar el caso de que estemos soñando con una persona que ya no es nuestro jefe, con lo cual es muy posible que se trate de una clara asociación de ideas propias del psicoanálisis en el que el jefe represente o bien a la autoridad, a la legalidad, al padre –como ya hemos dicho– o incluso a la pareja.
Sprt. Se puede dar el caso de que el jefe sea una persona entrañable que actúe a modo de guía interior. En este caso el jefe representa la sabiduría, que es en definitiva lo que tal figura debería encarnar.

Jersey. Este es un caso típico en el que el jersey está operando a modo de prenda para el cuerpo interior. Las prendas de abrigo son siempre una forma muy usada por el inconsciente para demarcar la idea de protección ante las condiciones reinantes en el exterior. El material, el color y otros detalles más pueden estar diciéndonos cuáles son las energías que utilizamos contra el agente externo que tanto nos preocupa.

Ext. Puede darse el caso de estar pasando frío en la noche, y el jersey representaría una ayuda para combatir la posible interrupción del sueño.

Jirafa. Se dice que a la jirafa le cuesta enormemente alimentarse de lo que crece en el suelo, y que su especialización en árboles y arbustos puede ser para ella tanto una ventaja como un inconveniente. Si soñamos con una jirafa bien podría interpretarse a modo de una excesiva especialización por parte nuestra, como si nos estuviéramos encerrando en una serie de costumbres que pudieran conducirnos al aislamiento y a la incomprensión por parte de los demás. Si soñamos con una jirafa y en parte nos toca identificarnos con ella, se nos está aconsejando mayor flexibilidad, más humildad y capacidad de adaptación.

Joroba. Se dice que las malformaciones son producto de la experiencia y del trabajo, lo que conlleva siempre una gran experiencia y una peculiaridad en el carácter y la personalidad. Además a las malformaciones se les atribuye un tipo de energía o don particular que en el caso del jorobado se trata de la suerte. Si soñamos con un jorobado o nos sale una joroba en sueños esto quiere decir que nos estamos enfrentando a los miedos propios de la degeneración profesional por el papel que nos ha tocado. Pero también se debe de ver a modo de información para poder corregir aquellos excesos y defectos que nos afectan en demasía. Tocar a un jorobado en sueños podría significar que inconscientemente estamos invocando a la fortuna para que nos acompañe en estos momentos de nuestra existencia.

Joyas. Para algunas mujeres las joyas son una auténtica manera de resaltar su valor personal. Es decir, las joyas bien pueden estar incrementando la personalidad del individuo que las lleva, o realzando su poder personal. En este caso, la joya onírica nos muestra que debemos incrementar el valor de nuestro mundo interior incorporando a nuestra vida actos y comportamientos de gran valor.

Jubilado. En el caso de ser una persona joven la que sueñe con la jubilación estaremos ante un claro sueño de satisfacción del deseo. Mientras que para otras personas de más edad, la jubilación bien puede representar un fantasma cuya presencia no resulta nada agradable. En líneas generales la jubilación que aparece en sueños nos está invitando a vivir como si dispusiéramos de todo el tiempo del mundo, pero no para desperdiciarlo, sino para hacer las cosas con el debido cariño y la atención que precisan.

Juego. El hecho de aparecer jugando como niños en sueños nos produce un estado emocional que difícilmente conseguimos saborear en nuestra vida ordinaria. Jung decía que la infancia era un mar de sentimientos y emociones dignas de revivir. Los sueños así nos lo indican, y si en la realidad nos permitiéramos jugar a pesar de nuestra edad, descubriríamos la maravilla de volver a sentirse como un niño. Por tanto el sueño debe ser interpretado a modo de invitación a adoptar una postura más alegre y ligera en la vida.

Juez. La presencia de esta figura social nos lleva directamente a pensar en el principio de autoridad que debe permanecer fiel a los dictámenes de sus valores. Por medio del juez que aparece en sueños podemos estar representando a nuestro jefe, a nuestro padre o simplemente a la autoridad social. En el caso de que nos veamos a nosotros mismos desempeñando el papel de juez tendremos que pensar que la vida nos está poniendo en una seria disyuntiva que bien podría ser causa de las más intensas preocupaciones.

Sprt. Además de ser un problema de la vida real, se puede dar el caso de encontrarnos ante un problema de tipo espiritual o moral.

Junco. Esta es una de las plantas indicadoras de aguas más común, por lo tanto habrá que pensar que de alguna manera estará representado al fluido vital y sus cualidades más destacadas. Lo más llamativo del junco es su flexibilidad que le permite ceder y no presentar resistencia ante las más impetuosas de las fuerzas para volver a su posición nada más hayan pasado estas. Además se muestra reacia a ser arrancada, es una planta fuertemente arraigada a la tierra. Soñar con ella es como identificarse un poco con el junco. Por un lado se nos brinda la oportunidad de aparecer en los sitios donde realmente hay la suficiente actividad humana para que las relaciones sean del todo satisfactorias, por otra parte debemos ceder ante las fuerzas vitales más intensas pero sin dejar de mostrarnos reacios a ser desarraigados.

K

Kárate. Las artes marciales simbolizan una de las preparaciones más exhaustivas del cuerpo y de la mente. En el caso de que aparezcamos en sueños ejercitándonos y adentrándonos en dichas artes deberemos pensar que nuestro inconsciente nos sugiere que nos trabajemos interiormente con la misma intensidad y dedicación. También se puede dar la situación de que este tipo de sueños aparezca cuando nos sentimos en la vida real amenazados por algo o por alguien.

Kilómetros. Cuando en sueños recorremos kilómetros y kilómetros sin parar hay que pensar que estamos ante un sueño repetitivo en el que se reproducen conductas cotidianas propias del trabajo o de la conducción. Si este es el caso, lo más normal es que el descanso no sea completo ni muy intenso por lo que nos parecerá haber estado de viaje durante toda la noche.

Otros. Es posible que nos hallemos ante un clásico sueño de evasión en el que todos nuestros deseos se realizarán a base de poner kilómetros de por medio.

Kiosco. Esta curiosa construcción está muy relacionada con las actividades de tipo lúdico y de esparcimiento. Por lo general está situado en ambientes gratos, bellos y de disfrute, por lo que la energía que transmite o que contiene es siempre bastante agradable. La presencia en sueños del kiosco de la música de los parques o de un kiosco de helados nos estará indicando que buscamos una forma de relacionarnos con el mundo más desenfadada y ligera.

Otros. En el caso de que el kiosco sea de prensa habrá que pensar que nos sentimos desconectados del mundo de la actualidad.

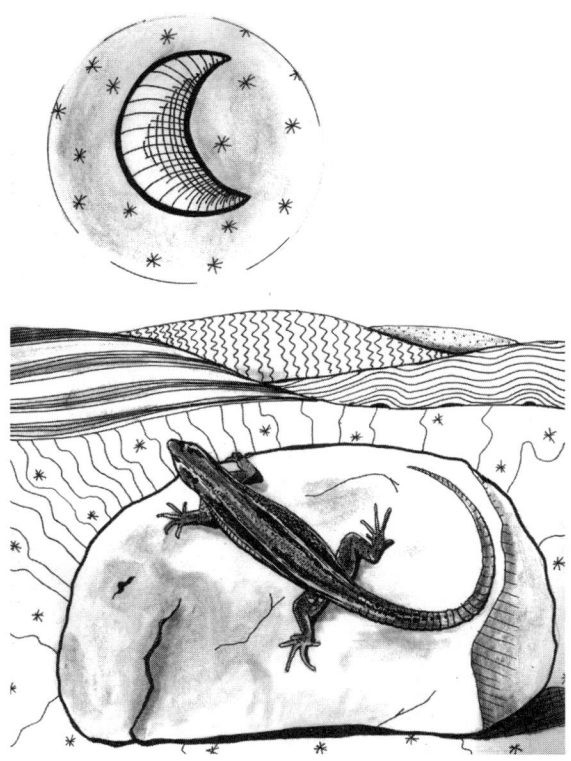

Laberinto. Simboliza el retorno al estado de inocencia primordial. Es la vuelta al paraíso, pero para ello primero hay que recorrer un camino lleno de pruebas y de trampas. En cierta medida es una imagen de resurrección, de regeneración, que exige concentración, templanza y evolución personal.

Ansd. Generalmente el laberinto onírico suele ir acompañado por cierta sensación de ansiedad. Esto ocurre porque nos hace tomar conciencia de cuáles son nuestras debilidades. El grado en que aparece esta sensación nos está indicando hasta qué punto confiamos en nuestro inconsciente y si nos dejamos o no llevar fácilmente por él.

Sprt. El centro del laberinto se puede interpretar como la iluminación del alma, y el camino a recorrer se asemeja a las duras pruebas que nos depara dia-

riamente la vida. Las complicaciones y trampas que puedan aparecer tienen origen en nuestro inconsciente, son nuestros miedos. El camino se cierra y se complica según la naturaleza de nuestras emociones. La confianza y la claridad mental son las claves para facilitar el acceso a tan apreciado fin del camino.

Labios. Normalmente el color y el estado de los labios nos están ofreciendo una gran información acerca del estado de salud de la persona.

Ext. Sin duda soñar con unos labios apagados, de color morado o de textura cortada, nos está indicando que la persona que los tiene carece de buena salud.

S. Deseo. Soñar con unos labios bonitos, atractivos, grandes y brillantes estará indicando la necesidad de entablar relaciones más afectivas, íntimas y amistosas.

Ladrillo. En cierto modo, cuando el ladrillo aparece en nuestros sueños debemos pensar en la aceptación de la sociedad con el consiguiente distanciamiento de todo lo natural. No nos queda más remedio que asumir una normalización que haga de nosotros mismos, simplemente, uno más de entre tantos.

Otros. Si el entorno emocional nos hace pensar en un sueño revelador, entonces se debe interpretar que el ladrillo nos está indicando cierta necesidad interior por asentarnos y echar raíces.

Ladrón. El principal objetivo del ladrón de nuestros sueños es hacerse con nuestra tranquilidad interior. Si echamos una ojeada al mundo exterior, veremos que nuestra tranquilidad reposa en el status, en nuestras posesiones y el dinero. El ladrón de los sueños simboliza en parte el miedo que nos oprime por la falta de confianza en la vida. Sin los bienes materiales no somos nadie, lo que nos lleva a pensar en una vida excesivamente materialista, y es síntoma de inseguridad.

Ext. Un ruido en mitad de la noche puede despertar la alarma en nuestro interior. Un claro aviso por medio de un sueño de estímulos externos es la aparición de la imagen de un ladrón que irrumpe de improviso.

Lagarto. La simbología asociada al lagarto ha sufrido en el ámbito cultural múltiples distorsiones, lo que dificulta la interpretación de esta imagen arquetípica. En líneas generales el lagarto nos hace pensar en alguien que de forma autónoma se enriquece de la misma fuente que nosotros. Por tanto puede ser un competidor en potencia y al mismo tiempo ofrecernos un claro ejemplo con su intachable actitud.

Otros. Soñar con un lagarto siempre nos pone sobre aviso de las posibles traiciones que pudieran generarnos los enemigos ocultos.

Lago. Es la imagen de la serenidad, de la calma y de la alegría serena. Simboliza el poder femenino, la suavidad y la dulzura hacia el exterior, pero en el interior se oculta un firme propósito. De ahí surgen las leyendas de los monstruos que habitan en las profundidades de los lagos del mundo celta. Soñar con un lago nos conecta de inmediato con nuestro mundo emocional y con el de los demás. El estado de las aguas nos estará indicando el estado de nuestras emociones o de las de otros personajes que aparezcan en el sueño.

Sprt. En un sueño de este tipo cabe pensar en el estado de nuestra vida sentimental. Una vegetación exuberante alrededor del lago nos estará indicando que vivimos de una forma demasiado sentimental, lo que nos crea un excesivo apego a la vida material. Un agua clara, limpia y calma, nos habla de lo bien fundadas que están las emociones y los afectos que nos ligan con los demás y con nuestras pertenencias. Aguas turbulentas, túrbidas o agitadas son propias de vidas afectadas por intensas pasiones, celos, envidias y amores difíciles en general.

Otros. En los llamados sueños de relaciones personales, en los que lo que prevalece es el intercambio y la comunicación entre las personas, el lago revela la idea de la regeneración. Un lago debe ser alimentado y a la vez alimenta a los demás, vegetación y otros acuíferos. Por tanto habrá que replantearse el equilibrio en nuestras relaciones.

Lágrimas. Tras esta imagen onírica se esconde la necesidad de ser consolado. Pero también se ocultan un montón de significados según se desarrolle la acción. Lo dicho hasta el momento se corresponde con la imagen de verter lágrimas uno mismo. En caso de verlas en un rostro ajeno, se ha de interpretar que nuestros actos están causando dolor.

Sprt. El hecho de contemplar la caída de las lágrimas sin que predomine ningún sentimiento de pena o dolor, significa que pronto recibiremos grandes alegrías. Esta acción es símbolo de fecundidad y de riqueza interior.

Lamer. Esta acción es clara indicadora del aprecio. Si en sueños somos lamidos por un animal o una persona, es indicativo del cariño que sienten por nosotros. *S. Deseo.* Dentro de este tipo de sueños, la acción de lamer tiene fuertes connotaciones. En definitiva lamer es una clara señal de aceptación o de rechazo personal en caso de que lo acompañe un ambiente emocional desagradable.

Ansd. Si nos vemos obligados a lamer a alguien, o si por lo contrario somos lamidos sin así desearlo, estaremos siendo objeto de alguna forma de corrupción.

Lámpara. Es un símbolo de la luz divina, de la claridad de pensamiento y por tanto es un elemento que nos guía y muestra el camino.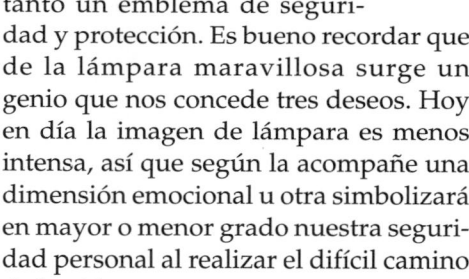

Sprt. En la antigüedad la lámpara ayudaba a conservar la vida durante la noche. Es por tanto un emblema de seguridad y protección. Es bueno recordar que de la lámpara maravillosa surge un genio que nos concede tres deseos. Hoy en día la imagen de lámpara es menos intensa, así que según la acompañe una dimensión emocional u otra simbolizará en mayor o menor grado nuestra seguridad personal al realizar el difícil camino de la vida.

Otros. En los sueños de relación es de vital importancia ver quién es la persona que arroja luz sobre nosotros –según la posición que ocupe la lámpara– o también puede ser que por medio de nuestra lámpara iluminemos el camino a los demás. Es significador de proteger o ser protegido.

Lana. El pelo, para los animales mamíferos, siempre llevará asociadas connotaciones de nido y, por tanto, de seguridad y bienestar. La lana es emblemática de sensaciones de tranquilidad y felicidad.

Ansd. Verse rodeado de lana en un sueño de ansiedad puede traducirse por interferencias e impedimentos que dificulten el trabajo.

Otros. En sueños de relación, alguien que nos da algo de lana, o que nos envuelve con lana, se interpreta como una persona protectora.

Lanza. Símbolo de la antigüedad que hacía referencia al poder masculino. Su aparición en sueños es indicativa de que los valores masculinos prevalecen sobre los femeninos.

Otros. Como sueño premonitorio puede ser aviso de una contienda, de la supremacía de la guerra frente al amor. En un sueño de relación en el que aparezcan distintas armas, resulta interesante apreciar el rango y la jerarquía de las mismas. La espada era propia de los caballeros, mientras que la lanza era el arma de los soldados de a pie.

S. Deseo. Son muchos los psicoanalistas que encuentran una relación directa entre la lanza que penetra en lo más noble, y el órgano sexual masculino.

Ansd. Verse amenazado por una lanza, es un mensaje de nuestro inconsciente que nos está indicando la debilidad de nuestra energía masculina frente a la de los demás.

 **Lápiz.** Tras la imagen onírica del lapicero se encuentra una actitud poco firme a la hora de consolidar las cosas por escrito, lo que podría ser fuente de problemas. Firmar con un lápiz es similar a no pronunciarse plenamente y dejar abiertas siempre otras posibilidades.

Látigo. Es un claro signo de autoridad, ya que desde la antigüedad ha sido uti-

lizado como útil para ejercer el dominio. Pero también se le ha asociado a la manifestación del poder masculino que más se asemeja a la descarga eléctrica. En cierta medida el latigazo resulta estimulante y vigoriza. Su uso exige una gran templanza y claridad mental. En ciertas culturas, los dioses protegían a sus hijos manteniendo alejados a los malos espíritus por medio de este útil.

S. Deseo. En la antigua Roma, el latigazo se utilizaba en festejos encomendados a los dioses de la fecundidad. Los jóvenes eran azotados para estimular su virilidad, y estos perseguían y azotaban a las mozas para asegurar así la fecundidad. El látigo onírico manifiesta por tanto nuestras tendencias sadomasoquistas más recónditas.

Laurel. A este árbol propio del clima mediterráneo y de su cultura, se le ha asociado el valor de la eternidad y del triunfo.

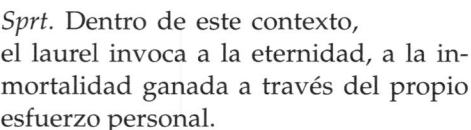

S. Deseo. Soñar con los laureles es signo inequívoco de deseo de victoria y de reconocimiento social.

Sprt. Dentro de este contexto, el laurel invoca a la eternidad, a la inmortalidad ganada a través del propio esfuerzo personal.

Lavar. La acción de lavar, inconscientemente, nos está indicando la necesidad de repasar y liberarnos de aquellos detalles que en cierta manera están afectando negativamente a nuestra vida interior.

Ansd. Lavar algo de forma obsesiva puede ser señal de que queremos borrar ciertos aspectos personales para así mantenerlos ocultos a la vista de los demás.

Sprt. En los sueños espirituales, lavar es sinónimo de limpiar el alma de los pecados pendientes. Por tanto, en la cultura cristiana, es inevitable que soñar que nos lavamos o que lavamos a otras personas esté asociado a cierto sentimiento de culpabilidad.

Leche. Es sin lugar a dudas el alimento espiritual por excelencia. Se considera el sustento con el que la gran diosa mantiene a sus hijos los humanos. Como todo lo que está de algún modo relacionado con la primera infancia y el nido, es sinónimo de felicidad, de protección y de seguridad. Cuando uno sueña con leche quiere decir que está satisfecho, que la abundancia le acompaña y que disfruta de gran vitalidad.

Sprt. En sueños claramente espirituales, beber leche puede estar relacionado en cierto modo con algún tipo de iniciación o rito que marque un hito en nuestra vida.

S. Deseo. Al ser el primer alimento que ingerimos todos, satisfacer plenamente este deseo simboliza una gran necesidad de volver a sentir la felicidad y el goce de cuando éramos niños.

Ext. Como todo alimento, soñar con leche puede estar indicándonos la necesidad de ingerir algo en medio de la noche, o bien de tener ardor de estómago.

Leer. Siempre que tengamos que leer en sueños habrá que pensar que estamos tratando de averiguar algo. Pero también, y eso ya depende del ambiente emocional que circunde a la acción de leer, puede denotar que carecemos de cierta información o que no nos senti-

mos del todo preparados para afrontar una situación venidera.

Legumbres. Debido a nuestra cultura occidental, las legumbres están asociadas de algún modo a la pobreza, a las dificultades en el hogar, o pequeños problemas personales. Lo que en otras culturas menos sofisticadas posee atributos positivos –y por tanto una imagen arquetípica favorable–, en los países desarrollados se ha producido una asociación contraria a la esperada.

Ext. En el plano físico la legumbre no se suele digerir bien, por lo que un sueño de tales características puede estar indicando mala digestión, pesadez o gases intestinales.

Lengua. Tanto en culturas orientales como en algunas representaciones de la cristiandad, al demonio o a los espíritus del mal se les representa con una lengua larga y carnosa. Esto puede ser debido al poder que se le otorga a este órgano, que sin duda puede representar una amenaza tanto para quien la usa como para del que se habla.

Ansd. Morderse la lengua en sueños nos está indicando que no soportamos durante más tiempo permanecer callados ante un tema.

S. Deseo. Se dice que la lengua aporta un simbolismo fálico, por tanto es más que probable que dentro de un sueño de este tipo esté directamente ligada al deseo de satisfacción sexual. Quien muestra su lengua con lascivia nos está indicando cuáles son sus intenciones al respecto.

León. Es sin duda el rey de los animales

terrestres y como tal, carga con la simbología del bien y del mal. Puede ser el gran protector, el innegable modelo y la encarnación del poder y de la generosidad, pero también le toca cargar con la autoridad despiadada, con el egoísmo, con la crueldad y con un comportamiento ruin y deplorable. Antes o después, a lo largo de la vida todos tendremos que enfrentarnos al león en combate singular. Tendremos que luchar contra los instintos arrasadores de otras personas o controlar los propios. Concretando, soñar con un león viene a decirnos que nos estamos debatiendo en una lucha de poder. Si el ambiente es satisfactorio, entonces estamos disfrutando egoístamente de aquello que conseguimos a base de ejercer nuestro propio poder personal, si el ambiente está falto de tranquilidad, puede que nuestros límites personales estén chocando con los de otras personas.

Leopardo. Es un animal más traicionero, despiadado y cruel que el león. En Oriente, las manchas de la piel de este animal se equiparan a los ojos que todo lo ven. Es por tanto un animal que acecha constantemente.
Ansd. Si nos sentimos presa de este animal, esto quiere decir que inconscientemente, con nuestro comportamiento, estamos despertando los malos instintos de otras personas.

Libélula. La aparición de este animal en el contenido de algunos sueños puede ser interpretada como ligereza e inconstancia. También como inestabilidad y debilidad.
Sprt. En este caso particular puede ser interpretada a modo de inmortalidad y regeneración.
Ext. Las molestias producidas por insectos nocturnos pueden aparecer enmascaradas bajo esta apariencia onírica.

Libro. La aparición de este elemento dentro de los sueños conlleva siempre cierto sentimiento de revelación. El libro contiene la sabiduría de la vida, es el encargado de contener y registrar toda la creatividad divina. Mientras no se diga lo contrario, el libro contiene toda nuestra vida, lo que allí ocurra nos afecta directamente. Si faltan hojas, por ejemplo, querrá decir que hemos olvidado algo de vital importancia para nosotros. Nuestras ideas y proyectos también aparecen en el libro, son los capítulos aún no leídos. Un libro en mal estado o almacenado con descuido, nos hace pensar en lo alejados que estamos de nuestros proyectos personales.

Liebre. Es un animal claramente lunar, por lo que viene a representar cierto rejuvenecimiento y renacimiento. Es por tanto un animal que simboliza la plenitud, la fecundidad y la multiplicación de las riquezas. Pero al mismo tiempo se ha asociado a la liebre una gran ligereza en sus determinaciones, es despreocupada y confía tanto en la abundancia que consume la vida a granel. La lujuria ha sido representada en el mundo grecorromano por este animal en numerosas ocasiones.
S. Deseo. Parece ser que soñar con este animal puede reflejar las intenciones

sexuales de quien lo sueña, o bien de alguno de los personajes que aparezcan.

Sprt. Es una forma de representar la libertad y la liberación en los sueños. La liebre desliga de alguna forma al sujeto de las obligaciones morales.

Lila. Es un color que aporta gran romanticismo al ambiente. Como aroma, siempre hay que asociar este olor a los primeros amores de juventud.

Sprt. Este color es muy indicativo de la veracidad sentimental que es pura y elevada al mismo tiempo.

Llama. *Véase* FUEGO.

Llano. La llanura siempre ha sugerido al ser humano una gran paz. Al no existir fronteras ni límites visibles, todo proyecto cabe dentro del llano. Soñar con una llanura es un buen presagio, suelen aparecer en sueños agradables, en los que el sujeto se encuentra bastante equilibrado.

Sprt. En sueños que buscan la libertad del espíritu, la llanura puede ser vista con anhelo.

Ansd. También el llano tiene sus inconvenientes. Soñar que se anda por una gran llanura revela el aburrimiento y el agotamiento que la rutina diaria provoca en el individuo.

Llanto. En la antigua mitología, el llanto se producía cuando el dios de los cielos era obligado a descender a mundos inferiores. No hay duda de que cuando nuestra parte más elevada se ve una vez más obligada a tener en consideración los ineludibles condicionamientos del mundo material, siente una gran pena que se traduce en llanto.

Sprt. Cuando una emoción no puede ser liberada por una serie de complejos y retraimientos de la mente consciente, el sueño da salida y libera al espíritu de forma simbólica de la aplastante pena que no le dejaba existir.

Ext. Para los padres con niños muy pequeños, el llanto opera a modo de aviso. No es su llanto el que escuchan, sino el del pequeño retoño, que muchas veces se incorpora sin previo aviso, a nuestra vida más privada, como son los sueños.

Llave. En el mundo esotérico, la llave estaba íntimamente relacionada con la iniciación, era como el símbolo que permitía la apertura del espíritu humano hacia planos superiores. En la mitología oriental, se encuentran representadas tres llaves: la de la riqueza, la del amor y la de la felicidad. Cada una de estas tres facetas de la vida dan la clave de acceso a nuevos planos de la vida o bien frenan la vida del individuo al convertirse en una auténtica limitación. Atendiendo a la vida onírica, la aparición de una llave en sueños representa la posibilidad de acceder a planos de la vida interior totalmente nuevos para la persona. Cuando aparecen problemas respecto a las llaves, es decir, se pierden o se rompen, entonces es que nos sentimos atrapados –en nuestro mundo interior, se entiende– por las limitaciones que implica nuestro estilo de vida.

Ansd. La llave es un elemento de gran responsabilidad que acapara excesivamente nuestra vida, y aún más si es contemplada como símbolo de posesión.

Perder las llaves puede representar lo mismo que un incendio o un naufragio, pero a un nivel material.

Sprt. Por una parte la llave nos puede dar acceso al mundo de los cielos, nos exime de culpas y nos libera de cargas. Pero por otra parte puede representar una tentación, justamente la de desear aquello que realmente no nos hace falta, y por lo tanto caer en mundos inferiores. *Ext.* Es bastante común que un sueño con llaves nos esté revelando alguna ubicación poco común de las mismas, o bien que hayamos olvidado cerrar esa noche la puerta de casa.

Lluvia. En el plano psicológico, el agua representa las emociones. La lluvia da rienda suelta al sentimentalismo y a una sana melancolía. Soñar con lluvia es en general un buen presagio. De algún modo augura futuras bendiciones. La manera de caer tiene mucho que decir. Una lluvia torrencial nos está haciendo ver la intensidad de nuestro mundo emocional y de lo colmado que se encuentra. Sin embargo una lluvia fina y constante promete siempre mejores resultados, y una vida emocional más serena y manejable.

Ansd. Cuando en sueños nos vemos atrapados por un aguacero, esto se debe interpretar como que no concedemos suficiente atención a nuestra vida sentimental, afectiva y emocional, la cual se está llegando a convertir en un problema que nos paraliza.

Sprt. Disfrutar de mojarse bajo la lluvia es una imagen de unificación con los elementos divinos, es una forma de agradecer la fortuna que se nos concede. Si por el contrario limita de alguna forma nuestro sueño porque no nos queremos mojar, debemos interpretar que emocionalmente somos muy egoístas y que justamente tal actitud está poniendo límites a nuestra felicidad.

Lima. Utensilio cuya acción se asemeja a la madurez que ejerce el paso del tiempo sobre las personas. Siempre que aparezca una lima en sueños, hay que pensar en el sabor del tesón y la constancia, además del gusto del acabado fino y agradable.

Limón. El gusto ácido de este fruto nos hace recordar que no todo es dulce en la vida. Se ha usado en el simbolismo con el que los hebreos representaban la cosecha. Es como el trago amargo del amor, el resultado es el fruto cosechado, pero sin olvidar el duro trabajo que ello conlleva.

Línea. Siempre que aparezca una línea en el contenido de un sueño, resulta inevitable que esta opere a modo de frontera. Queda claro que una línea secciona el sueño en dos y que genera un antes y un después. Simbólicamente, la línea representa el camino por donde discurre la vida del hombre. Una línea horizontal representa la vida cotidiana, material y mundana. Mientras que una línea vertical es sinónimo de vida espiritual. Andar por una línea recta señala la honestidad y la franqueza de la persona. Por el contrario, una línea torcida estará indicando falta de veracidad.

Lirio. Esta planta ha sido considerada desde la antigüedad como símbolo de pureza, de paz y resurrección. El lirio se encuentra relacionado con la fertilidad y la fecundidad, sobre todo si es un lirio blanco representa el principio femenino en su máxima pureza. Existen dudas respecto al lirio debido a la extrañeza de su flor. Se dice que en caso de ser coloreado, puede estar lleno de connotaciones sexuales, además su perfume parece no estar carente de sustancias de dudosa inocencia.

Lobo. El lobo representa la encarnación del mal, la astucia despiadada. Se le ha considerado montura de brujas y de hechiceros, pero también hay que recordar que en la historia aparecen ciertas leyendas en las que se aprecian las virtudes de este animal –la loba que amamantó a Rómulo y Remo–. Soñar con lobos normalmente se considera un presagio negativo, como un aviso a la posible traición por parte de los amigos. Además, el lobo puede estar representando el papel de nuestros enemigos más directos.
S. Deseo. El lobo puede estar de algún modo asociado al deseo carnal. Soñar con una loba blanca conlleva ineludiblemente cierto apetito sexual pero con el estandarte de «posible pareja muy peligrosa».

Loco. La simbología asociada a este arcano del Tarot trata al loco como persona extravagante, inconstante e inocente. La locura no es más que un estado de consciencia poco habitual. Soñar que estamos locos viene a significar que estamos atravesando un periodo un tanto adverso, que no encajamos bien los acontecimientos y que por tanto los valoraremos como algo negativo.

Loro. Así como en la vida rutinaria, el loro de los sueños no cesa de recordarnos una y otra vez la misma idea. Es la repetición irreflexiva que acaba agotando nuestra paciencia. Cuando aparece en sueños puede entenderse que estamos hartos de repetir una y otra vez una misma escena. Alguien que aparezca con un loro, más que un pirata, será una persona que siempre mantiene el mismo papel, que nos aburre porque ya nos lo sabemos. También puede ser interpretado como rechazo a las murmuraciones y al cotilleo.

Lujo. Verse rodeado en sueños por mucho lujo, es un arma de doble filo. Por una parte es una sensación agradable que bien podría aparecer en un sueño del tipo de satisfacción del deseo, pero por otra parte el lujo conlleva una serie de gastos y de despilfarro sobrecogedores.
Otros. Puede tener un sentido premonitorio que nos avisa sobre los posibles traumas económicos que nos pueden afectar en un futuro próximo. También puede significar disputas por dinero o bienes familiares.

Lujuria. Cuando nos vemos envueltos en sueños por situaciones que poseen cierto matiz de lujuria, cabe pensar que nuestra vida carece por completo de tales situaciones, y que el inconsciente crea esas experiencias para poder vivirlas de algún modo.

S. Deseo. En caso de vivir una experiencia de tipo sexual, puede indicar la necesidad de compartir íntimamente nuestra vida cotidiana.

Ext. Fisiológicamente, determinada secreción glandular puede producir sueños lujuriosos.

Luna. Representa al eterno femenino que por medio de sus fases nace, crece, disminuye y muere. Por su simbolismo, la luna se asocia con el subconsciente, la intuición, la duda y el miedo. Soñar con la luna puede ser síntoma de incertidumbre, de deseo de cambio, movilidad y crecimiento. Además es el lado femenino que todos tenemos, por eso, cuando se sueña con la Luna es muy posible que hayamos descuidado nuestra faceta protectora, y que no nos estemos cuidando a nosotros ni a los seres queridos que nos rodean. La sensibilidad y la receptividad son muy importantes, y si la Luna se nos presenta en sueños nos está avisando de que estamos siendo demasiado solares, es decir, demasiado productivos y concretos o que hemos dejado a un lado la fantasía y la imaginación.

Sprt. La Luna llena representa el poder espiritual. Soñar con ella es síntoma inequívoco de la necesidad que tiene nuestra alma de expresarse.

Ansd. En sueños de este tipo la Luna representa las dudas, el miedo o la incertidumbre. Tememos a nuestra vida emocional, que de algún modo no aceptamos, o padecemos la vida instintiva e inconsciente.

Luz. Cuando es blanca significa conocimiento, revelación y amplitud de miras. Confiere gran confianza en uno mismo y clarifica todo cuanto aparece en el sueño. En el caso de que la luz sea molesta, estará indicando que estamos cerrados al conocimiento, que descartamos la parte más elevada de nosotros mismos.

Sprt. Cuando aparece una luz en el horizonte o una luz lejana, se abren las puertas de la esperanza.

Machete. Simboliza temor, peligro o violencia. Verlo en sueños es sinónimo de amenaza, de que nuestro inconsciente está alarmado por algo que está fuera de nuestro control y que, por tanto, nos asusta. *Ansd.* Vernos amenazados físicamente por alguien que porta un machete puede deberse a que en nuestra vida real nos estamos enfrentando a una situación difícil.

Madeja. Representa una situación conflictiva, especialmente en el plano laboral o económico, que es el que hoy en día más nos preocupa en general. Por tanto su aparición en sueños nos invita a reflexionar sobre aquellas empresas que tenemos entre manos o en mente.

Madera. Para los chinos la madera es uno de los cinco elementos y representa la fuerza creadora. Es además el material universal, necesario para construir o trabajar. Por eso según el tipo de madera del sueño, la simbología es diferente. También será distinto el significado del sueño según sea su estado y su disposición. No es lo mismo soñar con un montón de ramas caídas y esparcidas sin orden y concierto –que puede reflejar el caos y la esterilidad de nuestra vida laboral– que soñar con madera bien cortada y dispuesta para ser utilizada o quemada –lo que puede augurar un buen porvenir material, y hablar sobre la excelente capacidad artística del soñador.

Madre. Simboliza a la diosa universal, la dadora de vida, la tierra que nos acoge y nos regala sus frutos. Por eso cuando en sueños aparece la madre, podemos verlo como una necesidad de conexión con el entorno, con la vida y la naturaleza. Es importante meditar sobre estos sueños porque son indicio de que estamos atravesando por una etapa importante para nuestra evolución personal y espiritual. Soñar a menudo con la propia madre, significa abatimiento, soledad y necesidad de protección. Quizás nuestra vida laboral o nuestras responsabilidades cotidianas nos tienen excesivamente oprimidos. También este tipo de sueño puede llevarnos de vuelta a las etapas de nuestra infancia, en las que nos sentíamos protegidos y amparados por nuestra benefactora. Es, por tanto, una estrategia de nuestro inconsciente para devolvernos a la paz y tranquilidad de aquellos días, en los que eran otros quienes se preocupaban y no nosotros.

Sprt. Soñar con esta figura arquetípica es una invitación a la oración, a la meditación, a la unión con las fuerzas de la naturaleza para salir de ese estado de desesperación y aislamiento, y, en definitiva, al despertar espiritual de cada individuo.

Otros. El hecho de soñar que se va de viaje con la propia madre es un sueño indicativo de que inconscientemente anhelamos recuperar ciertos hechos de nuestra infancia que nos están impidiendo evolucionar en el presente. Quizá se trate de traumas o malas experiencias que quedaron ancladas en el pasado y que están pendientes de ser resueltas.

Magia. Es un arte que siempre se asocia a personajes de cuento –magos, brujas, hadas, etc.– o de la mitología. Por eso

soñar con la magia en sueños puede denotar la necesidad de conectar con esos «otros mundos», de volver a la inocencia de la infancia, y en definitiva de evadirnos de este mundo real que nos aburre y nos aliena. Si en sueños somos nosotros los artífices de la magia, esto puede ser un aviso de nuestro inconsciente de que existen habilidades y poderes latentes que podemos canalizar hacia nuestros propios objetivos si nos lo proponemos. Solo tenemos que prestar un poco más de atención a la parte «desconocida» de nuestra psique.

Maíz. Al igual que el resto de los cereales, el maíz simboliza la fertilidad de la tierra, el nacimiento tras la muerte, la germinación de la semilla y el crecimiento de la planta gracias al calor del sol. Es por tanto símbolo inequívoco de abundancia, plenitud y riqueza. Es también una representación de la diosa madre que nos da la vida. Por tanto, el hecho de soñar con tal cereal sólo puede augurar buenos propósitos, a no ser que el marco emocional y el entorno del sueño indiquen lo contrario.

Malabarista. La expresión de «hacer juegos malabares» encierra por sí misma todas las connotaciones de este personaje. Suele aparecer en sueños cuando existen dificultades que nos acucian. Aunque también puede tratarse de un sueño positivo proyectado por nuestro subconsciente para alentarnos. En este caso seremos nosotros quienes en el sueño estemos haciendo malabares satisfactoriamente.

Maldición. Todo mal de ojo encierra proyecciones negativas sobre otras personas. Si en sueños somos nosotros los artífices de la maldición está claro que inconscientemente guardamos rencor a la persona a la que destinamos tales injurias. Por el contrario si en nuestro sueño la maldición está dirigida contra nosotros, debemos pensar que no existen buenas intenciones hacia nuestra persona. De cualquier forma habría que analizar el contexto emocional del sueño con mayor exactitud para dar con la interpretación más adecuada.

Maleta. Un objeto claramente asociado a la idea de viajar, de partir, y, en definitiva, de cambiar de rumbo. Por eso soñar que cargamos con una maleta puede sugerir un deseo inconsciente de salir de una situación que nos oprime. Puede ser que deseemos alejarnos de una persona de nuestro entorno o dar un giro a nuestra monótona existencia. El caso es que es un sueño provocado por cierta sensación de agobio y ansiedad, que nuestro subconsciente forja para procurarnos cierto alivio o impulsarnos a que realicemos tal cambio.

Mamar. Una acción que nos devuelve al cálido mundo de la primera infancia, donde succionar un pecho repleto de leche nos reportaba alimento, tranquilidad y en definitiva, seguridad. Por eso soñar que somos nosotros quienes mamamos puede llevar implícita una necesidad de protección y seguridad de la que carecemos en nuestra situación actual. Si es una mujer la que en sueños se ve amamantando, esta acción puede reflejar un deseo inconsciente de ser madre. Aunque si el contexto emocional es desagradable el significado será totalmente distinto y reflejará que esa mujer tiene demasiadas cargas a sus espaldas –quizá un esposo o unos hijos excesivamente dependientes– y necesita liberarse de ellas.

Manantial. *Véase* FUENTE.

Mancha. Símbolo de pecado o culpa, su aparición en sueños no hace otra cosa que reflejar nuestros defectos y culpabilidades. Habrá que analizar detenidamente el lugar donde aparece la mancha, y hacer la correspondencia pertinente con el área de nuestra vida que representa para saber su significado concreto.

Mano. Esta extremidad representa claramente la capacidad que tenemos para manejarnos en nuestro ambiente circundante y por tanto en la vida. Para Aristóteles la mano era «la herramienta de las herramientas», por lo que no es raro que esta parte del cuerpo humano simbolice poder, fortaleza y bendición. La mano derecha es la mano del poder y la izquierda la de la pasividad y la receptividad, es decir, representan la dualidad entre lo masculino y lo femenino. En la actualidad la mano es más un símbolo de trabajo que de otra cosa, por lo que soñar con ella guarda relación con nuestra vida productiva y nuestros beneficios. Según sean las manos de nuestros sueños –fuertes, bonitas, llagadas, descuidadas, etc.– así será nuestra actividad laboral y económica.

Sprt. En los sueños lúcidos –aquellos que sabemos que estamos soñando sin que ello nos motive a despertarnos– una manera de tomar el control del sueño es verse las manos.

Mantequilla. Un alimento muy energético que ha sido sustento de la humanidad durante generaciones. Por eso simboliza abundancia, riqueza y prosperidad.

Ext. El aroma de un plato cocinado con este ingrediente puede hacer que lo invoquemos en el plano onírico. La carencia de grasas en nuestro organismo también puede conducir a nuestro inconsciente a forjar en sueños esta figura, avisándonos de la necesidad de incorporar alimentos grasos en nuestra dieta.

Manta. Símbolo de refugio, calor y protección, pero también de misterio y ocultamiento –referente al manto con el que ciertas personas se cubrían antiguamente para no ser reconocidas–. Su interpretación dependerá también del color del mismo y del material del que esté hecho. Pero en general se puede decir que soñar que un manto –o manta– nos cubre es significativo de que algo nos está impidiendo ser tal y como somos e influye negativamente en nuestra personalidad y nuestra salud. También el manto es como la máscara exterior, o la persona que somos ante los demás. Es el modo en que queremos que nos vean, porque así ocultamos nuestro verdadero ser, y nos creemos protegidos de influencias externas.

Ext. Si soñamos con una manta puede ser que en la estancia donde durmamos haga excesivo calor, o por el contrario, que esta imagen sea creada por el inconsciente como compensación a una sensación física de frío.

Manzana. Es la fruta prohibida del paraíso, por lo que puede simbolizar tentación y caída. En el mundo celta, sin embargo, es la fruta del más allá, de la fertilidad y el matrimonio, y posee poderes mágicos. En otras muchas culturas ofrecer una manzana es una declaración de amor y un símbolo nupcial. También se le atribuyen connotaciones de inmortalidad.

S. Deseo. La manzana onírica se puede relacionar con los placeres sensuales y las relaciones entre los dos sexos.

Mapa. Soñar con un mapa o un plano podría ser un mensaje de nuestro yo interior que nos indica la necesidad de emprender nuevos caminos para conocernos mejor a nosotros mismos. Es decir, con este símbolo onírico nuestro subconsciente nos anima a explorar otras dimensiones de la realidad.

Máquina. Directamente relacionadas con el mundo moderno, son piezas fundamentales del funcionamiento de nuestra sociedad. Por eso soñar que se está al mando de una máquina es análogo a decir que el soñante está al mando de su propio destino. En el caso de que en el sueño se nos estropee una máquina o no seamos capaces de dirigirla, nuestro inconsciente nos está revelando que existen ciertas piezas de nuestra vida que no encajan, quizá porque queramos abarcar tanto que el control de nuestra existencia se nos escapa de las manos.

Mar. Es la fuente de la vida que encierra todas las potencialidades, el alma del mundo o la gran madre. Un mar con olas indica cambio y agitación, mientras que un mar tranquilo sugiere la idea de serenidad y quietud. Oníricamente el mar es un claro representante del inconsciente del soñante. Si en sueños aparece tranquilo, quiere decir que el soñador mantiene una profunda conexión con las aguas de su inconsciente. Por el contrario, un mar agitado lleva implícita la idea de fuertes pasiones y emociones difíciles de controlar. Ahogarse en el mar simboliza nuestra incapacidad de enfrentarnos con la realidad del mundo exterior.
Ansd. Cuando el soñador no sabe nadar y por tanto teme el mar, esta figura onírica simboliza al monstruo que todo lo devora, y a veces soñar que se está sumergido en tal elemento, puede convertirse en algo angustioso que nos hace despertar de súbito.

Margarita. Esta flor de claro carácter solar, simboliza la inocencia y la pureza. Para interpretar su significado onírico habrá que estudiar su estado y disposición dentro del marco del sueño. Llevar una margarita en sueños denota pureza de alma. Pisotear margaritas es sinónimo de emociones turbulentas o de malos propósitos.

Mariposa. Claro símbolo del alma y de la inmortalidad, también representa la belleza, la alegría y la vanidad. En el marco de los sueños, ver una mariposa volar puede ser un buen augurio al transmitirnos ligereza y jovialidad. Perseguir una mariposa nos invita a tener más constancia y a llevar las riendas de nuestra existencia –tanto consciente como inconsciente– con mayor responsabilidad. Dejar escapar una mariposa podría interpretarse como desapego a lo material.

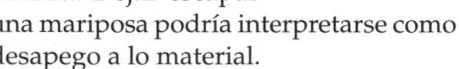

Marrón. En la tradición cristiana simboliza la renuncia, la penitencia y la muerte espiritual, pero también es el color de la tierra, de los troncos de los árboles y de numerosos elementos de la naturaleza. Así que su significado podría ser el de natural y terrenal.

Martillo. Asociado a los dioses que simbolizan el trueno, el martillo representa las fuerzas masculinas de la naturaleza, es decir, el principio de acción, creativo y poderoso. En multitud de mitos y culturas también es símbolo inequívoco de justicia y venganza. En la actualidad esta herramienta representa habilidad, esfuerzo y tesón. Su aparición en sueños se puede interpretar de diversas formas. Si somos nosotros quienes manejamos el martillo puede significar que tenemos el control de nuestra parte creativa y que sabemos conducirnos en nuestra vida laboral. Golpearnos con un martillo puede ser interpretado como que nuestra vida se nos escapa de las manos, quizá porque estamos bajo la influencia de otras personas que nos manejan y no nos permiten ser nosotros mismos. De cualquier forma este símbolo onírico nos invita a recuperar el dominio de nuestra existencia, lo cual implica un paso más en nuestra evolución personal.

Masaje. Esta terapia tan extendida hoy en día a causa de las tensiones y el estrés que hacen que nuestros músculos se contraigan más de lo normal, puede aparecer en sueños por diversas causas. En sueños de estímulos externos la aparición de esta figura onírica podría ser motivada por una necesidad física real; es decir, cabe la posibilidad de que nuestro cuerpo sufra tales tensiones o dolores y que nuestro inconsciente evoque esta imagen porque el soñador realmente necesita un buen masaje. En sueños catalogados como de satisfacción del deseo, soñar que una persona nos da un masaje está relacionado con la satisfacción de nuestros sentidos. Es decir, nuestro inconsciente nos obsequia con un sueño de disfrute, en el que el tacto cobra protagonismo y mediante el cual nos sentimos más satisfechos.
Otros. Cuando en sueños una persona conocida nos da un masaje, o somos

nosotros quienes ejercemos la acción, es muy posible que inconscientemente deseemos estar más cerca de ella.

Máscara. Es un elemento muy arraigado en la cultura popular de numerosos países modernos. También tuvo gran im-portancia en el mundo primitivo. Su función simbólica es análoga a la del disfraz: la expresión del individuo queda oculta y el enmascarado asume la figura –ya sea bella, demoníaca o animal– de la máscara que cubre su rostro. En general, la conclusión que podemos sacar de esta figura onírica es que simboliza el yo, de tal forma que si en un sueño no nos vemos ocultos por una máscara, o no somos capaces de desprendernos de una, es signo inequívoco de que nuestra identidad no está bien formada, es decir, no sabemos quiénes somos realmente. Este tipo de sueños nos pone en contacto con nuestro auténtico carácter y nos permite, por ende, conocernos mejor. Soñar que llevamos una máscara también puede ser una estrategia de nuestro inconsciente para que representemos un papel, que aunque no es real, quizá case mejor con nuestra auténtica personalidad.

Masturbación. Cuando un individuo sueña que se masturba o que le masturban, puede ser que en la vida real esté sometido a fuertes presiones y que necesite liberarlas, siendo esta la vía de escape que el inconsciente le brinda. También puede ser un sueño que responda a un estímulo externo, en cuyo caso el sueño será provocado por una necesidad meramente fisiológica del soñador. Para Jung, sin embargo, muchos sueños eróticos y sexuales responden al deseo del soñador de vivir en paz y armonía con el ser querido. Por tanto, soñar que es uno mismo quien se masturba podría interpretarse como la ausencia de entendimiento con la pareja, o, en el caso de no tenerla, la necesidad de conocer a la persona complementaria.

Matadero. Su simbolismo podría asemejarse al de los altares donde se cometían sacrificios animales, con lo que representaría la muerte transformada en vida. Pero hoy en día el matadero tiene connotaciones desagradables, la imagen de la sangre y el hedor están asociados a él de manera indiscutible. Por eso soñar con un matadero no es muy buen augurio que se diga. Por ejemplo, encontrarse en un matadero es posible que esté asociado al hecho de que el soñante en la vida real está presenciando escenas que están hiriendo su sensibilidad. También puede ser un aviso de que nos encontramos en una posición delicada y peligrosa. Pero habría que examinar el contexto emocional del sueño para hacer una interpretación más precisa.

Matar. El hecho de quitar la vida a alguien simbólicamente representa nuestra supremacía frente a esa persona, así como el deseo de alejarnos . En el caso de que sea un animal el objeto de tan cruel acto, podríamos estar conectando con lo que Jung denominó el inconsciente colectivo. Y puesto que en épocas ancestrales el sacrificio de animales era algo común, nuestro inconsciente puede plasmar en un sueño un hecho tan arraigado en la historia de la humanidad.

Matrimonio. Representa la unión de los  contrarios, la unión mística entre el cielo y la tierra, el sol y la luna. Soñar con el matrimonio debe ser interpretado según la edad del soñador, el marco emocional del sueño, el estado del soñador –casado, soltero, etc.– y otros muchos parámetros. Por ejemplo, si el soñador es joven y sueña con el matrimonio es posible que inconscientemente desee tal estado de calma y seguridad. Sin embargo, si el soñador está en una edad madura y es un hombre, tendrá que investigar y trabajarse todas las tendencias psicológicas femeninas de su psique. Si la persona ya está casada y sueña con un nuevo matrimonio, esto puede ser síntoma de desencanto, de monotonía en su vida conyugal.

Mecánico. Hoy en día esta persona «que todo lo arregla» es una figura venerada inconscientemente por una sociedad cada vez más mecanizada y compleja. Por eso si vemos a esta figura en nuestros sueños, se puede interpretar como que desearíamos tener sus cualidades y conocer sus habilidades.

Medalla. En la actualidad una medalla es un premio que representa reconocimiento, habilidad, y en cierta forma poder, especialmente para nuestro ego.

Su simbolismo onírico dependerá en primer lugar del material de que esté hecha –oro, plata, hojalata, etc.–, pero en general se podría decir que si en sueños nos ponen una medalla es equiparable a que nuestro inconsciente nos está premiando por alguna acción. Si somos nosotros quienes colgamos una medalla a otra persona, en el fondo estamos ensalzándola y admirándola.

Médico. Una figura ambivalente: lo mismo es considerada como salvadora de hombres, que es rehuida por las connotaciones de miedo y temor que lleva asociada, al ser personas que por estar veneradas socialmente, muchas veces ostentan su poder sin ningún escrúpulo. Un médico puede equipararse al chamán de las tribus primitivas, y por tanto puede encarnar un símbolo importante en una etapa crítica de la vida de un hombre o una mujer, y que al aparecer en sueños, su mensaje haya de ser tenido en cuenta. De todas formas según sea la relación que en la vida real tengamos con los profesionales de la medicina, así será la interpretación del sueño. Si el soñador acude al médico con frecuencia y para él es una persona vital en su vida, el médico estaría asumiendo el papel de padre y protector, y así habría que entender tal figura onírica. Si por el contrario el soñador prescinde del médico y no lo tiene mitificado, soñar con él puede ser un aviso del inconsciente para que se cuide un poco más porque quizá en él se esté gestando alguna enfermedad, constituyendo pues un sueño con claros matices premonitorios.

Melocotón. Una fruta jugosa, sabrosa y de aspecto y color muy sensual, que tiene claros matices eróticos por su analogía con los pechos femeninos. También puede significar abundancia, prosperidad y amor.

Mendigo. Este personaje errante y sucio, es considerado como un despojo de la sociedad actual, pero lo que está claro es que está generado por nuestra propia sociedad materialista y consumista. Por eso, soñar con un mendigo podría significar remordimiento por nuestras acciones. Si somos nosotros los mendigos del sueño, esto refleja un temor inconsciente a perder lo que tenemos. Aunque si en el sueño estamos felices con este estado, es un claro mensaje de nuestro subconsciente de que el dinero no da la felicidad: la verdadera riqueza está dentro de nosotros mismos.

Menhir. Esta enorme piedra aparece en numerosos lugares sagrados del mundo. En ocasiones los menhires estaban labrados para darles forma tanto femenina como masculina, representando a la diosa madre o a la fuerza creadora masculina respectivamente. Es un símbolo primitivo y su aparición en sueños nos pone de alguna manera en contacto con un inconsciente común a toda la humanidad. En sueños espirituales un menhir puede constituir parte del marco del sueño para recalcar la importancia del mismo, puesto que desde siempre las piedras han simbolizado el núcleo más íntimo de la psique: la totalidad o lo que Jung denominó el «sí mismo». Una piedra de tal calibre es eterna, permanente, y en sueños de este tipo aparece para aportar claros indicios de nuestro «yo absoluto»: cuerpo, mente y espíritu. Por eso un sueño de esta envergadura debe ser minuciosamente analizado.

Mercado. Entendiendo el mercado como un conjunto de tenderetes, puestos, tiendas o el lugar donde se ponen a la venta multitud de mercancías, podemos considerar que un mercado onírico representa el marco físico de nuestra vida, y dependiendo de cómo actuemos en él, así nos conduciremos en nuestra existencia mundana. También, en general, se puede equiparar la imagen del mercado a la manera en que nosotros somos capaces de aprovechar las oportunidades que la vida nos brinda. Por ejemplo, si en sueños no alcanzamos los productos de las estanterías de un mercado, puede interpretarse como que no somos capaces de conseguir lo que deseamos en la vida. Si entramos en un mercado pero no compramos nada, quizá lo que nuestro inconsciente nos está revelando es la necesidad de contacto humano, de relaciones que nos satisfagan. Si por el contrario adquirimos una mercancía sin problemas, puede significar que en nuestra vida cotidiana nos desenvolvemos de maravilla y que tenemos claros nuestros proyectos.

Mesa. Hoy en día simboliza un lugar de reunión, puesto que casi todas las comidas diarias las realizamos en torno a una mesa. También las reuniones de empresa se hacen en una mesa de trabajo. Es, por tanto, el sitio donde entablamos conversación con nuestros familiares, amigos y compañeros. En sueños puede estar hecha de un material noble –nuestras relaciones están bien cimentadas– o estar rota y faltarle alguna pata –nuestras relaciones son superficiales o necesitan ser trabajadas–. Puede estar vacía –la comunicación con nuestro entorno es deficitaria– o por el contrario encontrarse repleta de viandas –nuestra vida social y relaciones familiares son ricas y fructíferas–. Pero, como ya se ha dicho anteriormente, habrá que analizar cualquier matiz del sueño para que la interpretación del mismo sea suficientemente rica.

Metamorfosis. Toda metamorfosis simboliza un cambio y una liberación. Desde antiguo existen mitos, cuentos e historias sobre hombres y mujeres –normalmente un héroe o heroína– presos en el cuerpo de un animal o monstruo, que tras un cambio en su conducta o bien a través del amor, lograban recuperar su forma humana. Por tanto, la metamorfosis es equiparable a la liberación del alma. Soñar con una transformación de ese calibre es por tanto muy significativo. Puede ser un aviso de nuestro inconsciente de que es necesario que se produzca un «clic» en nuestro interior para que las cosas vayan mejor. Se hace necesaria una transformación, un cambio de actitud o de valores y nuestros sueños nos lo revelan de esa forma tan simbólica. La transformación de la bestia del cuento *La bella y la bestia* en príncipe es un buen ejemplo. Únicamente cuando el amor ha entrado en su vida se produce la metamorfosis deseada. Desde luego habrá que analizar la simbología de las cosas, animales o personas producto de la metamorfosis onírica, pero lo que está claro es que detrás de toda metamorfosis hay un renacimiento interior, y la manera de llegar a él es lo que debemos descubrir con tales sueños.

Miel. Considerada como alimento de los dioses en numerosas culturas, es símbolo inequívoco de riqueza, prosperidad y fertilidad. Pero también simboliza iniciación, renacimiento e inmortalidad. Es equiparable al trabajo interior de toda persona para llegar a su Yo superior. Soñar que tomamos miel, o que nos cubren con ella, es semejante a un rito sagrado por el que conectamos con el núcleo de nuestra psique. Analizando el resto de los símbolos del sueño sabremos cómo producir tal conexión, y por tanto, estaremos ante un sueño espiritual.

Mina. Normalmente es un lugar oscuro y tenebroso, al estar excavado en niveles recónditos de la tierra. El trabajo de los mineros está además asociado a la idea de sufrimiento y peligro, pues son muchos los que pierden la vida en el intento. Pero una mina también simboliza los tesoros de la tierra que permanecen ocultos a los ojos de los hombres. Por eso soñar que trabajamos en una mina podría interpretarse como que tras nuestros esfuerzos, algo grande puede salir a la luz.

Ansd. En sueños de este tipo, el soñador puede experimentar sensaciones de verdadero agobio, por ejemplo al ser incapaz de salir de una mina o al temer que sus paredes se desplomen. El sueño será entonces indicativo de que ciertos aspectos de nuestra vida nos mantienen en estado de jaque y no nos permiten relajarnos. El sueño, en este caso, lo único que está haciendo es sacar a relucir las preocupaciones o emociones que no hemos detectado o combatido en la vida real.

Molino. Claro símbolo de transformación. En el molino se trillan los cereales –fruto de la madre tierra– gracias a la energía del viento –el universo en rotación–. Soñar, por ejemplo, que trabajamos en un molino, puede ser una imagen creada por nuestro subconsciente para advertirnos de la necesidad que tenemos de implicarnos con los asuntos terrenales. Debemos apechugar, pero sin olvidar que, al igual que el viento mueve las aspas del molino, las fuerzas de la vida están de nuestra parte y nos pueden ayudar en cualquier momento. Si en nuestros sueños contemplamos la imagen de un molino en movimiento, posiblemente esto nos aporte una sensación liberadora y placentera y nos esté indicando a un nivel claramente subliminal que las cosas marchan correctamente.

Monedas. *Véase* DINERO.

Mono. En numerosas culturas la imagen del mono se asocia a la curiosidad, a la insensatez, a las malas tretas y a los bajos instintos. Pero en otras muchas es una figura que simboliza a ciertos dioses, siendo por tanto venerada. En nuestros sueños el mono representa nuestro lado instintivo, constituyendo una invitación de nuestro inconsciente para que desarrollemos nuestra personalidad en su totalidad, sin olvidar el componente animal que todos tenemos. También la aparición de un mono en nuestros sueños nos puede trasladar a una etapa de desarrollo pueril, en la que el mono representaría la juguetonería de la infancia; y según sean las características del mono onírico –color, manera de actuar, etc.– nuestro inconsciente nos estará revelando una información detallada de dicha etapa, que nos será de inestimable ayuda para conocernos mejor y, por tanto, para madurar interiormente.

Montaña. Es el lugar de encuentro del cielo y de la tierra, sirve de paso de un lugar a otro y por tanto constituye un punto de conexión con los dioses. Simboliza eternidad, firmeza, quietud. Espiritualmente la montaña simboliza el ascenso a los estados más elevados de consciencia del ser. Un paso entre montañas representa el acceso a nuevos planos espirituales. En sueños espirituales una montaña puede simbolizar un lugar de revelación don-de se produzca cierta transformación interior de la persona. Si en nuestra montaña onírica hay un gran abismo en el lado izquierdo, significa que la parte inconsciente de nuestra psique –representada por el lado izquierdo– está aún por descubrir y su exploración encierra fuertes dificultades. Si el pico de la montaña está cubierto de nubes puede estar simbolizando que nuestros deseos reales son inalcanzables y están dificultando nuestro despertar interior. Soñar que se asciende por una montaña significa posiblemente que debemos trabajar para conseguir un objetivo concreto relacionado con nuestro crecimiento interior. Si el terreno es escarpado tendremos más dificultades para conseguirlo que si aparece un sendero de montaña, en cuyo caso el paso de una vieja actitud mental a una nueva se hace más fácil. Descender por una montaña puede significar derrota, vuelta a una situación del pasado o a un estado psicológico inferior, probablemente por el propio temor del soñante a adquirir un mayor grado de consciencia.
Otros. La montaña también puede reflejar las mayores o menores dificultades para lograr nuestros proyectos o aspiraciones.

Monstruos. Son personajes que por lo general provocan miedo y terror.
En sueños pueden estar reflejando las inseguridades y temores de la infancia o de cualquier otra etapa de nuestra vida. Pueden aparecer con frecuencia en las pesadillas lo que no es más que un mensaje de nuestro inconsciente para advertirnos sobre preocupaciones o temores inadvertidos en la vida real y que debemos afrontar tarde o temprano.

Motocicleta. Un medio de transporte intermedio entre el coche y la bicicleta –consultar dichos términos–, pero con connotaciones propias de la edad juvenil como son el riesgo, el gusto por la aventura y la diversión. Soñar con ella nos traslada por tanto a etapas de juventud en las que nuestra mayor preocupación era pasarlo bien con los amigos y flirtear con el sexo opuesto. Quizá inconscientemente anhelamos ese estado o el sueño nos está revelando situaciones no superadas de dicha etapa de nuestra existencia.

Mudanza. En sueños, es una situación que implica un cambio o transformación en la vida del soñante. Claro que para interpretar el sueño más ampliamente habrá que analizar con detenimiento el resto de la escena onírica.

Muérdago. Símbolo druídico por excelencia, al muérdago o «ramo de oro» se le atribuían cualidades espirituales especiales, como la de penetrar en «otros mundos» para salir de ellos con el alma regenerada e inmortal. Es símbolo pues de nueva vida e inmortalidad. Soñar con él es un buen presagio para nuestra vida, especialmente en el plano espiritual. Verse debajo del muérdago es algo así como estar libre de limitaciones pudiendo conectar con planos de la realidad desconocidos para muchos hombres.

Muerte. Simboliza el mundo de lo oculto, pero también representa la oscuridad que precede al renacimiento espiritual del hombre. Es, por ende, el cambio de un estado físico a uno espiritual. La muerte onírica por tanto representa la finalización de una etapa y el renacer de una nueva. Si en sueños algún personaje muere, se puede interpretar como el fin de un estado –psicológico, religioso, amoroso, laboral, etc.– y el comienzo de uno nuevo. También puede ser un aviso de nuestro inconsciente para que zanjemos de una vez por todas situaciones que son insostenibles o que nos están perjudicando.

Otros. Al final de la vida de una persona son frecuentes los sueños relacionados con la muerte, no sólo mediante la imagen de la misma, sino mediante otros símbolos de muerte y resurrección. Es como si el inconsciente estuviera preparando al individuo para la llegada del fin de sus días.

Mujer. Representa la gran madre, la sabiduría de la naturaleza con sus dos caras opuestas, una benéfica y protectora y otra maléfica y destructiva. La mujer simboliza todas las cualidades lunares: receptividad, misterio, intuición, complejidad, poder espiritual, etc. Su aparición es frecuente en los sueños de los varones, en los que estaría reflejando la parte femenina de su inconsciente, o lo que Jung denominó como «ánima». Cuando aparece en los sueños de una mujer, por ejemplo mediante la imagen de una vieja mujer sabia, de una mujer con poderes mágicos –un hada, un ser élfico, etc.–, o bajo la apariencia de una niña divina, entonces representa la totalidad de la soñadora, su «yo interior» cuyos consejos deben ser escuchados con atención por revelar información inestimable sobre la psique de la misma.

S. Deseo. En sueños de este tipo es frecuente que aparezcan mujeres desnudas, lo cual es claro inequívoco de deseo sexual.

Muñeca. Símbolo claro de la infancia, de la inocencia. Si es una mujer adulta la que sueña con muñecas, entonces es un síntoma claro de nostalgia o de necesidad de protección y consuelo. Es también una manera inconsciente de querer liberarse de las preocupaciones de la vida adulta.

Música. Las percepciones auditivas no son frecuentes en sueños, sin embargo nuestra mente soñadora nos permite escuchar ciertos sonidos importantes para subrayar el significado del sueño. Escuchar una melodía en sueños será interpretada según las emociones que genere: nostalgia, alegría, felicidad, tristeza, etc.

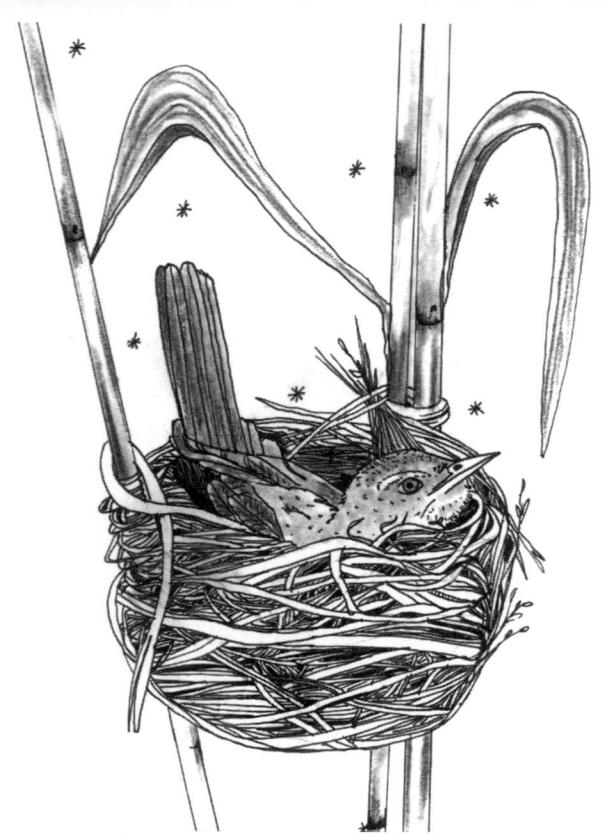

Nacer. El misterio de la vida que empieza, del alma que toma cuerpo y se manifiesta, es un presagio favorable, en general. Si el soñador no está esperando el nacimiento de un hijo, cosa que explicaría la expectativa y la preocupación que genera el acontecimiento, hay que inclinarse por el significado simbólico.

Sprt. El acto de presenciar un nacimiento, de ver o de tomar en los brazos a un recién nacido es un claro signo de un renacimiento espiritual, de un cambio profundo de la personalidad o de la orientación en la vida. Si el bebé, a pesar de su corta edad, habla, es un indicio bastante seguro de que ese alumbramiento nos está indicando un camino a seguir, muy distinto del que estamos transitando en el momento del sueño.

Ansd. Si el sueño va acompañado de emociones negativas, de miedo o de angustia, puede significar la resistencia que se opone al cambio que se anuncia, el temor a las consecuencias que va a acarrear.

Nadar. El agua es claro símbolo de las fuerzas inconscientes, del obscuro núcleo del que surge la individualidad de la consciencia. La vida humana ha comenzado en útero materno, en el que flota el feto y del que tiene que conservar, por fuerza, memorias inconscientes. La vida, en la Tierra, ha comenzado en el mar. Las células vivientes llevan inscritas en sus cromosomas la experiencia del agua de donde surgieron. En tales sueños es muy importante estar atento al estado y aspecto del agua en que se nada. Puede ser amenazadora, negra y revuelta, o límpida y tranquila, según se considere al inconsciente como a una madre amorosa o a un enemigo implacable. Nadar viene a ser el esfuerzo de la conciencia por lograr lo que Jung llama principio de individuación, el impulso de sobrevivir al caos primordial y lograr construir la estructura de la personalidad. Si el ejercicio de la natación es placentero y va acompañado de sensaciones de seguridad y de bienestar, es que la conexión de la consciencia individual con las fuentes del inconsciente, de las que se alimenta, está bien construida y funciona adecuadamente. Si por el contrario, nadar resulta angustioso y pone al soñador en el trance de ahogarse, indica que el inconsciente amenaza tragarse a la consciencia personal, seguramente frágil, débil y sin recursos de supervivencia.

Nana. Oír una nana, sentirse mecido por unos brazos amorosos o por el suave balanceo de una cuna puede ser una experiencia muy grata que nos retrotrae al mundo de la infancia, que aviva recuerdos de los primeros años de la vida, en los que no había preocupaciones ni obligaciones. Este sueño, en un adulto, indica la fuerte necesidad de seguridad y afecto, que seguramente no tiene en el momento del mismo. La añoranza del tiempo feliz, en el que se sentía totalmente protegido. *Ext.* Si el sujeto es el que canta la nana y realmente tiene un niño al que puede

acunar, es claro que está sumamente preocupado por su crianza. Puede indicar una ligera culpabilidad por no dispensar al niño toda clase de atenciones y de afecto que necesita.

Naranja. (color) Simboliza la llama del fuego, el esplendor, la frescura, el dinamismo y la felicidad.

Nariz. La nariz, para los freudianos, tiene unas incuestionables connotaciones sexuales. No solamente son simbólicas las relaciones entre la nariz y los órganos sexuales, sino que hay una correlación fisiológica entre la punta de la nariz y el pene o el clítoris, debida a los ejes de simetría que rigen el desarrollo del niño. Pellizcarse la nariz, en sueños, acariciarla o hurgar en las fosas nasales con el dedo, indica urgentes necesidades sexuales que no se ven satisfechas en la vida de vigilia. Posiblemente el sueño enmascare tras el apéndice nasal unos instintos insatisfechos que no se atreven a manifestarse en toda su crudeza.

Nata. Dado su alto contenido en grasa, soñar que comemos nata, o que vemos una fuente de pasteles rellenos con ella —cosa que puede hacer sentir una cierta repugnancia— puede ser la manifestación de un mal funcionamiento de los órganos digestivos, de una incipiente indigestión o de una congestión del hígado. *Sprt.* Pero también puede tener un significado mucho más positivo. La nata es la «flor» de la leche, el producto más exquisito y refinado de lo que ha sido el alimento primordial. Es un sueño gozoso, un excelente indicador de que se ha logrado acceder a un plano espiritual que nutre el alma debidamente.

S. Deseo. Soñar en un baño lleno de nata es un claro indicio de sensualidad y necesidad de belleza y de confort.

Naufragio. Soñar con él en sueños no significa necesariamente que se vaya a naufragar de verdad. Si se ha estado viendo una película en la que un barco se hundía, es natural que las imágenes contempladas arrastren emociones que estaban ocultas y las hagan surgir a la superficie a través de los sueños. Mas si no hay un componente externo que esté influyendo en la aparición de dicha figura onírica, hay que pensar que un naufragio es sinónimo de impotencia y de fracaso. La conciencia personal se ve rodeada de poderosos enemigos, que amenazan con engullirla. Es muy importante analizar el escenario del naufragio. Si el barco naufraga por chocar con peñascos o bajos, indica circunstancias o enemigos ocultos a los que resulta difícil vencer.

Náusea. Es muy posible que experimentar náuseas en sueños sea consecuencia de un malestar de estómago, de un corte de digestión o de una cena demasiado copiosa. También puede ser ocasionado por un auténtico olor nauseabundo que se perciba durante el sueño y que advierta de un cierto peligro al respirarlo. El contenido onírico tendría la finalidad de avisar al durmiente, sobre todo si las náuseas son muy violentas y desagradables, hasta tal punto que despierten al soñador. Las náuseas son también una manifestación

de embarazo. Puede ser un aviso de que se está esperando un hijo, o del miedo a encontrarse en estado de gravidez.

Sprt. Si no se dan esas circunstancias, que tienen un fundamento fisiológico, entonces la acción de vomitar, o de sentir el deseo de hacerlo, está señalando que se ha ingerido algún veneno espiritual que tenemos que expulsar, cuanto antes, de nuestro cuerpo. Una confesión que no se atreve a manifestarse, un resentimiento que no sale a la luz, una mentira que hay que rectificar, una verdad que se atraganta, pueden ocasionar la violenta necesidad de arrojar semejante tóxico.

Navegar. Surcar las aguas es siempre indicio de espíritu aventurero, de avidez de descubrimientos, de riesgo y de conquista. Pero también de peligro y de inseguridad. El navío es un reducto de seguridad, es el centro de operaciones que sustenta la actividad del soñante. Por tal motivo, es importante, para una interpretación correcta del sueño, examinar detenidamente las características del barco. Navegar en una simple lancha de remos o sobre una tabla de surf no es lo mismo que hacerlo en un transatlántico bien dotado y con una tripulación experta. Hacerlo en un mar encrespado comporta una posibilidad de zozobrar, mientras que navegar en un tranquilo lago puede ser una actividad muy agradable.

Sprt. Surcar las aguas puede ser sinónimo de explorar el inconsciente.

Negocio. Resolver un negocio en sueños, por ejemplo vender bien una casa, indica que nos hemos liberado de una obsesión, que hemos acertado al resolver una situación que nos venía causando inquietud. Pero si el soñador se encuentra en un fabuloso despacho haciendo grandes operaciones financieras, puede tratarse de un sueño de compensación. Posiblemente se sienta insignificante en la realidad y en sueños compense su maltratado ego con una posición prominente y de dominio.

Negro. Un color que simboliza la oscuridad, el misterio, el peligro, la muerte y la resurrección.

Nido. Ver un nido bien protegido y lleno de huevos es un magnífico augurio sobre el porvenir, en especial, de los hijos y de la seguridad material de la familia. Ver el nido destrozado, sólo lleno de cascarones vacíos, puede ser un sueño anunciador de pérdidas personales, o de rupturas familiares. Coger un nido de un árbol, lleno de polluelos, y llevarlo a casa, significa una gran soledad afectiva, un profundo deseo de cariño insatisfecho.

Nómada. Si el durmiente se ve a sí mismo como un nómada, desarraigado, sin hogar y sin pertenencias, vagando por territorios desconocidos y hostiles, quizá se trate de una experiencia de otra reencarnación, que ha quedado gravada en sabe Dios qué capas del subsconsciente, o que sea una conexión con ciertos niveles de los registros akásicos, y revele una experiencia que no se ha tenido nunca en el plano personal. Estos fenómenos se dan realmente en los sueños. En ese caso, únicamente tendría de desagradable el sueño en sí. Pero también puede significar que el individuo se ve despojado de toda clase de bienes, o que sea un aviso de que puede perder su situación social. Si el sueño muestra a un nómada feliz, que vive su libertad en plena exaltación, sin trabas sociales ni familiares, nos está indicando el intenso deseo de liberarse de las ataduras de una pareja demasiado controladora, de un trabajo opresivo o de una situación urbana agobiante. No es de extrañar que a este sueño le siga una auténtica ruptura con las ligaduras del pasado.

Spirt. Verse como un nómada podría querer decir que nuestro interior está pasando por una etapa de incertidumbre, de dudas existenciales que no permiten al alma descansar en paz.

Notario. Muchas veces se asocia a los notarios con la muerte. Testamentos, herencias, legados, donaciones, etc., están mostrando la continuidad de la vida, de los bienes y las posesiones, más allá de la vida de los individuos. A no ser que haya una causa, una preocupación real, que justifique soñar con un notario –por ejemplo, si pensamos vender o comprar una propiedad, si pensamos hacer testamento, etc.– este tipo de sueño manifiesta la inquietud que produce el compromiso que adquirimos con otras personas, cuando tenemos que compartir con ellos las riquezas materiales o la intimidad. En un sueño, la figura del notario comporta todas las características de la ley, impersonal y rigurosa, que se impone a las decisiones personales.

Noticia. Ver una noticia en un periódico, o bien oírla por radio o televisión, puede ser un sueño premonitorio. Cuando el nivel de la consciencia está muy bajo, como sucede durante el acto de dormir, las facultades, mal llamadas paranormales, funcionan sin las trabas de la razón y pueden dar a conocer acontecimientos, bien del presente, del pasado o del futuro, que el soñante ignora. Por tal motivo, se debe prestar mucha atención a un sueño de tal índole, para comprobar después, la veracidad de la noticia. Es conveniente apuntar en un cuaderno la noticia y la fecha, si es posible, porque puede haber una auténtica adivinación. Otros casos, más vulgares, pueden hacer interpretar el sueño como el ferviente deseo de que el hecho anunciado en la noticia, se efectúe de verdad. O, en caso de que la noticia sea mala, el temor a que se produzca.

Oasis. Llegar a un oasis, después de atravesar un inhóspito desierto, es un presagio excelente de que vamos a lograr vencer las dificultades que estamos atravesando. El goce del agua fresca, de la sombra de las palmeras, del dulce sabor de los frutos es un regalo del destino que seguramente nos hemos ganado a pulso. *Sprt.* El oasis también puede ser la metáfora onírica del Jardín del Edén. Puede tener un significado más profundo y espiritual: el de desear alcanzar un estadio de evolución que nos aproxime a la inocencia primordial y a la paz perfecta, cuando no había oposición entre el mal y el bien. Llegar al oasis es entrar en el Paraíso.

Obra. Trabajar como albañil en una obra, vernos subidos en un andamio bamboleante, que no nos ofrece ninguna seguridad, con un gran vacío a nuestros pies, es un típico sueño de angustia, muy frecuente. *Véase* la palabra CAER.

Obsesión. Padecer el tormento de experimentar una obsesión en sueños es manifestación de un desasosiego interno causado por uno o varios deseos insatisfechos. Si experimentamos una obsesión por un tema o un objeto que para nada llama nuestra atención en la vida de vigilia, no tenemos más remedio que reconocer que sentimos una imperiosa necesidad –o una fuerte aversión, según los casos– en la parte de nuestra mente menos iluminada por la conciencia.

Obstáculo. Es muy frecuente tener un sueño en el que nos vemos maniatados e inmovilizados por poderosos atacantes, y cuando en el paroxismo del terror, nos despertamos, comprobamos que estamos liados entre las sábanas y no podemos ni siquiera darnos la vuelta en la cama. Es clara la influencia de agentes exteriores, como en los casos en que se siente frío, o se tiene fiebre. No tiene mayor trascendencia.

Ansd. Si se padece una auténtica crisis de angustia, quizá pase desapercibida en la vida consciente, pero sin duda, está ahí. Para esclarecer el mensaje que nos transmite nuestra alma atormentada, es muy importante analizar la clase de obstáculos que se nos presentan, a qué actividades nuestras se oponen.

Ocaso. Infinitas son las leyendas de los pueblos primitivos sobre la desaparición del sol y su significado religioso. Si en sueños vemos una hermosa puesta de sol, cuyo espectáculo nos llena de paz y armonía, esa imagen nos está indicando que hemos alcanzado una fase de cumplimiento, que hemos llegado a la consecución de un deseo muy profundo. Es un sueño que indica el final de la lucha, del reposo definitivo, quizá del deseo de la muerte. Si la contemplación del ocaso va acompañada del temor de perder la luz y el calor del Sol, de sentir aproximarse la noche, es indicio de haber perdido el rumbo, de no saber hacia dónde vamos ni qué tenemos que hacer.

Oculista. Si en sueños vamos a la consulta del oculista, es muy posible que realmente estemos preocupados con nuestra visión, con algún dolor o moles-tia de los ojos, incluso puede estar relacio-nado con un lige-ro trastorno motivado por algo tan fútil como una pestaña que se nos ha metido hacia dentro. Sentir un fuerte dolor en un globo ocular, como motivo de la consulta, puede ser el toque de aviso de un hígado sobrecargado por un mal régimen de alimentación y una dieta demasiado rica en grasas.

Odio. Experimentar un odio que nos consume por dentro, que nos devora, puede deberse a un verdadero ataque de fiebre. El odio eleva la temperatura de nuestro cuerpo, hace correr el fuego por nuestras venas, y nuestra mente puede equiparar la molestia física que sentimos al padecer una alta temperatura con el estado anímico del que sufre una fuerte ira.

Pero si en nuestro sueño no se dan esas circunstancias externas –u otras pareci-das– que lo provoquen y nuestro odio va dirigido hacia una persona determinada con la que habitualmente nos une una buena relación, podemos estar seguros de que nuestros sentimientos encubren una hostilidad no manifiesta, pero existente. Quizá, con esta emoción tan negativa, nuestra mente subconsciente nos esté avisando de las aviesas intenciones de esa persona, aparentemente tan amistosa.

Ofensa. Si en sueños vivimos la desagradable situación de ser víctimas de una ofensa, por parte de alguien que nos es muy querido, nos conviene analizar cuidadosamente nuestra conducta respecto de esa persona, y las motivaciones que nos impulsan a tratarla de determinada manera. Seguramente descubriremos en el fondo de nuestra mente un complejo de culpa, porque, quizá, nuestras intenciones respecto de ella, no sean del todo limpias. También puede darse el caso de que sea un complejo de inferioridad lo que nos lleva a pasar por esa experiencia, porque en el fondo, nos sentimos acreedores de las posibles críticas, ofensas o desprecios que nos inflijan. Nos sentimos tan rebajados a nuestros propios ojos, que pensamos que merecemos semejante mal trato.

Oferta. Recibir una buena oferta de trabajo, o de una compra –o venta– muy ventajosa, por parte de una persona desconocida, puede manifestar una desconfianza por nuestra parte. De alguna forma, intuimos que alguien está tratando de engañarnos.

Oficio. Cuando somos niños, nuestras primeras experiencias de dominio del mundo circundante se obtienen a través del tacto, de la mano que palpa, evalúa, examina. Ese deseo infantil subyace en la mente del hombre civilizado y puede encauzarse por medio de un hobby, o de un sueño en el que somos perfectos artesanos. Otra explicación, más rebuscada, es la de las vidas pasadas. Quizá hemos ejercido ese oficio y aún sentimos la nostalgia de los tiempos que se fueron.

Ogro. La figura del ogro ha sufrido una gran transformación a lo largo del tiempo, desde el amenazador ogro de Pul-

garcito, devorador de niños, al tierno y poco convencional *Shrek* de nuestros días que ha protagonizado la famosa película de animación de la compañía Dreamworks. La figura del ogro, en cualquier caso, tiene mucho que ver con la imagen que nos construimos de nuestro padre. De aquellos padres de hace muchos años, que eran como la encarnación de un Júpiter tronante, protector, pero también amenazador, al padre actual, media la misma diferencia que entre el ogro de las botas de siete leguas y el delicioso personaje de diseño. Se presente como se presente, terrorífico o divertido, la imagen del ogro es la imagen del padre, cómo le vemos, cómo le vivimos, qué huella dejó su presencia en nuestros recuerdos infantiles. Y quien dice padre, dice también madre. A su vez puede tratarse de la personificación del «animus» negativo y tirano de una mujer.

Olor. Las vías nerviosas que conducen los olores al cerebro guardan una estrecha relación con las vías de la emoción y de la memoria. Los olores actúan como los desencadenantes de emociones olvidadas, sin que medie entre ambos ningún pensamiento, ningún elemento conceptual. Podemos pasar de aspirar un determinado aroma a derramar lágrimas de emoción. Un olor puede hacernos evocar viejos recuerdos, vivencias perdidas de la infancia. Un olor intenso, aparecido en un sueño, y que se sigue manifestando después de habernos despertado, nos indica hasta qué punto ha estado implicado en el proceso nuestro lóbulo temporal izquierdo, y cuán profunda es la importancia de ese fenómeno cuasi alucinatorio en nuestra vida.

Operación. Sufrir una operación en sueños puede indicar un miedo cerval al dolor, a la enfermedad o a la muerte. Es un inequívoco síntoma de una profunda ansiedad, de que algo anda mal dentro de uno mismo. O bien de que somos víctimas de una agresión inmerecida. Para un pronóstico más exacto de la significación del sueño, es importante ver en qué parte del cuerpo se lleva a cabo la operación, qué órgano va a padecer una amputación. La operación en la cabeza hace pensar en problemas de personalidad. La de matriz o próstata puede referirse a miedos de perder la fertilidad o la virilidad, etc.

Opio. Soñar que se está en un fumadero de opio, o pasear por un campo de adormideras puede indicar un vehemente deseo de evasión, de desconectar con la vida cotidiana y sus problemas.

Orar. Entrar en una iglesia y rezar tiene la significación de volverse hacia la interioridad de uno mismo, hacia el auténtico santuario de la intimidad. Ponerse en contacto con el dios interior y bañarse en el lago del espíritu tiene también unas ciertas connotaciones de nostalgias infantiles, del deseo inconsciente de volver al útero materno. La iglesia es un símbolo femenino, es el seno acogedor que nutre y protege de los males exteriores. Allí nos sentimos a salvo y protegidos por un poder mucho más grande y poderoso que nosotros mismos. La iglesia es la Barca de Pedro, la Santa Madre, la que siempre cuida y perdona. Y orar es hablar, en ese recinto seguro, con lo más auténtico de nuestra esencia.

Orden. Poner orden, colocar en su sitio un conjunto de objetos heterogéneos, puede proporcionar un gran placer o causar un tremendo malestar, porque no somos capaces de encontrar un sistema que nos permita clasificar esos objetos. En el primer caso, poner cada cosa en su lugar puede convertirse en un juego divertido y estimulante. Quizá en la vida de vigilia no somos capaces de dirigir y controlar nuestras acciones con un poco de sentido común, y todo el mundo nos lo echa en cara. El sueño, en ese caso, nos viene a decir que somos mucho más sensatos de lo que aparentamos, que, a pesar de nuestro comportamiento, aparentemente desordenado, llevamos nuestra vida hacia buen término, la vemos llena de significados enriquecedores y de propósito.
Ansd. En el caso de no ser capaces de clasificar y ordenar los objetos, hay una angustia patente, seguramente porque una situación se nos va de las manos. Podría ser también, la constatación de un mal dominio del espacio o de una falta de lógica y coherencia en nuestra conducta.

Ordeñar. Si este sueño se da en un durmiente que pertenece al mundo rural, y que realmente ordeña vacas, ovejas o cabras, el sueño puede ser consecuencia de la actividad diaria, que deja su huella en el subconsciente. En el caso de no haber ordeñado nunca, tendremos que remontarnos al simbolismo de la vaca que, tradicionalmente, se ha equiparado a la diosa madre. Ya sabemos que en todos los ámbitos hinduistas, la vaca es un animal sagrado a la que nunca se mata. El profundo sentido de esta creencia puede latir en las imágenes arcaicas que pueblan la mente del soñador. En el fondo del alma, todas las creencias religiosas tienden a un sincretismo, a una fusión de los símbolos. Ordeñar una vaca es un sueño de retorno a la madre naturaleza, de añoranza, de deseo de saborear el que ha sido nuestro primer alimento. Una necesidad imperiosa de vida natural, de ser nutridos y confortados.

Orinal. Si un adulto sueña frecuentemente con el orinal, indica que está pasando por una fase regresiva que le transporta a la segunda infancia, o que en esa época quedaron algunos problemas sin resolver, que ahora cobran nueva vigencia. Seguramente hay conflictos con la madre, no necesariamente la madre biológica, sino cualquier forma de autoridad represora de tipo femenino.

Orinar. Para dar una interpretación de este sueño, tenemos que empezar por distinguir al soñador de sexo masculino y la soñadora de sexo femenino. Es un sueño de fuertes connotaciones sexuales. En un varón, soñar que se orina puede ser un encubrimiento de fuertes deseos sexuales, porque en el sueño, digan lo que digan ciertos psicoanalistas, también hay una censura. Orinar y eyacular son funciones muy semejantes y la primera puede servir de metáfora a la segunda. Pero además tenemos que tener en cuenta que el acto de orinar es, para los niños, una demostración precoz de su virilidad. En el caso de una mujer, en otros tiempos se relacionaba incluso la postura que tiene que adoptar para orinar como un acto de sumisión, de aceptación de un rol mucho más modesto que el del varón. En el hecho de orinar la niña se percataba del ingrato papel que le había asignado la naturaleza. La aceptación de su situación de castrada y el tener que agacharse para orinar iban casi parejos. Cuando una mujer soñaba que orinaba, estaba manifestando unos deseos sexuales igual de fuertes que los del varón, pero envueltos en un recato y una resignación que eran fruto de la clara conciencia de su sometimiento al varón. Hoy día ya no es así y puede interpretarse el sueño como un simple deseo sexual.

Orquesta. Soñar que se dirige una orquesta indica unos deseos, un tanto paranoicos, de dominio y control. Una exaltación del ego que anhela coordinar y ejercer su poder sobre las personas o la realidad que le rodea. Es un sueño de proyección psíquica que muestra cuán poderosas son las necesidades de expansión del soñador.

Oscuridad. Si la luz es símbolo de conocimiento, de sabiduría, de iluminación de la mente, incluso del bien perfecto y de la alegría, ya podemos suponer que la oscuridad es la manifestación de todo lo contrario. Soñar que estamos en una tiniebla total puede convertirse en una angustiosa pesadilla, algo de lo más opresivo. No ver nada, en el sueño, es un mal síntoma. La crisis de ansiedad desencadenada por el total desconocimiento de lo que nos rodea seguramente nos hará despertar llenos de zozobra. Este sueño puede acompañar a la falta de una creencia religiosa que dé sentido tanto a la vida como a la muerte, a un profundo desengaño, a la pérdida de ideales, a un sentido muy negativo de la existencia. Sumirnos en una tenue oscuridad, que nos envuelva dulcemente, sin quitarnos el sentimiento de seguridad y de bienestar puede tener una interpretación mucho más positiva. Puede indicar una gran necesidad de descanso, de alejamiento de las actividades de la vida cotidiana. Incluso un dulce deseo de muerte.

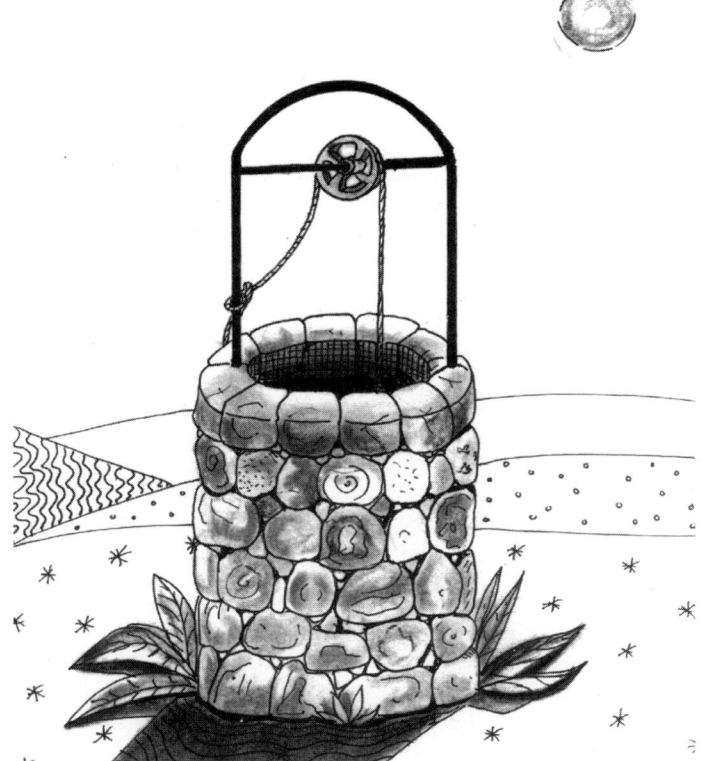

Padre. Simboliza la parte activa de todo individuo, la que interacciona con el medio y lucha por mantener una prole. También representa la autoridad y el dominio. Según sea la figura del padre en sueños, así habrá que interpretarlo. Por ejemplo, una figura paterna rígida y exigente, indica ciertos complejos no asumidos o superados en el soñador. Sin embargo una figura paterna afable sugiere que el soñador siente la necesidad de interaccionar convenientemente con la sociedad y su ambiente circundante.

Pan. Claro símbolo de vida, pues es a la vez alimento del cuerpo y del alma en la comunión cristiana. Soñar con pan en el caso de que no nos falte lo necesario para vivir puede ser clara señal de que nuestro espíritu necesita ser alimentado, de que debemos sacar lo mejor de nosotros mismos y ponerlo a disposición de nuestros semejantes.

Patata. Un alimento básico junto al pan y otros cereales. Pero a diferencia de estos, la patata es un rizoma, que brota por todas partes, que genera infinidad de plantas hijas sin seguir una ley determinada. Como principio de nutrición, es un símbolo esencialmente femenino. En el plano onírico es principio de la vida, la fuerza de la vitalidad que estalla en todas direcciones. Soñar que plantamos una patata es un feliz augurio que nos asegura la continuidad de la familia y de la especie.

Paraíso. Es el estado por excelencia de dicha y felicidad, pues en él el hombre tiene todas las necesidades físicas atendidas. Por eso, soñar con el paraíso puede ser una compensación a la estresada vida actual. Claro que también el paraíso es el lugar donde más cerca estamos del cielo, y soñar con él puede indicar el deseo de una vida más espiritual.

Pelo. El pelo es una parte del cuerpo, muy especial. Es casi un intermediario entre el cuerpo físico, material, y el cuerpo etérico, el envoltorio de energía que le protege. Muy sujeto a las emociones de su poseedor –se ponen los pelos de punta cuando se miente miedo, se eriza el vello de los brazos, etc.– en ocultismo se ha considerado símbolo de las fuerzas instintivas, desde muy antiguo. Hoy en día, sigue teniendo un papel preponderante en ciertas sociedades. En la religión musulmana, las mujeres deben cubrir sus cabellos, porque se considera un atributo sexual secundario de muchísima importancia. Los *sijhs* varones no pueden cortarse el pelo en la vida, porque se considera un atributo sagrado de su virilidad. Los rizos que se mandan los enamorados como prueba de amor, etc. El pelo tiene también una larga tradición en la historia. En pueblos muy primitivos, se cortaba un mechón de pelo a los recién nacidos y se ofrendaba a los dioses, para impetrar su protección. Recordemos a Sansón y Dalila, a Absalón y su hermosa cabellera, y tantos casos más. En la magia negra, el pelo es un objeto muy importante a la hora de echar un mal de ojo. En sueños, según sea el pelo soñado –color, largura, etc.– así será nuestra conexión con el mundo espiritual. Si soñamos que nos ponemos una peluca, estamos encubriendo, no sólo una parte de la anatomía, sino también un retazo del alma. Ocultamos la manifestación más obvia de nuestra vitalidad, de nuestra sexualidad, de las emociones que acompañan al instinto. Es como si nos avergonzásemos de ser como somos, como si quisiésemos engañar a los demás, porque en este juego de ocultación se utiliza, no un pañuelo ni un sombrero, sino otro pelo falso que, por supuesto, puede ser sintético, pero que imita al real. Ponerse una peluca es como tomarse unas vacaciones del yo, como cambiar de personalidad, como adoptar un nuevo personaje.

Pena. Experimentar una pena sin que haya un hecho que la produzca, un tremendo dolor, químicamente puro, en sueños, puede ser consecuencia de haber pasado por una experiencia muy triste, muy traumática, que ha dejado una huella muy honda, que ha sido grabada en la memoria con un alto grado de emoción, y que se mantiene oculta en los repliegues de la memoria. Cualquier utilidad de la vida cotidiana, ya se trate de una foto, una revista, un reportaje de la televisión, la puede traer de nuevo a la actualidad.

Pensión. Vivir en una pensión puede ser un sueño muy deprimente que nos dice que hemos perdido nuestra base de operaciones, nuestro lugar en el mundo. Generalmente va acompañado de sentimientos de soledad, de tristeza, de decaimiento físico. Suele ser fruto de una experiencia real de desarraigo, de alejamiento de nuestros seres más queridos. Anuncia una posible jubilación y el miedo a la vejez.

Perder. El sentimiento de haber perdido algo muy importante constituye uno de los componentes más notorios de los sueños de angustia. La búsqueda del objeto o de la persona desaparecida se convierte en una obsesión acuciante que desazona y entristece. Pero todavía es peor la experiencia de saber que hemos perdido algo trascendente y no recordar exactamente qué es. En este caso el sueño indica una desorientación, un desconocimiento de nuestros objetivos inmediatos, que puede llegar a ser peligroso. Asimismo, puede indicar el miedo de perder una situación profesional, el afecto de una persona o nuestro prestigio personal.

Perdón. Soñar que perdonamos a un enemigo, a alguien que nos ha causado mucho dolor, es una magnífica señal de que hemos alcanzado un nivel espiritual que nos conecta con el amor universal, o que hemos superado las barreras de la conciencia personal –que nos aísla del resto del mundo, pero que también nos define– y del ego, para disolvernos en la divina unidad. Es un sueño muy hermoso y reconfortante, pero que indica también un peligro. Se han bajado los muros defensivos del yo y posiblemente el soñador se ha quedado sin recursos ante posibles agresiones en la vida real. Si se sueña con un generoso perdón, debemos estar preparados para no dejarnos invadir por la posible maldad de los que nos rodean.

Pereza. Al soñar que uno ha sido invadido por una gran pereza, por una falta de respuesta ante los estímulos exteriores, puede ser señal de que algo anda mal en nuestro cuerpo. Parece un sueño de contenido somático, orgánico, que nos advierte de la fatiga crónica que seguramente padecemos. El estrés puede pasar desapercibido en la vida de vigilia, enmascarado por la tensión de las tareas cotidianas, que nos distraen y no nos dejan «oír» los mensajes que nos manda nuestro organismo. Relajarse perezosamente en una tumbona, en sueños, puede ser un anuncio de lo que nos pide la naturaleza, o sea, descansar. Puede ser un sueño de compensación, que nos ofrece el consuelo onírico de gozar de aquello de que carecemos en la vida real. También puede tener otra segunda lectura más profunda. La pereza puede mostrar una especie de desinterés, de aburrimiento. Puede indicar que en la vida de vigilia, no nos sentimos motivados por lo que hacemos.

Periódico. «La lectura del periódico es la plegaria matutina del filósofo», decía Hegel, el filósofo alemán del Romanticismo. Leer un periódico, en sueños, está manifestando la avidez del soñante por entrar en conexión con el mundo de las ideas, por saber más y por sentirse integrado en círculos más amplios que los que frecuenta habitualmente. Seguramente el sujeto se siente encerrado en un ámbito muy pequeño, asfixiante –la familia, la profesión, los amigos– y anhela entrar en contacto con otras mentes, con otras ideas que le puedan enriquecer. Si en sueños contemplamos multitud de periódicos, que van cayendo a nuestros pies, indica la angustia de percibir el paso del tiempo, que nos acerca inexorablemente a la muerte. El sentimiento de que estamos perdiendo oportunidades que no somos capaces de atrapar al vuelo.

Perro. El perro ha sido siempre el símbolo perfecto de la fidelidad, de la devoción, de la obediencia a su amo. Un perro amigo, en sueños, es la presencia a nuestro lado, de un espíritu elemental de la naturaleza que nos protege y acompaña. Pero el perro puede tener otras connotaciones menos agradables. El sueño de un perro negro, amenazador y furioso puede ser una premonición de muerte. En la magia negra el perro es un acompañante de Satanás. El gran escritor alemán Goethe en su obra *Fausto*, habla del perro amarillo de Mefistófeles. Los perros aparecen también en el Tarot de la Luna, con un significado negativo y destructor.

Persecución. Ser perseguido por una jauría de perros furiosos, por un tren a toda marcha, por un rinoceronte descontrolado, por un grupo de gente agresiva, es un sueño muy característico de angustia, que todos hemos padecido alguna vez. Suele ir acompañado de una casi incapacidad de movernos, de pesadez y torpeza, de la desagradable sensación de intentar correr sobre un suelo pegajoso, de no poder escapar del peligro. Suele acabar en un brusco despertar, cuando el terror experimentado ha llegado al paroxismo. Posiblemente en los estratos más hondos de nuestra mente arcaica, conservemos recuerdos, no personales, de nuestros antepasados más remotos, de sus luchas por la supervivencia frente a depredadores sin piedad. El significado es muy claro: nos sentimos acosados por un peligro ante el que no tenemos otra salida que la huida.

Persiana. Ocultarse tras una persiana o bajarla es una muestra de timidez, de falta de seguridad, pero también de una ávida curiosidad por conocer la intimidad de alguna persona determinada. A través de la persiana podemos ver sin ser vistos. Diríamos que es como una estrategia femenina un poco malsana engendrada en el cerrado ambiente de un harén o de una pequeña capital de provincias. No es una actitud muy gallarda, mucho menos si el sueño se da en un hombre.

Petróleo. El oro negro es un sueño de riqueza oculta que aflora a la superficie. Soñar que encontramos petróleo en un campo es la premonición de que algo muy bueno va a llegar pronto a nuestra vida. Puede tratarse de un negocio, de un bien de tipo material que nos va a enriquecer, o del descubrimiento de un secreto que yacía sepultado en la ignorancia.

Pez. Símbolo de resurrección. Cristo ha sido representado por esta figura en numerosas ocasiones. Soñar que pescamos peces es una imagen proyectada por nuestro inconsciente que nos revela la necesidad de recuperar la totalidad de nosotros mismos, es decir, de integrar todos los componentes de nuestra psique.

Piano. Para aquellas personas que realmente tocan el piano, soñar que se ejecuta magistralmente una pieza determinada, puede ser la satisfacción de un deseo largamente acariciado, una continuidad muy grata entre la vida de vigilia y la onírica. Pero si nos vemos ante un piano, en una sala de conciertos, ante un público expectante y no tenemos ni idea de tocar, o lo hacemos con gran torpeza, lo que se está manifestando en el sueño es una crisis de ansiedad desencadenada por nuestra incompetencia ante la complejidad de una situación. Dado que el teclado ha sido, tradicionalmente, hecho de marfil, el sueño de un piano abierto, mostrando sus teclas, puede anunciar problemas con la dentadura.

Picadura. Generalmente los insectos despiertan sentimientos de repugnancia y de miedo. Ser picado por un insecto es un sueño que nos enfrenta a un mundo desconocido de venenos y peligros; menos en el caso de la picadura de abeja, que en la tradición popular se considera un buen augurio de riqueza, y fertilidad para las mujeres. La abeja es símbolo de actividad, de laboriosidad, de vigilancia y de buena suerte.

Piedad. Ser objeto de la piedad de alguien, o experimentar un fuerte sentimiento de piedad hacia algún necesitado, significa que nos estamos moviendo en el terreno de los afectos, que estamos dejando aflorar cálidos sentimientos de amor. Puede ser un sueño de compensación si se da en una persona egoísta, fría, muy volcada en sus ambiciones materiales. El sueño le está reclamando el ejercicio de la parte amorosa de su personalidad, que está atrofiada y sin desarrollar.

Piedra. Simboliza la perpetuidad, la cohesión, lo inmutable y lo eterno. Para Jung es uno de los símbolos del «sí mismo» o de la totalidad del ser. Su aparición en sueños puede ser indicio de que nuestro proceso de individuación se está desarrollando. Es por tanto un buen augurio.

Pies. Son la parte de nuestro cuerpo sobre la cual nos mantenemos erguidos, así como el punto de enraizamiento, es decir, del contacto con la tierra, la materia y la vida en general. Tradicionalmente simbolizan la humildad. Soñar que nos faltan o están atrofiados, es sinónimo de inestabilidad o de predominio de la razón en nuestra vida. Ver nuestros pies descalzos significa naturalidad y sencillez o, por el contrario, es una imagen que proyecta nuestro inconsciente para indicarnos que nuestra relación con el medio es excesivamente complicada y que debemos simplificarla.

Pijama. Vernos en pijama en un sueño y más aún si se está dentro de la cama, significa el deseo de retirarse del mundo, el miedo a alternar y a competir en el medio social. La cama es el símbolo, elaborado por los usos y las costumbres de la sociedad, del útero materno, y el pijama es el envoltorio que nos permite la entrada a ese cálido refugio. Es también una expresión de vivencia de sentirse inadecuado, inepto para la vida, una manifestación de la vergüenza que se siente cuando se constata la propia inferioridad y la cobardía.

Piloto. El piloto de un avión o de una embarcación es un símbolo mental y masculino, de la confianza en los poderes de la inteligencia. Soñar que uno es un piloto significa que tenemos conciencia de asumir muchas responsabilidades, y que debemos vencer la inercia. El piloto domina las trayectorias del aire y tiene miles de posibilidades para actuar. Escoger la más acertada es una difícil elección.

Pincel. El instrumento y la acción de pintar tienen en común mejorar el aspecto de las cosas, embellecerlas y llenarlas de color. El sueño de pintar indica que no estamos muy contentos con nuestra situación, que deseamos cambiarla o enriquecerla. Pero pintar es también disimular los defectos, mejorar el aspecto exterior sin cambiar las cosas en profundidad. Puede implicar un comportamiento hipócrita, falso, de huida ante las cosas que no nos gustan. Otro significado interesante en un soñador alejado de la bellas artes, puede mani-

festar un espíritu creativo oculto, que pugna por salir a la luz. Soñar que se pinta un cuadro podría indicar que se tienen grandes aptitudes para ello.

Piragua. Ante las grandes pruebas de la vida, ante los grandes embates del inconsciente, esta barquilla ofrece poca protección. Al ser un símbolo femenino, este sueño indica que refugiarse en los afectos, la ternura y la sensibilidad, no es por el momento muy conveniente. La piragua es una embarcación ágil y rápida cuando se mueve en aguas tranquilas pero cuando se trata de aguas turbulentas sirve para bien poco. Soñar que vamos en piragua en un mar agitado, nos avisa del peligro que corremos por no haber escogido el medio adecuado.

Pirámide. Es el centro del mundo, cuyo vértice simboliza el logro espiritual más elevado. La pirámide escalonada representa los distintos niveles de conciencia. Soñarnos en la base de la pirámide podría significar que aún estamos anclados al mundo material. Soñar que ascendemos por una pirámide es sinónimo de crecimiento espiritual. Soñar con una pirámide truncada significa la necesidad de incorporar la vida espiritual a nuestra existencia.

Pirata. El pirata es un personaje novelesco y pintoresco, que no por ello deja de ser peligroso. Puede tener relación con los sueños en los que se manifiesta el ánimus de una mujer. Para una mujer convencional, algo mojigata, soñar con románticos piratas que la seducen es una proyección de íntimos deseos sexuales no confesados. La imagen del pirata es también una imagen exaltada de la vitalidad desenfrenada, del superhombre de Nietzsche, más allá del bien y del mal. Si en el sueño nos identificamos con su figura estamos mostrando una rebeldía frente a las constricciones que nos impone el mundo que nos rodea. En una mujer la figura del pirata puede ser la manifestación violenta de las características agresivas y libertarias de su parte masculina, sofocada por su estatus social femenino. En un hombre la identificación sugiere la necesidad de encarnar todo lo que esta figura significa.

Piscina. Es un símbolo del agua domesticada, que ha perdido toda su bravura, aunque sigue manteniendo su malévolo poder de ahogarnos. Es por tanto un símbolo dual, inquietante. Bañarnos en una piscina en sueños indica un afán de controlar nuestra naturaleza emocional, encerrarla en el ámbito doméstico y pequeñito de las normas aceptadas por la sociedad.

Pistola. Es portadora de todo un culto en las características masculinas más agresivas y violentas, y un símbolo fálico muy potente. Empuñar una pistola en el sueño de una mujer, manifiesta el deseo de manejar un sustitutivo del miembro masculino que le confiera un dominio total sobre el sexo opuesto. Puede ser indicativo de odio hacia el padre, la pareja, el jefe, toda aquella persona que represente una autoridad masculina despótica. En un hombre, manejar una pistola puede significar una compensación gratificante de un cierto sentimiento de inferioridad. Quizá dude de su poder masculino y la pistola le dé confianza.

Planear. El sueño del vuelo sin motor significa la necesidad de adentrarse en los campos de la imaginación, de la libertad mental, sin ningún tipo de restricciones. La embriaguez del vuelo es un gozo cercano a la muerte que puede llegar a ser peligroso para la integridad física del que sueña, porque puede sentir la tentación de no volver a bajar a la tierra. Es ponerse en contacto con la conciencia cósmica de la que formamos parte. Visto desde otra perspectiva, puede implicar un cierto escapismo, un no querer afrontar la dura realidad.

Playa. Es uno de esos lugares privilegiados en los que podemos disfrutar de los cuatro elementos. Es un lugar fecundo y transmutador para el que allí se encuentra. Soñar que estamos en la playa en un día radiante es la promesa de un rejuvenecimiento, tanto físico como espiritual, además de ser una experiencia muy grata.

Pobre. En los cuentos infantiles que están tan cerca de las imágenes arquetípicas del inconsciente colectivo, del que han surgido, aparece con frecuencia la figura de un pobre envejecido que al final del cuento resulta ser un príncipe o un sabio. Soñar con un pobre es una especie de adivinanza que el subconsciente personal nos plantea. Una presencia intrigante, porque sabemos que encubre un poderoso consejero o protector, salido de otros planos de la realidad.

Policía. El representante de la ley y el orden es por excelencia un símbolo masculino, la imagen –desprovista de toda sus connotaciones afectivas y familiares– del padre. Es la manifestación de los valores del Super Yo, de civilización, obediencia al sistema y convivencia ciudadana que le son inculcados al niño desde su infancia. Según se comporte el policía, según se muestre afectuoso y protector, o rudo y violento, así podremos juzgar cómo hemos recibido esas enseñanzas que nos han obligado a reprimir nuestros impulsos agresivos.

Portería. Simboliza la frontera entre dos mundos. Desde el plano en que se encuentra se puede ascender al mundo superior, a los pisos donde viven elegantes damas, o bajar a las profundidades, a las carboneras llenas de cucarachas y trastos viejos. El portero tiene la clave de acceso a esos mundos y no en sentido metafórico, sino real, porque tiene las llaves que abren esas puestas. Hay porteros celestiales como San Pedro, y también hay guardianes de las puertas del

infierno, como el temible cancerbero. En el mundo esotérico se reconoce la existencia de los guardianes del umbral, que vigilan el grado del desarrollo espiritual del que pretende pasar. Si soñamos que nos encontramos en una portería en presencia de un portero de apariencia impresionante, posiblemente nos estamos juzgando a nosotros mismos si somos dignos o no de acceder a ciertos conocimientos o estratos espirituales.

Pozo. El pozo, como el manantial, es el símbolo de la abundancia de vida, de la riqueza y profundidad de los sentimientos. Es una de la imágenes más favorables con que se puede soñar, porque asegura la plenitud del amor inagotable, tanto del que sueña como de los que le rodean. Suele ser anuncio de matrimonio feliz, de felicidad familiar y hasta de cierta riqueza material.

Prado. Soñar que estamos sentados en un ameno prado, sembrado de florecillas silvestres, puede ser un sueño muy grato que indica la inocencia y la frescura del alma del que duerme. Refleja la falta de pretensiones, la sencillez con que se acoge la vida, la confianza en la naturaleza, en el afecto de los que nos rodean.

Prestar. Prestar dinero a un amigo puede ser un acto de generosidad o una hipócrita añagaza para hipotecar su afecto y tenerle esclavizado a nuestro servicio. Hay siempre algo turbio en el hecho de prestar aún cuando al soñante le guíe la caridad. No es lo mismo prestar que regalar. En el préstamo hay una implicación íntima, una expectativa de que lo prestado sea devuelto o incluso de cobrar intereses. En el sueño hay que tener en cuenta a quién y qué es lo que se presta, y las motivaciones que inclinan a hacerlo.

Prisa. Es una presión impuesta por las circunstancias que hace que la tarea más grata se vuelva odiosa. En la vida actual, en las grandes ciudades, la prisa es una enfermedad endémica, causante de estrés y ansiedad. Soñar que tenemos prisa en acabar un trabajo es la manifestación de un grado de angustia muy grande. Quizá hemos cargado con más responsabilidades de las que somos capaces de desempeñar.

Prisión. *Véase* CÁRCEL.

Procesión. Su simbolismo es netamente religioso, místico y misterioso. Soñar que participamos en una procesión o que la vemos desfilar ante nosotros, significa que nos vemos arrastrados al mundo de lo sobrenatural, la inquietud que en nosotros despierta la presencia de lo divino.

Propina. Recibir una propina es el anuncio de una agradable sorpresa, de que vamos a ser recompensados por una buena acción que hemos olvidado. Dar una propina, por el contrario, indica el reconocimiento de una deuda, de una falta de generosidad o de justicia que tratamos de subsanar en el sueño.

Proteger. Es la manifestación del instinto paterno y materno de cuidar a la prole. Si en sueños tratamos de proteger a personas o cosas, quizá se trate de una necesidad que trasciende las auténticamente personales y manifiesta las de la especie.

Pueblo. El pueblo tiene una simbología dual según se viva desde fuera o desde dentro. En sueños dirigirnos a un pueblo que vemos en lontananza, puede indicar que estamos buscando algo a lo que agarrarnos, aunque sea modesto y pobre. Implica una tremenda desorientación y un deseo de vida natural lejos de la sofisticación de la ciudad. Pero si uno se ve viviendo dentro de un pueblo preso de su rutina, el pueblo se convierte en una prisión que nos cierra las puertas del espíritu.

Puente. Es un lugar de paso que representa la transición entre los dos planos de la realidad. En sueños suele aparecer en momentos de crisis en los que se nos exige hacer una elección. Según sea el puente –estable, desvencijado, ancho, estrecho, etc.–, así de fácil o difícil será el paso que debemos dar.

Sprt. Este sueño es común cuando el soñador se encuentra entre dos etapas de evolución espiritual.

Puerta. Su simbología es similar a la del puente. Es una imagen onírica que aparece en situaciones críticas, en las que el soñador debe dar un paso importante, o experimentar un cambio profundo, normalmente interno. Según aparezca cerrada o abierta, y la traspasemos o no, así será la visión inconsciente que tenemos del conflicto y por tanto, las posibilidades de superarlo con éxito.

Puerto. Vernos en un puerto en sueños manifiesta el gran deseo de cambiar de vida, de emprender la aventura que nos lleve lejos de la rutina y de lo habitual. También puede ser el anhelo de cambiar de orientación, de seguir otros derroteros intelectuales o espirituales. Este sueño puede darse en momentos en los que vamos a emprender nuevos estudios, afiliarnos a un determinado partido, o cambiar de religión. Es un sueño muy dinámico, después de haberlo tenido nuestra vida no volverá a ser como antes.

Puñal. El puñal, como la pistola, es un símbolo sexual masculino quizá incluso más agresivo que esta. Porque el puñal hay que clavarlo en el cuerpo del adversario, hacerlo con fuerza y hasta con saña. En la imagen del puñal se unen los dos instintos que la sociedad nos obliga a reprimir: el sexual, ya que el puñal es un sustitutivo del pene, y el agresivo. Soñar que atacamos con un puñal a un enemigo es una manifestación de violencia reprimida, e indica un alto grado de agresividad a punto de descargarse. O de que deseamos atacar a alguien sexualmente. En cierto modo esos instintos están reconocidos por el soñador y casi aceptados. Si el puñal lo vemos dentro de un estuche, por ejemplo, y no nos atrevemos a tocarlo, indica que nuestra ira y nuestra capacidad de ataque sexual nos da pánico. Indica una peligrosa represión de los instintos sexuales y agresivos, que precisamente por estar latentes pueden dispararse con mayor violencia que los manifiestos. En ciertos casos el sueño del puñal puede expresar tendencias suicidas.

Quebrar. *Véase* ROMPER.

Quedar. El hecho de fijar una cita durante el transcurso de un sueño simboliza un compromiso con una persona. Muchas veces la persona que aparece en el sueño puede estar representando a otra. Por tanto es preciso tener en cuenta las posibles asociaciones típicas del psicoanálisis. Si la persona con la que hemos quedado no aparece o es otra diferente, el sueño podría estar indicando cierto temor a que nuestras ilusiones y planes no se cumplan.

Quejarse. Vernos en sueños manifestando quejas contra alguien podría significar que tenemos reprimidos ciertos sentimientos que por medio de los sueños son liberados. Para más información, *véase* ENFADO.

Quemar. Es una acción onírica que indica la necesidad de liberar un proceso que nos tiene atrapados. Es importante fijar la atención sobre el elemento que se quema, ya que de alguna manera nos ayudará a conocer y resolver el conflicto que nos preocupa. Al igual que el FUEGO –*véase* dicho término–, la acción de quemar es una representación de la purificación y del renacimiento, pero también puede ser síntoma de un carácter violento y destructivo.

Querer. *Véase* DESEAR.

Queso. Es un símbolo de riqueza y de prosperidad, al ser uno de los principales alimentos de nuestra dieta. No hay que olvidar que los alimentos que aparecen en nuestros sueños se refieren principalmente a las necesidades interiores del individuo. En este caso, según sea el tipo de queso con el que soñamos, así serán las necesidades espirituales. Por ejemplo, un queso fresco y claro estará haciendo mención a la necesidad de incorporar a nuestra vida algunas de las más sanas costumbres y hábitos, pero un queso fuerte nos estará indicando que precisamos vivir experiencias fuertes e intensas.

Ext. Como ocurre con otros alimentos, soñar con queso puede estar causado por un ataque de hambre nocturno.

Quiebra. Cuando en sueños vemos fracasar una empresa o nos vemos en la más absoluta quiebra, se ha de pensar que dudamos de nuestra capacidad de autosuficiencia. Por lo general el miedo al fracaso suele esconderse tras la quiebra de los sueños. Pero si se da el caso de soñar con una quiebra ajena, entonces tendremos que interpretar que de alguna manera nos sentimos seriamente comprometidos con dicha persona.

Quiniela. El hecho de soñar con juegos de azar en los que se puede ganar grandes cantidades de dinero es una clara señal de que se trata de un sueño de satisfacción del deseo. Por lo general se suele tomar como un sueño premonitorio, pero no hay que olvidar que el ambiente emocional así debe señalarlo, es decir, tienen que aparecer señales claras y concisas de que se trata de un sueño excepcional.

Rabia. Experimentar una intensa emoción de rabia en un sueño, es una manifestación de la cólera que, en la vida de vigilia, reprimimos o contenemos por razones sociales o morales. Una vez que el sueño baja el nivel de control que la razón ejerce sobre las pasiones y los instintos, estos se muestran sin tapujos. El instinto agresivo es el que sufre una mayor constricción desde la infancia. Difícilmente se transmuta en amor y concordia, en su totalidad. Por lo menos, siempre quedan rastros de la pugnacidad primitiva. Sublimar las pasiones, destilar los instintos es un proceso alquímico que puede durar toda una vida. No es de extrañar que en determinadas circunstancias, la ira acumulada se exprese a través de un sueño. Aunque en el plano onírico es una manera de descargarla totalmente inofensiva. Posiblemente,

después de haber soñado, nos encontremos más tranquilos y relajados. Por lo menos, el sueño puede servirnos para reconocer nuestro nivel de mal genio

Raíz. Soñar que buscamos raíces, o que las arrancamos del suelo, nos está diciendo que necesitamos profundizar en un determinado asunto, que no podemos quedarnos en consideraciones superficiales o frívolas. Pero hay mucho más. La raíz está metida dentro de la tierra, firmemente adherida a ella. Llega a sitios muy hondos, donde se nutre. El sueño nos está anunciando que a no ser que indaguemos en las capas más subterráneas de nuestro psiquismo, no vamos a encontrar la solución. Nos está conduciendo hacia el inconsciente colectivo, de donde han surgido las conciencias individuales. Nos está proponiendo una charada y nos da algunas pistas, pero la solución corre de nuestra cuenta.

Rama. La relación de la rama con el árbol del que procede es muy estrecha, es la relación entre la parte y el todo, es una relación filial. La rama puede significar la totalidad del árbol, es como una figura literaria en que se sustituye un objeto por una parte, mucho más manejable. En la antigüedad, muchos ritos utilizaban ramas de árboles para sus fines. Todavía en algunos pueblos, los novios ponen ramas floridas en las ventanas de las chicas. A Jesús se le recibe con ramas de palmeras el Domingo de Ramos. La presencia del árbol, símbolo de las fuerzas vitales que surgen de la tierra, es tan antigua en la mitología y en la magia como el hombre mismo. Gracias al conocimiento de las ramas, podemos llegar al conocimiento de la suprema unidad. Así pues, soñar con una rama nos está arrastrando a profundas capas de la historia humana, a poder restablecer la relación original de la parte con el todo.

Rapaz. Si vemos en sueños un águila volando majestuosamente por los cielos, podemos considerarnos afortunados. Las aves rapaces son las más fuertes, las más veloces, las que remontan más alto el vuelo. En todas las mitologías el águila o el buitre han significado aves divinas, emparentadas con los dioses. En la antigua Grecia, el águila era el ave de Zeus. Las legiones romanas la llevaban en su escudo. En la iconografía cristiana, el águila es el símbolo de la luz, del espíritu. Es el animal que acompaña al evangelista San Juan, el más inspirado y cercano a la divinidad de Jesús. Ver planear a una gran rapaz sobre nuestras cabezas en un sueño, es la promesa de grandes bendiciones celestes.

Rapto. En muchos pueblos de la antigüedad, la ceremonia del matrimonio incluía una especie de simulacro del rapto de la novia por parte del novio. Hoy en día, todavía existe la costumbre de coger a la novia en brazos al entrar en la casa de los recién casados, como un recuerdo del rapto primitivo. Es, por tanto, muy posible que si soñamos que raptamos a la novia –o somos raptadas–, estemos reviviendo una imagen arquetípica que ha quedado en nuestra mente, como un recuerdo arcaico que no nos pertenece personalmente y que tendría que explicar la psicología transpersonal. Puede deberse a fuertes deseos sexuales que se enmascaran en el antiguo rito para no presentarse en nuestra mente con toda su crudeza. Son retazos de la mente primitiva que aún vive en nosotros. Otro significado, menos romántico y más dramático, sería el de identificar rapto con secuestro.

Rascacielos. Es inevitable el recuerdo de la Torre de Babel y el de la carta del Tarot que representa una torre destruida, o el de las Torres Gemelas de Nueva York. El rascacielos desafía a la gravedad, se eleva en los cielos, es la manifestación del poder y de la soberbia del hombre. Contemplar un altísimo rascacielos tiene algo de atemorizante y de admiración sin límites. Puede ser un símbolo fálico, una imagen masculina sobrecogedora. Pero ya sabemos que esos edificios son vulnerables, que pueden ser destruidos como la Torre de Babel. Cuando en un sueño aparece un ominoso rascacielos que nos inspira un sentimiento de poderío y fuerza, está anunciando la presencia en nuestra vida de una figura llena de autoridad masculina y prestigio, a la que, sin embargo, descubrimos unos pies de barro que terminarán por hacerla caer. Nos viene a decir que no debemos adorar, ni temer, a dioses falsos.

Razón. Si en un sueño nos esforzamos por imponer nuestra razón, porque nos creemos en posesión de la verdad absoluta; si ensalzamos los valores de la lógica, por encima de los valores vitales y los afectivos, es muy posible que en nuestra vida de vigilia, pase todo lo contrario. La inseguridad, la falta de confianza, la debilidad de carácter se disfrazan de argumento racional para convencernos, en sueños, de nuestra valía, del rigor de nuestro pensamiento. Es el típico sueño de compensación.

Rebelde. La rebeldía produce en quien la contempla dos sentimientos contrapuestos. Si nos identificamos con el rebelde, este adquiere a nuestros ojos las características del héroe. En ese caso, el sueño está mostrando que ese rebelde encarna precisamente aquellos tipos de comportamiento que no nos atrevemos a adoptar. El rebelde es un modelo que admiramos pero que no osamos imitar. Es una aspiración pero que se encuentra más allá de nuestras posibilidades morales. Si aparece en nuestro sueño un tipo rebelde con el que de ninguna manera podemos identificarnos, sentiremos frente a él rechazo y condena. Nos molesta porque es muy posible que él haga lo que no somos capaces de hacer.

Receta. Tener en la mano una receta médica, que nos han dado momentos antes en el hospital, y perderla, es indicio de una situación anímica catastrófica. No nos sentimos capaces de encontrar el camino de la salvación, somos tan desastrosos que teniendo en la mano esa receta que nos puede curar, la perdemos. Otra manifestación de incertidumbre sobre nuestras capacidades es tratar de leer la receta y comprobar que está escrita en unos caracteres ilegibles, que nadie puede entender. Este es un sueño de desesperanza, que puede llevarnos cerca de la pesadilla.

Recibo. El recibo es la garantía de haber pagado una compra, o un alquiler. Tiene el valor del dinero, aunque no sea más que un papel. Si soñamos que alguien nos extiende un recibo nos está garantizando, con ese comprobante, que nos hemos comportado honradamente. Nos aferramos a ese papel, a ese ticket, para poder demostrar que hemos cumplido nuestras obligaciones sociales, que estamos en regla. Este sueño nos explica hasta qué punto estamos necesitados de equilibrio, del respaldo social, de la aceptación de los demás. Que estamos dispuestos a aceptar el intercambio de bienes materiales, de ideas y de valores con tal de sentirnos integrados en un determinado grupo. Es la satisfacción de la necesidad de afiliación, de pertenecer a una colectividad más amplia, cosa que, a su vez, nos engrandece.

Recipiente. Como todo objeto hueco, capaz de contener algo, soñar con un recipiente es soñar con un útero simbólico, con una imagen femenina, acogedora y protectora. Puede tener un significado sexual, de deseo de una relación amorosa; de necesitar la protección materna, o de buscar un reposo más profundo, como puede ser el de la tumba –que es también un recipiente que nos contiene–. Para poder diagnosticar mejor el simbolismo, es preciso analizar el contexto y las características del sueño.

Reclamar. Si en un sueño reclamamos a voces nuestros derechos, con gran profusión de ademanes amenazadores, lo que estamos constatando es que nos sentimos muy vulnerables, que somos extremadamente sensibles y que sufrimos una perenne sensación de ser menospreciados. Seguramente en la vida de vigilia somos incapaces de actuar de la forma en que actuamos durante el sueño. La función del sueño es establecer un equilibrio, dándonos a conocer lo que nos falta o nos sobra.

Recluta. Es un sueño que indica la juventud y la inexperiencia psíquica del soñador que se identifica con el soldadito. Suele ir acompañado de un desco-

nocimiento de las normas que rigen la vida militar, de una incapacidad de manejar las armas, o de carecer de ellas en absoluto cuando se presenta el peligro. Simboliza al durmiente en la búsqueda de su principio de individuación para llegar al «sí mismo», a su plena realización. El hecho de que aparezca integrado en una colectividad, el ejército, nos está haciendo saber que su tarea personal debe realizarse dentro del grupo humano al que pertenece, por mucho que le cueste. En las sociedades primitivas, el joven que aspiraba a la madurez viril tenía que someterse a ciertos ritos de iniciación. Emprendía un viaje, en solitario y con escasos recursos, en el que tenía que enfrentarse a legendarios enemigos, terribles monstruos a los que tenía que vencer. Demostrando su temple y su valor, podía ser admitido en la sociedad de los adultos. El joven recluta de nuestros días es una nueva versión del viejo tema arquetípico de la iniciación.

Recompensa. Recibir una recompensa es algo que halaga a nuestro ego, un reconocimiento del propio valor, una compensación por algo bueno que hemos hecho en el pasado. El tema mítico de la retribución se suele complementar con la imagen de la recompensa. Los sueños, ya se sabe, tratan, entre otras cosas, de restablecer el equilibrio de la psique. Si en sueños recibimos una inesperada recompensa es una bella señal de que, como el patito feo del cuento, somos en realidad majestuosos cisnes que habían pasado desapercibidos. Desgraciadamente, en la vida moderna se infravalora el instrumento más poderoso que tiene el hombre, a saber, su psiquismo. El sueño de la recompensa nos ayuda a recuperarlo.

Recreo. Vernos jugar en el patio de recreo de la escuela que frecuentamos en la infancia, manifiesta el deseo de volver a la inocencia de los primeros años. El tiempo del recreo es un espacio privilegiado en la vida escolar. No hay que atender a la clase ni hacer penosos deberes. Sólo jugar y disfrutar de los amigos y la libertad. El recreo es el modestísimo sustitutivo del Jardín del Paraíso, donde no había dolor ni obligaciones, ni siquiera el dilema entre el Bien y el Mal. Con la ventaja de que en el patio de recreo no hay una Eva y una serpiente tentadora. Es el puro candor de la niñez, al que deseamos retornar.

Recta. Contemplar una línea recta, o una recta carretera que se alarga hasta el horizonte, es una buena señal de que vamos bien encaminados hacia nuestro objetivo. Si la línea se fragmenta y no hay continuidad entre unos tramos y otros, indica que no vemos con claridad hacia dónde caminamos, que estamos muy perdidos.

Recuperar. Encontrar algo que habíamos perdido es un sueño muy benéfico. Eso que hemos recuperado es algo que nos faltaba. Se incorpora a nuestro ser para ayudarnos a lograr la totalidad. Es una parte muy antigua, o muy oculta, de nuestra propia psique, que habíamos extraviado en los meandros de la vida diaria, o de la que nos habíamos olvidado. A la alegría del reencuentro se une el enriquecimiento que experimentamos. Lo comprobaremos al despertar.

Redactar. Poner en letras de molde nuestras ideas, o nuestros sentimientos, es una tarea que implica la disciplina de la mente. Si en sueños luchamos por poder expresar por escrito nuestros pensamientos, si tenemos que redactar un documento o escribir una carta, significa que necesitamos luz y orden en nuestra vida psíquica. Pero también algo más. Redactar un escrito es una manera de establecer una comunicación con otras personas. Para que nos entiendan adecuadamente, tenemos que dominar un código determinado, un lenguaje coherente que nos permita transmitir la información. Seguramente, este tipo de sueños manifiesta la urgencia que experimentamos de hacernos comprender por los demás. El sueño obedece a algún fracaso en las relaciones sociales, nos aconseja que seamos más convincentes, más organizados y más claros si queremos que la gente nos oiga y nos haga caso.

Regadera. La regadera tiene un doble significado. Como contenedora de agua, es una dadora de vida para las plantas a las que suministra el precioso elemento. Los agujeros son una vía de comunicación entre el que riega y lo regado. Soñar que utilizamos una regadera es una estupenda señal de que servimos a los fines de la vida, de que nos consideramos transmisores de los valores del espíritu, sin retenerlos egoístamente para nosotros solos. De que estamos inmersos en la total unidad de lo que existe.

Regalo. En el psicoanálisis tradicional, recibir un regalo muestra el inmenso deseo de sentirnos acariciados, de recibir afecto y halagos, como cuando éramos niños. Un regalo puede ser una muestra de amor, pero también puede ser un objeto precioso, al que apreciamos por su valor material. Así pues, hay que añadir al placer de sentirnos rodeados de cariño, la codicia de ver cómo aumentan nuestras posesiones. Todo ello nos remite a un periodo muy lejano de la niñez, lo que viene a significar que estamos fijados en esa etapa, que aún no la hemos superado. O que estamos pasando por un momento de debilidad que nos hace desear ese tipo de gratificación.

Regazo. El regazo por excelencia es el de nuestra madre. Soñar que nos refugiamos en los brazos amorosos de la madre, además de constituir un preciado recuerdo de la infancia, manifiesta un deseo de regresar a su útero, es decir, de no haber nacido. El ingreso en la vida terrena es una dura prueba para el niño que nace, para el alma que se encarna. Por mucho que se haya evolucionado a lo largo de la vida, por mucho que hayamos pasado por el alambique del espíritu nuestras experiencias terrestres, siempre queda una nostalgia del tiempo en que éramos espíritus puros, no sometidos ni al tiempo, ni a la gravedad, ni a todos los condicionamientos de la materia.

Reliquia. La presencia de una reliquia en un sueño indica en el soñador unas conexiones muy profundas con unas capas muy arcaicas de su psiquismo. Una reliquia es algo que viene de un pasado remoto, que tiene un valor sagrado que trasciende al tiempo y al espacio, que nos conecta con personas y valores que están fuera de nuestro círculo habitual. Es un fragmento del inconsciente colectivo que nos llega a las manos, y que nos inclina a la reverencia y hasta a la adoración. Tener en las manos una reliquia valiosa significa que hemos hecho un gran descubrimiento acerca de nosotros mismos y de la vida del espíritu. Sería muy de desear que se ahondase en sus características para descubrir la totalidad de su mensaje.

Reloj. Símbolo inequívoco del paso del tiempo, de la fugacidad de la vida y en ocasiones de la muerte, el reloj de nuestros sueños nos sugiere que aprovechemos cada momento de nuestra corta existencia. Un reloj cuyas manecillas giran a toda velocidad, sugiere un ritmo de vida desenfrenado y angustioso o unas emociones demasiado fuertes: el tic-tac del reloj se asemeja a los latidos de nuestro corazón. Soñar con un reloj parado equivale a decir que nuestra vida es estéril o se encuentra en un punto muerto, que hemos de superar.

Remar. El sueño de remar tiene muchas semejanzas con el de nadar. *Véase* NADAR. Aunque difiere en una cuestión muy especial: se rema dentro de una barca, no se está en contacto directo con el agua y se utilizan unos instrumentos, los remos, para avanzar. Lo más notable en el hecho de remar es que no se lucha con el agua a cuerpo gentil sino que se está a salvo, dentro de una embarcación. Como ya sabemos que en la simbología onírica el agua es figura del inconsciente, al remar estamos demostrando una especie de prudente miedo en nuestro contacto con él. Utilizamos los remos como una mediación que nos permite manejarlo sin correr grandes riesgos, pero también nos perdemos el gozo del contacto con las aguas vivificantes. La barca esboza un simulacro de conciencia, donde nos atrincheramos para sentirnos seguros, como dentro del regazo de nuestra madre.

Remordimiento. Experimentar un fuerte remordimiento, en un sueño, implica un dolor por haber perdido algo sustancial para nuestra vida. No importa la causa que motive los remordimientos. Puede ser real o imaginaria. Lo importante es que reconocemos una debilidad moral que nos rebaja a nuestros propios ojos. El sueño delata que no nos sentimos capaces de realizarnos totalmente. Llegas a ser el que eres, decía un viejo filósofo. Si sentimos remordimientos es porque nos hemos fallado a nosotros mismos. El sueño nos avisa de nuestras deficiencias.

Renovar. Muchos son los ritos ancestrales que acompañan al hombre, deseoso de renovación. Cuando se ingresa en un nuevo plano de la existencia todo nuestro ser se renueva por medio de la gracia recién adquirida. Pero la renovación no está exenta de peligros ni de dolor. Antes de renacer, lo viejo tiene que morir. La renovación nos pone en trance de muerte, pero de ella puede surgir la actividad creadora que llene nuestra vida de nuevos significados y propósitos. Al hacer conscientes los contenidos inconscientes, fuertemente reprimidos, se pasa por un periodo de desestabilización, de espasmos de angustia, de auténtica agonía, pero de todo ello se puede salir victorioso y revestido de una nueva luz.

Reparar. Si nos vemos en sueños obligados a reparar constantemente aparatos deficientes, cosas que no funcionan en nuestra casa, ropa que se rompe, paredes que se manchan, tenemos que considerar que las reservas de energía del yo están muy agotadas, que necesitamos reponerlas y la mejor manera es parar la actividad innecesaria. Las fuerzas defensivas no son capaces de oponerse a los asaltos que vienen de fuera. Puede tratarse de agresiones de pequeños enemigos, de los agobios a que nos somete la familia, el trabajo, los amigos. El sueño nos advierte que hemos perdido lo esencial, es decir, nosotros mismos, y que nos hemos dejado enredar en multitud de pequeñas cosas sin verdadera importancia. Es un toque de atención para que nos volvamos un poco más introvertidos y atendamos más a nuestro interior.

Repartir. Si nos vemos repartiendo toda clase de bienes materiales a una multitud que nos rodea, se trata de un sueño de abundancia de bienes espirituales que pugnan por manifestarse y comunicarse. Pero si nos vemos repartiendo objetos, como un mensajero que va entregando paquetes o cartas, el sueño puede significar que tenemos una misión que cumplir aunque todavía no hemos adivinado en qué consiste. Posiblemente se trate de una misión educativa, o tengamos que escribir un libro, o difundir cierta información.

Resbalar. El sueño de resbalar tiene mucha relación con la caída, *véase* CAER. Nos está advirtiendo claramente de un peligro, de una inseguridad, de una falta de apoyo o de aplomo. Nos dice que estamos a punto de meter la pata, o de perder nuestra posición. Recomienda una conducta más modesta, más segura.

Resfriarse. La causa de la mayor parte de los resfriados es el cansancio, el estrés, que baja las defensas y deja al cuerpo sin posibilidad de vencer a los virus catarrales. Si soñamos que padecemos un fuerte resfriado, con profusión de estornudos y toses, es el viejo instinto del aseo –el del cuidado de sí mismo– el que nos está advirtiendo que estamos a punto de caer. Es una llamada a nuestro sentido común, para que veamos en qué situación nos encontramos. No suele ser un sueño premonitorio que nos advierte que nos vamos a acatarrar. Es nuestro organismo el que nos avisa de que estamos al borde del abismo.

Retraso. Cuando las cosas que esperamos con más interés empiezan a retrasarse en un sueño, y nos sentimos mal, decepcionados, estamos constatando, a nivel subconsciente, una falta de coordinación entre nuestras aspiraciones y nuestros logros. La desincronización puede deberse a múltiples factores, que, generalmente no son achacables al sujeto que sueña.

Retrete. El retrete es el más modesto y desagradable sitio en que podemos encontrarnos en la 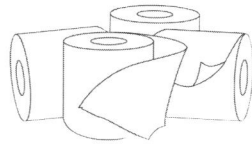 vida de vigilia. Pero en sueños, puede cambiar radicalmente de significado. Verse en un retrete, rodeado de excrementos, puede estar anunciando un súbito e inesperado enriquecimiento. También nos está diciendo que nos favorecerá mantener una actitud humilde. Cuanto más nos humillemos, más seremos ensalzados. *Véase* también DEFECAR.

Rezar. *Véase* ORAR.

Riesgo. El riesgo pone a prueba el temple de cada uno. El riesgo, incluso el riesgo de muerte, es un factor muy importante de todos los ritos de iniciación, es el factor que permite el paso de la niñez a la vida adulta. Pero el riesgo sigue actuando después de haber alcanzado la juventud y la madurez. Cada etapa de la vida tiene su desarrollo. El ego tiene que ir venciendo las dificultades que se oponen a su crecimiento, para lograr la totalidad de la psique. Las pruebas de fuerza, lo que en el pasado se llamaba ordalías, los juegos de rol, el desafío de la velocidad y todos los deportes de riesgo, que están tan de moda, no son sino etapas que nos ponemos a nosotros mismos en nuestro camino a la autorrealización. Aceptar correr un riesgo, en sueños, es señal de una buena salud psíquica.

Río. En casi todas las culturas, los cuatro ríos del paraíso brotan del manantial del árbol de la vida y fluyen hacia los cuatro puntos cardinales. El fluir de sus aguas simboliza el fluir de la vida, y zambullirnos en él es lo mismo que vivir la vida en toda su plenitud. Ser un mero observador del fluir de un río equivale a no querer profundizar en los propios sentimientos.

Risa. La risa es la gran liberadora, la gran sanadora, la portadora del regocijo y la vitalidad. Si nos vemos riendo a carcajadas en un sueño, si vemos reír a otros con jocunda alegría, es señal de que estamos liberando mucha energía inconsciente, de la manera más sana. Por supuesto que la risa tiene que ser franca, abierta, y no implicar ninguna malicia.

Ritmo. El ritmo es una medida del tiempo, además de serlo también de la música. Si un ritmo martilleante llena un determinado sueño –y el sueño no es fruto de que estemos oyendo una música o un ruido determinado, mientras dormimos– es que estamos percibiendo el latido del tiempo que pasa. Es un aviso de que debemos apresurarnos a concluir nuestras tareas.

Rito. Soñar que se presencian arcaicos rituales inclina a pensar que se está activando algún yo no personal, de los que forman parte del inconsciente colectivo. No suele ser un caso muy frecuente, pero como en el caso del término RELIQUIA nos pone en contacto con niveles muy profundos del psiquismo.

Roble. En la tradición celta el roble es un árbol sagrado dedicado al Creador. Simboliza fortaleza, valor y protección y en el plano onírico estas son sus interpretaciones. Cuanto más grande, frondoso y vigoroso sea, mayor será la fortaleza de espíritu del soñador y mejores augurios de protección tendrá.

Robo. El tema del robo aparece en muchos mitos de la antigüedad. Todavía en muchos pueblos poco desarrollados, los nativos no se dejan fotografiar porque temen que la fotografía les «robe el alma», al captar su imagen. Muchos son los cuentos infantiles en los que el robo de un objeto mágico deja al héroe sin defensa ante el mal. En las novelas o películas actuales contemplamos robos que son verdaderas obras de arte, en cuanto a su ejecución, y son tan ingeniosos y tan bien llevados a la práctica, que las consideraciones morales pasan a segundo plano, cuando debían ser las más importantes. O sea, que el robo forma parte del vivir humano, desde tiempos inmemoriales, y a todos los niveles. Si soñamos que somos objeto de un robo, es muy importante considerar la cosa robada. No es lo mismo el robo de un coche que el robo del alma. No es lo mismo que te roben la cartera en un supermercado, que te desvalijen la casa. Pero en todos los casos nos vemos desposeídos de algo nuestro, algo que puede ser muy valioso. Si somos nosotros los que robamos, es que deseamos apoderarnos de la energía personal más valiosa del individuo robado.

Rocío. Soñar que vemos el suelo cubierto de rocío es un excelente presagio, es señal de estar bendecido por los cielos. Se sueña con el refrescante rocío, dador de vida, cuando se está satisfecho de la obra realizada. Es como la corroboración de que se ha actuado bien y se han logrado importantes metas. Es una promesa de buena suerte.

Rogar. Puede entenderse en el sentido de rezar, o bien como suplicar. Elevar el corazón a Dios y pedirle mercedes es la definición que da el catecismo del acto de rogar, rezar o bien, orar. *(Véase* ORAR). Suplicar, pedir encarecidamente algo a alguien, en un sueño, nos coloca en una situación menesterosa, de dependencia. Es posible que sea un sueño de compensación y que mantengamos, frente a esa persona, una actitud dominante y despreciativa en la vigilia. El sueño viene a recordarnos que nos podemos ver sometidos a la necesidad de tener que suplicar. Nos recomienda ser más humildes y objetivos con esa persona. Hay que fijarse en qué es lo que rogamos que nos den. Puede ser una clave interpretativa más exacta.

Rojo. Es el color que antes distingue el niño recién nacido. El rojo de la sangre es color de vida, pero también símbolo de la pasión y del amor ardiente. Antiguamente, en la magia negra, el rojo oscuro era el color del Diablo. Los vestidos color púrpura eran el distintivo de las personas reales, de los grandes de este mundo. Es decir, que el rojo es un color con mucha simbología encima, indicando siempre algo muy destacado, vital e intenso. Si en un sueño vemos preponderar el color rojo, habrá

que considerar, en primer lugar, si hay fiebre, porque la alta temperatura del cuerpo puede causar esa visión. Si no la hay, el rojo indica que estamos en un alto grado de tensión, quizá a punto de enamorarnos apasionadamente, o en el tris de padecer una enfermedad eruptiva. Nuestras vibraciones son muy intensas.

Romper. Un objeto que se rompe suele ser la metáfora de una ruptura sentimental, amorosa o de amistad. Nos advertimos a nosotros mismos, en el sueño, que una relación, que ha sido muy importante en nuestra vida, está a punto de acabarse de una manera dramática y triste para nosotros. El objeto roto y las circunstancias en que se rompe pueden arrojar mucha luz sobre el tipo de persona con la que vamos a romper violentamente. La rotura de un espejo es muy mala señal. Ver rota nuestra propia imagen –por ejemplo, una fotografía– es un signo de catástrofe, a un nivel psíquico. No quiere decir que vayamos a morir físicamente, pero sí que algo muy valioso dentro de nosotros mismos se está hundiendo irremisiblemente.

Rosa. Simboliza la perfección, la gracia y la plenitud, pero también es un símbolo claro de pasión y seducción. Aparece muchas veces en sueños de contenido sexual oculto.

Ruido. En primer lugar hay que descartar los ruidos que efectivamente puedan llegar a los oídos de la persona que está soñando. Es muy frecuente que la percepción real se convierta, en un sueño, en una imagen cargada de significado. Pero su origen está en el ruido oído verdaderamente en el sueño. Si no hay ruido físico, oír un estruendo que nos sobresalta, que nos amenaza, es la manifestación subconsciente de la presencia, en nuestro entorno, de una persona cuya energía nos tiene sometidos y asustados y a la que vemos como un peligro.

Ruina. Ver cualquier cosa en ruinas, una casa, una ciudad, es un mal presagio que anuncia decadencia y desastre. Puede tratarse de uno de esos raros sueños premonitorios, en los que se adivina la llegada de una guerra o de un desastre natural que va a afectar a un gran sector de la población. También es posible que se trate de un recuerdo colectivo. En sueños podemos conectar con un hecho catastrófico del pasado, o con cualquiera de las desgracias que actualmente asolan nuestro planeta. Hay muchos fenómenos de clarividencia y de visión remota mientras se duerme. No se debe descartar la impresión penosa que las imágenes del telediario, o del periódico, dejan en la mente. La destrucción y la ruina pueden ser las que se han visto en los medios de comunicación, y que han dejado una fuerte impresión en el soñador.

Sábana. Es imagen del descanso, del roce exacto que nos ayuda a conciliar el sueño como cuando éramos niños. Soñar con sábanas nos viene a decir que añoramos un ambiente lo suficientemente acogedor a nuestro alrededor para así poder relajarnos. Lo más normal es que estemos atravesando una racha de gran irritación en la vida real.

Sabio. Los sabios que aparecen en los sueños suelen operar a modo de guía o de luz interior que nos señala el camino. Es más, cuando soñamos con un sabio lo que estamos viendo en realidad es la voz de nuestro propio conocimiento interior. La interpretación que mejor encaja con este sueño es la del consejo que nuestro inconsciente nos manda para que seamos capaces de obrar de forma más sabia en nuestra vida real.

Sprt. Se puede dar el caso de que el sabio de nuestros sueños nos envíe un mensaje que conviene asumir de forma literal, ya que nos hará más bien que mal.

Saco. Toda contención está íntimamente asociada a la mujer y a su función biológica de portadora de la vida, por ello el saco de nuestros sueños estará representando un tipo muy claro de prosperidad. Si el saco está lleno, la imagen será grata y nos augura una satisfactoria sensación de plenitud y abundancia en aquellos aspectos de la vida que figuren representados en el sueño.

Sacrificio. Con el sacrificio se ha intentado restablecer el orden primordial del universo. El hombre desde siempre se ha sentido un tanto culpable por sus actos. Por medio del sacrificio las acciones mundanas cobran un sentido espiritual que nos hace sentir plenos de nosotros mismos. Al soñar con algún tipo de sacrificio habrá que pensar que estamos necesitados de equilibrar nuestras energías. Es posible que estemos realizando tareas de gran calibre sin siquiera tener conciencia de lo que estamos haciendo. Es conveniente pues tomar este sueño a modo de consejo, ya que en definitiva se trata de un sueño compensatorio a nuestras actuaciones en la vida real.

Sal. Este preciado compuesto porta con el simbolismo de lo incorruptible, de lo que permanece, de la fidelidad. Por eso algunos místicos dicen que la sal contiene de alguna manera el alma de las cosas. Se suele interpretar que cuando soñamos con la sal lo que estamos haciendo es un esfuerzo por mantener inalterable el mundo que nos rodea y al cual nos hemos adaptado. Pero lo que seguramente habrá que considerar es que se trata de un mundo de energías psíquicas al igual que los sueños y por tanto lo que esta figura onírica nos está diciendo es que nos mantengamos fieles a nuestra alma.

Salamandra. Se dice que la salamandra es un pequeño dragón cuyas llamas quedaron impresas en su piel. Como se creía que el fuego no la dañaba se asoció a este animal la idea de la fe inquebrantable y la honestidad, incapaz de dejarse abatir por fuego alguno.

Otros. Cuando soñamos con este pequeño anfibio podría ser que apareciera rodeada de sensaciones poco agradables, en dicho caso estaremos invocando una de las múltiples costumbres de una cultura basada en el miedo y el recelo, que se deja influir por el aspecto y el desconocimiento. En este caso la salamandra se puede considerar como al resto de los anfibios, es decir, un símbolo fálico por su humedad y por su tipo de movimiento.

Saliva. Está claro que la saliva es el mejor antiséptico con que la naturaleza dota a los animales. Por ello existe la creencia de que la saliva es un auténtico antídoto contra el mal de ojo. La verdad es que posee innumerables poderes curativos. Cuando soñamos con nuestra propia saliva se puede decir que poseemos los medios necesarios para solventar todos y cada uno de nuestros problemas. Realmente se cree que la saliva es un sello que marca la personalidad. Por eso cuando se escupe a alguien lo estamos marcando con nuestro propio sello.

Saltamontes. Símbolo de abundancia, prosperidad y disfrute, pero también de irresponsabilidad. En sueños habrá que barajar una de estas opciones.

Saltar. Físicamente el salto denota una forma curiosa de elevar la energía anímica. Por lo general y para la mayoría de las culturas el salto simboliza la ascensión a los cielos. Incluso así se ha representado a los santos. Cuando en sueños soñamos que saltamos es que realmente nuestro ánimo precisa elevarse y alcanzar cotas de alegría que en la vida cotidiana apenas llegan a tocarse. Para poder interpretar oníricamente el salto no queda más remedio que pensar en un típico sueño de compensación de la realidad, que por lo general nos oprime y apega cada día más a la tierra.

Ansd. Se puede dar el caso de que nos veamos obligados a saltar en contra de nuestras apetencias. O incluso llegar a un extremo en el que saltamos o pereceremos víctimas de algún peligro. En este caso la situación es del todo extrema y el salto simboliza la confianza en nosotros mismos. Por tanto deberemos ser capaces de hacer acopio de fuerzas y proyectarnos en una sola dirección para vencer así las dificultades.

Salvajes. Por lo general las historias sobre las expediciones implican cierto temor a ser mal recibidos por las culturas de otras partes del mundo. En dicho caso eso es lo que deberemos interpretar si el ambiente emocional del sueño no es del todo favorable. Otra posibilidad es la de identificarnos con los salvajes. En tal caso lo que estaremos haciendo en nuestros sueños es dar rienda suelta al instinto y disfrutar de una forma primitiva de nuestra propia energía. Seguramente el sueño sea una forma de desatar nuestros deseos primarios.

Sandalia. De alguna manera la sandalia nos eleva al igual que algunos dioses de la antigüedad aparecían portando sandalias aladas. Si en sueños nos llama especialmente la atención dicho calzado estaremos ante un símbolo que nos incita a separarnos un poco de lo cotidiano. Por tanto bien se puede interpretar que debemos hacer un pequeño viaje o cambiar al menos parte de nuestra rutina.

Sangre. *Véase* HEMORRAGIA.

Sanguijuela. A pesar de que antiguamente este era un animal de uso medicinal, hoy en día tan solo perdura su imagen de parásito que nos priva de parte de nuestro más preciado fluido vital. Si soñamos con sanguijuelas a menudo bien puede tratarse de un producto onírico generado por nuestra mente para que nos percatemos de la manera en que otras personas están operando sobre nosotros y que nos hace sentir incómodos.

Santo. No es muy normal este tipo de sueños. Cuando se sueña con santos lo más probable es que se estén cuestionando las creencias del soñante y se trate de algún tipo de compensación ante la falta de vida espiritual del individuo. Por eso es probable que a pesar de no ser creyente ni practicante, aparezca el santo como clara muestra de lo infantil y poco desarrollado que es el mundo espiritual.

Sapo. Es un animal que carga con gran simbolismo sobre sus espaldas. Lo que seguramente más llamó la atención al hombre primitivo es que

este animal aparece y desaparece misteriosamente, lo que denota en él un comportamiento claramente lunar, es decir, está sujeto a ciclos de muerte y resurrección. Ese halo misterioso es el que le ha dado todo el simbolismo. Justamente esta ambivalencia ha sido la causante de generar la imagen del príncipe encantado que contrarrestaba a la fealdad de este animal. Si soñamos con este anfibio de alguna forma se nos está haciendo ver que hay que saber adaptarse a las condiciones reinantes. En caso de que estas sean desfavorables habrá que replegarse y en caso contrario habrá que mostrar nuestro mejor perfil a la sociedad.

Sauce. Es un árbol de tristeza y melancolía. Por ser inseparable de los cauces de los ríos y de las aguas hay que pensar que se haya inmerso en el sentimentalismo propio de este elemento. Cuando en nuestros sueños aparecen estos árboles habrá que interpretar que estamos de alguna manera deseosos de manifestar las emociones que fluyen por nuestro interior y de este modo poder expresar, al igual que hace el sauce, toda nuestras penas y tristezas al mundo.

Secar. Allí donde proyectamos nuestra energía queremos que nada más estorbe ni haga interferencias. Por ello es tan importante la acción de secar, ya que con el fuego de nuestros actos estamos de alguna manera sentenciando nuestro proceder. Si en sueños aparecemos secando superficies o algún tipo de utensilio lo más probable es que nos estemos diciendo a nosotros mismos que tenemos que sentenciar, acabar o rematar definitivamente nuestras obras.

Otros. El agua representa a las relaciones y a las emociones. Querer secar el agua sobrante bien puede estar compensando nuestra costumbre de ir por la vida dejando lazos sentimentales sin atar.

Secreto. La fuerza del misterio es grande, por lo general todo aquello que se mantiene en secreto otorga una curiosa sensación de poder a la persona que lo guarda. Lo más común es que si en sueños nos encontramos guardando un secreto, probablemente lo que instintivamente queramos hacer es remediar algún tipo de situación que se nos ha complicado por no saber mantener la boca cerrada. Generalmente se trata de un sueño de compensación que intenta arreglar los desajustes de la realidad.
Otros. Cabe la posibilidad de que al guardar un secreto en sueños estemos mostrándonos a nosotros mismos lo egoísta y lo infame de nuestro comportamiento en la vida real.

Sed. Siempre que soñemos que tenemos sed se está poniendo de manifiesto algún tipo de anhelo personal. Por lo general se suele interpretar que estamos ávidos de experiencias que nos hagan sentir vivos. El agua es la vida, quien considera que carece de la suficiente en su interior es una persona ansiosa de vivir. El sueño en este caso bien puede estar avisándonos o indicando un tipo de comportamiento para que así tomemos conciencia de ello, o bien puede operar de modo compensatorio.
Ext. Resulta muy común que se sueñe con la sed cuando realmente se tiene. En

este caso no queda más opción que interpretar que la mente genera dicha imagen para comprobar si se trata de una sensación real.

Seda. Este finísimo tejido propio de gentes ricas, puede aparecer en nuestros sueños para mostrarnos nuestra imperiosa necesidad de destacar y de sentirnos diferentes. Cuando en sueños aparecemos portando ropajes hechos de este tejido natural, por una parte estaremos compensando las sensaciones que nos producen nuestras ropas de costumbre, y por otra estaremos disfrutando de la distinción y de la agradable sensación que la seda nos produce.

Sprt. La seda es el tejido que nos ayuda a sentir a flor de piel el espíritu y nuestro cuerpo etérico. Vestir de seda siempre puede ser significativo de una necesidad de liberación interior.

S. Deseo. Es bastante común que las prendas íntimas que aparezcan en los sueños estén hechas de seda. En dicho caso este tejido está claramente manifestando nuestros deseos más sensuales.

Sello. Antiguamente el sello era una forma de firmar documentos. No cabe duda de que se trata de una demostración de autoridad y de poder personal. Si en los sueños nos vemos poniendo un sello a un documento, se puede pensar que de alguna manera, interiormente hemos tomado una decisión importante, la cual desea ser manifestada abiertamente. Podemos pues interpretar que en nuestra vida real debemos adoptar una clara postura que nos defina de alguna manera.

Semáforo. Por lo general los semáforos desempeñan en nuestra vida el papel de avisarnos del estado de ciertas situaciones. Cuando en sueños aparece un semáforo rojo, sabemos que tenemos que parar nuestra forma de conducirnos por la vida. El amarillo indica siempre una situación de crisis y de cambios que puede resultar peligrosa, pero que en definitiva depende de nosotros. Por último ver un semáforo en verde nos indica que hay que aprovechar las circunstancias favorables para así emprender con entusiasmo y poner en marcha aquellos asuntos que tenemos planeados.

Sembrar. Está claro que quien no siembra no recoge. Esto es una realidad que se nos hace ver por medio de la acción onírica de sembrar. Si aparecemos sembrando en algunos de nuestros sueños, posiblemente se trate de una acción que nos estimule y revitalice profundamente. La vivencia de esta experiencia onírica debe ser tomada a modo de ejemplo, es decir, el sueño nos está invitando a proceder de forma similar en nuestra vida real.

Otros. La siembra también puede estar representando nuestras ilusiones. Tal y como esta discurra y de cómo veamos a las semillas, así estaremos apreciando la viabilidad de nuestros proyectos.

Senos. Los pechos femeninos representan siempre el deseo de volver a la infancia para sentir de nuevo el placer del cuidado y la protección materna que tanto consuelo nos genera. Para una mujer los pechos pueden ser un claro indicador de su juventud y frescura. Por tanto es muy diferente la interpretación onírica de los senos para el caso de un soñador masculino o femenino.

S. Deseo. Por lo general en los hombres los sueños en los que aparecen unos senos, suelen pertenecer a este tipo de sueño y casi siempre conducen a la persecución de satisfacciones de tipo erótico y sexual.

Ansd. Sobre todo para las mujeres, el hecho de ver sus pechos deteriorados puede ser causa de gran angustia. En dicho caso hay que interpretarlo como miedo a la vejez.

Otros. Cuando el sueño nos conduce a los primeros momentos de nuestra existencia, no quedará la menor duda de que estaremos ante una serie de conflictos y satisfacciones transmitidas por nuestra madre y que ahora de alguna manera están aflorando en nuestra vida cotidiana.

Serpiente. La simbología de la serpiente es grandiosa, pero el más llamativo de sus atributos se lo concede el hecho de carecer de extremidades. Por eso se dice que la serpiente es el animal que está en mayor contacto con la tierra, y que por tanto disfruta de su sabiduría. Por una parte podemos soñar con la serpiente que nos ilustra por medio de su presencia en los sueños. Su saber es siempre concreto y nos enseña a aprovechar cada pequeño resquicio para así poder impulsarnos por la vida con gran fuerza y dominio, pues desde siempre ha sido considerada portadora de los poderes materiales y espirituales. Por otra parte la serpiente siempre ha infundido gran temor y desconfianza al ser humano. Es posible que por medio de los sueños en los que aparezca este animal estemos liberando nuestros temores y manifestando así nuestras debilidades.

S. Deseo. Otra de las posibles interpretaciones de la serpiente se basa en la simbología fálica que aporta con su imagen. Se la relaciona con el deseo sexual. Por ejemplo, la típica imagen de la encantadora de serpientes nos viene a decir que esa mujer posee gran dominio sexual sobre los hombres y que por tanto está abierta a compartir experiencias de ese tipo.

Sprt. No hay que olvidar que la serpiente cedió su forma al demonio para conquistar así a Eva, lo que condujo al ser humano al más terrible de los pesares. Es posible pues soñar con la serpiente como representante del mal, al igual que figura en los mitos que nos han sido inculcados por la tradición.

Sexo. Los sueños en los que el sexo aparece suelen ser casi siempre sueños en los que se busca una satisfacción de los deseos ocultos. Por lo general, cuando por un motivo o por otro no mantenemos una relación sexual lo suficientemente frecuente, el inconsciente se ocupa de generar estos sueños placenteros que de alguna manera compensan la actividad sexual. Tener con mayor o menor frecuencia este tipo de sueños no es más o menos relevante. Lo que sí indican es que el cuerpo está preparado para afrontar esta clase de relaciones.

Sprt. Por otra parte el sexo representa la fusión de la individualidad, es decir, es una manera simbólica de hacer desaparecer los límites de nuestra personalidad y así invadir a otra persona mientras que a la par también somos invadidos. El cuerpo único que se genera representa a la unidad formada o generada por el encuentro de energías enfrentadas.

Otros. Hay que señalar que existen muchas energías que giran en torno al sexo y que están de alguna forma reprimidas. Como el inconsciente no entiende de decoro, es más, tiende a mostrar de una sola vez todas aquellas cosas que hemos estado reprimiendo durante años, es posible que nos avergoncemos de lo que podemos llegar a hacer en alguno de nuestros sueños. El morbo es algo natural que no debe ser escondido ni tampoco concederle mayor importancia.

Sierra. Como pasa con la mayoría de las herramientas de filo, la sierra que aparece en los sueños nos viene a decir que es importante que cortemos tajantemente con una situación o con una relación.

Sillón. No cabe duda de que el sillón además del confort que representa también se le asocia con el calor del hogar y con la seguridad y tranquilidad que supone estar en casa. Lo más común es que soñemos con el sillón cuando llevamos una larga temporada que no disponemos del tiempo suficiente para poder disfrutar de él. O también por pasar demasiado tiempo fuera de casa. En cualquiera de los dos casos, lo que nos viene a decir la imagen del sillón es que estamos necesitados de relajarnos y dejar que el tiempo pase sin más.

Sirena. Las sirenas son personajes mitológicos que muestran o simbolizan el engaño femenino para los hombres que estén deseosos de yacer con ellas. Son símbolos de la tentación y de la seducción femenina, la cual logra mantener atados de pies y manos a los hombres más dinámicos. Cuando soñamos con las sirenas y pertenecemos al sexo masculino, es probable que se trate de una representación de una mujer a la que conocemos. En dicho caso bien puede ser que la veamos como una mujer inaccesible, bien puede aparecer como una mujer que está jugando con nosotros. También puede ser una representación del «ánima» del soñador. Para el caso de las mujeres que sueñan con sirenas, es probable que esta imagen sea generada por sentimientos de envidia y posesión.

Sol. El astro rey simboliza el principio masculino. Es el que genera y procura la suficiente energía para que la vida se pueda desarrollar. Su poder es inconmensurable, pero gracias a su infinito amor, es capaz de templar el ambiente y permitir que sus hijos se desarrollen sin que padezcan las fuertes tormentas que estallan en su interior. Cuando soñamos con el Sol del amanecer, este nos transmite vigor, entusiasmo y fuerza interior, mientras que el Sol del atardecer transmite pura melancolía, nos inspira belleza, y despierta los valores estéticos.

Sprt. En otras ocasiones el Sol es fuente de luz que nos ayuda a incrementar nuestro nivel de conciencia, nos da conocimiento y aleja las tinieblas de nuestro alrededor.

Ext. Muchas veces se sueña con el astro rey cuando se está aproximando la hora de levantarnos. Es una manera de representar el despertar.

S. Deseo. Generalmente, tras haber padecido el efecto de uno o más sueños oscuros próximos a la pesadilla, se puede invocar a la imagen del Sol. Esto se hace para que con su influencia nos ayude a sanar las pequeñas alteraciones emocionales que nos han provocado dichos sueños.

Otros. Además de lo anteriormente expuesto, el Sol es símbolo de buena suerte y de ilimitada felicidad. Su presencia en alguno de nuestros sueños así es como opera.

Soldados. Los soldados que aparecen en nuestros sueños nos vienen a recordar que estamos sujetos a una serie de normas sociales ante las que no podemos escapar. Es importante determinar el tipo de emoción que acompañaba a esta imagen, ya que en el caso de ser positiva los soldados nos ayudarán a mantener una situación que ante nuestros ojos nos resulta favorable. En caso contrario, bien podría tratarse de un claro ejemplo de las presiones sociales que nos acogotan en esos momentos.

Otros. Un soldado soñado por una mujer podría representar las tendencias psicológicas masculinas de su psique.

Sombra. Por lo general la sombra suele ser una imagen de las facetas inferiores de la persona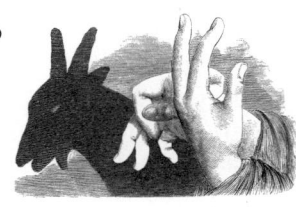lidad. Cuando vemos una sombra representando a algún objeto de nuestros sueños, estamos viendo aquellos atributos más negativos del mismo, que por algún motivo generan en nosotros algún tipo de emoción o sentimiento negativo. Si se da el caso de ver la sombra resaltada de una persona, entonces hay que interpretar que estamos siendo víctimas de su maldad, ya que la sombra en este caso simboliza la proyección de aquellos defectos que las personas son incapaces de reconocer en ellas mismas.

Sombrero. Símbolo jerárquico en la antigüedad, cuando en un sueño aparece alguien llevando puesto un sombrero habrá que pensar que esa persona tiene cierta ascendencia frente a nosotros.

Otros. Si por algún motivo nos quitamos el sombrero en sueños estaremos mostrando nuestra humildad ante los demás. Se trata de una cortesía eliminar aquellos símbolos que pueden crear algún tipo de distinción frente a las personas que consideramos de igual o superior categoría a la nuestra.

S. Deseo. Para la escuela freudiana el sombrero era un claro símbolo masculino. Incluso se llegó a afirmar que el sombrero representaba a los genitales del hombre.

Soplar. Tiene las mismas interpretaciones que el término ALIENTO.

Sprt. Uno de los más antiguos mitos en los que aparece el acto de soplar es el de la creación del fuego. Es posible que si nos vemos en sueños alimentando una hoguera con nuestro soplido, estemos simplemente tomando conciencia de uno de los actos más creativos y sencillos que hay, y con el cual la humanidad ha explicado parte de la acción divina.

Sordo. Dicen que no hay mejor sordo que el que no quiere oír. Algo parecido ocurre si nos vemos con esta deficiencia reflejados en uno de nuestros sueños. Lo primero que deberemos pensar es que el inconsciente nos está avisando de que existen acontecimientos de la vida real de los cuales estamos haciendo caso omiso. Otra posibilidad a la hora de interpretar la sordera puede ser la satisfacción del deseo de no tener que escuchar ciertas cosas de la vida que nos resultan odiosas. En dicho caso habrá que analizar el resto del contenido para descubrir qué es lo que nos está causando tanta irritación.

Sótano. Cuando Jung analizó un sueño que tuvo con su propia casa, descubrió que esta aportaba simbólicamente todas y cada una de las facetas personales de su dueño. El apartado más interesante lo halló en los sótanos de la vivienda, que lo asoció con las fuerzas del inconsciente. La verdad es que todo sótano es oscuro y está siempre por descubrir. En él se almacenan todo tipo de curiosidades, incluso se pueden encontrar restos que ni siquiera nos pertenezcan. Está claro que si soñamos con el sótano de nuestra casa lo que realmente estamos haciendo es revisar nuestro mundo inconsciente.

Subir. Según la escuela freudiana, todos los movimientos que se vayan incrementando poco a poco gracias a la acumulación y al acopio de las energías, están de alguna manera relacionadas con la excitación del deseo sexual. Muchas veces la ambición del ser humano se mueve justamente por este principio sexual, aunque no nos demos cuenta. El alcanzar cotas más altas y difíciles, el acumular riqueza y poder personal nos hace sentir plenos porque en definitiva estamos realizando uno de los actos más energéticos de la naturaleza. Por supuesto que hay muchas formas de subir en la vida, y de ahí la gran riqueza de la diversidad. Tener en cuenta la manera en que subimos en nuestros sueños estará señalando la naturalidad, la morbosidad y los complejos que operan en nuestra vida.

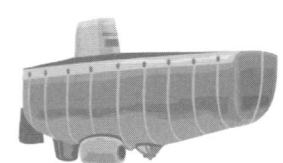

Submarino. Por lo general los vehículos en los que viajamos representan nuestra forma de conducirnos por la vida. En el caso del submarino no queda otra opción que la de pensar que estamos obrando a escondidas y de forma misteriosa respecto a los demás. Es más, también se puede interpretar de esta imagen que nos gusta introducirnos en los misterios y ahondar en las profundidades, sin miedo a las posibles consecuencias que ello pueda ocasionar. Si vemos a otras personas en el submarino es posible que la interpretación varíe y que de alguna manera el inconsciente nos esté avisando de la trama que otras personas están generando a nuestras espaldas.

Suciedad. Todo cuanto acontece y se materializa en los sueños debe ser comprendido a un nivel psíquico. Esto es, no podemos dejar de pensar que si estamos ante un montón de suciedad, dicha acumulación se estará refiriendo a nuestro mundo interior. También y por qué no se puede estar manifestando en el exterior, ya que siempre existe y opera una dialéctica entre el afuera y el adentro. Cuando se tienen este tipo de sueños es importante limpiarse a todos los niveles. Es decir, empezando por la higiene personal, pasando por la limpieza del hogar y por último la más importante, la limpieza interior que podríamos realizar por medio de prácticas de tipo espiritual y energético.

Sudor. Visto desde un punto de vista objetivo el sudor es una eliminación de sustancias potencialmente dañinas para el organismo. Por ello es posible que en sueños provocados por estímulos externos, el sudor pueda entrar en la trama de nuestros sueños bien indicándonos que debemos hacer más ejercicio y así poder eliminar dichas sustancias, bien por el desagradable olor que produce cuando se corrompe. A otro nivel, el sudor puede formar parte incluso de los mitos religiosos como ocurre en otras culturas en las que lo relacionan como indicador de la expresión divina. Si en sueños nos vemos sudando puede tener una interpretación de purificación espiritual por medio de la cual estaremos expresando nuestra energía.

Ext. Lo más normal es que si en un sueño aparecemos calados de sudor, se trate de un aviso que nos indicará que estamos excesivamente arropados.

Suicidio. En ningún caso se puede decir que se trate de un sueño favorable ni agradable. Cuando alguien se suicida en uno de nuestros sueños, sin duda alguna nuestro inconsciente nos está avisando de que dicha persona precisa de nuestra ayuda. En caso de presenciar nuestro propio suicidio, cabe pensar que estamos llevando demasiado lejos alguna decisión equivocada y que estamos haciendo caso omiso de los consejos que nos dan las personas a las que queremos.

Otros. En caso de que se repita este sueño con asiduidad es conveniente que acudamos a alguien que nos pueda ayudar a encontrar el conflicto que nos causa una y otra vez dicho estado onírico.

Tabique. No hay que olvidar que se trata de un elemento de separación y de compartimentalización. Por tanto el tabique de nuestros sueños puede estar representando una barrera psicológica que nos impida acceder a los demás. Pero por otra parte, el tabique también podría representar nuestra capacidad constructiva, lo que se interpretará de forma favorable y nos hará pensar en que estamos dividiendo la vida en sectores para poder manejarnos con mayor soltura.

Taller. La energía de estos lugares es siempre una manifestación de la persona que allí trabaja. En el caso de que soñemos con nuestro propio taller, es una forma de idealizar nuestra imagen personal. Se trata pues de un modelo a seguir para así poder alcanzar nuestros más difíciles objetivos. Por otra parte puede ser que estemos en la presencia de un taller ajeno. Entonces se interpretará como que debemos contar con la energía de otras personas para poder solventar las pequeñas complicaciones que nos han conducido hasta él. Lo más normal es que si vemos el taller en mal estado, quiera decir que estamos temerosos de tener que ponernos en manos de personas con dicho talante.

Tambor. Este instrumento de percusión simboliza el ritmo de la naturaleza y del universo. Cuando precisamos de él en alguno de nuestros sueños, podría significar que hemos perdido algo en nuestra vida que no somos capaces

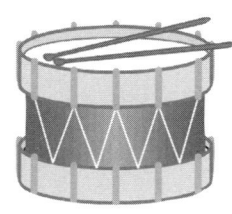

de recuperar sin la ayuda del poder universal. El tambor se ha usado como medio de comunicación tanto en las guerras como en los festejos, pero lo más curioso es que se trata de un importante útil de los chamanes y de los brujos, ya que les ayuda a comunicar con las fuerzas del más allá o con su Yo interior. Es posible que en lugar de tocar nuestro propio tambor tengamos que escuchar el toque de otros tambores lejanos. En dicho caso se interpretará como un aviso que nos incita a ponernos en guardia.

Tamizar. La acción de cribar por medio de este útil nos está señalando que de alguna manera nos estamos comportando en la vida de una forma excesivamente selectiva. O puede ser que el sueño se interprete a modo de ejemplo a tomar, es decir, se trata de una compensación a nuestros actos. Entonces tendremos que operar de forma más fina y delicada con aquellas cosas que pasen por nuestras manos.

Tapiz. En las culturas orientales que es donde más se trabaja este tipo de artesanía, se dice que los tapices representan ciertas escenas de la vida. Por tanto cuando vemos un tapiz en alguno de nuestros sueños nos estamos enfrentando a una de las múltiples facetas de nuestra vida. Por ello es muy importante que recojamos todo el simbolismo que portan sus imágenes, colores y texturas para así poder llegar a conocer a qué momentos de la misma se refiere.

Tapón. Es un elemento fundamental de nuestra vida. Muchas veces se habla peyorativamente del tapón como si se tratara más de una obstrucción que de una contención. La verdad es que hay que ser muy hábil a la hora de manejarlos ya que prontamente pueden estar operando en contra nuestra. El tapón de los sueños nos hace ver cómo son nuestras formas de limitar y de canalizar el mundo para poder obtener el máximo beneficio.

Otros. El tapón señala una de las etapas del desarrollo psicológico en los niños que se denomina etapa anal. La retención es uno de los placeres que encuentra el pequeño ya que con ello siente su poder frente al mundo. Es posible que nuestros sueños con tapones estén representando dicha etapa evolutiva.

Tarot. Resulta muy curioso echarse las cartas del Tarot en sueños. Bien puede tratarse de un sueño lúcido en el que el soñante se ocupa de realizar tareas propias de la vida real. O bien el Tarot puede ser el medio por el que nuestro inconsciente nos revela una serie de consejos. En dicho caso podría tratarse de un sueño revelador que nos ayuda a conocernos al servirnos de guía en nuestra vida real.

Tatuaje. Cuando nos tatuamos una imagen o un nombre sobre nuestra piel estamos haciendo uso de toda nuestra energía de proyección personal. Es decir, incorporamos a nuestro cuerpo toda la fuerza de la imagen o del nombre tatuado. Dicho acto no deja de ser una forma de llamar la atención de los demás, y con ello se puede lograr un efecto deseado. Por lo general las personas que se tatúan son gentes que saben tener gran presencia ante los demás. Si en sueños vemos que nos hacemos un tatuaje es muy posible que en el fondo sintamos que necesitamos algo que nos sirva de apoyo, un complemento que renueve y dé fuerza a nuestra imagen.

Taxi. Ya hemos visto que los medios de transporte de alguna manera representan nuestra forma de marchar por la vida. Cuando en sueños aparecemos utilizando un transporte público, entonces no cabe duda de que la trama del sueño gira en torno a nuestra faceta social. Pero otra particularidad del taxi es el uso exclusivo y distinguido que se hace del mismo. Es decir, cuando en sueños nos vemos tomando un taxi nos estamos poniendo en manos de las corrientes sociales sin perder por ello el sentido de la individualidad.

Taza. Dentro del mundo de los recipientes y útiles de contención, la taza simboliza aquella faceta femenina que se encuentra ligada al mundo de las relaciones con los demás. Todos sabemos que las mujeres ser relacionan más y mejor que los hombres, lo que se debe a su naturaleza femenina representada por las aguas. La taza es pues una forma de simbolizar en sueños nuestra forma de relacionarnos con aquellas personas más próximas a nosotros, es decir, la familia y las personas allegadas.

Té. Como suele pasar siempre que en sueños aparece un estimulante, su presencia denota el deseo de cobrar mayor conciencia dentro del

sueño. Es como si quisiéramos despertar un poco para poder ejercer algo de nuestra voluntad y así cambiar el contenido del sueño.

Teatro. Este gran arte es uno de los más entrañables medios que permiten representar todas aquellas escenas que se puedan dar tanto en la vida real, como en la fantasía, como en los sueños. Cuando asistimos a una obra de teatro, los personajes cobran vida en nuestro interior y de esa forma viajan durante unos días con nosotros, lo que nos permite participar de su energía y de sus valores. Si soñamos con el teatro posiblemente estemos deseosos de vivir escenas que nos ayuden a ser más felices en nuestra vida real. Es decir, se trata de un sueño de compensación, y ya que la televisión ha dejado de impresionar a las gentes, precisamos del contacto en vivo con los personajes para así insuflarnos de su experiencia.

Otros. Se puede dar el caso de que el teatro de nuestros sueños nos esté haciendo ver que la vida no deja de ser más que un mero acto en el que la parodia, el drama y la comedia imperan.

Tejado. De las partes de la casa que en otras ocasiones hemos relacionado simbólicamente con la energía personal, el tejado es sin duda la que mayor protección nos ofrece. Por eso se dice que el tejado representa a la cabeza de la persona, que por una parte nos está ayudando por medio de la inteligencia y de la razón a encontrar el camino más adecuado para marchar por la vida de forma segura. Pero, por otra, la mente y nuestras ideas nos están privando de otras experiencias, algunas de las cuales podrían ser muy positivas. Cuando soñamos con un tejado hay que valorar a quién pertenece, qué tipo de cubierta presenta y la belleza que muestra. De esa manera podremos conocer algo que nuestro inconsciente sabe pero esconde de dicha persona.

Tela. Por lo general las telas son un distintivo de elegancia, de lujo y de belleza. Cuando soñamos con la abundancia de estas agradables confecciones, de alguna manera estamos invocando a un mundo de lujo y placer tan deseado como fantasioso. Se puede interpretar que el que sueña con telas está en cierto modo intentando regresar a ambientes interiores, de gran colorido y suavidad. Es lo que en psicología se conoce con el deseo de regresar al capullo, donde todo era bello, apacible y confortable. Posiblemente, cuando soñamos con telas, estaremos atravesando una racha en la que nos vemos obligados a tener que permanecer demasiadas horas extravertidos en un mundo que no es de nuestro agrado.

Telaraña. Se han utilizado por lo general para representar el paso del tiempo, el descuido y el abandono humano. Si el ambiente emocional así lo acompaña, el significado de la telaraña de nuestro sueño será el abandono que mostramos por todo. Además cuando retiramos nuestra presencia y atención de los lugares, pronto nos vemos amenazados por ellos, ya que aún poseen algunas de nuestras pertenencias. Por otro lado, la tela de araña con el animal en el centro simboliza una auténtica trampa. Tendremos que interpretar que alguien, en la vida real, está tejiendo sus hilos pensando en nuestro propio detrimento.

Teléfono. Hoy en día el teléfono o su imagen nos incitan a acordarnos de las personas que queremos y se  hallan distanciadas de nosotros. Por eso, cuando soñamos con este aparato tendremos que interpretar que nos sentimos pesarosos por no haber realizado algunas llamadas. También es el caso contrario, es decir, soñar con un teléfono puede representar nuestros deseos de ser llamados por las personas que nos quieren y que al parecer nos tienen olvidados.

Tempestad. El mal tiempo atmosférico en el transcurso de un sueño es un claro indicador de nuestro estado emocional. Posiblemente, cuando la tempestad azota en sueños, estaremos atravesando una mala racha anímica, en la que lo que predomina es un gran caos que nos impide ver con claridad cuáles son nuestras necesidades. Según algunos estilos de interpretación, soñar con una tempestad puede ser un mal augurio que nos anticipa los designios de un destino incierto que implacablemente se nos aproxima.

Templo. Así como la casa de los sueños representa a la persona que la habita, el templo de nuestros sueños viene a comunicarnos la manera en que vemos a la divinidad. Todos los detalles que logremos atisbar, o incluso su ubicación y el estilo constructivo nos puede ayudar a la hora de conocer la imagen que tenemos de nuestro dios. De todas maneras se puede consultar el término IGLESIA o CATEDRAL.

Terremoto. Siempre que asistimos a una catástrofe en alguno de nuestros sueños tenemos que interpretar que tras el desastre aparece un mundo nuevo. Por lo tanto el terremoto debe ser contemplado como un mero trámite de la naturaleza que conlleva a la regeneración. Cuando soñamos con un terremoto, lo más probable es que nos sintamos inseguros respecto a nuestro mundo exterior. Por alguna razón estamos temerosos de que las cosas se escapen de nuestras manos y que podamos caer presa de un torbellino que arrase lo que tanto trabajo nos ha costado reunir.

Sprt. Hay casos en los que los sueños con los terremotos se han relacionado con la pérdida de unos firmes valores que sustentan a la persona. Posiblemente el terremoto nos está liberando de nuestras raíces y tradiciones, fuente de gran parte de nuestras creencias.

S. Deseo. Muchas veces, cuando las personas no hemos cumplido con nuestros deberes, somos capaces de invocar a la destrucción con tal de no tener que dar la cara y afrontar la situación. En dicho caso el terremoto de los sueños operaría de ese modo.

Tesoro. Por más que nos gustara soñar con el plano de un tesoro que nos colmara de riquezas materiales, el tesoro de nuestros sueños va destinado al maravilloso mundo interior que todos portamos. Así que será de esperar que esté lleno de amor, de buenos propósitos y de revelaciones que en el fondo son el alimento del espíritu. Lo más normal es que soñemos con un tesoro porque interiormente sentimos una gran añoranza por él. No cabe duda de que estamos desatendiendo el alimento espiritual y nos vemos obligados a disfrutar de él por medio de imágenes oníricas.

Tierra. La tierra, como elemento, carga con el simbolismo de lo material, de los valores concretos, del sentido común y de la razón. Por otra parte la tierra representa la estabilidad tanto física como emocional, el pasado y la tradición así como a los valores meramente cotidianos, las rutinas y las jerarquías. Cuando uno sueña con la tierra lo más probable es que la aparición de este sueño parta de la añoranza por dichos valores terrenales. Hay pues un deseo de apegarse a las raíces, de volver al pueblo de los padres y de la infancia, de percibir los olores, los sonidos y los sabores de la tierra. Por lo general son los mundos de la superstición, del orgullo, del prestigio y de la loca carrera por la fama los que más nos alejan de la tierra, y son los responsables de que generemos esta imagen onírica.

Tigre. Los animales salvajes y fieros como el tigre nos sugieren que el instin-

to está desatado. En general el tigre representa a nuestros enemigos, pero no hay que olvidar que somos nosotros los que estamos de algún modo alimentando su ira. Lo más importante es recordar que el tigre mora en nuestro interior, que en caso de no ser aceptado y ser causa de conflicto interno, es posible que salte al exterior y nos haga tomar conciencia de lo dolorosos que pueden llegar a ser sus zarpazos.

Tijeras. Este tipo de herramienta de corte señala las ventajas de la acción conjunta de dos piezas complementarias. Por tanto será de esperar que las tijeras simbolicen a la pareja y su actuación conjunta en la vida. Cuando soñamos con unas tijeras es posible que de alguna manera se esté haciendo referencia a los problemas que interfieren en la dinámica de las relaciones de pareja. Y se dice que son los problemas porque las tijeras son también un símbolo de muerte, ya que según se muestra en la mitología con el corte de unas tijeras se rompen los hilos de la vida.

Tilo. Este árbol simboliza la fidelidad como fuente de fidelidad conyugal. También se encarga de representar la belleza y la amistad. Cuando soñamos con un tilo se ha de interpretar que debemos adoptar una postura más afable con las personas que nos rodean. El tilo es tam-

bién una planta tranquilizante que por lo general se administra para evitar los estados espasmódicos. Es posible que en nuestro sueño aparezca destacada por estas virtudes y que su aparición sea un mensaje del inconsciente que nos recomienda un poco más de calma en nuestra vida.

Ext. Hay personas que toman esta infusión habitualmente. Si se da el caso es posible que estemos ante un sueño provocado por un estímulo externo.

Timón. Al igual que el volante, el timón representa la responsabilidad de hacer de la vida propia todo un ejemplo que sirva de guía para los demás. Seguramente, cuando soñamos que estamos llevando el timón en un sueño coincida con un momento de gran responsabilidad tanto profesional como de toma de decisiones en la familia. Una de las más importantes virtudes que se deben adoptar cuando se sueña con un timón es la prudencia.

Títeres. Gracias a ellos los mundos de la fábula y la fantasía entran en nuestras vidas. La obra no es otra cosa que una representación de la vida. Cuando en sueños aparecen los títeres lo más normal es que nos veamos a modo de marioneta que está siendo manejada por otros. En dicho caso habrá que tomar nota de los detalles del sueño para así poder llegar a dilucidar a qué aspecto de nuestra vida se refiere, y por lo tanto podamos aprender a solucionar tan desagradable sensación. Pero también se puede dar el caso de que seamos nosotros los que aparezcamos en el sueño manejando los hilos. Si ese es el caso habrá que tener conciencia de si nos estamos excediendo en ese papel o si ese es el rol que debemos asumir.

Toalla. Cuando en sueños usamos una toalla resulta principal que tomemos nota de todos los detalles. El estado en que nos encontramos la toalla nos estará indicando si somos capaces de mantener el orden y la limpieza en nuestro mundo interior. Por lo general cuando usamos una toalla se entiende que hemos tenido algún tipo de contacto con el agua. La toalla nos devuelve a la individualidad, pero si no está lo suficientemente limpia, querrá decir que no somos capaces de mantener una actitud franca y clara con nosotros mismos.

Tobillo. Los tobillos cumplen una función primordial en el cuerpo humano ya que es la principal articulación que se ocupa de relacionar y amortiguar las irregularidades del suelo para que así podamos mantener una postura y ejercer acciones determinadas. Si en sueños aparecen remarcados los tobillos no quepa la menor duda de que en nuestra vida real nos estamos mostrando excesivamente rígidos, y por lo tanto no somos capaces de adaptarnos adecuadamente a la realidad o a la sociedad. No hay que olvidar que se trata más bien de un símbolo que afecta al mundo interior.
Ext. Como ocurre con el resto de las partes del cuerpo es posible que soñar con ella sea un claro síntoma de anomalía

real o que se trate de algún tipo de disfunción que se manifieste a través de los tobillos.

Tomate. Lo más normal es que este tipo de hortaliza esté representando un tipo de asociación psicológica. Aunque hoy en día podemos disfrutar de su presencia en nuestra mesa en cualquier época del año, el tomate es un símbolo del verano. Por otra parte podría estar haciendo las veces de fruto utilizado para humillar y burlar a los artistas mediocres. En dicho caso habrá pues que pensar que estamos ante un miedo personal, como si creyéramos que no somos capaces de dar la talla.

Topo. La oscura vida de este animal se ha utilizado a modo de símil para nombrar así a las personas que se infiltran en organizaciones para poder minarlas desde su interior o para extraer de ellas cierta información. Es normal que cuando se sueña con este animal se pongan en funcionamiento los mecanismos defensivos del individuo, ya que de alguna manera nos mostraremos temerosos de que alguien se esté inmiscuyendo en nuestra vida personal.
Sprt. El topo, como animal, representa las fuerzas de la tierra. Su presencia en nuestros sueños hace las veces de enviado de las tinieblas que nos muestra las diversas formas de subsistencia.

Toro. Este animal representa a las fuerzas y a la fecundidad de la tierra. Es por así decirlo el más alto exponente de nuestra cultura ganadera, lo que nos está indicando el poder de la naturaleza y de su fecundidad. Cuando soñamos con un toro estamos ante un símbolo de estabilidad, de seguridad material y de goce sereno de los placeres terrenales. De alguna forma cuando soñamos con el toro nos estamos enfrentando al poder de lo establecido y de las costumbres. Pero si lo hacemos con el debido respeto y la suavidad necesaria no habrá problemas. Hay que tener en cuenta que el toro representa al inconsciente y a las fuerzas del instinto, por lo que arremeterá contra cualquier tipo de provocación, sobre todo si ve peligrar sus posesiones o su prole. Para mayor información se pueden consultar los términos BUEY y BÚFALO.

S. Deseo. El toro siempre ha simbolizado al semental, por lo que los sueños con él bien podrían estar asociados a nuestros deseos de tipo sensual y erótico.

Torre. En la antigüedad la torres se erigían con el fin de poder ver y también para ser vistos. Por una parte, alzarnos sobre una torre denota una clara muestra de poder que seguramente se basa en la capacidad de otear y controlar el territorio. La torre es también un símbolo masculino capaz de proteger las riquezas femeninas.

Sprt. Si en el sueño aparece una torre en la lejanía es probable que nos veamos impulsados a ir a su encuentro. Ello se debe a que en el interior de la torre se encuentra el misterio –lo femenino– junto al cual podemos por fin descansar de tan arduas andanzas.

Tortuga. Este curioso reptil es uno de los animales que mejor representan la longevidad. Se dice que es uno de los primeros animales que aparecieron en el mundo y por tanto es un símbolo de la creación. Por otra parte y por la peculiaridad de portar su propia guarida, la tortuga representa la prudencia, el tesón y el esfuerzo continuado. Soñar pues con una tortuga es síntoma de protección y de éxito a largo plazo. Es posible que también nos estemos viendo a nosotros mismos reflejados en la tortuga. En dicho caso, es decir, si nos identificamos con ella, nuestro inconsciente nos estará haciendo ver que somos excesivamente lentos, que nos creemos que tenemos toda la vida por delante y que actuamos como si siempre tuviéramos las espaldas bien cubiertas.

Trabajo. Uno de los episodios de la mitología griega que mejor refleja la simbología del trabajo son justamente los doce trabajos de Hércules. Lo que realmente nos está indicando este mito es el paso del Sol por los doce signos, o lo que podría denominarse como los trabajos del Sol. Con ello se nos muestra que a cada cual nos corresponde una tarea en esta vida y que debemos tomárnoslo a modo de prueba a superar. El trabajo es un medio por el cual nos perfeccionamos ya que de lo contrario no quedará más que la degeneración. Al ser una de

las preocupaciones más intensas de nuestra vida, es bastante común que el trabajo aparezca como protagonista de una buena parte de nuestros sueños. Soñar con él por lo general se encuentra justificado por las preocupaciones que nos genera en la vida real y que se intentan solucionar por medio de los sueños. Muchas veces hay que indagar en la simbología de estos sueños porque en ellos se puede hallar alguna buena idea o solución que nos libre momentáneamente de los problemas laborales.

Trampolín. Una de las formas de impulsarnos en la vida de los sueños es por medio de este curioso invento. Cuando nos vemos saltando sobre un trampolín lo más probable es que nuestro ánimo se halle bien alto, lo que nos facilita gran ayuda a la hora de lograr nuestras metas. Un trampolín en uno de nuestros sueños puede estar representando las ayudas que los demás nos ofrecen en la vida. Tal y como nosotros nos sintamos, así estarán siendo o no aprovechadas las ofertas con que los demás nos congratulan.

S. Deseo. Parece ser que si saltamos repetidas veces en el trampolín lo que se está reflejando es nuestro apetito sexual. Por lo normal se suele interpretar que los movimientos repetitivos y de salto simulan los efectos del acto sexual.

Sprt. Saltar en un trampolín bien puede ser un acto en el que se libere una gran cantidad de energías que estaban oprimiendo al individuo. Podría tratarse pues de un acto en el que se pone a prueba nuestra confianza, ya que es la clave principal que nos ayudará a soltar amarras y a poder disfrutar de la vida libremente.

Tren. Como otros medios de transporte, el tren simboliza nuestro viaje a través de la vida. Cuando en sueños nos vemos a bordo de un tren, lo que realmente representa esta imagen es nuestro paso por la vida, así como también a las personas que nos acompañan en tan apasionante periplo. Los medios de transporte colectivos muestran nuestra posición social, nuestro modo de relacionarnos y los problemas que nos enredan en nuestra vida cotidiana. Los raíles del tren o la vía son sin duda representantes del destino, por eso es importante tener o no la certeza de hacia dónde conducen o por lo menos saber si viajamos a gusto o no. Aspectos del sueño como tener un sitio reservado, discutir sobre el asiento o compartimento o el hecho de viajar sin billete, están haciendo referencia al toma y daca cotidiano que tantas riñas y cotilleos provocan. Los problemas que surjan respecto a la máquina, accidentes o paradas imprevistas estarán simbolizando los obstáculos y acontecimientos que nos tocará asumir en la vida, nos guste o no.

Trigo. Se trata de uno de los alimentos básicos para el ser humano, por lo tanto su presencia en sueños se interpretará como si del pan de nuestros hijos se tratara. Además el trigo es una clara señal de pureza. Pero no olvidemos que la alimentación en sueños está destinada al mundo interior del indivi-

duo, por lo que el trigo estará simbolizando las buenas intenciones hacia los demás, la energía limpia que llena nuestro espíritu. Además convendría consultar el término CEREAL.

Trompeta. No cabe duda de que tras el sonido de las trompetas llega el anuncio de algún tipo de evento importante. Su presencia en sueños es un preámbulo que nos está anunciando que lo que a continuación ocurra se debe entender que va escrito con letras mayúsculas. Pero también puede ser que el propio soñador se vea tocando una trompeta, lo que dará clara muestra de lo alegre de su temperamento.

Tronco. Por lo general cuando soñamos con un árbol nos estamos identificando con él. Así como las raíces simbolizan el pasado y el inconsciente del individuo, y como la copa representa el espíritu y los valores más elevados, el tronco se encarga de representar el porte del individuo, la energía personal que somos capaces de usar para nuestro beneficio y para defendernos de los demás. Un buen tronco nos demostrará la confianza en nosotros mismos, ya que además del porte nos estará ofreciendo una clara imagen de los recursos de que disponemos para sobrevivir y mantenernos firmes en la vida.

Trono. La simple imagen de un trono se asocia de inmediato con la distinguida figura del rey. Soñar con un trono es una forma de mostrar la más alta jerarquía que pudiéramos ambicionar. Lo más im-

portante a la hora de interpretar este sueño es la relación que mostramos ante el trono. Lo más probable es que en el fondo estemos sedientos de poder, de ambición, de fama y de gloria. En dicho caso se trataría de un sueño de satisfacción del deseo. Otra posibilidad es la de tratar al trono con indiferencia, lo que en definitiva nos hará sentir lástima de las personas que giran al son que el poder toque. Por último están las personas que miran con rabia el trono, que desean destruir todo el montaje jerárquico de esta sociedad. Dichas emociones nos están indicando un claro sentimiento de inferioridad ante la figura de autoridad que el trono representa.

Tubo. Por lo general el tubo representa una vía de comunicación entre dos mundos, lo que se puede entender como la vía por la cual nos entregamos a la sociedad. Un tubo de grosor considerable estará mostrando la generosidad y la mente previsora que nos caracteriza, mientras que un tubo estrecho será por lo general señal de tacañería y de complicación con todo lo que represente intercambio y comercio.
S. Deseo. Desde el punto de vista freudiano todo tubo representa al sexo femenino. Esto despierta en el hombre la imperiosa necesidad de rellenarlo o por lo menos ubicarlo para que pueda mostrar una utilidad definida.

Tumba. La sensación de encontrarse una tumba en sueños nunca suele ser muy agradable, y bien puede ir desde el miedo hasta la más honda tristeza pasando por un sentimiento de veneración y respeto. Cuando en sueños aparece una tumba habrá que interpretar que de alguna forma nuestro inconsciente pretende que tengamos en consideración la posibilidad de la muerte. Seguramente estemos atravesando una etapa de gran actividad y nos estemos olvidando de las cosas más importantes de la vida. En el caso de que las sensaciones sean de miedo, habrá que interpretar que todavía estamos en una etapa muy infantil a pesar de nuestra edad. La tristeza por un ser querido denota gran humanidad. Dicha humanidad es la que tendremos que mostrar a diario ante nuestros semejantes y ante nosotros mismos.

Tumor. A pesar de ser uno de los males que azotan al hombre moderno, el tumor de nuestros sueños rara vez hace mención a un mal de tipo físico. Un tumor está posiblemente señalando una deficiencia interior, o mejor dicho, el exceso de un tipo de comportamiento y de emociones. Cuando soñemos con un tumor, deberemos interpretar que nos encontramos enfermos y por tanto habrá que buscar las causas para poder entender el mensaje que nos está mandando el inconsciente. En ningún momento hay que obsesionarse con ello,

aunque no está de más hacerse un chequeo médico para librarnos así de la incertidumbre.

Túnel. Dentro de las vías de comunicación el túnel representa un periodo de oscuridad que el individuo debe atravesar para poder seguir evolucionando. Cuando soñamos con un túnel lo más peculiar es que en la oscuridad tan solo somos capaces de avanzar por la certeza de que al final del túnel nos espera la luz. Pero aún así no suele tratarse de sueños nada agradables, y a veces ansiedad. La interpretación más certera acerca del túnel la encontramos en la semejanza entre el periodo de oscuridad y la espera ante la llegada de un acontecimiento significativo. Este sueño nos puede estar indicando que tenemos la mirada fijada exclusivamente en un punto futuro que aún está por llegar, y mientras tanto nos estamos perdiendo los acontecimientos cotidianos.

Túnica. El tipo de vestimentas con flecos y muy sueltas están representando al aura de la persona. Cuando soñamos con una túnica o nos vemos vestidos con ella, lo que tendremos que interpretar es el color, los detalles, la tela y el estado en el que se encuentra la túnica y que tendrá una relación directa con el espíritu de la persona que la porte.

Úlcera. Para que se provoque una úlcera tiene que haber un agente externo que no toleramos. En el caso de las úlceras de estómago, lo más probable es que nos estemos enfrentando a un sueño generado por estímulos externos y sea indicativo de mala alimentación. Pero lo más importante ante este sueño se puede conocer si consideramos que las úlceras no se están produciendo sobre nuestro cuerpo físico sino sobre nuestro cuerpo espiritual. En dicho caso apreciaremos que estamos siendo sometidos al influjo de un tipo de vibración que nos genera gran irritación, lo que a la larga acabará manifestándose físicamente en cualquier tipo de úlcera.

Ungüento. Este tipo de pomada medicinal representa en parte a las antiguas pócimas que preparaban las hechiceras. El ungüento posee la magia de la preparación artesana, lo que implica que la persona que lo usa posee unas creencias propias al margen de lo establecido. Cuando en sueños nos vemos dándonos unas friegas con este tipo de pomada hemos de interpretar que estamos adentrándonos en un tipo de terapia energética, espiritual o alternativa.

Uniforme. Por lo general la ropa de vestir se suele interpretar a modo de disfraz que intenta aparentar ser lo que en realidad no somos. Cuando vestimos de uniforme no queda más remedio que pensar que hemos dejado a un lado nuestra imagen personal para adquirir unas costumbres y una disciplina que nos camuflan dentro de un grupo social determinado. Posiblemente se trate de una forma de manifestar la presión social que se está ejerciendo sobre el individuo.

Uñas. Por lo general el tener las uñas largas es un claro síntoma de que el trabajo que se desempeña no es de tipo físico. Lo que hace que las uñas largas en los sueños se consideren como un claro signo de prosperidad y desahogo. Pero también es posible que aparezcan en sueños manos con las uñas cortas y estropeadas, signo indudable de haber estado pasando penurias. Si las uñas aparecen mordidas se interpretará que predomina un estado de nerviosismo propio de una etapa conflictiva.

Urna. Al tratarse de un recipiente de cristal nos estará mostrando lo que hay en su interior, cosa bastante poco común si observamos que los recipientes poseen siempre características femeninas. Cuando soñamos con una urna se deberá interpretar que la persona intenta mostrar con claridad sus intenciones y sus más profundos sentimientos.

Urraca. Este pájaro tan peculiar, habitante habitual de nuestros parques y jardines, ha cargado desde siempre con la mala fama de ser la gran ladrona de nuestros campos. En sus nidos se han encontrado todo tipo de metales y objetos brillantes, por lo que se dice que muestran una gran avidez por las cosas de valor. Cuando en sueños aparezca este pájaro blanquinegro interpretaremos que nuestros bienes pueden estar en el objetivo de personas muy avariciosas. Por otra parte se dice que a las urracas se las puede enseñar a reproducir sonidos, lo que les da la fama de charlatanas y chismosas. Esta es otra de las imágenes que podrían estar relacionando a la urraca de nuestros sueños con otras personas de la vida real.

Uvas. Por ser la fruta a partir de la cual se obtiene el vino, la uva goza de gran privilegio dentro de la simbología de los pueblos mediterráneos. Además ha sido utilizada en los sacrificios más importantes del mundo cristiano. Las uvas crecen jugosas en medios sumamente áridos y secos, lo que convierte al racimo en todo un símbolo de fertilidad. Soñar con uvas es un buen presagio que nos anuncia prosperidad y espiritualidad a raudales.

Vaca. En la India se la trata de animal sagrado por las múltiples ventajas que proporciona al ser humano. Además de la leche y de la carne, sus excrementos son utilizados para construir, también para abonar o incluso a modo de leña para hacer fuego. En Occidente la vaca está asociada a la imagen de la leche y de todos sus derivados, por tanto soñar con ella es un claro síntoma de prosperidad, abundancia y riqueza. Se la relaciona con la infancia y con el crecimiento, y por tanto es de algún modo un animal que simboliza a la gran madre.

Vacaciones. El periodo vacacional representa el ocio, el descanso tan merecido y la recuperación de la salud. Hay pues que ver cuál de estos atributos son los que predominan a la hora de justificar la presencia de las vacaciones en nuestros sueños. Probablemente se trate de un sueño de satisfacción del deseo, pero no hay que olvidar que la mente también opera a modo de compensador de la experiencia. Habrá que pensar que cuando soñamos con las vacaciones probablemente estemos atravesando un periodo de excesivo trabajo.

Vagabundo. Al carecer de un lugar de residencia el vagabundo se encuentra totalmente desenraizado de la vida, y por tanto no cesa de buscar en los demás la energía propia de la tierra. Esto es, cuando en sueños nos vemos como un vagabundo, lo más probable es que nuestro inconsciente nos esté indicando que nos estamos alejando de la realidad, que hemos abandonado el sentido común y que estamos abusando de otras personas.

Vajilla. Es un elemento propio del hogar y a él nos recuerda. Posiblemente cuando soñamos con la vajilla estemos añorando tiempos pasados, el calor del hogar y el olor de la comida amorosamente preparada. Pero la vajilla además posee otro componente estético que también debe ser tenido en cuenta. En el caso de soñar con una bella vajilla, lo más normal es que estemos apreciando, valorando e incluso echando de menos la energía espiritual del hogar. Puede que en la vida real exista un gran orden y que todo se haga como debe ser, pero falta el ángel que hace brillar, resplandecer y aflorar el amor que en su día fue la causa principal que fundó todo hogar.

Valle. Así como la montaña representa lo inamovible y lo manifiesto, el valle es siempre un símbolo de depresión, introversión y recogimiento. Hay personas que necesitan vivir con vistas, sobre un lugar prominente y abierto. Seguramente se deba a su tendencia o miedo a caer en un estado depresivo. También se puede dar el caso contrario. En el valle el individuo se siente escondido, es algo similar a la sensación que debe de sentir el avestruz al esconder la cabeza. Cuando el paisaje de nuestros sueños es un valle marcado, se ha de interpretar que se busca el recogimiento y el mundo interior, siempre más fresco, fecundo y fértil que los altos. Pero al mismo tiempo menos estimulante y soleado.

Vampiro. Simboliza el traspaso de sangre o energía vital de un individuo a otro, por lo que es una figura que despierta gran temor. Cuando soñamos con un vampiro lo que nos tememos es que se nos esté privando de algo que para nosotros es de principal importancia. Posiblemente todo se puede resumir a términos energéticos, con lo cual podemos decir que si soñamos con un vampiro es que alguien nos está privando de aquellas satisfacciones que nos hemos ganado a pulso.

Vapor. No hay nunca que olvidar que el agua simboliza y representa la vida, el mundo sentimental y emocional. Uno de los grandes sueños del agua es la de verse liberada de la acción de la fuerza de gravedad que la mantiene siempre atada a su inevitable destino. El vapor es el agua que ha escapado, que ha conseguido hacerse volátil y así poder llegar a todas partes. Incluso puede introducirse en las personas por medio de la respiración y así ejercer sobre ellos su suave influencia, que apaga las pasiones y que despierta los sentimientos más universales, poéticos y compasivos del ser humano. Cuando soñamos con una atmósfera cargada de vapor en parte estamos añorando el elemento agua, que hace que todos los presentes participen de una forma más sosegada en las relaciones humanas. Pero no hay que olvidar que el vapor también esconde un misterio ya que en su más alta concentración impide la visión al igual que hace la densa niebla. Por tanto hay también que pensar en la posibilidad del engaño, que se apreciará cuando vuelva a imperar el Sol y la luz.

Vaso. Este pequeño recipiente de tan habitual uso posee el simbolismo propio de la contención, representación universal del principio femenino. Lo que más resalta del vaso es el uso unipersonal. Será de esperar que tanto el líquido como el vaso estarán representando la energía vital que cada individuo incorpora a su vida. El color del vaso, el material con que está elaborado, así como el líquido que contiene nos estarán mostrando los atributos que nos permitirán conocer el tipo de nutriente que cada uno incorpora a su espíritu.

Vecino. Por lo general los vecinos suelen ser las personas con las que nos medimos y comparamos ya que de ellos conocemos las particularidades que de otras personas desconocemos por completo. Se ha dicho que los vecinos representan la misma energía que los hermanos, los cuales han comido en nuestro mismo plato. Pues algo así pasa con la vecindad. Todos los vecinos nos estamos nutriendo de los mismos recursos, por tanto no quedará más remedio que adoptar siempre una actitud un tanto competitiva pero al mismo tiempo cordial para que la situación fluya como es debido. Soñar con los vecinos siempre debe contemplarse dentro de estos términos.

Vejez. Realmente lo que ocurre cuando nos sentimos viejos es que perdemos la conexión con la fuerza espiritual. El peso de la vida se hace más patente cuando el espíritu deja de cumplir con su tarea de tirar hacia arriba. Si en sueños nos vemos envejecer, no cabe duda de que estamos dejando de cultivar nuestra energía personal. Pero no tiene por qué ser del todo malo. La vejez de los sueños puede también estar operando a modo de imagen de sabiduría y conocimiento. Al vernos envejecidos en sueños puede darse el caso de que el inconsciente nos esté exigiendo una mayor conciencia y una mayor precisión en nuestros actos.

Vela. *Véase* LÁMPARA.

Veleta. Por lo general, los sueños en los que aparece una veleta son sueños en los que la voluntad pretende hacer  un esfuerzo por controlar la situación y encontrar así una referencia que nos ayude a ubicarnos. Además la veleta también puede ayudar a conocer los vientos que están influyendo en el sueño, lo que puede ser interpretado como querer conocer las tendencias que predominan e influyen en las gentes que aparecen en la imagen onírica.

Velo. Esta prenda siempre se ha utilizado para ocultar algún rasgo físico que por lo general se considera que desvirtúa y empobrece la belleza. En los sueños, cuando aparece un velo tendremos que interpretar que de alguna manera estamos percibiendo que algo importante se nos está ocultando y que por lo tanto se nos está engañando en la vida real.

Velocidad. La sensación que predomina cuando nos estamos proyectando a gran velocidad es que le estamos ganando tiempo al tiempo. Tras este curioso placer subyace la necesidad de liberarse de la ansiedad que produce pasar demasiado tiempo sujeto a un estancamiento emocional. Cuando en sueños nos vemos marchando a gran velocidad posiblemente se trate de un sueño liberador en el que se estén compensando estados sofocantes de la vida real.

Venas. Por las venas circula la vitalidad, la fuerza y la pasión. Cuando vemos unas venas marcadas estamos sintiendo la energía de la parte del cuerpo a la que correspondan. Por ejemplo, si en sueños aparecen hinchadas las venas de los brazos de una persona, de alguna manera se interpretará que dicha persona esta ejerciendo una acción contundente sobre el medio que la rodea, o lo que es lo mismo, que la vemos muy capacitada para realizar lo que le dicte su voluntad.

Venda. En general las vendas ocultan algo que no debe ser mostrado a los demás para bien de todos. Si en un sueño aparecemos vendados también puede interpretarse que presentimos que algo va a fallar y nos va a causar dolor. Pero también se puede dar el caso de que alguien, que aparezca vendado en sueños, nos dé la impresión de que quiere aprovecharse de nuestra buena fe.

Vendedor. Siempre que en sueños aparezca la imagen de un vendedor tendremos que interpretar que alguien intenta embaucarnos con su palabrería y otros métodos poco nobles. Puede que seamos nosotros los que aparezcamos vendiendo cualquier tipo de producto. En dicho caso habrá que analizar lo que dicho producto podría representar para así poder definir cuáles son nuestras intenciones, pero por lo general y sobre todo si logramos vender algo, estaremos satisfaciendo una parte de nuestro ego por medio del sueño.

Veneno. Este tipo de sustancias operan en favor de la muerte y de la destrucción. Los efectos colaterales que se puedan producir por la utilización de este material siempre permanecerán ocultos a nuestro conocimiento pero de alguna manera pesarán sobre nosotros. Cuando en un sueño nos vemos utilizando veneno habrá que interpretar que estamos cargados de rabia y desesperados por algún motivo particular.

Ventana. Lo que la ventana representa es una vía de comunicación que nos está mostrando la posibilidad o la existencia de otra realidad. Por lo general, los sueños en los que aparece una ventana con un bello paisaje, nos están indicando cuáles son nuestras fantasías y deseos más inminentes. También la ventana puede estar mostrando el mundo interior, lo que nos permitirá conocer el estado de nuestros más profundos sentimientos.

Verano. El verano es un claro representante del periodo vacacional, del disfrute y del placer del buen tiempo. Pero en general, y esto bien lo saben las gentes del campo, el verano es una estación de gran trabajo, de esfuerzos que nos permitirán llenar las despensas y nuestras arcas. Pero si buscamos el denominador común para ambos casos, encontraremos que la realización de nuestros sueños acontecen durante este periodo de máxima energía. Soñar pues con el verano puede ser una forma de añorar la realización y la expresión personal. Cabe esperar que con el verano de los sueños, nuestros proyectos marchen sobre ruedas, aunque nuestro esfuerzo nos lleve. *Otros.* Los sueños con el verano suelen darse en invierno, lo que denota que se trata de una manera de satisfacer ciertas necesidades de la vida real, aunque tan solo sea por medio de los sueños.

Verde. El color de la esperanza es ambivalente. Por un lado simboliza la vida, la naturaleza, los sentidos y el crecimiento. Pero también es el color de la decadencia, la enfermedad y la envidia.

Verdura. La comida en los sueños nos está indicando el tipo de energía que le hace falta a nuestro espíritu. En el caso concreto de la verdura, hay que pensar que se trata de una energía fresca, ligera y purificadora. Si la carne representa la pasión y la fuerza que tanto gustan al cuerpo, la verdura se encarga de aportar la belleza y el estilo propio de una mente cultivada. Se trata pues de un aviso del inconsciente, el cual nos estará indicando qué tipo de alimentos y de energías son las que más nos convienen, y de esta manera poder compensar los desajustes ocasionados por una vida por lo general bastante desequilibrada.

Vestidos. Por lo general las prendas de vestir tratan de ocultar lo que en realidad somos. Según el tipo de vestido que utilicemos así estaremos ocultando o modificando nuestra intimidad, con el fin de conseguir una apariencia que nos satisfaga y que al mismo tiempo sirva a modo  de referencia para los demás. Se dice que el hábito hace al monje. Cuando nos acostumbramos a usar un tipo de vestuario y de imagen, acabamos por convertirnos en el personaje que sin darnos cuenta hemos confeccionado.

Viajar. Los viajes nos ayudan a escapar de la vida rutinaria que tanto nos pesa. Es una forma de incorporar a la propia experiencia una serie de valores y de costumbres que muy poco tienen que ver con nuestra vida de todos los días. Cuando viajamos por medio de los sueños, lo más común es que se esté produciendo una liberación que de algún modo compense las ataduras que nos mantienen presos de lo cotidiano. Se puede entender que se trata de una necesidad psíquica que nos ayuda a restablecer nuestra energía personal, pero también se puede convertir en un auténtico vicio que nos haga malgastar el tiempo, la energía y el dinero.

Sprt. Si observamos el viaje como una búsqueda espiritual de la verdad y del conocimiento es porque consideramos que no somos capaces de obtenerlo por nosotros mismos. Lo curioso es que cuando asumimos el papel de forasteros nos sentimos personas importantes, con algo propio que bien podemos intercambiar con las gentes del lugar.

Otros. El viaje puede ser contemplado como nuestro paso por la vida o nuestra vida misma. Las cosas que en el transcurso de este se produzcan podrían estar simbolizando los conflictos y venturas que acontecen en nuestra vida.

Vid. *Véase* UVA.

Viento. Se dice que el viento es el aire en movimiento. Por lo general su interpretación depende de las cualidades que se le otorgan a este elemento, que no son otras que las del entendimiento, la mente, la intelectualidad y la comunicación. Pero cuando la presencia del aire arremete con la ferocidad del viento, todas estas cualidades se convierten en una fuente de problemas, es decir, malentendidos, bulos y mentiras, incomunicación y un sinfín de ideas que dan pie a interminables posibilidades que impiden tomar cualquier tipo de decisión. Cuando en un sueño sopla un viento particular, habrá que interpretar que se trata de un símbolo que nos señala la necesidad de interiorizar y dejar para otros momentos la comunicación verbal e intelectual. Es un aviso de inconstancia y de inestabilidad en nuestra vida.

Vientre. Es el más sagrado de los recipientes. El vientre supone la contención de la vida, es decir, aporta las condiciones que permiten que se desarrollen adecuadamente las delicadas células que constituyen los primeros estadios de la vida. Cuando se sueña con el vientre se suele interpretar que se trata del vientre materno y por tanto se considera que el individuo está necesitado de protección y de cariño, lo cual intenta paliar tal deficiencia por medio de un sueño compensador de la realidad.

Viga. Una viga debe ser fuerte, recia y además encontrarse adecuadamente colocada. De lo contrario, la cantidad de energía que simboliza, así como el peso que está soportando, será una gran fuente de preocupación e inseguridad. Cuando en sueños resalta la presencia de una viga habrá que buscar las sensaciones que nos despierta a causa del estado en que se encuentra. En cualquier caso se puede establecer la relación de la viga con la estabilidad y la seguridad material de nuestra vida.

Vinagre. Por la acidez de este complemento alimentario, se suele decir que si soñamos con el vinagre se interpretará como un signo desfavorable. La trama del sueño nos estará haciendo ver qué faceta de nuestra vida está corroyendo nuestra tranquilidad.

Vino. Es una bebida propia de los dioses mediterráneos, los cuales siempre han gozado de virtudes que esta bebida incrementa. El ensalzamiento del ego, el optimismo y la prepotencia son un pequeño ejemplo de la energía que promueve esta bebida. Cuando soñamos con el vino y no tenemos ningún tipo de problema con el alcohol, se interpretará que nuestro espíritu está deseoso de liberarse del peso que impone el sentido del deber. También se entenderá que el soñador necesita crecerse y alcanzar cierto estado de expansión personal. Se puede tratar por lo tanto de una señal que nos avisa de que estamos atravesando un momento de poca vitalidad psíquica, y que precisamos de la ayuda de un agente externo para salir de dicho estado.

Sprt. No hay que olvidar que se trata de una bebida utilizada en los rituales cristianos y que representa la sangre y la vitalidad, además de la pasión y la inmortalidad. El sueño puede interpretarse a modo de mito revivido para insuflar de fuerzas morales y espirituales al soñador.

Violeta. Tanto la flor como el color son muestra clara de la discreción y del amor puro. Es un color místico que se usa en las ceremonias más señaladas, por lo que hace destacar el valor del espíritu. Cuando este color o esta flor aparecen en nuestros sueños habrá que interpretar que nuestro ser precisa de un mayor aporte espiritual, que bien podría alcanzarse por medio de la modestia y la verdad.

Violín. El sentimiento que se transmita por medio de la música producida por este instrumento de cuerda, determinará claramente la interpretación del sueño. Por lo general el sonido del violín transmite un sentimentalismo que en algunas ocasiones llega a ser desgarrador. Para más información al respecto consultar el término INSTRUMENTO.

Virgen. Esta imagen religiosa está relacionada con la energía de la madre Tierra y del conocimiento práctico. No suele ser un sueño nada común, pero si se da el caso de que una virgen se nos aparezca en sueños no quedará más opción que interpretar que se nos está diciendo, de alguna manera, que tenemos que practicar las virtudes que dicha virgen representa, que por lo general son el amor incondicional, el cuidado y protección, y también la entrega y la sumisión.

Visita. Esta forma de mantener las relaciones personales puede resultar un tanto falta de implicación y de honestidad. Por lo general el hecho de visitar a otras personas nos está diciendo que apenas mantenemos otro tipo de relación con ellas, lo que ha de interpretarse como cierto distanciamiento. Por lo general cuando se sueña que visitamos o nos visitan es un claro síntoma de lo necesitados que estamos de relaciones personales. El sueño en este caso intenta paliar el desequilibrio existente en nuestra vida real.

Volar. Por lo general los sueños en los que volamos pertenecen a la estirpe de los sueños espirituales, ya que lo más común sea que nos produzcan un gran sentimiento de liberación. Cuando volamos en sueños se interpretará que nos hemos desimplicado de las molestias propias de la vida terrenal, lo que nos permite disfrutar del estado de espíritu puro. Por lo general se interpreta que la gente que vuela en sueños está poco arraigada a este mundo y usa los sueños para escapar de la presión vital. En muchas ocasiones estos sueños suelen acabar mal, el miedo acaba por hacerse más fuerte que la sensación de libertad y preferimos tirarnos por tierra antes de alcanzar un estado demasiado elevado.

Sprt. Hay personas que se trabajan el espíritu de tal manera que este tipo de sueños les podría estar sirviendo de prueba clara de sus avances en dicha materia.

Volcán. Normalmente soñar con un volcán indica que el individuo no encuentra fácilmente la tranquilidad. Es posible que el volcán esté simbolizando nuestros más profundos temores, aquellos que aparentemente carecen de fundamento y que pueden entrar en erupción en el momento más inoportuno. Hay interpretaciones de tipo psicoanalítico que nos dicen que el volcán simboliza aquellas energías que consideramos peligrosas y que de algún modo las reprimimos para no tener que enfrentarnos a ellas. En dicho caso es importante analizar los demás elementos de la escena onírica para así poder dilucidar algunos de estos temores.

Otros. En algunos casos se puede tratar de un sueño de carácter premonitorio que nos está avisando del advenimiento de alguna calamidad.

Vómito. No cabe duda que si vomitamos en sueños es que algo no funciona bien a nivel orgánico. Se trataría pues de un sueño causado por un estímulo externo y que nos está indicando que sería conveniente que nos despertásemos.

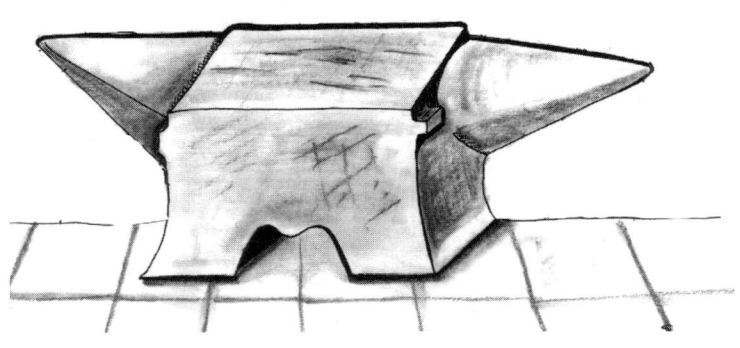

Yacimiento. Los yacimientos son símbolos que representan los tesoros de la tierra. Cuando soñamos con una mina estaremos ante el deseo de descubrir un medio que nos aporte fama, dinero, o riqueza para nuestro espíritu. Pero hay que contemplar que en el caso del yacimiento, la persona está dispuesta a trabajar duro para así poder acceder a tal riqueza. Hay quien considera que la persona que sueña con un yacimiento probablemente se encuentra ávida por conseguir un puesto de trabajo.

Yate. Para la gran mayoría de las personas el yate simboliza el colmo de la riqueza. Aunque para otras más apegadas al mundo marítimo, el yate puede estar representando uno de sus sueños dorados, mediante el cual es posible navegar sin rumbo fijo, simplemente por placer. *Véase* NAVEGAR.

Yeso. A pesar de ser uno de los elementos más empleados en nuestras viviendas, el yeso se considera como un signo de pobreza y falta de oportunidades. Para las personas que están relacionadas con el mundo de la construcción, el yeso, si en el sueño se encuentra mezclado con agua, podría representar la urgencia con que el mundo nos obliga a operar.

Yoga. El significado del sueño resultará muy diferente para las personas que practiquen esta técnica. En el caso de no conocer el yoga de cerca, soñar con él puede ser símbolo de algo remoto, extraño y desconocido. Pero en el caso contrario, lo más normal es que se trate de un sueño que nos indique la necesidad de encontrar un momento de respiro en nuestra vida.

Yunque. Pocas cosas hay tan duras y estables como un yunque. Su presencia  en sueños bien puede estar operando a modo de símbolo de estabilidad sobre el que podemos trabajar sin miedo a que nos falle. Pero también cabe otra opción: el yunque onírico puede representar un estorbo o un obstáculo que no somos capaces de eliminar en nuestra vida real.

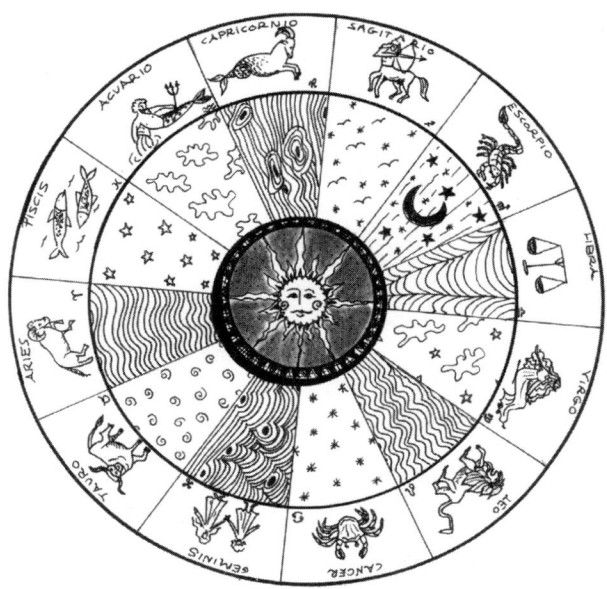

Zambullir. Es posible que cuando nos encontremos atravesando una etapa de gran felicidad y alegría, esto se exprese a través de los sueños por medio de la acción de zambullirse. Cuando nos sumergimos de pleno en un medio diferente al que acostumbramos, ya sea el agua o cualquier tipo de ambiente social, disfrutamos plenamente de la energía de dicho elemento. Por lo general todo cambio es satisfactorio y a la vez delicado, pero cuando nos zambullimos, no reparamos en nada y nos adentramos en el nuevo medio para saciarnos de todo lo bueno que podamos probar. Seguramente, cuando nos zambullimos en sueños se está plasmando la confianza personal que en esos momentos nos invade. También es posible todo lo contrario, es decir, que se trate de un sueño de significado inverso que nos venga a decir que avanzamos en esta vida como de puntillas.

Zanahoria. Por lo general las hortalizas son siempre un signo de prosperidad y dicha. Para más información consultar el término VERDURA.
S. Deseo. Por su forma y según la escuela freudiana la zanahoria bien puede estar representando al órgano reproductor masculino.

Zancos. Si en sueños nos vemos andando con unos zancos habrá que interpretar que de alguna forma deseamos destacar entre los demás. Pero también este sueño se puede interpretar como que el soñador está huyendo del contacto con todo lo que sea terrenal, probablemente porque vive más en el mundo de la mente y la fantasía.

Zapato. De alguna manera el zapato representa aquellas pertenencias que no pueden ser arrebatadas al individuo. Como siempre se pisa sobre ellos y no sobre la tierra, el zapato se entiende como la parcela de la vida que nos pertenece por derecho propio; es por así decirlo, nuestra auténtica patria. Por lo general se considera pobre a toda persona que marcha por la vida sin calzado, por lo que se piensa que, si alguien no es capaz de tomar posesión siquiera de unos zapatos, no será capaz de adquirir en la vida ningún otro bien. Si en sueños no encontramos un zapato o nos lo roban, significa que nos encontramos psíquicamente tan disminuidos como si nos hubieran dejado cojos.

Otros. Dentro de la evolución psicológica del niño, el zapato es una de las primeras pertenencias a las que se aferra el pequeño, lo que demuestra que nos hallamos ante un símbolo de identificación personal.

S. Deseo. Tanto los pies como el calzado entran dentro de lo que se ha considerado el mundo del deseo sexual. Que un hombre ponga en sueños el zapato a una mujer es similar a que este le manifieste sus deseos. De ahí la simbología oculta en el cuento de *La Cenicienta*.

Zarza. Esta planta posee gran ambivalencia simbólica. Por una parte encontramos en ella una serie de rasgos positivos como son las moras que nos ofrece todos los veranos. Además la zarza ardiente simboliza la presencia de Dios en el monte Sinaí. Pero por otra parte se la considera un enemigo natural del hombre por lo invasiva que resulta y al mismo tiempo lo desagradable de sus espinas. Cuando soñamos con esta planta habrá que atender pues al ambiente emocional para poder encontrar el simbolismo positivo o negativo del sueño. Las espinas nos estarán haciendo ver por medio de los sueños los problemas y los conflictos de la vida real que nos impiden avanzar tal y como desearíamos.

Zodiaco. La totalidad de la simbología del ser humano se encuentra inmersa dentro del Zodiaco. Lo más común es que soñemos con un signo en concreto. En dicho caso habrá que documentarse acerca de la energía que dicho signo manifiesta para así poder optar a una certera interpretación. Es posible que soñemos que alguien nos está interpretando nuestra carta astrológica. En dicho caso sería conveniente que nos fijáramos en quién es o a quién representa, ya que el sueño está desvelando a esa persona como el maestro que necesitamos. Además sería interesante que solicitáramos a alguien competente el estudio de nuestra carta natal.

Zoo. *Véase* ANIMALES.

Zorro. Este animal tan ligado al ser humano y al mismo tiempo perseguido por él es un auténtico símbolo de la

astucia y de la habilidad. Además, el nombre de la hembra de su especie ha sido utilizado desde siempre para desprestigiar el honor de la mujer. Esto seguramente provenga de la creencia oriental de que el zorro podía transformarse en mujer. Por lo general soñar con este animal ha sido considerado un mal presagio que de algún modo nos avisa de las malas intenciones de algunas personas de nuestro alrededor. Posiblemente nuestro inconsciente prevé la astucia de otros para beneficiarse de nuestra buena fe y nos lo revela con esta figura onírica.

Zumo. El jugo de las frutas viene a simbolizar lo mismo que la sangre de los animales, es decir, la fuerza vital que cada ser vivo posee. Cuando en sueños nos vemos tomando zumos y esto no suele ser nuestra bebida habitual, habrá que interpretar que nuestro cuerpo está sediento de energía o incluso de algún tipo de vitaminas. Pero hay que recordar que siempre que aparezca en sueños un tipo de alimento, es menester que nos planteemos que se trata de un símbolo de la energía que precisa nuestro mundo interior. En este caso, la vitalidad y la fuerza interior, representadas por el zumo del sueño, son valores morales lo suficientemente firmes como para que la persona aleje de sí toda duda y por tanto se sienta más tranquila.